AF617439

ANTIGÜEDADES DE MURCIA

ANTIGÜEDADES DE MURCIA

UNA PRIMERA HISTORIA DE LA CIUDAD POR GINÉS DE ROCAMORA

Ana Díaz Serrano
Domingo Centenero de Arce
(eds.)

Transcripción de Carmina Verdú Cano

Sílex

Republics of the King: Agents and Governance in the Hispanic Monarchy
Ayuda RYC 2019-027752-I financiada por:

Transcripción de Carmina Verdú Cano

Editor: Ramiro Domínguez Hernanz

C/ San Gregorio, 8, 2, 2ª Madrid
España
www.silexediciones.com

ISBN: 978-84-19661-92-0
Depósito Legal: M-34743-2023
Colección: Siléx Universidad Historia

Impreso y encuadernado en España

CONTENIDO

Antigüedades de Murcia, escritas por Ginés de Rocamora en torno a 1594

Transcripción de Carmina Verdú Cano

115

Fragmento del Discurso 3

Discurso 4. Que trata de como fue entregada la ciudad y su reyno al rey don Fernando y tomo la posesion della el ynfante don Alonso su hijo y como después se le alço con el reyno el rey de Murcia y los tributos a cobrar de los moros

Discurso 5. Que trata del asiendo y temperamento de la ciudad de Murcia

Discurso 6. Que trata de la Vega y término de la ciudad de Murcia y de su fertilidad

Discurso 7. Que trata de la çerca que la ciudad de Murcia tiene y torres en ella ay

Discurso 8. Que trata de la puente que está en el río Segura y otros edificio que la ciudad tiene fechos por fuera de la muralla

Discurso 9. Que trata de los vezinos que la ciudad de Murcia tiene dentro de la cerca della y las parrochias que en ella ay y plazas que dentro tienen

Discurso 10. Que trata de los arabales que la ciudad tiene a sus muros y los apartados

Discurso 11. Que trata de algunos edifiçios antiguos que ay en el término de la ciudad de Murcia

Discurso 12. Que trata de las armas antiguas que la ciudad tenía y las que aora tiene

Discurso 26. Que trata cómo llegaron las sanctas reliquias y el recibimiento que se les hizo

Discursos 27. De la proçesión que se hizo en el recibimiento de las sanctas reliquias

Conposiciones así españolas como latinas [...] se pusieron en la puerta principal de la santa yglesia de Carthagena en la Justa literaria conforme al cartel que para ella se pusso

AGRADECIMIENTOS DE LOS EDITORES

Esta publicación ha salido adelante gracias a la financiación del Ministerio de Ciencia e Innovación[1] y del Ayuntamiento de Murcia. Queremos agradecer especialmente al alcalde José Ballesta y a Diego Avilés Correa, actual concejal de Cultura e Identidad.

A nivel institucional agradecemos la generosidad del Archivo Histórico Municipal de Elche, por dar todas las facilidades para acceder al manuscrito y autorizar la publicación de su contenido. Destacamos también el apoyo manifestado por el Archivo Municipal de Murcia. Desde estas páginas hacemos explícito nuestro reconocimiento a quienes trabajan en el resguardo y difusión de nuestro patrimonio histórico y documental.

Los resultados de nuestro proyecto editorial no hubieran sido los mismos sin la participación en él de Carmina Verdú Cano, a quien debemos la transcripción del manuscrito de Ginés de Rocamora, y Mariano Monge, quien aceptó la ardua tarea de reconstruir el camino que éste pudo haber recorrido para llegar a su actual destino.

Los marcos metodológico e interpretativo de este volumen corresponde a los propuestos por el grupo de investigación Repensar los márgenes: identidades, discursos y prácticas desde el poder (Universidad de Murcia/Red Columnaria). Agradecemos específicamente las sugerencias y contribuciones de Daneo Flores Arancibia.

Este libro tendrá una extensión en el ámbito de la transferencia del conocimiento histórico y la puesta en valor del patrimonio material e inmaterial. Agradecemos a Eduardo López-Molina García y Ángeles Díaz Vidal su involucramiento en esta siguiente fase ya en marca.

En lo personal debemos agradecer a quienes mejor conocen lo que cuesta el oficio de la historia, nos acompañan y nos orientan: Esther, Kyria y Delia; Daneo.

[1] Ayuda RYC 2019-027752-I R financiada por MCIN/AEI /10.13039/501100011033 y por El FSE invierte en tu futuro.

EN PARADERO (DES)CONOCIDO: LAS ANTIGÜEDADES DE MURCIA DE ROCAMORA Y LA HISTORIA DE UNA COROGRAFÍA DEL SIGLO XVI MANUSCRITA HASTA HOY[1]

Ana Díaz Serrano
Universidad de Murcia
Domingo Centenero de Arce
I.E.S. Licenciado Francisco Cascales

> Varios apunta[mien]tos eclesiásticos, politic[os] e históricos de la ciudad de Murzia en el año de 1594 se escribieron. El autor de este libro fue D. Ginés de Rocamora y Torrano, natural de Murcia, regidor perpetuo y procurador de Cortes muchos años en Madrid donde leyó Mathemáticas a muchos grandes de España y fue autor de el libro intitulado Esfera del Universo. Fue también secretario de el certamen que va en este libro y todas las hojas del van rubricadas de su mano.

Así da comienzo el volumen que editamos bajo el título *Antigüedades de Murcia*, un texto manuscrito que hasta hoy había permanecido inédito en el Archivo Histórico Municipal de Elche. Con su publicación queremos darlo a conocer y ponerlo a disposición de quien sienta interés o curiosidad por su contenido y especialmente de los investigadores, pues nos encontramos ante una fuente excepcional que merece ser incorporada a los estudios sobre la Edad Moderna. Por sus características se trataría de la primera historia de la ciudad de Murcia ajustada al género corográfico, ofreciendo datos valiosos

[1] Este trabajo ha contado con financiación del proyecto *Republics of the King: Agents and Governance in the Hispanic Monarchy (16th-17th centuries)* (Ayuda RYC 2019-027752-I R financiada por MCIN/AEI /10.13039/501100011033 y por El FSE invierte en tu futuro). La propuesta metodológica se inserta en el marco del grupo de investigación Repensar los márgenes: identidades, discursos y prácticas frente al poder (Universidad de Murcia/Red Columnaria).

para realizar análisis históricos, artísticos, políticos y religiosos, pero también literarios y filológicos, ya que es además el registro de las justas poéticas que se celebraron con motivo del depósito en la catedral de las reliquias de San Fulgencio y Santa Florentina.

PARADEROS. UN MANUSCRITO MURCIANO HALLADO EN ELCHE: OMISIONES Y (RE)APARICIONES

Las *Antigüedades de Murcia* tienen dos temporalidades, la del tiempo histórico y la del tiempo presente. En los capítulos que acompañan a la transcripción caracterizamos esta obra a través de la biografía de su autor, su inscripción en un cuadro de saberes propios de la época y su identificación como una fuente de archivo. Hasta ahora la historia de la ciudad de Murcia tenía una primera referencia clara en los *Discursos históricos de la ciudad y reino de Murcia*, escritos por el licenciado Cascales antes de 1614 y publicados en 1621 por encargo de su cabildo. Más que por su contenido histórico, esta obra ha destacado por su relación con el largo y costoso proceso que algunos linajes murcianos habían llevado a cabo con el fin de consolidar su preeminencia en el ámbito local, inmovilizando las jerarquías sociales para asegurar su propio estatus[2]. Su identificación como una corografía ha permitido su incorporación en los estudios sobre las ciudades castellanas en la Edad Moderna, que han tenido como uno de sus principales ejes la configuración y evolución de sus élites[3]. El propio Francisco de Cascales ha sido objeto de atención debido a su peculiar biografía, marcada por su pertenencia a una de las familias que fueron víctimas de las acusaciones de herejía en las conocidas luchas de bandos acaecidas en Murcia en las décadas centrales del siglo XVI.

---

2 Ana Díaz Serrano, "Corografías de la memoria. El "Discurso de los linajes" de la ciudad de Murcia y la escritura de la Historia en la Edad Moderna", *Studia Historica: Historia Moderna*, Vol. 44, Núm. 1 (2022), pp. 311-343.

3 Richard Kagan, "La corografía en la Castilla moderna: género, historia, nación", *Studia Historica: Historia Moderna*, 13-1 (1995), pp. 47-59; cita en p. 54.

El carácter impreso de los *Discursos históricos* denota las expectativas que sus promotores pusieron en ellos, facilitando una difusión que no tuvieron las *Antigüedades* que le precedieron. Así, la obra de Cascales fue considerada como una referencia bibliográfica desde poco después de su publicación. Ya en 1626 fray Alonso Fernández los cita en su *Historia y Anales de la Ciudad y Obispado de Plasencia.* No sabemos si la intención de Rocamora era llevar su historia a la imprenta. Su participación en el espacio municipal de decisiones hubiera hecho prever facilidades para hacerlo, aunque también es cierto que en sus dos últimas décadas de vida gozó de mejor renombre, principalmente como hombre de ciencias, en el entorno madrileño. Allí consiguió publicar en 1599 su *Sphera del Universo*, que ha sido y es catalogada y citada recurrentemente en estudios sobre el desarrollo científico de la época. Apenas tres años después de su publicación Pedro de Salazar y Mendoza utilizó sus medidas en la *Monarquía de España*, refiriéndose a Rocamora como "un hijo muy docto de Murcia"[4]. Calificativos más ostentosos recibió de célebres autores, como Lope de Vega y Calderón de la Barca. Por el contrario, su manuscrito ha permanecido invisible para la historiografía, a pesar de que su existencia había sido advertida.

La primera referencia a las *Antigüedades* de Rocamora no vendrá de la pluma del licenciado Cascales (aunque resulte difícil de creer que no tuviera noticia de su existencia), sino de fray Pablo Manuel Ortega. En su *Descripción chorographica*, escrita en 1757[5], hace un compendio de escritores murcianos siguiendo la lista publicada en 1672 por el bibliógrafo Nicolás Antonio en la *Bibliotheca hispana sive hispanorum*. En ella Rocamora aparece mencionado como autor de la *Sphera del Universo*. Ortega le suma la autoría de un manuscrito

[4] Pedro Salazar y Mendoza, *Monarquía de España*, Madrid, 1770, Tomo I, Libro Segundo, pp. 160 y 163. La obra de Salazar y Mendoza no se publicó hasta el siglo XVIII, a pesar de contar con las licencias necesarias ya en 1603. Las menciones a Rocamora son sobre todo ilustrativas de la fama que el murciano ganó con rapidez en los círculos cortesanos tras la publicación de la *Sphera del Universo*.

[5] La obra permaneció en formato manuscrito hasta 1959, cuando fue publicada por José Ortega Lorca. Tomamos como referencia esta primera edición, a la que han seguido al menos otras tres.

que en ese punto titula *Varias noticias de la ciudad de Murcia*[6], aunque unas páginas antes lo había citado como *Varios apuntamientos eclesiásticos, políticos e históricos de la ciudad de Murcia*[7], título de la portada del documento que se conserva en Elche.

A pesar de estas menciones, en sus páginas introductorias Ortega solo destaca como antecedentes de su *Chorographia* las obras de los licenciados Francisco de Cascales y Juan de Robles Corbarán. De este último refiere una *Historia de las grandezas del noble reino de Murcia*, fechada en 1620 y que Ortega habría consultado en formato manuscrito. A día de hoy desconocemos su paradero. Por su parte, el licenciado Cascales es identificado como la principal autoridad historiográfica de Murcia, citado repetidamente y valorado como historiador "porque escribió sin rastro de pasión"[8]. Ortega antepone esta aparente neutralidad al rigor histórico con una evidente disparidad de juicio a la hora de aplicar este criterio. De modo que condena a Robles Corbarán por tomar como referencia los falsos cronicones[9], mientras indulta a Cascales por la misma falta, en la que Francisco Benedito sí incidirá en el prólogo de su edición de los *Discursos históricos* de 1775, si bien con cierta benevolencia[10].

Sobre el texto de Rocamora, del que señala haber hecho una copia de su propia mano en 1754[11], Ortega deja caer sospechas de inverosimilitud, en concreto sobre el relato de la conquista de la

---

6 Pablo Manuel Ortega, *Edición crítica de la descripción chrográphica del sitio que ocupa la provincia regular de Carthagena de mi P.S. Francisco*, Murcia, 1959, p. 212

7 Ortega, *Edición crítica*..., p. 186.

8 Ortega, *Edición crítica*..., pp. 176-177.

9 Ortega, *Edición crítica*..., pp. 7-10.

10 Francisco de Cascales, *Al buen genio encomienda sus discursos históricos de la muy noble y muy leal ciudad de Murcia*, Murcia, 1775, Prólogo del editor (sin numerar). Cabe destacar que esta edición del siglo XVIII, primera tras la edición príncipe de 1621 y que incluye comentarios de Francisco Benedito, es la que ha servido para la reedición de los *Discursos históricos* hasta el siglo XXI. La última de estas ediciones retoma la versión del XVII dentro del marco conmemorativo de sus 400 años.

11 Sin poder confirmar una relación directa, hay una coincidencia con los años en los que Asensio de Morales se encontraba en Murcia revisando los fondos documentales de varias de sus instituciones como miembro de las comisiones de archivos creadas por la Secretaría de Estado con el fin de redactar una *Historia General de la Disciplina Eclesiástica*. Véase María Gloria Aparicio Valero, "Regalismo y Patronato Regio. La comisión de Ascensio de Morales en los archivos eclesiásticos y municipales del obispado de Cartagena (1750-1751)", *CARTHAGINENSIA*, XXXI (2015), pp. 285-318.

ciudad de Murcia por Jaime I, alegando no identificar o no poder cotejar las fuentes citadas[12]. También acusa la omisión de datos que, a su juicio, eran indispensables[13]. A pesar de estos cuestionamientos y prescindiendo de las citas, Ortega hará uso del manuscrito sin que podamos saber cómo tuvo acceso a él. Así lo declara marginalmente en el interior de su obra: "Otras muchas cosas pone este caballero Rocamora, de las grandezas de esta ciudad de Murcia, de las cuales unas pondré a la letra y otras extractadas, según me pareciese convenir"[14]; y así lo devela un estudio comparado de ambos textos[15].

Si la paradoja de los *Discursos históricos* del licenciado Cascales es haber sido considerados como una corografía, cuando por su composición (e incluso por su contenido) encajarían mejor en la definición de una historia general, la de la *Descripción chorográphica* del padre Ortega es haber ofrecido el retrato de la Murcia ilustrada utilizando relatos escritos más de 150 años antes, en los que apenas se alcanzaba a divisar la Murcia barroca.

A finales del siglo XVIII en las páginas del *Diario de Murcia* se debatió sobre la conveniencia de considerar a Ginés de Rocamora como uno de los *ingenios* murcianos[16]. Nuestro autor había sido excluido de una lista –quizás menos rigurosa que las realizadas por Antonio y Ortega– en la que figuraban sin reserva escritores contemporáneos como Francisco de Cascales, Diego Saavedra Fajardo e

[12] Según señala Ortega, en el prólogo hoy perdido de las *Antigüedades* Rocamora cita como fuentes de este episodio las crónicas escritas antes de 1276 por Jaime I el Conquistador y entre 1325 y 1328 por Ramón Muntaner. Ambas fueron dadas a la imprenta por primera vez en Valencia en 1558 y la de Muntaner llegó a tener una segunda edición en Barcelona en 1562. Es muy factible que Rocamora tuviera acceso a estas lecturas históricas, en la que sus autores relatan algunos de los hechos más destacables de la Casa de Aragón a partir de sus experiencias personales y otros testimonios directos, lo que según los criterios historiográficos de la época las convertía en *historias perfectas*, altamente confiables como fuentes.

[13] Ortega, *Edición crítica*..., p. 189.

[14] Ortega, *Edición crítica*..., p. 187.

[15] Ortega, *Edición crítica*..., pp. 98-136. Ortega copia varios discursos de Rocamora, que incorpora a su *Chorographia* con diferente numeración, pero igual título y contenido. En ese momento el documento incluía los primeros discursos, hoy perdidos, además de un preámbulo.

[16] *Diario de Murcia*, 8 de febrero de 1792, p. 3

incluso Alonso de Mergelina. En su defensa se exponen como méritos la publicación de la *Sphera* y los elogios recibidos por Lope de Vega.

Unas décadas más tarde Tomás Muñoz registró en su *Diccionario bibliográfico-histórico* una "Historia de la ciudad de Murcia, por N. Rocamora. MS.", añadiendo "No conocemos esta obra: la hemos visto citada en unos apuntes de 1798"[17]. Debía tratarse de la memoria académica presentada por José Vargas Ponce ante la junta de la Real Academia de la Historia reunida en febrero de aquel año. El erudito gaditano había realizado un exhaustivo reconocimiento de los archivos andaluces y murcianos entre 1793 y 1797. El dato apuntado sobre Ginés de Rocamora nos deja en un vilo: "caballero y difuso escritor murciano, anterior a Cascales y del que se conserva en el archivo de la catedral el grueso volumen de su Historia."[18] Sin descartar que se tratara de la copia realizada por Ortega, la cercana relación que nuestro autor mantuvo con el obispo Dávila habilita la posibilidad de que afectuosa o interesadamente decidiera obsequiarle sus *Antigüedades*. Especulamos que el manuscrito fuera entonces incorporado a la colección de libros que se guardaban en la torre del templo, donde Vargas Ponce lo habría encontrado durante su visita a Murcia[19].

Ya a finales del siglo XIX Pedro Díaz Cassou mencionará escuetamente los aportes de Rocamora a las letras murcianas registrando,

---

[17] Tomás Muñoz y Romero, *Diccionario bibliográfico-histórico de los antiguos reinos, provincias, ciudades, villas, iglesias y santuarios de España*, Madrid, 1858, p. 199.

[18] El memorial completo en Juan Manuel Abascal Palazón y Rosario Cebrián Fernández, *José Vargas Ponce (1760-1821) en la Real Academia de la Historia*, Madrid, 2010. La mención a Rocamora y su obra en el folio 6r. del memorial. Durante su estancia en Murcia el erudito gaditano seleccionó algunos documentos (el más antiguo datado en 1536), que depositó más tarde en la Real Academia de la Historia. Según su propio testimonio, entre estos papeles se encontraría un "extracto" de la *Historia* de Rocamora, depósito que Abascal y Cebrián confirman (*Ibídem*, p. 83), a pesar de no incluir la referencia en su catálogo. Por nuestra parte, ratificamos el difuso rastro de este "extracto" tras no dar él en los fondos de la RAH tras una búsqueda intensa realizada en septiembre de 2023. Tampoco se encuentra entre las copias de los documentos murcianos depositados por Vargas Ponce en la RAH que posee el Archivo General de la Región de Murcia en formato microfilm: FR,RAH,R-2 (Tomo 1) y FR,RAH,R-1/35 (Tomo 2).

[19] La Historia de Rocamora no aparece registrada en el inventario de Ascensio de Morales (Archivo de la Catedral de Murcia (en adelante ACMU), Caja 437, Libro 1019), ni en ninguno de los que periódicamente el cabildo de la catedral ordenaba realizar (ACMU, Leg. 630, Doc. 5; ACMU, Leg. 356, Doc. 56; ACMU, Arm. Caja 24, Libro 81). De haber estado allí, su ausencia de estos registro puede explicarse por la

junto a la *Sphera*, lo que califica como un intento de "primera *Historia de Murcia*"[20]. El dato, sin embargo, pasó desapercibido para José Pío de Tejena, quien en su *Biblioteca del murciano* incluyó una extensa reseña sobre Rocamora sin aludir a su labor histórica y destacando principalmente su faceta política. A partir del análisis de su discurso en las Cortes de Castilla, que califica como "eminentemente" patriótico, Tejena caracteriza a Rocamora por "su firme adhesión al trono de España", "su grande fidelidad" al monarca y "su amor y entusiasmo hacia la religión católica y hacia el honor y el nombre de España"[21]. Esta caracterización motivó el rescate de Rocamora como hombre ilustre de la ciudad de Murcia en pleno franquismo[22], popularizado además a través de la prensa[23].

A finales de la década de 1970 e inicio de la de 1980 los cambios en los paradigmas políticos, culturales y también historiográficos devolverían al licenciado Cascales el protagonismo absoluto. Dos factores

preferencia por los objetos relacionados con el culto. Entre los libros registrados los más frecuentes son los misales. Entre los de otro tipo la referencia omite título o autor y se limita a una descripción física. En un inventario de 1636 se apunta la existencia de "Varios libros que parecen de poca o ninguna importancia" (ACMU, leg. 630. Doc. 5, f. 627r.). Tal vez entre ellos se encontraba el manuscrito de Rocamora.

[20] Pedro Díaz Cassou, *Serie de los obispos de Cartagena sus hechos y su tiempo*, Madrid, 1895, p. 102. Dada la relación temática entre este trabajo de Díaz Cassou y el de Pablo Manuel Ortega es posible que esta haya sido su fuente, sin que necesariamente hiciera una consulta directa del documento, que en ese momento permanecía en formato manuscrito.

[21] José Pío Tejena y Rodríguez de Moncada, *Biblioteca del murciano. Ensayo de un diccionario biográfico y bibliográfico de la literatura en Murcia*, Madrid, Tip. de la Revista de Archivos, Bibliotecas y Museos, 1922, pp. 680-681. La obra estaba terminada en 1896.

[22] El archivero Víctor Sancho y Sanz de Larrea seleccionó el discurso de Rocamora en un compendio de textos "de expresiva murcianidad", considerando "que se le comente y se le estudie con verdadero interés para la exaltación de los valores culturales de España y enseñanza de nuestra tradición histórica" (Víctor Sancho y Sanz de Larrea, "Ensayos de murcianidad", *Murgetana*, Nº2 (1950), pp. 21-86; cita en p. 73). Añade que "Ginés de Rocamora es un intelectual que siente la responsabilidad de lo que dice al modo español, católicamente, y no al modo de los que encienden revoluciones con guante blanco" (Ibídem, p. 75).

[23] "En las Cortes de Castilla, celebradas en Madrid durante los años 1591-1598, este prócer de nuestra ciudad pronunció un discurso interesantísimo por la sustancia política y social que contiene y por la verdad íntima de la vida nacional expresada en el fondo de ese fragmento, motivo de nuestra historia netamente española" (*La Verdad*, 6 de junio de 1944, pp. 3 y 4); *La hoja del lunes*, 6 de febrero de 1956, p. 4; *La hoja del lunes*, 1 de abril de 1960, p. 7; *Línea*, 29 de julio de 1973, p. 6.

favorecieron este escenario. El primero de ellos fue la reedición de los *Discursos históricos* en 1980 como parte de los esfuerzos de la Real Academia Alfonso X el Sabio por poner en valor las fuentes locales, promover la investigación y difundir los conocimientos históricos sobre la Región de Murcia. El segundo, la proliferación de estudios sobre la Murcia moderna a partir de las propuestas interpretativas y metodológicas de la historia social e institucional[24]. Quedando lejos de estos intereses, la *Sphera del Universo* no sería reeditada por la Academia murciana hasta 1999[25]. En la introducción de este mismo volumen Martín Lillo Carpio afirma que la obra "no suscitó demasiado interés en su tiempo"[26], una percepción -errónea según nuestro criterio- que pudo haber contribuido a la demora de su reedición. Mientras, las *Antigüedades* permanecieron inéditas, aunque en ese momento su ubicación en el Archivo Histórico Municipal de Elche era ya conocida.

Juan Torres Fontes da cuenta de ellas precisamente en la introducción de la *Sphera*, describiéndola como una "obra valiosa", que "consta de veinticinco capítulos y en ellos Rocamora evidencia profundos conocimientos del pasado murciano con inserción de buen número de documentos reales"[27]. Pocos años antes había dado visibilidad al Rocamora historiador en un breve artículo en el que ahondaba en las huellas que la relación entre el murciano y Lope de Vega habría dejado en las obras del celebérrimo escritor[28]. En su estudio utiliza los *Apuntamientos*, que, señala, "fueron obra de Rocamora y que continúan inéditos, si bien de esta última se han utilizado muchos de los datos históricos que contiene por diversos estudiosos"[29]. Por primera vez desde la *Descripción chorographica*

---

[24] Francisco Chacón Jiménez, *Murcia en la Centuria del Quinientos*, Murcia, 1979; Guy Leumenier, *Economía, sociedad y política en Murcia y Albacete (siglo XVI-XVIII)*, Madrid, 1990.

[25] La primera reedición de la *Sphera del Universo* desde 1599 la había hecho la Universidad de Valencia en 1994.

[26] Ginés Rocamora y Torrano, *Sphera del Universo*, Edición de Juan Torres Fontes y Martín J. Lillo Carpio, Murcia, [1599] 1999, p. XLVII.

[27] Rocamora, *Sphera...*, p. XXI.

[28] Juan Torres Fontes, "Una fuente de Los Porceles de Murcia de Lope de Vega", *Murgetana*, XCIII (1996), pp. 79-134.

[29] Torres Fontes, "Una fuente de Los Porceles...", p. 83.

de Ortega las *Antigüedades de Murcia* eran incorporadas al análisis histórico. Lamentablemente en éste como en todos sus eruditos trabajos Torres Fontes omitió las referencias de sus fuentes, por lo que, a pesar de esta (re)aparición, el manuscrito permanecería fuera del campo de visión de los investigadores hasta varios años después, lo que sin duda dificultó su utilización.

Por aquellos años José Javier Ruiz Ibáñez había presentado a Ginés de Rocamora como un sujeto político fundamental en la articulación de las relaciones de la ciudad de Murcia con la Corona, aunque sin atender a sus facetas como cosmógrafo y corógrafo[30]. Con este trabajo se perfiló desde el ámbito murciano una línea de investigación sobre el funcionamiento de la Monarquía Hispánica basada en el estudio de los agentes mediadores y dirigida a precisar las dinámicas imperiales a partir de las tramas locales o particulares, que se consolidaría en las décadas siguientes[31].

En 2012 Ginés de Rocamora dejó de ser "un semidesconocido" cuando su biografía fue reconstruida y utilizada por Domingo Centenero de Arce como vector para explicar las tensiones que en la bisagra de los siglos XVI y XVII marcaron las relaciones entre los diferentes niveles del gobierno hispánico, desde la Corona hasta la oligarquía local pasando por una alta nobleza representada en la Casa Fajardo y su clientela[32]. Centenero utilizó las *Antigüedades* e hizo pública su localización en el Archivo Histórico Municipal de Elche, hasta donde le habían llevado las indicaciones proporcionadas personalmente por Torres Fontes. Lo que no podremos llegar a saber es cómo el

[30] José Javier Ruiz Ibáñez, *Las dos caras de Jano. Monarquía, ciudad e individuo. Murcia, 1588-1648*, Murcia, 1995.

[31] Francisco Javier Guillamón Álvarez, José Javier Ruiz Ibáñez y José Jesús García Hourcade, "Una Oligarquía urbana en tiempos de reformas: (Murcia 1621-1627)", *Studia historica. Historia moderna*, n.º 14 (1996), pp. 115-140; Julio D. Muñoz Rodríguez, *Damus ut des: los servicios de la ciudad de Murcia a la Corona a finales del siglo XVII*, Murcia, 2003; Ídem, *La séptima corona: el reino de Murcia y la construcción de la lealtad castellana en la Guerra de Sucesión (1680-1725)*, Murcia, 2014; Francisco Javier Guillamón Álvarez, Julio Muñoz y Domingo Centenero (coords.), *Entre Clío y Casandra poder y sociedad en la monarquía hispánica durante la Edad Moderna*, Murcia, 2005.

[32] Domingo Centenero de Arce, Domingo, *De repúblicas urbanas a ciudades nobles. Un análisis de la evolución y desarrollo del republicanismo castellano (1550-1621)*, Madrid, 2012.

destacado medievalista supo que la obra formaba parte de los fondos ilicitanos, si bien su vasta producción revela un conocimiento extenso y detallado de los recursos documentales vinculados a la historia de Murcia y sus provincias adyacentes. No es difícil imaginar que otras pesquisas le guiaran hacia el feliz descubrimiento.

Localizada en su actual ubicación y con las facilidades actuales de acceso a los fondos de archivos públicos, iniciando la década de 2020 Ana Díaz Serrano analizó con detenimiento la labor anticuaria de Rocamora y utilizó su corografía como fuente de estudios donde la república de Murcia sirve de caso para conocer el desarrollo de la cultura política hispánica en el siglo XVI y principios del XVII[33].

A partir de estos trabajos particulares, producto de proyectos de investigación de larga duración, decidimos llevar a la imprenta la corografía hasta ahora manuscrita. Para que este proyecto concreto saliera adelante fue necesario que convergieran varios factores, todos ellos difícilmente previsibles poco antes. Podríamos apuntar que el más importante ha sido la disponibilidad de financiación, que se habilitó inicialmente a través de la ayuda adicional de un contrato Ramón y Cajal concedido en 2021. Sin embargo, en realidad, el factor decisivo fue la disposición de Carmina Verdú, archivera del Archivo Histórico Municipal de Elche, para hacer y ofrecernos la transcripción del documento; un regalo de tiempo y experticia paleográfica para nosotros como editores y para ustedes como lectores. En el momento de plantear nuestro proyecto editorial supimos con sorpresa que la transcripción estaba ya iniciada, aunque en suspenso desde hacía varios años. Juan Torres Fontes había planeado esta misma publicación (tal vez como complemento a la de la *Sphera del universo*), pero no llegó a concretarla.

Hemos tomado la posta[34] esperando dar *noticias nuevas* sobre la Murcia del Quinientos y poner en valor los fondos documentales

[33] Ana Díaz Serrano, *El gobierno de las distancias*, Madrid, 2024.

[34] En la introducción de la *Sphera* Juan Torres Fontes advertía "que permanece inédita porque su publicación exigiría un adecuado aparato crítico, y supresión de los documentos porque ya han sido editados" (Rocamora, *Sphera…*, p. XXI). Por nuestra parte, hemos dado prioridad a la difusión de la obra y su puesta en valor a través de nuestros propios estudios introductorios, pero, sobre todo, a los por venir sobre su creación y contenidos.

de los archivos que por su clasificación como municipales o locales actualmente llaman menos la atención de los investigadores. El oficio de la historia siempre gira en torno a un archivo. El hallazgo del manuscrito de Ginés de Rocamora en el lugar menos pensado pone en evidencia la necesidad de diversificar las búsquedas y persistir (aunque la fortuna es un elemento que hay que tener en cuenta y que no siempre juega a favor de la investigación). Nuestro agradecimiento particular a Carmina Verdú se hace extensible a María José Hernández, archivera del Archivo Municipal de Murcia, y en general a quienes mantienen *nuestros* archivos vivos. Finalmente, en un futuro próximo esperamos convertir este proyecto editorial en una herramienta de transferencia del conocimiento del pasado, de cómo se percibían los espacios, se organizaban y gobernaban las sociedades y se escribía –y se escribe– la historia.

SECUENCIAS. DE *ANTIGÜEDADES* Y RELIQUIAS

Las *Antigüedades de Murcia* se dividen en dos partes: la primera con el contenido corográfico que hemos destacado en nuestra edición, cuyas referencias dentro del propio texto marcan una horquilla temporal entre 1593 y 1595[35], y la segunda con el contenido literario correspondiente a la justa celebrada en 1594. La unidad formal viene dada por la caligrafía, la tinta y el papel comunes. La autoría de ambas partes por Ginés de Rocamora es referida en la tapa y en la primera hoja del volumen encuadernado, cuyas caligrafías son diferentes a la del manuscrito. La parte corográfica se compone por un total de 23 discursos completos y uno parcial, numerados de manera discontinua del 4 al 27[36] y paginados originalmente del folio 23 al 191. Faltan

[35] Ortega señala que en el preámbulo del manuscrito todavía completo en el momento de su consulta Rocamora fecha el proceso de escritura (sin terminar) en 1593. El año indicado en la tapa y en la portada del manuscrito, junto al título y los datos del autor, es 1594. Sin embargo, el Discurso 27 incluye la transcripción de una carta de Clemente VIII fechada en 17 de enero de 1595. Esta horquilla de tiempo viene reforzada además por la mención a fray Diego de Arce como guardián del convento de San Francisco, cargo que ocupó precisamente entre 1593 y 1595.

[36] Hay un salto del Discurso 24 al 26, tal vez por un error de continuidad por parte del autor.

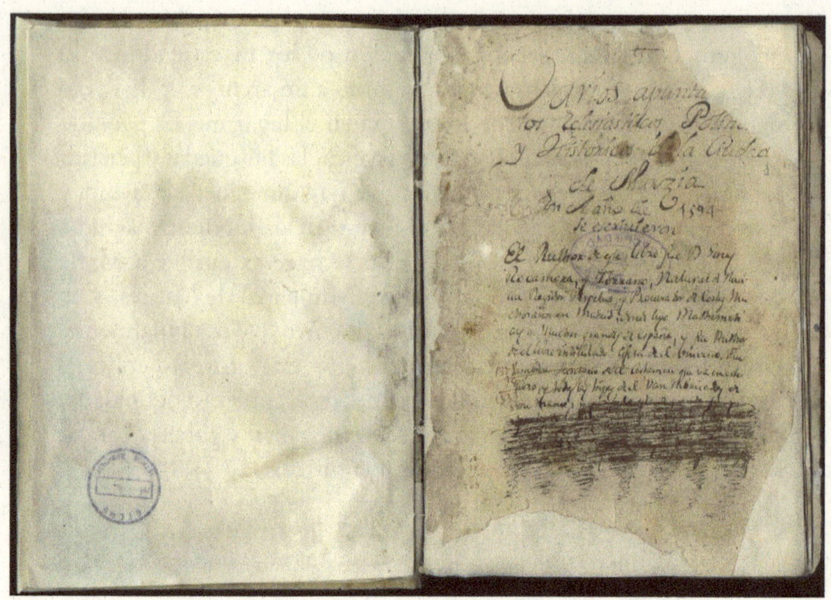

Portada. Ginés de Rocamora, *Antigüedades de Murcia*, 1594
(Archivo Histórico Municipal de Elche)

los dos primeros discursos, más parte de un tercero, que hubieran correspondido a los 22 primeros folios. Además Ortega informa de la existencia de un preámbulo. El texto corográfico termina abruptamente, por lo que debemos suponer fragmentos finales también perdidos. La parte literaria inicia con una portada mutilada, donde originalmente lucía un dibujo del escudo de la ciudad de Murcia que fue sustraído. Previos a los textos presentados en la justa se incluye la relación de premios ofrecidos por el cabildo y el listado de jueces, aunque no se facilita el nombre de los autores ni de los ganadores. Las piezas literarias se dividen en jeroglíficos, laberintos, sonetos y canciones, con un total de 66 folios (sin numeración original).

Aunque en la tapa y en el primer folio la obra se identifica bajo el título *Varios apuntamientos eclesiásticos, políticos e históricos de la ciudad de Murcia*, el autor marcó cada folio con la inscripción Antigüedades (vuelto) de Murcia (recto), título con el que los editores

Primera página del manuscrito. Ginés de Rocamora, *Antigüedades de Murcia*, 1594, f. 24 (Archivo Histórico Municipal de Elche)

decidimos darla a conocer. Tras un cotejo caligráfico muy limitado[37] no descartamos que estos textos iniciales fueran añadidos por Ortega para mejorar la identificación del manuscrito, tal vez hasta entonces carente de portada. Este hecho podría revelar que Rocamora no dio por concluida su obra o que la portada original se había deteriorado, decidiéndose la encuadernación a posteriori para protegerla[38].

El estado de conservación del documento hoy reporta un deterioro importante, que fue detenido con su restauración, llevada a

[37] Fotografía de la portada del manuscrito de la obra de fray Pablo Manuel Ortega (Ortega, *Edición crítica...*, Lámina I). Este mismo cotejo permite descartar la posibilidad de que el documento conservado en Elche se tratara de la copia hecha por Ortega, cuyo hallazgo –de conservarse– presumiblemente permitiría conocer la obra completa de Rocamora.

[38] Podría haber sido el propio Ortega quien ordenara la encuadernación. El tipo de encuadernación no ayuda a su datación, pues el pergamino fue utilizado regularmente durante los siglos XVI, XVII y XVIII.

cabo en 2011. Presentaba daños físicos, biológicos y químicos que han dejado huellas en el manuscrito, complicando su lectura en un número considerable de folios debido a perforaciones y roturas. Esto pone en valor esta edición, pero también sirve de advertencia sobre posibles errores puntuales en la transcripción.

En los capítulos 2 y 3 de este libro proponemos dos hipótesis sobre el origen de las *Antigüedades*. Centenero de Arce indica la compilación de los privilegios de la ciudad que Rocamora realizó por encargo del cabildo, del que formaba parte como regidor y más tarde también como procurador. Díaz Serrano vincula la escritura de la corografía con las relaciones topográficas proyectadas por Felipe II. No son hipótesis contradictorias, sino complementarias, y hemos preferido mantener cada una de ellas en los marcos analíticos que las evocan. No conseguimos despejar la incógnita, pero planteamos explicaciones posibles y, a la vez, esperamos mostrar la complejidad de una investigación de este tipo.

A grandes rasgos el contenido corográfico del manuscrito de Rocamora puede dividirse en dos bloques, el primero referido a la república de Murcia (Discursos 3-17) y el segundo al obispado de Cartagena (Discursos 18-25). Los dos últimos discursos (26 y 27) fusionan ambas entidades. Dedicados a las celebraciones en torno a la llegada de las reliquias de san Fulgencio y santa Florentina a la catedral de Murcia, sede del obispado de Cartagena, exponen intereses y desvelos comunes. Los discursos 3 (parcial), 4, 17 y 18 tienen contenido histórico, incidiendo en la conformación de la identidad cristiana de Murcia a través de la superación de su pasado musulmán, con Alfonso X como mentor, y de una lucha contra el Islam prorrogada desde el siglo VIII -"que ninguna ciudad de España se defendió más esforzadamente"- hasta las iniciativas de conquista del reino nazarí impulsadas por los Reyes Católicos, cuando la figura del adelantado cobra relevancia.

Los discursos 5 a 11 describen la ciudad y su entorno. Primero dibuja un marco ambiental: clima, geografía, recursos naturales, donde la principal referencia es el río Segura, que da origen a una vega "tan fértil", "una de las mejores que en nuestra Europa ni aun en otras partes del mundo se puede hallar". Rocamora localiza con precisión de matemático el emplazamiento de la ciudad y define la tierra como "templada", exaltando sus inviernos generosos en flores y frutas y disimulando sus veranos cálidos y "congojosos".

Después dibuja la traza urbana y sus hitos arquitectónicos civiles. La imagen de Murcia que Rocamora quiere perfilar detalladamente página a página se resume en un par de elogiosas líneas: "Toda la ciudad es muy llana, está bien adornada de casas y edificios suntuosas. Las calles bien trazadas y con mucha policía". La muralla, con sus torres y puertas, y el puente de cal y canto se sitúan en un primer plano y sirven de referencia para ordenar el espacio y el relato con una Murcia intramuros y una Murcia extramuros. Al interior la plaza de Santa Catalina marca un centro, al modo de un foro romano. La población acude a ella para tomar parte en las actividades de mayor relevancia: económicas (lonja, contraste de la seda), políticas (cabildos), militares (alardes, arrebatos), religiosas (autos de fe) y lúdicas (toros, juegos de cañas). También era el lugar donde se encontraban los escribientes.

A un costado de la muralla, ocupando el emplazamiento del antiguo alcázar, se levantaba una serie de edificios importantes por su fábrica y por sus funciones: la casa de la corte, donde residía el corregidor, se reunía el cabildo y operaban los inquisidores; el pósito, el hospital y unos mesones. En el resto del núcleo amurallado proliferaban "muchas casas suntuosas de caballeros", que destacaban frente a edificaciones más discretas, como la aduana y el matadero.

Fuera del recinto amurallado la ciudad de Murcia se extiende hasta las orillas del Mediterráneo. En las inmediaciones el principal foco de interés es la plaza del mercado, "en la cual todos los jueves todas las cosas que en ella se venden son francos de alcabala". Rocamora establece los límites de la ciudad registrando los lugares bajo su jurisdicción. Un total de 24 arrabales, entre los que destaca la Arrixaca, un segundo espacio cercado cuyo origen permite rememorar la Murcia en la que cristianos y musulmanes coexistían; dos villas, la de Molina y la de Librilla, la aldea de Torre de Salinas y el lugar de Fortuna, mencionando además Molina la Seca, Mula y el valle de Ricote como antiguas posesiones.

Rocamora dota de decoro incluso los espacios despoblados, donde advierte la presencia de vestigios de tiempos mejores. Los

Discurso 6. Que trata de la vega y término de la ciudad de Murcia y de su fertilidad. Ginés de Rocamora, *Antigüedades de Murcia*, 1594 (Archivo Histórico Municipal de Elche)

más cercanos a la ciudad corresponden al castillo de Monteagudo, "aunque en él hay muchas torres levantadas y del discurso del tiempo casi ya consumidas y arruinadas". Algo más alejado un segundo castillo, el de Miraflores, cuyo nombre evoca las fabulosas vistas aéreas de la ciudad y la huerta, "porque desde allí se ven todas las flores de naranjos y los demás árboles que hay en la vega y orilla del río". En el borde mar "una torre muy fuerte cercada toda con un revellín" conocida como Los Alcázares marca el lugar de un antiguo puerto que Fernando IV había ordenado construir. Otras torres costeras señalan lugares de pesca gestionados por el cabildo murciano: una encañizada en el Mar Menor y una almadraba en el Mar Mayor.

Los discursos 12 a 16 exponen aspectos políticos. Rocamora describe los dos escudos de armas con los que sucesivamente la ciudad

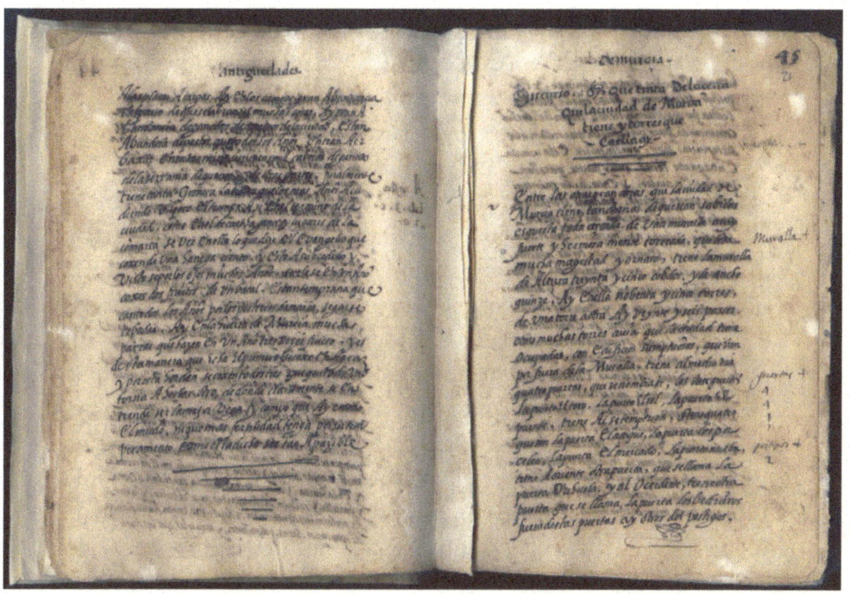

Discurso 7. Que trata de la cerca que la ciudad de Murcia tiene y torres que en ella hay. Ginés de Rocamora, *Antigüedades de Murcia*, 1594 (Archivo Histórico Municipal de Elche)

de Murcia representó sus calidades. El primero de ellos estaba compuesto por una torre y una palma, símbolos de su inexpugnabilidad y fidelidad, y el segundo por las seis coronas de oro "orleadas" de castillos y leones, concedidas por Alfonso X en agradecimiento de su lealtad y servicios. Seguidamente describe la composición del gobierno local, el cabildo, haciendo una relación cronológica de los privilegios que le fueron dotando de oficios y funciones. La idea general es que "siempre la ciudad de Murcia ha sido y es gobernada por gente de mucha calidad porque de continuo se ha apreciado que su ayuntamiento estuviese adornado de caballeros hidalgos y muchos de hábitos de Santiago, Alcántara y Calatrava". El cuadro final arroja un total de casi setecientos oficiales, entre los que destacan los 41 regidores y los 34 jurados "que tienen regida y gobernada la dicha ciudad con mucha prudencia y discreción". Se suman veinticinco escribanos, dieciséis procuradores perpetuos, veinte letrados, treinta teólogos, nueve doctores en medicina, veintiséis cirujanos y ocho boticas, todos ellos dedicados al cuidado de la salud política, espiritual y física del cuerpo que metafóricamente conformaba la república, cuyo máximo responsable es el adelantado del reino de Murcia, "el oficio más preeminente", "cabeza que es de todo".

Una segunda relación de privilegios expone cómo progresivamente se habían ido articulando y regulando las dinámicas ordinarias y extraordinarias en las que estaban inmersos las vecinas y vecinos de la ciudad. Esta presentación del gobierno urbano a través de los dictados de la Corona, dejando de lado las ordenanzas municipales, no es un menosprecio a lo local ni la manifestación de la idea de una Monarquía centralizadora. Rocamora, como representante de los intereses murcianos que vivió gran parte de su vida en Madrid, explica el gobierno de la república a partir de la relación de reciprocidad establecida con la Corona. Así, escribe: "La mayor grandeza de todas cuantas la ciudad de Murcia ha tenido y tiene y de que más se pueda preciar es haber sido gobernadora de los reinos de España". Esta atribución, que le había sido conferida por Enrique III en 1385, permitirá conmutar su posición territorial periférica por una posición política céntrica.

Los discursos dedicados al obispado de Cartagena inciden en su antigüedad, identificándolo como antecesor del obispado de Toledo, y en su calidad, evidenciada por su condición de cuna, silla y primera tumba de san Fulgencio. Siguiendo el esquema utilizado para la república de Murcia, Rocamora delimita el obispado y hace relación tanto de sus privilegios como de sus obispos, que quedan equiparados a los adelantados en el plano del poder espiritual. En el discurso dedicado a los límites y términos era imposible no mencionar la pérdida territorial sufrida unas décadas antes como consecuencia de la creación del obispado de Orihuela, tras un largo litigio que fue resuelto por una comisión nombrada por Felipe II. "Pero con todo -señala Rocamora- es un obispado de los más ilustres de España", apreciación que hace tomando como referencia los veinte a veinticinco mil ducados de renta que anualmente era capaz de recaudar en las más de cuarenta leguas que conservaba bajo su jurisdicción.

Es en esta parte en la que Rocamora hace relación de los hitos arquitectónicos religiosos de la ciudad de Murcia. La catedral es la

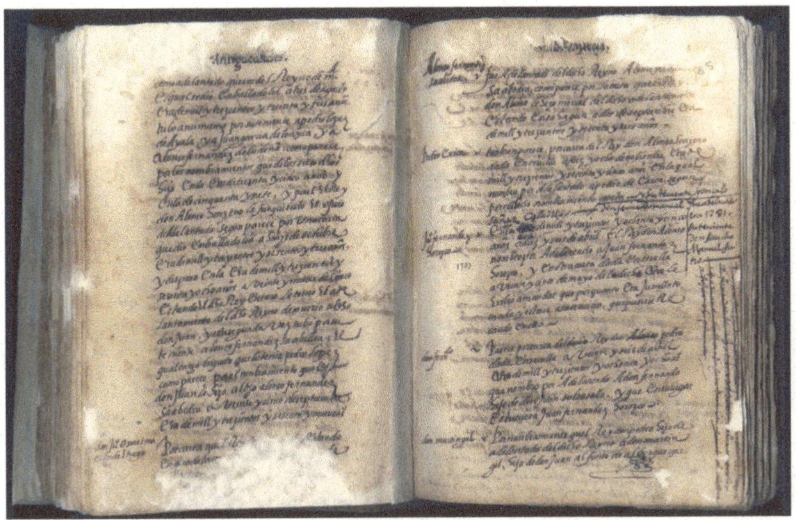

Del Discurso 16. Fragmento de la relación de adelantados del Reino de Murcia. Ginés de Rocamora, *Antigüedades de Murcia*, 1594, ff. 84v.-85r. (Archivo Histórico Municipal de Elche)

piedra angular: "uno de los más magníficos y venerables templos de España porque es muy suntuoso así en la forma como en la manera de los edificios, riqueza, oficios, sacrificios y órdenes que en ello se tiene". Las *Antigüedades* ofrecen una visita virtual del templo (si la imaginación del lector lo permite), aludiendo a la torre todavía sin terminar, en cuyo primer piso se encuentra una sacristía "hermosamente labrada", depósito de vestimentas y reliquias, y en el segundo una amplia sala que sirve de "librería"; sus "muy galanas" vidrieras, que dejan entrar "muy gran luz por todas partes"; sus seis puertas, "todas ellas muy grandes y hermosamente chapadas"; la capilla mayor, que "es capilla real porque en ella están las entrañas del rey don Alonso el sabio"; o las cincuenta y una capillas menores, con mención aparte para la de los marqueses de los Vélez, "toda labrada a lo moderno", "con mucha curiosidad adornada". En su interior podían verse las banderas de las batallas ganadas por los adelantados del reino, junto a las cabezas de san Félix, san Adauto y una de las

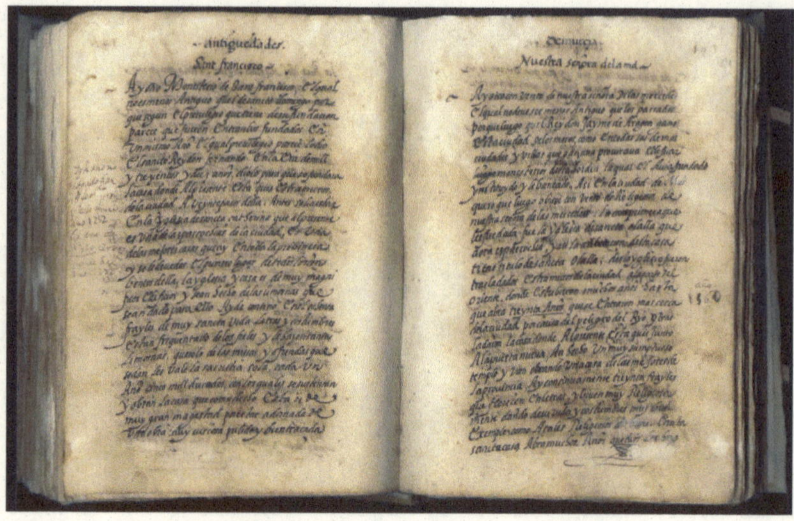

Del Discurso 23. Descripciones de los monasterios de San Francisco y de Nuestra Señora de la Merced. Ginés de Rocamora, *Antigüedades de Murcia*, 1594, ff. 148v.-149r. (Archivo Histórico Municipal de Elche)

once mil vírgenes, y en el exterior "unos escudos dentro de los cuales hay unos salvajes y de ellos salen unas cadenas hechas en piedra".

Con menor detalle estético y mayor atención a datos de fundación, ocupación y rentas, Rocamora registra los edificios dedicados a la vida contemplativa, empezando por los conventos masculinos y femeninos y siguiendo con los monasterios y "casas de santos particulares". Entre las ermitas menciona intramuros la de Santa Quiteria y extramuros la de Nuestra Señora de la Fuensanta. Se detiene y extiende al mencionar el monasterio franciscano situado en el campo de Cartagena con advocación a san Ginés de la Jara, dice, "por ser santo de mi nombre y porque en este obispado le tienen grandísima devoción".

Del Discurso 26. Fragmento de la descripción de la llegada de las reliquias a la ciudad de Murcia. Ginés de Rocamora, *Antigüedades de Murcia*, 1594, ff. 135v.-136r. (Archivo Histórico Municipal de Elche)

Primera página de las justas literarias. Ginés de Rocamora, *Antigüedades de Murcia*, 1594, sin numeración original (Archivo Histórico Municipal de Elche)

Entre los obispos de Cartagena Rocamora destaca a quien "al presente" ocupaba la silla arzobispal, Sancho Dávila y Toledo, promotor de la recuperación de los restos de san Fulgencio y su hermana Florentina. El objetivo principal de Dávila era restaurar el prestigio dañado por la decisión regia de favorecer las demandas de los oriolanos. En este punto lo histórico cumplía un papel fundamental. Para mostrar su abolengo encargó una serie de retratos de quienes le habían antecedido en el cargo, lo que hizo necesaria una pequeña pesquisa de nombres y fechas que puso al descubierto que en esta lista se encontraba san Fulgencio. Este santo no solo había sido obispo de Cartagena, sino que además era oriundo de la ciudad que da nombre a la diócesis. Según señala Rocamora, él mismo estuvo detrás de este hallazgo y así gusta de dar al lector todo tipo de detalles de lo acaecido en torno a estas reliquias, a las que dedica los dos últimos discursos del manuscrito que publicamos.

La vida de san Fulgencio había trascurrido entre los siglo VI y VII y formaba parte de una familia que unificaba la tradición romana (por línea paterna) y la visigoda (por línea materna) y que la tradición cristiana cubrió con un grueso manto de santidad; además de su hermana Florentina, también sus hermanos Isidoro y Leandro y su sobrino Hermenegildo habían sido canonizados. Los restos de Fulgencio y Florentina habían sido encontrados en el siglo XIV en las inmediaciones de la sierra de Guadalupe, en Extremadura, junto a la de otros santos y mártires de su época, y fueron depositados en una iglesia de la villa de Berzocana.

En el marco cultural contrarreformista el culto a los santos y en particular a sus reliquias –y consecuentemente su circulación y mercado– se intensificó. Ambos servían de comunicadores entre el mundo sensible y el mundo espiritual, reforzando la idea de intermediación e intercesión con el que el Catolicismo se identificaba frente a otros cultos religiosos en disputa. El obispo Dávila y Toledo era además un hombre especialmente interesado en este tipo de manifestaciones religiosas. Rocamora deja constancia de la existencia en las casas del obispo de una capilla "que está con mucha curiosidad", donde "tiene más de quinientas reliquias de diferentes santos y el cuerpo santo entero de san Vidal"[39]. La presencia de estas piezas consagradas consolidaban creencias y motivaban comportamientos acordes a ellas, con un efecto no solo individual, sino fundamentalmente colectivo. Por otra parte, el hecho de que la región contara entre sus naturales con mujeres y hombres elevados a los altares confirmaba la calidad espiritual de aquellas tierras: la virtud nacía y crecía en ellas. Esta particularidad debía hacerse evidente a los sentidos, materializarse, hacerse visible. La existencia de estas reliquias era una oportunidad para ello, por lo que Dávila convirtió su adquisición en una prioridad.

La iniciativa del obispo acabó teniendo además un significado político, ya que inicialmente el obispo de Plasencia se negó a ceder tan preciadas posesiones y el de Cartagena hubo de motivar el favor del rey recurriendo a sus redes familiares y clientelares. Simultáneamente la ciudad de Murcia movilizó sus propios recursos en la Corte, en particular a sus procuradores, encontrándose entre ellos en ese momento Ginés de Rocamora. Finalmente, Felipe II atendió las demandas de los poderes eclesiásticos y civiles del sureste peninsular y ordenó a los extremeños el envío de cuatro huesos, dos de cada santo, que fueron repartidos entre la colección particular del monarca y la diócesis de Cartagena para "consuelo espiritual" de sus feligreses.

Para la recepción de las reliquias el cabildo ordenó la colocación de arcos triunfales en las cuatro calles principales de la ciudad y un quinto en la plaza de Santa Catalina, que Rocamora describe con detalle, dando explicación de la iconografía y las inscripciones con que fue decorado. Debido a las complicaciones que atravesaba la hacienda municipal, el cabildo, incapaz de hacer frente a los altos costos de una celebración de estas características, convocó concursos de altares, cruces, aderezo de mesas, danzas, bailes, espectáculos y representaciones teatrales, además de las justas poéticas que Rocamora incluyó como un extenso apéndice de su historia y que conforman la parte literaria de este volumen. Estos textos fueron expuestos en dos

---

[39] Sancho Dávila escribió *De la veneración que se debe a los cuerpos de los santos y a sus reliquias*, que fue publicada en Madrid en 1611. En ella, además de exaltar este tipo de cultos, hace inventario de su relicario personal. El entonces obispo de Jaén afirma tener en su haber los huesos de san Fulgencio y de santa Florentina.

altares montados por el obispado y la Compañía de Jesús en la parte exterior de la puerta de la ciudad que desde ese momento se llamaría de santa Florentina. Además, por iniciativa propia los vecinos habían decorado con sedas y brocados las fachadas y ventanas de sus casas, engalanando calles completas, "todo por devoción y contemplación de estos gloriosos santos".

El último discurso captura un momento concreto: la mañana del 2 de enero de 1594, cuando las reliquias de san Fulgencio y santa Florentina llegan a la ciudad de Murcia. En el mencionado altar montado por el obispado, Dávila, que había sido acompañado en procesión desde la catedral por las principales entidades religiosas y civiles de la ciudad y de su diócesis, recibió el relicario, lo abrió, sacó los "santos huesos y los mostró a todo el pueblo". Rocamora cifra en once mil las personas que acudieron "para poder ver las santas reliquias, dónde iban y cómo las llevaban". Después, a lo largo de un periplo por la ciudad que debió durar varias horas, las reliquias fueron exhibidas al menos en tres ocasiones más, siempre entre cantos, bailes, músicas y otras manifestaciones festivas. En la puerta de la catedral, en un altar de grandes dimensiones, además de mostrar las reliquias, el obispo abrió y dio pública lectura a las cartas en las que el rey certificaba la autenticidad de las piezas y manifestaba su devoción por estos santos, una devoción compartida con sus súbditos murcianos.

Esta movilización de recursos y emociones colectivas denota la importancia de este episodio para la historia local como parte de una trama mayor. La escritura de las *Antigüedades* de Ginés de Rocamora son un elemento más dentro de este contexto, que ilustra con nitidez las dinámicas culturales y políticas que explican cómo se construyó un imperio.

GINÉS DE ROCAMORA: UNA VIDA ENTRE FRACASOS Y EL ÉXITO DE LA POSTERIDAD

Domingo Centenero de Arce
I.E.S. Licenciado Francisco Cascales

INTRODUCCIÓN

En 1612, moría en la parroquia de San Sebastián de Madrid don Ginés de Rocamora y Torrano. Tenía aproximadamente sesenta años. Trazar su biografía –que realicé con mayor extensión en mi libro de Repúblicas urbanas a ciudades nobles– es un reto no solo por evitar que el texto sea un mero resumen de lo ya dicho en otra ocasión[1].

Como ya escribí, la vida de don Ginés refleja una larga trayectoria muy interesante; por un lado, por los puestos ocupados: regidor, procurador en Cortes, corregidor y, al parecer, docente a la vez que discente en la Academia de Matemáticas; y, por el otro lado, por los libros escritos. Estos van desde el manuscrito que aquí presentamos sobre la historia de la ciudad de Murcia, pasando por un libro sobre la esfera –bellamente publicado por la Academia de Alfonso X–, hasta uno dedicado al cuarto mandamiento («honrarás a tu padre y a tu madre»), todavía desaparecido[2].

Existen muchas formas de acercarse a una biografía. La clasificación que realizó Giovanni Levi hace ya unas décadas sigue vigente, distinguiendo entre la biografía modal o prosopográfica, la contextual, la ligada a los casos límite y, entre estas, la que yo realicé con don Ginés de Rocamora, que fue una biografía contextual[3]. Esta

---

[1] Domingo Centenero de Arce, *De repúblicas urbanas a ciudades nobles : un análisis de la evolución y desarrollo del republicanismo castellano (1550-1621)*, Madrid, 2012.

[2] Centenero de Arce, *De repúblicas urbanas...*, pp. 15-25 .

[3] Giovanni Levi, "Les usages de la biographie", *Annales,* 44 (1989), pp. 1325-1326. Antonio Morales Moya, "Biografía y narración. La historiografía actual", *Problemas actuales en la historia*, Salamanca, 1993, pp. 229-257; Juan Francisco Pardo Molero, "La biografía en la historiografía modernista española. De la práctica a la teoría ", *Estudis,*

me permitía situar el desarrollo de su vida dentro de unas tensiones generales que van desde la ciudad de Murcia hasta su reino, sin dejar de lado la gobernación general de la monarquía. Y es la que también voy a seguir aquí, porque, en cierto modo (aunque con algunos documentos nuevos, ya que estos nunca dejan de aparecer, y que permiten reconstruir algún retazo más de la vida de don Ginés), la lectura que elaboré en su momento sigue completamente vigente.

Aquel trabajo, iniciático si se desea, me sirvió como primer paso en una investigación posterior donde señalé que para comprender el desarrollo de la monarquía había que prestar atención a sus agentes, las ideas que los inspiraban, sus experiencias...; todo ello si en realidad queríamos entender los procesos de toma de decisiones y el propio modelo de funcionamiento[4]. Sus vidas estaban limitadas por una serie de tensiones de las que los individuos no eran plenamente conscientes[5]. Retomar esta idea nos obliga en las páginas que siguen a condensar una biografía que situará los puntos clave en la evolución de don Ginés, al tiempo que intentará trascender de él para delimitar un debate con todo lo que ello implica, significar lo común y no magnificar lo excepcional para articular una reflexión general; en definitiva, retomando el título del libro dirigido por Jean Claude Passeron y Jacques Revel, pensar a través de un caso[6].

La bibliografía sobre el reino de Murcia es muy amplia; un variado número de historiadores nos ha permitido conocer las guías sobre las que se asienta la historia de este reino en la Edad Moderna[7]. Quizás

---

28 (2002), pp. 407-420; Justo Serna y Anaclet Pons, *Cómo se escribe la microhistoria*, Valencia, 2000; Justo Serna y Anaclet Pons, "El ojo en la aguja. De que hablamos cuando hablamos de microhistoria", *Ayer*, (1996).

[4] Domingo Centenero de Arce, "¿Una Monarquía de lazos débiles? Circulación y experiencia como formas de construcción de la Monarquía Católica", en J.F. Pardo Molero, *Oficiales reales. Los servidores del rey en la Monarquía hispánica*, Valencia, 2012, pp. 137-163.

[5] Norbert Elias, *La sociedad de los individuos*, Barcelona, 1990.

[6] Jean-Claude Passeron y Jacques Revel, *Penser par Cas*, Paris, 2005; Jacques Revel, *Jeux d'échelles : la micro-analyse à l'expérience*, Paris, 1996.

[7] Domingo Centenero de Arce y Óscar Parra Montoya, "De gobernadores facticios a factores de mercedes. La recuperación del poder del IV marqués de los Vélez", G. Levi y R.A Rodríguez Pérez, *Familias, Jerarquización y movilidad social*, Murcia, 2010, pp. 29-45; Francisco Chacón Jiménez, *Murcia en la centuria del quinientos*, Murcia, 1979; Francisco Javier Guillamón Álvarez, "Una oligarquía urbana en tiempos de reformas (Murcia 1621-1627)", *Studia Storica: Historia Moderna*, 14 (1994), pp. 115-140;

uno de los estudios más sobresalientes y profundos sea el realizado por José Javier Ruiz Ibáñez en su libro *Las dos caras de Jano*[8]. En él se muestran, entre 1580 y 1640, las demandas crecientes de una Corona necesitada de hombres y dinero. Estas exigencias fueron negociados con el común por unas oligarquías locales que vieron reforzada su posición como mediadoras. Su libro retomaba uno de los conceptos del gran historiador y jurista Francisco Tomás y Valiente para trazar la relación existente entre los diversos grupos, en una "constitución" que se mantuvo a pesar de las demandas de la Corona, gracias al papel jugado por las oligarquías locales[9].

Aquella idea conectaba con la reflexión que desde inicios y mediados de los ochenta se había realizado sobre el papel de las ciudades en las Cortes, en la aprobación de los servicios, que permitía consolidar su posición. Idea que sería retomada por I.A.A. Thompson para ejemplificar el papel que estas oligarquías locales

---

Francisco Javier Guillamón Álvarez, *La corona y los representantes del reino de Murcia 1590-1640*, Murcia, 1995; Raimundo A. Rodríguez Pérez y Juan Hernández Franco, *Memorial de la calidad y servicios de la casa Fajardo. Marqueses de los Vélez. Obra inedita del genealogista Salazar y Castro*, Murcia, 2009; Juan Hernández Franco y Raimundo A. Rodríguez Pérez, "La casa aristocrática de los Vélez y la solicitud de la grandeza de España de primera clase", F. Andújar Castillo y J.P. Díaz López, *Los señoríos en la Andalucía Moderna*, Almería, 2007, pp. 307-319; Juan Hernández Franco y Sebastian Molina Puche, "El retraimiento militar de la nobleza castellana con motivo de la guerra franco-española. El ejemplo contrapuesto del reino de Murcia", *Cuadernos de Historia Moderna,* (2004), 111-130; Julio David Muñoz Rodríguez, *Felipe V y cien mil murcianos. Movilización social y cambio político en la Corona de Castilla durante la guerra de Sucesión. 1680-1725*, Tesis doctoral, Universidad de Murcia, 2011; Julio David Muñoz Rodríguez, "Monarquía, aristocracia y poderes locales. Una interpretación del clientelismo a propósito de la Casa Fajardo", F.J. Guillamón Álvarez, *Gli eori Fassardi. Los héroes Fajardo. Movilización social y memoria política en el reino de Murcia*, Murcia, 2006; Julio David Muñoz Rodríguez, *Damus ut des: Los servicios de la ciudad de Murcia a la corona a finales del siglo XVII*, Murcia, 2003; María Teresa Pérez Picazo, *El mayorazgo en la historia económica de región de Murcia expansión crisis y abolición*, Madrid, 1992; Guy Lemeunier y María Teresa Pérez Picazo, "Agua y coyuntura económica. Las transformaciones de los regadíos murcianos 1450-1926", *Geocrítica,* 58 (1985), pp. 7-87; María Teresa Pérez Picazo, *El proceso de modernización de la región murciana S XVI-XIX*, Murcia, 1984; María Teresa Pérez Picazo y Guy Lemeunier, "La coyuntura murciana. Población y producción en el siglo de Oro", *Cuadernos de Historia. Anexos de la revista Hispania,* 1983, pp. 165-234. José Javier Ruiz Ibáñez, *Las dos caras de Jano*, Murcia, 1995.

[8] Vicente Montojo Montojo, "Matrimonio y patrimonio en la oligarquia cartagenera", F. Chacón Jiménez, *Familia, grupos sociales y mujer en España XV-XIX*, Murcia, 1991, pp. 49-51; Ruiz Ibáñez, *Las dos caras.*

[9] Ruiz Ibáñez, *Las dos caras...* pp. 21-24 y 351-356.

jugaron en la negociación en un proceso que él, en una intervención posterior, ligaba no solo a la cantidad de guerra, sino al lugar en que se producía la misma[10].

En aquella primera interpretación, como en las realizadas con posterioridad, el papel jugado por la aristocracia, su intervención en la negociación, en sus diversos territorios quedaba en un segundo plano. En este caso el Marqués de los Vélez que no aparecía como mediador ambivalente en el libro *Las dos caras de Jano*, mientras tomaban un papel principal las oligarquías locales, que trasladaban y hacían soportables las demandas de la Corona a los habitantes de la ciudad y el reino de Murcia[11].

La explicación, con la que coincido, debería ser matizada. El caso de don Ginés nos ofrece, de un lado, una de las muchas visiones que los regidores y procuradores castellanos tenían del funcionamiento de la monarquía. Estas oscilaban entre una visión más municipalista –republicana (la representada por don Ginés)– y otras que, con diferentes matices que habremos de estudiar con detenimiento, mostraban un apoyo a las demandas de la Corona. Del otro, nos

[10] Felipe Ruiz Martín, "La hacienda y los grupos de presión en el siglo XVII", B. Bennassar, *Estado, hacienda y sociedad en la historia de España*, Valladolid, 1989, pp. 97-122; Irving Anthony Alexander Thompson, "La corona y las cortes de Castilla 1590-1665. Dos estudios sobre las Cortes de Castilla en la Edad moderna", *Revista de las Cortes Generales,* 8 (1986), pp 8-60; Irving Anthony Alexander Thompson, "¿Fiel a qué? El lenguaje político en los ayuntamientos en la Castilla del siglo XVII", *Mélanges de l'Ecole française de Rome. Italie et Méditerranee,* 118 (2006), pp. 281-288; Irving Anthony Alexander Thompson, "Patronato real e integración política en las ciudades castellanas bajo los Austrias", J.I. Fortea Pérez, *Imágenes de la diversidad. El mundo urbano en la Corona de Castilla (s. XVI-XVIII)*, Santander, 1997, pp. 475-496 ; José Ignacio Fortea Pérez, *Monarquía y Cortes en la Corona de Castilla. Las ciudades en la política fiscal de Felipe II*, Valladolid, 1990; José Ignacio Fortea Pérez, "Las últimas cortes del reinado de Carlos V (1537-1555)", J.L. Castellano y F. Sanchéz-Montes González, *Carlos V. Europeismo y Universalidad*, Madrid, 2002, pp. 243-291; José Ignacio Fortea Pérez, "The corts of Castile and Phillip II's Fiscal Policy", *Parliaments Estates and representations,* 11 (1991), pp. 117-138; Charles Jago, "Habsburg Absolutism and the cortes of Castile", *The American Historical Review,* 86 (1981), pp. 307-326; Charles Jago, "The corts 1576 in Castile", *Past and Present,* 109 (1985); Charles Jago, "Crown and Cortes in Early modern Spain (review Essay)", *Parliaments Estates and representations,* 12 (1992), pp. 177-192; Charles Jago, "Parliament, Subsidies and Constitutional change in Castile 1601-1621", *Parliaments, Estates and Representation,* 13 (1993), pp. 123-137; Charles Jago, "Cultura política y tributos en Castilla", R.L. Kagan y G. Parker, *España, Europa y el mundo atlántico. Homenaje a John H. Elliott*, Madrid, 2001, pp. 83-112.

[11] Ruiz Ibáñez, *Las dos caras*..., pp. 351-356.

ofrece una sección transversal de las relaciones de poder existentes en el reino de Murcia, en el que el marqués de los Vélez aparece como un *obstinato* rítmico recurrente, y lo seguirá siendo hasta el siglo XVIII, cuando la desaparición de la casa Fajardo y los cambios que sobre la aristocracia ejercerá el gobierno de Felipe V acabarán por diseñar un nuevo modo de relación ahora en estudio[12]. En consecuencia, el presente texto –como otros que he dedicado al poder nobiliario– incide en la necesidad de tener en cuenta este papel de la aristocracia, que seguiría siendo una importante influencia por su inserción en la Corte (algo que ha sido estudiado) y por la relación con sus territorios de origen, los cuales les provenían de clientelas y hechuras[13].

La vida política de don Ginés se desarrolló en este marco, y es el que intentaremos analizar a través de estas páginas, siguiendo tanto su vida privada, hasta donde nos es posible, como su vida pública, y cómo ambas se imbricaron en el juego de poderes existente, ante el que tuvo que tomar decisiones. Esto nos permite situar su vida ante la encrucijada que supone comprender las tensiones estructurales y la capacidad de los agentes para decidir.

---

[12] Una visión contrapuesta en los siguientes trabajos: Domingo Centenero de Arce, "¿Estudiada bicefalia y proceso de civilización? una hipótesis a través del estudio del ejercicio del poder del marquesado de los Vélez en el reino de Murcia (1500-1700)", *Chronica Nova,* 46 (2020), pp. 213-238; Julio David Muñoz Rodríguez y José Javier Ruiz Ibáñez, "De personas y territorios. La defensa del reino de Murcia entre los siglos XVI y la primera mitad del XVII", *Obradoiro de Historia Moderna,* 30 (2021), pp. 71-100. Sobre la aristocracia en la época de Felipe V, un interesante punto de vista: María del Mar Felices de la Fuente, *La nobleza titulada en el reinado de Felipe V. Formas de acceso y caracterización,* Tesis Doctoral, Universidad de Almería, 2011.

[13] D. Centenero de Arce "¿Estudiada bicefalia y proceso de civilización? ..."; Centenero de Arce y Parra Montoya, "De gobernadores facticios...".

Pedro Perret, *Retrato de Ginés de Rocamora y Torrano.* Estampa suelta. (Biblioteca Nacional de España)

LA VIDA DE DON GINÉS DE ROCAMORA. SUS ORÍGENES Y SUS PRIMEROS PASOS EN LA POLÍTICA

Ginés de Rocamora fue, según parece, el hijo primogénito del segundo matrimonio de Jaime de Rocamora, noble oriolano emigrado a Murcia por los frecuentes enfrentamientos banderizos que asolaban la ciudad del bajo Segura. A su llegada a Murcia casó con Luisa Torrano. Su matrimonio (en el que también tuvo una hija, Juana) era el típico producto de la época[14]. Uno de aquellos matrimonios endogámicos en lo social pero exogámicos en lo espacial que serían característicos de las élites de los tiempos pretéritos y que acabarían constituyendo unos patrimonios dispersos unidos bajo la hégira de mayorazgos o vinculaciones. Con reglas articulaban la descendencia a través de la herencia, en muchas ocasiones ligada a un nombre y un apellido. Mayorazgos que acabarían suscitando, por su posesión y herencia, importantes pleitos entre los múltiples descendientes, aspecto que tendríamos que estudiar para comprender el peculiar funcionamiento de estas familias, en ocasiones idealizadas[15].

Don Ginés, en su incorporación a la vida política murciana, decidió ostentar como primer apellido el de su padre –Rocamora– por las especiales circunstancias del de su madre –Torrano–, que lo conectaban con los pasados sucesos de Sotos contra Riquelme. Unos sucesos que convenía olvidar, pues dejaron para el recuerdo, aunque ocultos en el trascoro, una serie de sambenitos derivados de las condenas por judeoconversos de las que las familias trataban de huir[16]. La elección de su apellido para integrarse en la política del reino de Murcia contrasta con aquella realizada por sus contrapartes, los Rocafull. Estos habían emigrado también desde Orihuela, y siguiendo la tradición de los enfrentamientos banderizos habían matrimoniado con los antagonistas de los Riquelme, los Puxmarin. De este modo, en 1562, don Enrique de Rocafull casó con Catalina

[14] Centenero de Arce, *De repúblicas urbanas...*, pp. 31-47.

[15] Un interesante estudio de esta conflictividad para la gran nobleza: Antonio Terrasa Lozano, *La casa de Silva y los Duques de Pastrana. Linaje, contingencia y pleito en el siglo XVII*, Madrid, 2012.

[16] Centenero de Arce, *De repúblicas urbanas...*, pp. 50-71.

de Puxmarin[17]. Su hijo don Rodrigo de Puxmarin, que heredará la tradición familiar materna juntamente con su herencia, desarrollará su vida en el reino de Murcia, mientras que su hermano don Enrique de Rocafull se integraría en la vida política del reino vecino, Valencia.

Es muy probable que la tensión derivada del matrimonio entre Enrique y Catalina conllevase una reconstrucción de las redes de relación en el interior de la oligarquía murciana. Solo así podemos explicar la cesión por parte de la familia Pagán del mayorazgo de los Peñaranda a cambio de que don Ginés casase con la viuda de don Luis de Peñaranda o con alguna de las hijas del capitán Rodrigo Pagán, uno de los incitadores de Sotos contra Riquelmes. A pesar de aquel acuerdo, las hijas de don Rodrigo no parecían querer contraer matrimonio con don Ginés, pues al ser primogénito de segundo lecho su herencia era mínima, además de ser un adolescente impúber mucho menor que aquellas mujeres, en la flor de la vida, deseosas de continuar la reproducción familiar; de ahí que acabaran casando con mejores partidos[18].

En consecuencia, ni ellas ni sus familias querían arriesgar a un matrimonio que podía representar una pérdida de posición social sin lograr el fin canónico de la unión: la procreación. Una situación que derivaba en un problema, pues si quería disfrutar y heredar el mayorazgo, debía de permanecer célibe y/o ganar los pleitos que suscitasen por el mismo, lo que acabó sucediendo, demostrando que las alianzas no son para siempre y que los archivos están llenos de enfrentamientos por las herencias, pues como dijera Manolito en una tira celebre de la *Mafalda* de Quino, en ocasiones, «las herencias no se dividen, se descuartizan».

La posición social ganada por aquel juego de poderes y alianzas entre las banderías murcianas y oriolanas consintió que se integrase en el ayuntamiento murciano como regidor, sustituyendo a Francisco Lisón. Entre sus méritos destacables estaba el ser familiar del Santo Oficio. En una sociedad como la murciana, que se había visto atravesada por sucesivos conflictos sobre el pasado familiar de su

[17] Centenero de Arce, *De repúblicas urbanas...*, pp. 50-71.
[18] Centenero de Arce, *De repúblicas urbanas...*, pp. 50-71.

.oligarquía, la ortodoxia religiosa y la limpieza de sangre no era un mérito menor. Los sucesos de Sotos contra Riquelme habían tenido su origen en la ruptura de los equilibrios banderizos por la intervención del marqués de los Vélez, en la primera oleada de ventas de oficios, al favorecer a un grupo judeoconverso sobre el que deseaba apoyarse para recuperar parte del poder que había perdido tras las Comunidades[19]. El conflicto, en el que había tenido que intervenir la Inquisición, todavía coleaba, aunque nadie se atreviese a hablar de ello. La familiatura del Santo Oficio se convertía en un importante honor que protegía legal y simbólicamente a sus miembros de las posibles maledicencias[20].

La llegada de don Ginés coincidía con las necesidades de una monarquía que comenzaba a embarcarse en una sucesión de guerras, y en preparación de estas había decidido en 1562 organizar una milicia general[21]. Para ello, recurriría a un viejo sistema que había organizado con éxito la defensa de los reinos durante gran parte de la Edad Media: la caballería villana[22]. En el sur peninsular esta se había transformado en un impuesto por capitación, al obligar a quienes tuvieran un número de rentas mínimo a mantener caballo y armas. Durante gran parte de la Edad Media la caballería fue vista como un mérito: sus miembros eran las familias de más renta, que participaban conjuntamente de un espacio de sociabilidad común controlando frecuentemente la vida política de sus ciudades.

Este espacio de sociabilidad, ligado a una visión concreta de la caballería, iría decayendo con la desaparición de la frontera. La caballería pasó de ser un mérito a un baldón que señalaba a sus participantes con el estigma de no ser hidalgos[23]. La situación derivó en una importante negociación entre las ciudades del sur peninsular (no solo Murcia se vio afectada por esta situación), en tanto la

[19] Centenero de Arce, *De repúblicas urbanas...*, pp. 50-71.

[20] Jaime Contreras Contreras, "Infraestructura social de la Inquisición: comisarios y familiares", *Inquisición española y mentalidad inquisitorial*, Barcelona, 1984, pp 123-146.

[21] Domingo Centenero de Arce y Ana Díaz Serrano, "La reconstrucción de una identidad hidalga: los caballeros de cuantía de la ciudad de Murcia durante los siglos XVI-XVII", E. Soria Mesa y J.J. Bravo Caro, *Congreso Internacional las elites en la época moderna: la monarquía Española*, Córdoba, 2009, pp. 95-107.

[22] Centenero de Arce y Díaz Serrano, "La reconstrucción de una identidad hidalga...".

[23] Centenero de Arce y Díaz Serrano, "La reconstrucción de una identidad hidalga...".

organización de las milicias ponía en peligro la propia consolidación de las oligarquías locales a través de la fundación de sus vinculaciones y mayorazgos. En el caso murciano estas fundaciones han sido rastreadas por María Teresa Pérez Picazo hasta la década de los cincuenta del siglo XVI, mientras que para otras zonas peninsulares las mismas habrían de retrasarse, lo que explica la transformación de la sociedad en el tránsito del reinado de Carlos V a Felipe II[24]. La creación de los mayorazgos suponía la inmovilización de un importante patrimonio, solo enajenable –vendible– con permiso de la Corona, sobre el que se podían anotar préstamos sin temor a perder la hacienda y que generaba unas formas de vida particulares que han sido analizadas –en el caso de la gran nobleza– por Bartolomé Yun Casalilla[25]. Ahora bien, como hemos indicado antes, con su constitución no solo se inmovilizaba un patrimonio, sino también una memoria que generaba una historia: un linaje, al determinar mediante su escritura un nombre y un apellido para la sucesión en la mayoría de los casos, lo que convertía estas vinculaciones en la puerta abierta para ingresar en la hidalguía, aunque para ello debían dejar atrás su pertenencia a la caballería de cuantía[26].

La investigación ordenada por la Corona para crear una milicia y revitalizar una Caballería de Cuantía suponía de facto poner en tela de juicio a la oligarquía, pues la Corona decidió enviar fiscales a las ciudades para revisar los archivos y, partiendo de ellos, delimitar quiénes habían conformado parte de aquella caballería de cuantía. La inspección sobre el pasado suponía alterar todo el modelo de construcción sobre el que habían basado la transformación hidalga de aquellas oligarquías locales que, en último término, decidían sobre

[24] María Teresa Pérez Picazo, *El mayorazgo en la historia económica de región de Murcia expansión crisis y abolición*; Bartolomé Yun Casalilla, *Marte contra Minerva*, Barcelona, 2004.

[25] Yun Casalilla, *Marte contra Minerva…*, pp. 265-281 y 376-392 ; Bartolomé Yun Casalilla, *La gestión del poder. Corona y econonomías aristocráticas en Castilla. Siglos XVI-XVIII*, Madrid, 2002.

[26] Sobre los procesos de cambio y creación de memoria de dichas oligarquías ver Jaime Contreras Contreras, "Linajes y cambio Social. La manipulación de la memoria", *Historia Social*, 21 (1995), pp. 105-124.; Enrique Soria Mesa, *La nobleza en la España Moderna.*, Madrid, 2007; Enrique Soria Mesa, *El cambio inmóvil. Transformaciones y permanencia en una elite de poder XVI-XIX*, Córdoba, 2000.

los impuestos a recibir por una Corona cada vez más necesitada de ingresos. Esto dio lugar a una negociación cruzada; mientras los fiscales organizaban las investigaciones, los corregidores presionaban para obtener los votos decisivos, y la oligarquía buscaba una fórmula para evitar aquel baldón que, en una monarquía en la que se vendía todo, pasaba por articular su exención[27].

En medio de aquella negociación, don Ginés de Rocamora decidió aceptar el encargo del corregidor como capitán de caballeros cuantiosos de la ciudad de Murcia, lo que no pudo dejar de suscitar suspicacias dentro del cabildo, y así, el mismo día que decidía mandar un enviado a la Corte, se le descubrió un desfalco en el pósito[28]. La élite actuaba conjuntamente para defender su posición social y arrollar a quien pudiera ponerla en duda, al tiempo que negociaban con la Corona la exención de la caballería. La elección de don Ginés como capitán de caballeros cuantiosos saciaba un deseo de don Ginés: lograr el éxito y la fama a través de los hechos de las armas.

A fines de la década de los sesenta del siglo XVI, como ha señalado Thompson, los frentes militares de la monarquía se multiplicaron: al frente mediterráneo, tras la revuelta de los moriscos de 1568 y el choque con el imperio Otomano –la batalla de Lepanto (1571)– se unieron los problemas en el océano Atlántico y la rebelión de parte de las Provincias Unidas en 1568, que acabó transformándose en una guerra abierta que duraría ochenta años (1568-1648)[29]. Tras la muerte del rey Sebastián en su aventura africana, el rey Felipe II (nacido en 1527) reclamaría el vacante trono portugués después de la muerte del cardenal Antonio, haciendo valer los derechos heredados de su madre, Isabel de Portugal (1503-1539). Tras la conquista –pacto de Portugal de 1580–, la Corona desarrolló una nueva política económica de cierre comercial con las rebeldes Provincias Unidas y con su apoyo internacional, la Inglaterra de Isabel I (1533-1603)[30]. Aquella

[27] Centenero de Arce, *De repúblicas urbanas...*, pp. 61-74.

[28] Centenero de Arce, *De repúblicas urbanas...*, pp. 61-74.

[29] Geoffrey Parker, *El ejército de Flandes y el camino Español 1567-1659*, Madrid, 1999; Irving Anthony Alexander Thompson, *Guerra y decadencia: Gobierno y administración en las España de los Austrias*, Barcelona, 1981.

[30] Para la cuestión portuguesa: Fernando Jesús Bouza Álvarez, *Portugal en la Monarquía Hispánica. 1580-1640. Felipe II, las Cortes de Tomar y la génesis del Portugal Católico,*

política dio lugar, por el incremento de los riesgos del contrabando, a nuevas rutas de comercio con América, donde se incrementaron los problemas en las salinas de Punta Araya, y con Asia, para lo que tanto los ingleses como las rebeldes Provincias Unidas acabaron creando compañías comerciales a principios del siglo XVII[31].

Ante esta situación (la posibilidad del traslado de la guerra hacia otras zonas de la monarquía), la Corona hispana decidió enviar la *Felicísima Armada* contra Inglaterra para cortar el apoyo que la reina Isabel aportaba a Flandes, al tiempo que buscaba un posible levantamiento de los católicos ingleses[32]. Su organización trajo consigo el incremento del número de compañías a reclutar. Como subrayó Thompson, estas podían adoptar diversas formas que iban desde el realizado mediante patente real hasta los apercibimientos o llamamientos. Ginés de Rocamora no perdió aquella oportunidad y, al parecer, gestionó una compañía, en la que vendió el título de alférez a un familiar suyo, don Juan de Escarramad, que dio inicio

---

Madrid, 1987; Jean-Frédéric Schaub, *Le Portugal au temps du comte-duc d'Olivares (1621-1640). Le conflit de jurisdictions comme exercice de la politique*, Madrid, 2001; Jean-Frédéric Schaub, "Dinámicas políticas en el Portugal de Felipe III (1598-1621)", *Relaciones*, 73 (1998), pp. 171-210; Rafael Valladares, *La conquista de Lisboa. Violencia militar y comunidad política en Portugal, 1578-1583*, Madrid, 2008; Rafael Valladares, *La rebelión de Portugal. Guerra, conflicto y poderes en la monarquía hispánica*, Valladolid, 1998; R.B. Wernham, *After the Armada : Elizabethan England and the struggle for Western Europe, 1588-1595*, Oxford,1984; R.B. Wernham, *The return of the armadas: the last years of the Elizabethan war against Spain, 1595-1603*, New York, 1994; R. B. Wernham, *The Expedition of Sir John Norris and Sir Francis Drake to Spain and Portugal, 1589*, Aldershot, 1988; R.B. Wernham, *The making of Elizabethan foreign policy, 1558-1603*, Berkeley, 1980. Carlos Gómez-Centurión Jiménez, *La Invencible y la empresa de Inglaterra*, Madrid, 1988; Carlos Gómez-Centurión Jiménez, *Felipe II, la empresa de Inglaterra y el comercio septentrional. 1566-1609*, Madrid, 1988.

[31] Manuel Herrero Sánchez, "Las Indias y la Tregua de los Doce años", Bernardo José García García, *Tiempo de paces. La Pax Hispánica y la Tregua de los Doce Años*, Madrid, 2009, pp. 249-274; Manuel Herrero Sánchez, "La explotación de las salinas de Punta Araya. Un factor conflictivo en el proceso de acercamiento hispano-neerlandés. 1648-1678", *Cuadernos de Historia Moderna*, 14 (1993), pp. 173-194; Ignacio López Martín, "Entre la guerra económica y la persuasión diplomática: El comercio mediterráneo como moneda de cambio en el conflito hispano-neerlandés", *Cahiers de la Méditerranée*, 71 (2005), pp. 81-110.

[32] Bartolomé Leonardo Argensola, *Conquista de las Islas Malucas*, Madrid, por Alonso Martín, 1609; Irving Anthony Alexander Thompson, "The Armada and administrative reform: The Spanish council of War in the reing of Phillip II", *The English Historical Review*, 82 (1967), pp. 698-725.

así a su vida militar[33]. De dicha compañía sabemos más bien poco: el hecho de que firmó como capitán de infantería durante aquellos años y de que solicitó también la participación de los bienes de su madre nos da indicios del coste que representó aquella aventura y de la importancia que los hechos de armas iban a adquirir para los segundones y primogénitos de las familias del reino de Murcia, pero esta es otra historia que habrá de contarse en otra ocasión[34].

Las necesidades monetarias de la monarquía para articular su defensa y la preparación de la Armada habían llevado a que durante las Cortes de 1588 se inaugurara un nuevo sistema de negociación fiscal: los millones. Un servicio con el que se intentaba superar el bloqueo que suponían los privilegios, bien fueran de las ciudades, bien estamentales; nobiliarios o eclesiásticos, a los intentos de la monarquía de aumentar la base fiscal. Con la aprobación del servicio en 1589, la Corona quedaba obligada con las ciudades y sus oligarquías a través de la justicia distributiva, mientras las segundas debían organizar la recaudación a través de los arbitrios que decidieran. En el caso de Murcia, y de muchas ciudades del sur peninsular, la negociación entre Corona y élites derivó hacia los intereses de los segundos. En 1587, la Corona había ordenado que se disimulara con los regidores[35]. La Corona dependía de sus votos para conseguir el servicio. En 1589, serían los regidores quienes pedirían que, a cambio de su concesión, los exentara de la Caballería de Cuantía[36]. La Corona aceptó y exoneró a los regidores para negociar con los jurados. Estos se negaban

[33] Archivo Histórico de Protocolos de Madrid, Leg 4445 Testamento. Sobre la vida militar de Juan de Escarramad podemos ver el Libro de Registro de los aspirantes a capitanes AGS GYM 101.

[34] Archivo Histórico de Protocolos de Murcia. NOT, 5164/364bis

[35] AGS. C. C. Libro de cédulas: 372 al corregidor de Murcia: "Advirtiendo en lo que toca a los regidores de Murcia solamente vuestra merced disimule por ahora sin compelerles a salir en los dichos alardes ni proceder contra ello aunque se quisiere componer su voluntad le podrá vuestra Merced admitir. Pero los jurados de la dicha ciudad y los regidores y jurados de la ciudad de Lorca habrán de pasar por la orden que los demás que están nombrados por cuantioso sin reservar ninguno de los cuales deberán ser conforme a la orden que Vuestra Merced tiene".

[36] Archivo Municipal de Murcia (en adelante AMM). Actas Capitulares (en adelante AC). 6-3-1589: "A ver muchas personas de calidad que están sacados como caballeros de cuantía o de premia que sirven a su majestad. Los conviene de hacer exentos y otros algunos de este servicio".

a servir en la Caballería aduciendo sus antiguos privilegios[37]. Ante la situación, la Corona negoció su excepción siempre que estos aceptasen la venta de doce juradurías en la ciudad de Murcia. La operación fue general para Murcia y Andalucía; la Caballería fue el medio para deshacer ligas y confederaciones, como indicó el corregidor de Jaén en 1597, asegurando los servicios a cambio de reconocer de facto la hidalguía de las oligarquías[38].

EL PAPEL DE DON GINÉS Y LAS CORTES DE 1592 A 1598

El fracaso de la Felicísima Armada trajo consigo una crisis financiera que obligó a la Corona a solicitar nuevos empréstitos, y para ello debía reunir las Cortes, a las que acudió como procurador don Ginés de Rocamora. El contexto de aquella convocatoria era particular. La derrota de la Armada había sumido a la monarquía en una introspección colectiva que quedó reflejada en el "Tratado de tribulación" del padre Rivadeneira[39]. En Madrid, protegidos por ambientes cortesanos, supuestos profetas como Miguel Piedrola o profetisas como Lucrecia de León criticaron al rey. Antiguos servidores, como Bernardino de Mendoza, dudaron en sus escritos de la manera en la que rey conducía la nave de Castilla[40]. En Ávila, donde el padre don Bartolomé Sicilia (SJ) tenía encargado adelantar la paga de los

[37] AGS.C.C. libro 372. Esta situación fue común para toda Andalucía, las ventas de oficios de jurado como medio de exención. Vid. todo el libro. Abunda en noticias sobre Córdoba, fol. 199 rv, también sobre Jaén Carmona, fol. 199 y siguientes.

[38] AGS. C.C. Libro de cédulas: 372 al corregidor de Murcia: "Advirtiendo en lo que toca a los regidores de Murcia solamente vuestra merced disimule por ahora sin compelerles a salir en los dichos alardes ni proceder contra ello, aunque se quisiere componer su voluntad le podrá vuestra Merced admitir. Pero los jurados de la dicha ciudad y los regidores y jurados de la ciudad de Lorca habrán de pasar por la orden que los demás que están nombrado por cuantioso sin reservar ninguno de los cuales deberán ser conforme a la orden que Vuestra Merced tiene".

[39] José María Iñurritegui Rodríguez, "El intento que su majestad tiene en las cosas de Francia. El programa hispano Católico de 1593", *Espacio Tiempo y Forma. Historia Moderna,* 7-I (1994), pp. 331-348; José María Iñurritegui Rodríguez, *La gracia y la república. El lenguaje político de la teología católica y el "Príncipe Cristiano" de Ribadeneira,* Madrid, 1998.

[40] Richard L. Kagan, *Los sueños de Lucrecia de León. Política y profecía en el siglo* XVI, Madrid, 1990.

millones, aparecieron pasquines que fueron duramente castigados por el rey, ajusticiando a uno de los miembros de su élite. En Portugal, unas alteraciones defendían el carácter electivo de la monarquía lusa obligando a intervenir. En Aragón, se producía un levantamiento en defensa de sus privilegios tras la detención de Antonio Pérez por la Inquisición, el cual tuvo que ser duramente sofocado[41]. En Quito, la introducción de las alcabalas, de la que antes habían estado exentos, provocaría una importante revuelta.

En Francia, el asesinato de Enrique III (1589) dejaba vacante el trono francés, lo que abría la puerta para la intervención española en defensa de los derechos de la infanta Isabel Clara Eugenia, hija de Isabel de Valois y Felipe II, nieta de Enrique II de Francia. Felipe II desoyó entonces al duque de Parma, que le sugirió firmar una tregua con los rebeldes para no tener que luchar en dos frentes, lo que trajo consigo la pérdida de Breda (1590) y el motín de unos tercios que llevaban al menos desde 1586 sin cobrar.

La convocatoria de Cortes tenía una misión precisa: obtener ingresos para continuar una guerra en Francia que no estaba declarada. El problema principal era delimitar en qué se iban a gastar los recursos detraídos del reino. La discusión fiscal se anudaba entonces a la política que implicaba los recientes sucesos de Francia y al interés de Felipe II de nombrar a su hija como heredera del trono francés. Confluían en las Cortes, las más largas del reinado de Felipe II (1592-1598), diversas lógicas políticas que tendremos que analizar para comprender la posición de don Ginés y, por extensión, la multiplicidad de lógicas políticas e intereses personales que allí confluyeron.

La posición de don Ginés tiene también su historia. Agustín Gómez de Amezua fue el primero en analizar el pensamiento de don Ginés[42]. Sin embargo, su aportación se vio oscurecida con posterioridad, cuando se subrayó la posición de este, a través de sus discursos,

---

[41] Santiago Martínez Hernández, *El marqués de Velada y la corte en los reinados de Felipe II y Felipe III. Nobleza cortesana y cultura política en la España del siglo de Oro,* Valladolid, 2004.

[42] Para seguir la interpretación clásica de don Ginés de Rocamora podemos ver Agustín Gómez de Amezua, "Andanzas y meditaciones de un procurador castellano", *Boletín Real Academia Jurisprudencia* (1945). El primero en señalar los parecidos del discurso de Ginés de Rocamora con el tratado de la tribulación de Rivadeneira.

como un apoyo providencialista a las políticas de Felipe II[43]. Una lectura realizada por Manuel Fernández Álvarez devino canónica hasta finales de los noventa del siglo pasado cuando, quizás el hispanista más fino de su generación, I.A.A Thompson, revisó en profundidad, en un artículo, las últimas Cortes de Felipe II, analizando tanto los discursos como los votos, a la vez que revisaba la documentación que sobre aquellas Cortes había quedado reflejada en el Archivo de Valencia de don Juan[44]. El resultado fue toda una reinterpretación de las Cortes, que delimitaba la posición de los procuradores y la de las propias Cortes, así como los intereses en juego, que no solo eran los del reino, sino también los de la casa del príncipe, que temía ver su posición hipotecada ante el resultado de las Cortes[45].

Aquella intervención venía a sumarse a la realizada por Iñutirregui Rodríguez, quien revisaba el papel de aquellas Cortes a través de la posición del padre Pedro Ribadeneira, lo que suponía una importante reconstrucción del contexto político tanto general como de las obras producidas[46]. Esto suponía resituar, recuperando viejos textos y discusiones, el papel que el problema de la sucesión francesa había jugado en la discusión y en el contexto, pues implicaba tener en cuenta las diversas razones de estado que abrían el debate[47].

Todas estas interpretaciones nos cifraban la existencia de diversas culturas políticas que coexistían en el marco de la monarquía y

[43] Otra interpretación sería la dada señalando el parecido con el tratado de la tribulación Gómez-Centurión Jiménez, *La Invencible*..., pp. 91-101.

[44] Irving Anthony Alexander Thompson, "Oposición política y juicio de gobierno en las cortes de 1592-1598", *Studia Historica, Historia Moderna,* 17 (1997), pp. 37-62. En él se clasifica el grupo de procuradores que estuvieron mal, haciendo un estudio pormenorizado de sus votos. Entre los procuradores que fueron definidos que estaban mal por Medrano están Jerónimo de Salamanca (Burgos), Hernando Arias Saavedra (Córdoba) don Ginés de Rocamora y don Luís Riquelme (Murcia), Alonso Godoy (Jaén), Diego Espinosa de los Monteros (Guadalajara), don Pedro Velasco (Toro); otros que Medrano no incluye pero que según Thompson estarían también dentro de este grupo: Juan de Vega (Zamora), don Pedro Tello de Guzmán y Rodrigo Sánchez Doria (Sevilla), don Francisco Maldonado Ayala (Granada), don Antonio Mampaso (Segovia), y también quienes estuvieron cerca. Don Lorenzo Medrano.

[45] Otra visión es la que ofreció Michel Cavillac, *Pícaros y mercaderes en el Guzmán de Alfarache,* Madrid, 1994.

[46] Iñurritegui Rodríguez, *La gracia y la república*..., Iñurritegui Rodríguez, "El intento que su majestad tiene en las cosas de Francia...".

[47] Miguel Angel Echevarría Bacigalupe, "Las ultimas cortes de Felipe II 1592 -1598", *Estudios deusto,* XXI (1983), pp. 329-360; Manuel Fernández Álvarez, *La sociedad*

competían entre ellas y que, aun pareciendo cercanas, estaban alejadas en sus posiciones, como venía a demostrar el estudio cruzado de los discursos y los votos. Unas culturas políticas que abarcaban un amplio espectro y que han sido analizadas desde la generalidad por Angela de Benedictis y, para el caso concreto hispano, por Xavier Gil Pujol, Manuel Herrero y Francisco José Aranda Pérez[48]. Sin embargo, no es este el lugar para establecer un análisis pormenorizado de todas ellas ni sus relaciones o evolución, pero sí, al menos, para perfilar con trazo grueso e impresionista, si se desea, un cuadro en el que podamos distinguir la figura, aunque no podamos detenernos en los detalles.

Los procuradores que se reunieron en aquellas Cortes eran conscientes de que su misión era tratar los problemas del reino, y así Rodrigo Sánchez Doria indicaba que "el juntarse en Cortes es para tratar el beneficio del reino, y procurar su conservación y del que los sustentan"[49]. El debate entonces se enmarcaba en cuáles eran las necesidades que justificaban la concesión del servicio y, sobre todo, en qué se iba a emplear. Es en aquel momento cuando confluyeron diversas lógicas políticas, dado que lo que había empezado por una discusión fiscal terminó siendo una discusión política. El debate, a la altura de 1593, era el problema francés; aquel año estaban reunidos los Estados Generales para elegir a un nuevo rey y entre los pretendientes estaba la infanta Isabel Clara Eugenia. Sin embargo, conforme fue avanzado la discusión, otras guerras también ganaron espacio. Diversas lógicas políticas confluían entonces, porque si la mayor parte de ellos parecían de acuerdo en qué hacer con el servicio no lo estaban tanto en qué hacer con la guerra o la posición de la monarquía con respecto a la misma. La guerra se tornaba en una

española bajo los Austrias, Madrid, 1989. Podemos ver la cosificación de esta interpretación en Guillamón Álvarez, *La corona y los representantes del reino de Murcia 1590-1640*...

[48] Francisco José Aranda Pérez, ""Republicas ciudadanas". Un entramado político oligárquico para las ciudades castellanas en los siglos XVI-XVII", *Estudis*, 32 (2006), pp. 7-46; Francisco José Aranda Pérez, *Jerónimo Ceballos: un hombre grave para la república. Vida y obra de un hidalgo del saber en la España del siglo de oro*, Toledo, 2001; Xavier Gil Pujol, "Concepto y práctica de república en la España moderna. Las tradiciones castellana y catalano-aragonesa", *Estudis*, 34 (2008), pp. 111-148; Xavier Gil Pujol, *Tiempos de política: perspectivas historiográficas sobre la Europa Moderna*, Barcelona, 2006.

[49] Actas de las Cortes de Castilla, vol XII. Voto de R. Sánchez Doria. 4 de mayo de 1593.

parte principal del discurso, al debatir si eran necesarias esas guerras o si, como indicaba el procurador Franscisco Monzón con su «si que quieren perder que se pierdan», había de aplicarse una doctrina de disimulación que permitiera recuperar la monarquía. ¿Qué razón de estado católica debía prevalecer? ¿La razón de estado de raíz eticista propugnada por Pedro Ribadeneira o la tacitista perfectamente delimitada por Baltasar Alamos de Barrientos[50]?

Ginés de Rocamora tomó partido. Para él, como para Pedro de Ribadeneira, no cabía discutir si la guerra era justa o injusta; desde san Agustín la guerra contra los herejes era siempre justa y, en este caso, la guerra contra Francia era justa, ya que se trataba de la defensa de los reinos y, sobre todo, del bien del catolicismo[51]. Sin embargo, la concesión de un servicio no solo debía sopesar la justicia, porque ante las necesidades del rey cabía establecer la situación del reino. La concesión del servicio no podía hacerse si se ponía en peligro de destrucción el reino, peligro en el que se encontraba por la situación actual. Eso sí, señalaba que, si se arreglaban los males de Castilla, producto de la liberalidad de las costumbres, estaba seguro de que Dios encontraría nuevas minas de Potosí para continuar la lucha. Su posición era doble: primero, frente a las ideas de razón de estado que pretendían un abandono de los frentes de guerra; segundo, ante quienes pretendían situar las necesidades del rey por encima de las del reino, aunque la conciliación de ambas entraba dentro de la confianza en que la reforma de la moral diera lugar a la intervención divina que protegería los intereses de la catolicidad.

La posición de don Ginés se asimilaba a aquellos procuradores que estaban mal según la Corona. Estos defendían una visión anterior, cuya genealogía podemos rastrear hasta la Baja Edad Media y que podemos encontrar en las Comunidades de Castilla. Durante estas, algunos de sus miembros habían defendido una "constitución anterior" en la que algunos conjurados, como señala Pablo Sánchez León, soñaban «con una especie de federación de ciudades repúblicas dirigidas por un príncipe profundamente respetuoso

[50] Centenero de Arce, *De repúblicas urbanas...*, pp. 90-104.

[51] Domingo Centenero de Arce, "Entre la teoría y la práctica de las razones de estado Católica: Las últimas Cortes de Felipe II", *Res Publica,* 19 (2008), 263-273.

con el autogobierno de las ciudades»[52]. Aquella idea de comunidad autosuficiente no desapareció tras las comunidades. Una idea que es posible encontrar en Bartolomé de las Casas (su pensamiento ha sido perfectamente analizado por Francisco Quijano), quien delimitaba en su *De Regia Potestae*:

> La razón es que cada reino y ciudad, siempre que se trate de una colectividad o comunidad perfecta y naturalmente autosuficiente, no debe considerarse la situación y el estado presente del reino, también los riesgos y daños que podrían presentarse en el futuro puesto que son eventualidades que los hombres deben prever. En todo caso el reino ese quedaría perjudicado. Y un país no está bien gobernado, cuando sus propios bienes se orientan o desvían para servir los intereses de otro reino[53].

La teoría política, tal y como ha subrayado I.A.A Thompson, señalaba que las ciudades debían evaluar los problemas que podrían suceder en caso de conceder el servicio. En consecuencia, el servicio estaba demandado para una guerra que no estaba declarada, en el caso de Francia y para el caso de Flandes, algunos de los procuradores defendían que los reinos castellanos no estaban obligados a servir los intereses de otros reinos. Las ciudades –entendidas como comunidades autosuficientes– debían lealtad y fidelidad al soberano, pero esta lealtad no era fácilmente transmisible a otros puntos de su patrimonio. Con esta idea los procuradores, en especial los que estaban mal, estaban defendiendo la idea de conservación del reino.

La revitalización de los discursos contractuactalistas había sido realizada por el clero unos años antes. En sus intentos de defender su exacción había reforzado la posición de los procuradores con todo un

---

[52] Pablo Sánchez León, *Absolutismo y comunidad. Los orígenes sociales de la guerra de los comuneros de Castilla*, Madrid, 1998.

[53] Bartolomé de las Casas, *Regia Potestae o derecho de autodeterminación*, Madrid, 1969, p. 45. Cuestiones 4 y 5. Alain Milhou, "Patrimonie Royale, bien común et intérêt privés: des comuneros a Las casas", *Pouvoir Royale et absolutisme dans l'Espagne du XVI siécle*, Toulouuse, 1999, pp 44-55. Muy interesante la reflexión que hace Francisco Quijano Velasco, *Las repúblicas de la monarquía: pensamiento constitucionalista y republicano en Nueva España, 1550-1610*, México, 2017.

arsenal constitucionalista, que entre, otras cosas, como ha señalado Fernández Santamaría, los procuradores defendían el derecho de las comunidades a dar consentimiento para que el príncipe pudiera imponer tributos y que estos no fueran tan lesivos que supusieran la ruptura del patrimonio de la comunidad[54].

Aquellos discursos habían sido resucitados por los procuradores, bien porque creyeran en ellos, bien porque pensasen que el rey estaba próximo a la muerte, por lo que no podía hacer uso de sus dos armas: coerción y gracia. Además, desde la casa del príncipe no veían con buenos ojos la concesión de un servicio que podía hipotecar el futuro de las pretensiones del príncipe. Fuese aquel el motivo u otro, las resistencias marcadas por las últimas Cortes del reinado obligaron a Felipe II a tomar una serie de decisiones de alto calado. La primera fue ceder a su hija, la infanta Isabel Clara Eugenia, los Países Bajos católicos; la segunda, firmar una paz con los franceses, la paz de Vervins (1598), mientras articulaba las diversas posiciones.

ENTRE UNA HISTORIA DE MURCIA Y LA *SPHERA DEL UNIVERSO*

En el preciso momento en que se celebraban las Cortes, el 2 de enero de 1594, se recibían las reliquias de san Fulgencio y santa Florentina. En las siguientes líneas haremos solo un sucinto resumen de lo expuesto en otros lugares, aportando, además, algunas cuestiones comparativas que pueden sernos útiles para entender la biografía de don Ginés.

La obra de don Ginés estaría en una ofrenda como comisario de los juegos florales habría realizado a la recepción de las reliquias. La corografía se inscribe en el género de las historias de las ciudades, un género que estaría en pleno proceso de cambio. Como ya indiqué en su momento, las historias de las ciudades atraviesan cambios y solo a

[54] José Antonio Fernández Santamaría, *La formación de la sociedad y el origen del estado. Ensayos sobre el pensamiento político español del siglo de oro*, Madrid, 1997. Resultan también interesantes en este sentido los trabajos de Víctor Manuel Egío García, *El pensamiento republicano de Vazquez de Menchaca*, Tesis doctoral, Universidad de Murcia, 2014; Quijano Velasco, *Las repúblicas de la monarquía*…

través su análisis detenido podemos comprender, en sus diferencias, su intencionalidad, así como situar el contexto en el que fueron escritas. Su origen es muy posible que estuviera en el mandato que la corporación le había hecho de recopilar privilegios y sentencias favorables para ser empleadas en cuantos juicios o negociaciones tuviera la ciudad[55]. Gracias a aquel encargo, don Ginés pudo recorrer los archivos en busca de sentencias y privilegios que justificasen la posición de la ciudad frente a la Corona. Esto no era extraño dado la creciente presión fiscal sobre las ciudades, lo que había dado lugar a intentos variados de realización de historias en otras ciudades del reino, como Cartagena o Lorca[56].

La defensa de los privilegios y la articulación de estos a través de la obra en la que se dejaba patente la consideración de la ciudad, así como un espacio perfectamente definido, la diferencian de obras posteriores, como puede ser la dedicada por el polígrafo local, Francisco Cascales[57]. En aquella, redactada en años posteriores, este ofrecía una visión diferente de la historia de la ciudad, donde las oligarquías locales a través de la inclusión de sus nobiliarios adquirían una posición preponderante; este es el cambio fundamental que sucedería en las ciudades a fines del XVI, cuando los ideales de nobleza de la ciudad se habían confundido con las oligarquías que gobernaban las ciudades. Al hacerlo, los privilegios quedaban en un segundo plano en tanto la negociación se basaba en la relación que establecían estas oligarquías con la Corona. Es evidente que siguieron existiendo resistencias y que estas no desaparecerían, pero

---

[55] AMM. AC. AO. 3-12-1580: "que prosiga el inventario de las escrituras del archivo y haga hacer libros donde se trate de las deudas, provisiones, sentencias, y ejecutorias en orden de importancia". (En el libro esta cita figura mal por un error de transcripción) Aquella acción tendría continuidad (AMM. AC. AO. 17-10-1581).

[56] Francisco Cascales, Discursos de la ciudad de Cartagena, edición de Elena Ortiz Ballester, Valencia, 1999; Juan Francisco Jiménez Alcázar, "El papel historiográfico de Vargas", J.F. Jiménez Alcazar, *Relación votiva o donaria de la antigüedad de nuestra señora de las Huertas*, Lorca, 1999; Guy Lemeunier, "Un desir d'historie: Les oligarchies murcienne en quête d'historiographie XVIe-XVIIe", *Pouvoirs et société dans l'Espagne moderne*, Tolouse, 1993, pp. 150-162. Ambos autores citan el mismo pasaje proveniente Archivo Municipal de LorcaL, Correspondencia, 18 agosto 1596.

[57] Francisco Cascales, *Discursos históricos de Murcia y su reino*, Murcia, 1775.

al variar los pesos las negociaciones fueron adaptando otras formas y, en consecuencia, fueron variando[58].

Don Ginés era un hombre culto, aunque no sabemos dónde adquirió su educación, pues viene faltando, en general, un estudio sistemático sobre los colegios jesuitas y sus estudiantes que podrían abrirnos la puerta a comprender mucho más sobre la educación de estas oligarquías ciudadanas y los referentes culturales que manejaron. Con aquellos conocimientos llegó a Madrid, donde participó en la Academia de Matemáticas dando lectura y enseñanza, en su posada, de la *Sphera* de Sacrobosco[59]. En aquellas Academia de Matemáticas participaban: el catedrático, Julián Ferrofino; García Céspedes, y Cristóbal de Rojas, que leía sobre el tema de fortificaciones. Contaba además con la participación de diversos nobles, entre los que destacan el conde de Puñoenrostro y don Bernardino de Mendoza[60].

La Academia de Matemáticas, fundada en 1582 y que tuvo vigencia hasta 1625, fue el centro a partir del que don Ginés pudo establecer las relaciones en el interior de la Corte. Si hemos de seguir a David C. Goodman, Ginés fue profesor de Cosmografía y el encargado de supervisar los instrumentos de García de Céspedes[61]. Esta posición de cercanía con la corte y sus relaciones hicieron posible que los carmelitas, a través del provincial de Andalucía Fray Alberto Párraga, le ofrecieran como enterramiento el suelo del presbiterio del templo que se andaba construyendo, mientras que se sobreseía la causa pendiente por la gestión del pósito[62].

---

[58] He tratado esta situación por extenso en Domingo Centenero de Arce, "Republicanismo castellano. Una visión entre las historias de ciudades y las actas capitulares.", en Manuel Herrero Sánchez, *Repúblicas y republicanismo en la Edad Moderna*, Madrid, 2017, pp. 127-156.

[59] Ginés Rocamora, *Sphera del Universo*, Madrid, 1599. Ginés Rocamora, *Sphera del Universo*, Murcia, 2002.

[60] Rocamora, *Sphera del Universo…*

[61] David Goodman, *Poder y penuria. Gobierno y tecnología y ciencia en la España de Felipe II*, Madrid, 1990, pp. 39-41 y 102, citando Archivo General de Indias. P 262 2 R.2. En uno de estos informes relativo a los resultados de las reuniones de octubre-noviembre de 1598 con la indicación en el margen derecho, arriba de consulta realizada sin García Céspedes. Aparecen como firmantes el doctor sobrino, capellán de su majestad, don Ginés de Rocamora, Julián de Ferrofino, profesor de matemáticas, y otros.

[62] AHPM. 405, folios 165-66. Manuel Muñoz Barberán, *Sepán cuantos. Vida artística murciana en los siglox XVI-XVII*, Murcia, 1996, p. 210. AGS.C.C. Leg. 805. n.º 102; Ruiz Ibáñez, *Las dos caras…*, nota 957.

Sus obras, su papel en las Cortes y las relaciones le permitieron optar a diversos puestos en la monarquía, entre los que se incluye el corregidor de Chinchilla. En ello parece que fue clave la intercesión del marqués de los Vélez, que, superada su minoría de edad, buscaba establecerse en el gobierno del adelantamiento que llegaba hasta el corregimiento de Chinchilla.

Se trataba, por tanto, de una necesidad doble: por un lado, la de crecer socialmente por parte de quienes aspiraban al corregimiento; por el otro, la necesidad de cierta aristocracia de controlar al corregidor como forma de intervenir en la política de las ciudades y los territorios que les eran afines. Esto no era desconocido para las grandes casas; es más, Domingo Zabala ponía el ejemplo de cómo la casa del Infantado intervenía en Guadalajara a través de su relación con los corregidores nombrados[63]. Esta aspiración del marqués de los Vélez y en especial de quien había sido su consejero durante la minoría de edad se transformaba en una importante presión en la corte con la que se buscaba que los propuestos en la terna fueran cercanos al marqués. Es evidente que fue gracias a sus presiones (pero también, no podemos olvidarlo, a las relaciones que estableció en la Academia de Matemáticas y sus participantes) cómo don Ginés entró en aquella terna del corregimiento de Chinchilla, donde también participaba otro regidor y procurador, cliente del marqués de los Vélez, don Alonso de Sandoval[64].

La elección de don Ginés alegró al marqués, que esperaba tener en él un emisario que favoreciera sus políticas. Sin embargo, pronto

---

[63] Archivo Ducal Medina Sidonia (en adelante ADCMS). Leg. 1612: "aún es muestra de facilidad de escribir tanto a mano con ejemplos acerca del duque del infantado de cómo domina la ciudad de Guadalajara". 24 de agosto de 1600. Domingo Zabala al Marqués. Sobre este domingo Zabala podemos consultar: Arturo Cajal Valero, *Domingo de Zavala. La guerra y la hacienda (1535-1614)*, Basauri, 2006.

[64] Archivo Histórico Nacional. Leg. 13368. "El Corregimiento de Villena y Chinchilla y nueve villas sirve don Alonso Ramírez de Arellano desde el mes de agosto del año pasado de 1599 y porque consigue proveerle, ha parecido en la Cámara proponer a Vmd para las tres personas siguientes. 1. Don Alonso Sandoval, regidor antiguo de Murcia y procurador de Cortes que fue por aquella ciudad en las últimas donde sirvió con satisfacción, es hombre cuerdo y de buenas partes y VMd ha enviado a mandar se le consulte su persona para oficios. 2. Don Gines de Rocamora, regidor de la dicha ciudad de Murcia que también fue procurador de Cortes por ella en las penúltimas y antes havia servido doce años de capitán de caballos en la costa de aquel Reino y

descubrió que las alianzas eran múltiples y que había otras fuerzas que iban más allá del clientelismo. El juicio de residencia, una rendición de cuentas posterior al ejercicio del oficio, suponía una dura espada de Damocles para los corregidores. Si querían salir airosos de ella debían componer sus políticas entre las demandas reales, los intereses propios y de la aristocracia y, por último y más importante, las necesidades de los gobernados, que tenían la posibilidad de censurar la actuación del corregidor en caso de que este no hubiera respetado sus necesidades. Una situación que puede observarse con atención en el ejercicio de su corregimiento.

EL CORREGIMIENTO DE CHINCHILLA

Don Ginés, elegido corregidor en 1601, llegó a Chinchilla en 1602, aunque la fecha exacta no la hemos podido delimitar. Sus primeros pasos coincidían con la concesión del hábito de Santiago tras la investigación pertinente en la que se había visto apoyado por el marqués de los Vélez y una creciente tensión militar de la monarquía, que se haría notar en las levas que se sucederían durante esta época. El marquesado de Villena llevaba tiempo ofreciendo resistencias a dichas levas. En 1599 el consejo de Guerra tuvo que intervenir a petición del marqués de los Vélez para que Villena colaborara en ellas[65].

El intento de reclutamiento organizado por el marqués y llevado a cabo por el corregidor suscitó las resistencias de las ciudades del

después en las galeras con una compañía de infantería a su costa, es hombre virtuoso y de buen entendimiento. 3. Don Juan de Quesada 24 de Jaén y procurador de Cortes, que fue de ella en las últimas donde sirvió bien y VMd ha mandado se le consulte su persona para corregimientos y aunque trae habito corto estudio derechos en Salamanca muchos años y tiene buen entendimiento y partes. VMd podrá elegir de las dichas personas o de otras que Vmd tuviere por convenientes para el dicho oficio la q mas fuere seguido, de Valladolid. A 18 de octubre de 1601 años".

[65] AGS. GA. 284-329. Autos de Diego de Argote de Aguayo por petición de hombres para el marquesado de Villena. 1589. El marquesado se niega exponiendo que "porque por muchas escrituras antiguas esta prestos de probar y averiguar que no tan solamente no es ni ha sido de dicho reino de Murcia. Pero que esta ciudad es muy más antigua poblada que de reino de Murcia de cristianos y con las pocas fuerzas que ella tiene nunca se ha quedado atrás en servicio de su majestad y que entiende que teniendo noticia de esta verdad ser servido de excusarle de las obligaciones que el adelantado

marquesado de Villena. Estas aprovecharon la ausencia del corregidor, enviado por el consejo de Órdenes a realizar una investigación sobre uno de los parientes del marqués de los Vélez, para organizarse. Resolvieron entonces enviar una comisión con la que expresar su descontento y los problemas de aquella leva. Ante esta situación, don Ginés solo podía hacer dos cosas; ponerse de lado del marqués y forzar la negociación o tomar una nueva posición ante una nueva leva.

En 1603 se organizó otra leva; las villas del corregimiento de Chinchilla empezaron a organizarse, movilizando un motín contra la pretensión del marqués de los Vélez no solo de reclutar, sino de llevar cubiertas tanto las plazas de capitán como las de alférez sin tener en cuenta los intereses de las oligarquías. La tensión política recurrente derivó en un importante motín en el que estas se resistieron a las demandas del marqués, siendo protegidas a su vez por don Ginés de Rocamora, quien mantuvo la posición de las villas, declarando que no había de llevarse la leva, aunque le cortaran la cabeza, frustrando las posibilidades de la recluta, lo que suponía una quiebra en la gestión del marqués de los Vélez, quien no perdonó aquella afrenta e intentó que procesaran a Ginés en su juicio de residencia, lo que no dio resultado. Esto suscitaría la inquina del marqués de los Vélez que no dudaría en emplear los medios necesarios para coartar su carrera.

EL FIN DE LA VIDA DE DON GINÉS

Un 14 de agosto de 1612 moría don Ginés de Rocamora. A su muerte, las relaciones que mantenían su posición se desataron. Durante

---

de Murcia de ordinario les quiere poner para cuya defensa ellos tienen comenzado a hacer su diligencia como su majestad y ahora de nuevo las quiere hacer" (AGS. GA. 428-31. 429-31. Autos de Lázaro Moreno de León sobre la petición de hombres para el marquesado de Villena). 1591, donde repiten esta idea. La referencia a esta carta, dada según el marqués a 18 de marzo de 1599, será esgrimida en la mayoría de sus cartas al Consejo de Guerra quejándose de la situación resultante (ADCM, Leg 479, 30 de julio de 1603). Sobre el nombramiento del marqués como adelantado y los problemas con Felipe II podemos ver: Francisco Javier Guillamón Álvarez y José Javier Ruiz Ibáñez, "Discurso político y redefinición jurisdiccional en la Castilla de Felipe II: la construcción del Reino de Murcia", *Felipe II y el Mediterráneo. Madrid*, Madrid, 1999, pp. 481-499. ADCMS. Leg. 479.

años no había contraído matrimonio con objeto de poder hacer uso del mayorazgo de los Peñaranda. Sin embargo, en un momento determinado, sea por los problemas suscitados por el motín de la Mancha, sea por los intereses que suscitaba la herencia de doña Inés de Guzmán, decidió contraer matrimonio con esta última. Aportaba a aquella unión dos hijos ilegítimos de sus relaciones con diversas mujeres, a las que ordenó investigar para despejar dudas de su ascendencia, algo que no debió gustar a doña Inés tras la apertura del testamento de don Ginés.

Doña Inés comenzó a pelear por la herencia que le correspondía. Don Ginés, previsor, había indicado que en el caso de estar aquella embarazada a su muerte, se instituiría un mayorazgo que iría a parar al hijo de la unión; en caso contrario, su herencia se dividiría entre sus hijos menores. Aprovechando la situación y el hecho de que el tutor de los hijos pequeños, don Francisco Monzón, abandonara su función, estos quedaron desprotegidos hasta tal punto que quien se encargaba de su cuidado denunció que iban desnudos, descalzos y que además habían contraído la tiña. El conflicto con el marqués de los Vélez tampoco se apagó a su muerte, los padres del Carmen decidieron retirarle el enterramiento que habían negociado con anterioridad, mientras él estuvo con vida y sus relaciones en Madrid fueron capaces de mantenerlo; don Juan de Escarramad, familiar suyo, acudió a cobrar las mandas, pero no ayudó a proteger a sus hijos.

Al final tuvo que ser la extensa solidaridad familiar quien recuperase los hijos. La familia Saorín acabó por cuidar de los niños y su herencia, lo que hizo posible que un descendiente de homónimo don Ginés de Rocamora fuera regidor a fines del siglo XVII.

LA MEDIDA DEL MUNDO DESDE UNA PERIFERIA DEL IMPERIO: LAS ANTIGÜEDADES DE ROCAMORA EN SU CONTEXTO HISTÓRICO E HISTORIOGRÁFICO[1]

Ana Díaz Serrano
Universidad de Murcia

UNA PERIFERIA DEL IMPERIO: LA REPÚBLICA DE MURCIA EN EL CUERPO POLÍTICO HISPÁNICO

En los siglos XVI y XVII la república de Murcia tenía una relación preferente con el rey de España. Sus servicios a la Corona castellana le habían hecho merecedora del derecho de formar parte del selecto grupo de ciudades (un total de 18) al que el monarca convocaba periódicamente para tratar los asuntos que afectaban a su gobierno. De este modo, sus vecinos –a través de sus representantes– podían negociar frente a frente con la máxima autoridad de una Monarquía cuyos límites se cartografiaban sobre mapamundis, desde los puertos mediterráneos hasta las aguas del Pacífico. Entre estos dos extremos se extendía un dominio de enormes dimensiones que se sustentaba mayormente en una multitud de repúblicas urbanas. Estos poderes territoriales –figurados en las ciudades– gobernaban fragmentos de esta Monarquía planetaria, legitimaban la autoridad del soberano y cubrían sus necesidades por diferentes vías.

Desde el cabildo las élites locales ordenaban el territorio y la vida de sus habitantes, administraban justicia en nombre del rey y

[1] Este trabajo se ha realizado en el marco del proyecto *Republics of the King: Agents and Governance in the Hispanic Monarchy (16th-17th centuries)* (Ayuda RYC 2019-027752-I R financiada por MCIN/AEI /10.13039/501100011033 y por El FSE invierte en tu futuro). La autora agradece al personal del Fondo Antiguo de la Universidad de Murcia, el Archivo General de Simancas y el Institut Cartogràfic i Geològic de Catalunya la atención prestada en la obtención de imágenes y la tramitación de las licencias de publicación cuando se han requerido. Estas licencias han sido financiadas con la ACI del Plan de Fomento de Investigación de la Universidad de Murcia.

organizaban las actividades que articulaban las dinámicas económicas, las relaciones sociales y las manifestaciones culturales e identitarias. No obstante, la jurisdicción del cabildo no se circunscribía a un núcleo urbano, preferentemente amurallado, sino que incorporaba al alfoz, que en el caso de la ciudad de Murcia estaba definido por dos elementos: la huerta y el mar. *A un tiro de ballesta* de las murallas sus vecinos encontraban los recursos fundamentales para alimentarse y desarrollar actividades económicas de diferente envergadura, básicas como la espartería o altamente lucrativas como la producción de sedas. Mientras, a una jornada de distancia las costas del Mediterráneo ofrecían frutos marinos que diversificaban la dieta a la vez que proyectaban la amenaza de un antiguo pero vigente enemigo.

Los piratas berberiscos arribaban desde el norte de África para robar ganado y hacer cautivos. Entonces los núcleos de población cercanos tocaban arrebato y movilizaban a sus milicias como primera fuerza de defensa del territorio. Para garantizar que esta respuesta fuera efectiva el cabildo ordenaba la formación de los vecinos de la ciudad en el arte de la guerra. Más allá de los inconvenientes puntuales que la aparición de los berberiscos pudieran ocasionar en las dinámicas cotidianas del reino de Murcia, este *enemigo común de la cristiandad* representaba un peligro general para la Monarquía en tanto se vinculaba con los intereses de los soberanos otomanos, quienes retaban al rey católico desde el Mediterráneo oriental. Se trataba solo de uno de los varios frentes que la Corona española tenía abiertos, donde sus adversarios disputaban su hegemonía y ponían a prueba su capacidad de respuesta. Ésta dependía de la disponibilidad de recursos, recayendo sobre las repúblicas urbanas la responsabilidad de recaudar los fondos y reclutar a los hombres que mantenían activas guerras que se iban alejando: Granada, Túnez, Cataluña, Navarra, Italia, Francia, Flandes, Chile, Filipinas.

La vida cotidiana de la ciudad de Murcia transcurría dentro del perímetro de la muralla, entre los vestigios urbanísticos y arquitectónicos de su pasado musulmán y los nuevos hitos urbanos renacentistas. Se desplegaba hacia el mar y hacia el interior, actuando como centro rector de un reino que incorporaba a Cartagena, el puerto mediterráneo más importante de la Corona de Castilla; la provincia de

71 SECVNDA PARS COSMOGRAPH.

Tabula particularis Longitudinum & Latitudinum vniuersi Orbis.

Caput V.

Descriptas habes in hac Tabula Longitudines & Latitudines Regionum, Prouinciarum, Ditionum, Ducatuũ, Marchionatuum, Comitatuum, Ciuitatum, Arcium, Montium, Fluminum, Fontium, Lacuum, Insularum & Peninsularum Europæ, Africæ, Asiæ, & Americæ cognitorum: quibus adiecimus ex Ptolemæo, cæterisq; Geographis, loca in priori editione neglecta. Notandum & hoc est, duos priores numeros qui locorum nomina mox sequuntur, gradus & minuta longitudinis esse: reliqui verò duo numeri, latitudinis. Quòd in capite prioris Tabulæ, in descriptione regni Granatæ patet. Exẽpli gratia: Granata. Ptol. Illiberis. 8.30. 36.50. Quod intelligendum est de quibuscunque reliquis in a-baco locis. Sunt & additæ vernaculæ Regionum, Insularum, Ciuitatum, Montium, Fluminum, Lacuũ, &c. nomenclaturæ, ad maiorem commoditatem peregrinantium.

CHARTA

Charta cosmographica cum ventorum propria natura et operatione. Johannes Apiano, *Cosmographia*, en la versión ampliada por Gemma Frisio, Amberes, 1584 (Biblioteca Nacional de España)

Albacete y municipios de Almería y Jaén, además de marcar el límite territorial con la Corona de Aragón. Las dinámicas locales conectaban con otras de mayor entidad geográfica a través de la guerra, pero también y sobre todo de entramados mercantiles y lazos familiares. El comercio de media distancia vinculaba a Murcia con diferentes ciudades peninsulares, como Burgos, Granada, Sevilla u Orihuela, mientras que el de larga distancia ampliaba el campo de influencia de la ciudad y su reino hasta los cuatro continentes conocidos, con intercambios consolidados con la república de Génova, el reino de Guatemala, la plaza de Orán o la isla de Luzón, entre otros.

Los servicios prestados por la ciudad de Murcia a la Corona de Castilla se remontaban a tiempos medievales: primero en el avance de los poderes cristianos sobre los musulmanes como parte de las fuerzas conquistadoras y pobladoras y después en el gobierno y defensa de los espacios fronterizos. De este modo, la élite murciana quedó a cargo de una región periférica de la Monarquía Hispánica. El éxito de esta gestión permitía a la Corona volcar su atención sobre otros territorios más tensionados y estratégicamente más sensibles. Este carácter periférico no significaba un alejamiento del poder central sino la oportunidad de acceder a la gracia regia y conseguir una posición preferente en el organigrama de la Monarquía. Sin embargo, esta condición no debía darse por sobreentendida. Era necesario exponer los factores que habían permitido esta acumulación de méritos generación tras generación, darlos a conocer a propios, extraños y especialmente al rey.

Surge así un género literario destinado a evocar las calidades del lugar y de sus habitantes a lo largo del tiempo: la corografía. En términos contemporáneos se trataría de una historia local (o *historia particular*), donde la ciudad y su alfoz son los protagonistas frente a las historias generales o universales, de temática más diversificada y con frecuencia orientadas a destacar la figura regia[2]. En las corografías la narración histórica queda relegada a un segundo plano y se prioriza la recopilación de virtudes y la exaltación de determinados hechos,

---

[2] Richard Kagan, "La corografía en la Castilla moderna: género, historia, nación", *Studia Historica: Historia Moderna*, 13-1 (1995), pp. 47-59; cita en p. 49.

individuos o grupos, dentro de un marco espacial delimitado, pero con una cronología dilatada incluso hasta lo legendario.

Para conseguir su objetivo las corografías enlazan las referencias al pasado con detalladas descripciones del paisaje físico y cultural, cuyos rasgos se pretenden inmutables en el tiempo y cuya combinación genera el carácter de la tierra y el temple de sus habitantes. Se incorporan datos sobre la geografía, la fauna, la flora, el clima, las actividades económicas, la demografía, las vías de comunicación, la organización política y social, la arquitectura, las manifestaciones religiosas y cualquier otro que pudiera dar notoriedad al lugar, motivo por el cual han sido calificadas como propagandísticas. La buena fama podía ser utilizada por y para provecho de la ciudad en su conjunto o a título individual por sus vecinos, siendo especialmente útil a sus élites, que cada vez de forma más explícita sincronizaron sus méritos propios con los que atribuían a sus lugares de origen y/o residencia[3]. Estos méritos colectivos se sumaban a los familiares y personales en las solicitudes de prebendas con las que los súbditos del rey de España esperaban ver compensados sus servicios en el crecimiento y mantenimiento de la Monarquía.

La importancia de estas herramientas de presentación y representación dentro de la cultura política hispánica se evidenció en el momento en el que se generalizó el interés de las ciudades por tener una de estas historias[4]. Los cabildos financiaron su escritura

---

[3] Ana Díaz Serrano, *El gobierno de las distancias*, Madrid, 2024, Capítulo 6.

[4] La historiografía española ha mantenido la atención sobre las corografías desde la década de 1990, teniendo como referencia *clásica* el trabajo de Richard Kagan previamente citado. Alfredo Alvar Esquerra, "Corografía y exaltación de lo local en la época de Calderón", J. Alcalá-Zamora y E. Belenguer (coords.), *Calderón de la Barca y la España del Barroco*, Madrid, 2001, vol. I, pp. 445-459; Francisco José Aranda Pérez, "Autobiografías ciudadanas. Historia, mitomanía y falsificación en el mundo urbano hispánico de la Edad Moderna", E. García Fernández (ed.), *El poder en Europa y América*, Vitoria, 2001, pp. 141-168; Alfredo Floristán Imízcoz, "Polémicas historiográficas y confrontación de identificaciones colectivas en el siglo XVII: Navarra, Aragón y Vasconia", *Pedralbes*, 27 (2007), pp. 59-82; Miguel Fernando Gómez Vozmediano, "Historia versus Memoria: la revuelta comunera, en las ciudades de Córdoba y Sevilla y su eco en la corografía barroca", I. Szászdi León-Borja (coord.), *Monarquía y revolución: en torno a las Comunidades de Castilla*, Valladolid, 2010, pp. 195-234; Ofelia Rey Castelao, "Las ciudades sin historia o la cronista pobre del noroeste castellano, 1580-1650", S. Truchuelo, R. López Vela y M. Torres (eds.), *Civitas: expresiones de la ciudad en la Edad Moderna*, Santander, 2011, pp. 53-72; Baltasar Cuart Moner, "Una mentira

y publicación y, lo que es más importante, abrieron sus archivos y pusieron a disposición de sus autores los documentos que certificaban los aportes de aquella parte a la composición, sostenimiento y mejoramiento de la Monarquía en su conjunto. De este modo, los corógrafos trabajaron por encargo en la redacción de estos currículo fusionados. El hecho de que su principal objetivo no fuera exponer con rigor los hechos del pasado, sino glorificarlo, convierte a estas obras en expositores de los ideales de la época en cuanto a orden y gobierno desde la pequeña escala de la república urbana.

Este ordenamiento político era representado a través de la metáfora del cuerpo. Al igual que en un organismo vivo, cada entidad política estaba compuesta por órganos y miembros. El correcto funcionamiento de cada uno de ellos cumpliendo diferentes funciones –todas ellas necesarias, pero no con la misma importancia– aseguraba la supervivencia del conjunto. Por el contrario, cualquier alteración particular podía provocar una disonancia general, al punto de poner al cuerpo político en riesgo vital. Así, la principal obligación del monarca era garantizar la salud corporativa de la Monarquía, utilizando la justicia para restaurar el orden o la merced para adecuarlo.

Siguiendo esta metáfora del cuerpo, donde el rey es la cabeza (y a la vez ejerce como médico), las corografías identifican a cada república urbana como partes de la Monarquía y las ubican en ella según una funcionalidad determinada por los servicios prestados a lo largo del tiempo. Estas peculiares historias locales crean y fijan un imaginario de merecimiento para justificar un tratamiento acorde con esta condición o ubicación. Su escritura exigía un trabajo de documentación, pero también de recreación de una res publica

---

hermosa y aparente de antigüedad. Héroes, fundadores, ciudades y libros de Historia", S. Truchuelo, R. López Vela y M. Torres (eds.), *Civitas: expresiones de la ciudad en la Edad Moderna*, Santander, 2011, pp. 19-52; Inmaculada Arias de Saavedra Alías, "Un ejemplo de Historia local en la España moderna: las corografías granadinas", VV.AA., *Comercio y cultura en la Edad Moderna: Actas de la XIII Reunión Científica de la Fundación Española de Historia Moderna*, Sevilla, 2015, pp. 2289-2301; Alfredo Martín García, "Sin León no hubiera España. Historia, religión y propaganda en la ciudad de la Edad Moderna", *Studia Historica: Historia Moderna*, Vol. 41, Nº 2 (2019), pp. 123-153; y Ana Díaz Serrano, "Corografías de la memoria. El "Discurso de los linajes" de la ciudad de Murcia y la escritura de la Historia en la Edad Moderna", *Studia Historica: Historia Moderna*, Vol. 44, Núm. 1 (2022), pp. 311-343.

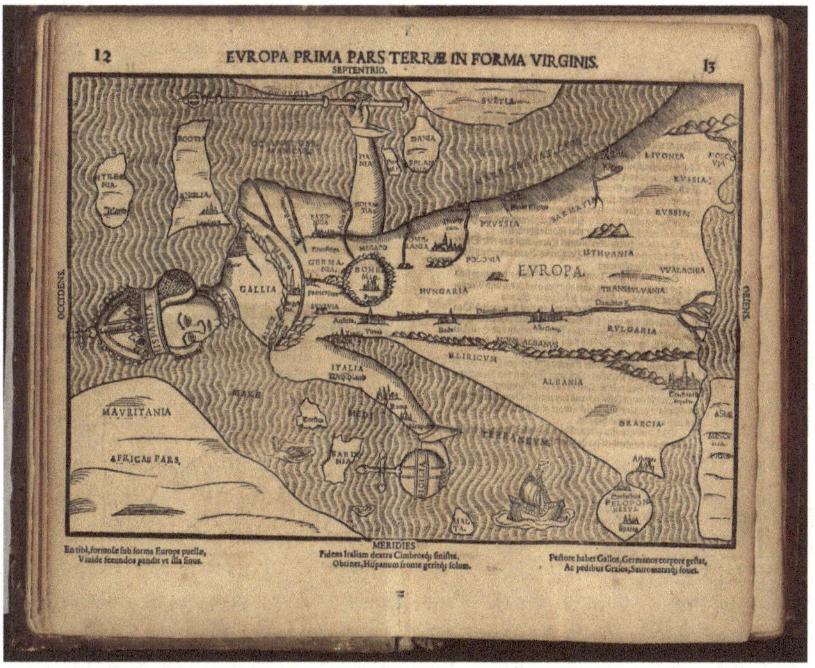

Evropa prima pars terrae in forma virginis. Heinrich Bünting, *Itinerarium Sacrae Scripturae*, Magdeburgo,[1581] 1594 (Institut Cartogràfic i Geològic de Catalunya, RL. 5563_lam12_13). Famosa representación antropomorfa de Europa, en la que la península ibérica es la cabeza. Fue utilizada por varios autores a lo largo del siglo XVI a partir del arquetipo creado por Johannes Putsch en 1537

cristiana, donde el estado de la ciudad –belleza, limpieza, tamaño– era la materialización de la calidad espiritual de sus habitantes. Sus autores además debían dominar el lenguaje que permitía convertir sus historias en instrumentos políticos. Sin embargo, el éxito de las repúblicas urbanas en esta magna empresa no dependerá solo de estas plumas.

Las élites locales contaron con varios mecanismos para mantener su visibilidad. Junto a las corografías, reclamos y solicitudes eran presentados constantemente por sus procuradores en el ámbito cortesano. Las ciudades que como Murcia tenían reservado un asiento junto al rey para exponer sus problemas tenían mayores facilidades para hacer llegar y valer sus intereses. No obstante, la convocatoria de las Cortes era arbitraria, dependiente del criterio o la necesidad del monarca, y el debate y la búsqueda de consenso entre el poder real y los poderes territoriales ralentizaban las decisiones. El éxito de estas negociaciones dependió además de la capacidad de estos procuradores para hacer oír sus posturas y conseguir acuerdos.

HISTORIAS *MEZCLADAS* EN VARIAS ESCALAS: COSMOGRAFÍAS Y COROGRAFÍAS

En 1592 los reinos y ciudades de Castilla fueron llamados por el rey para participar en unas Cortes que fueron clausuradas seis años después sin acuerdos significativos. En la sesión del 19 de mayo de 1593 Ginés de Rocamora dio voz a la ciudad y reino de Murcia con el discurso por el que ha sido destacado como político. Tras dedicar unas primeras palabras de elogio al rey católico por su perseverante lucha contra los enemigos de la fe en Francia, Flandes e Inglaterra, pasó a defender con ahínco los intereses materiales de la república y con ello justificó su voto (coincidente con el de la mayoría de procuradores) contra la recaudación de los nuevos recursos que les habían sido solicitados para cubrir los gastos generados por estas guerras europeas[5].

Durante su estancia en Madrid como procurador Rocamora desarrolló además su faceta como científico en el entorno de la Real Academia de Matemáticas. En 1582 Felipe II había instituido una lección pública de matemáticas, abierta a "todos los que las quisieren oír". Esta iniciativa había sido motivada por la necesidad de mejorar la formación de sus súbditos castellanos y encontrar entre ellos a un grupo de "aritméticos teóricos y prácticos" capaces

---

[5] Irving A. Anthony Thompson, "Oposición política y juicio del gobierno en las Cortes de 1592-98", *Studia Historica. Historia Moderna*, 17 (1997), pp. 37-62; y Domingo Centenero de Arce, *De repúblicas urbanas a ciudades nobles. Un análisis de la evolución y desarrollo del republicanismo castellano (1550-1621)*, Madrid, 2012. Véase además el capítulo 1 de este mismo volumen.

de "determinar las dudas y cuestiones escondidas que se ofrecen en todas las ciencias y artes"[6]. El rey buscaba matemáticos, geómetras, agrimensores, artilleros, mecánicos, astrónomos, relojeros, cosmógrafos, pilotos, arquitectos y niveladores, pero también a músicos, escultores y pintores. Además, esperaba que "los hijos de los nobles que en la Corte y palacio de Su Majestad se crían y se instruyen en el lenguaje y trato cortesano"[7] tomaran estas lecciones como parte de su preparación para ocupar cargos de gobierno, entendiendo la utilidad de estos saberes "para muchos usos y ministerios necesarios a la vida política"[8].

Esta experiencia académica llevó a Rocamora a escribir la *Sphera del Universo*, la obra por la que hasta ahora ha sido destacado como escritor. A decir del propio autor, en ella recopiló una serie de lecciones que había dictado en la posada madrileña en la que se hospedó[9]. Satisfecho con los resultados de su desempeño docente –que Calderón de la Barca enalteció en *El astrologo fingido*[10] *y* Lope de Vega en su *Arcadia*[11]– quiso hacer llegar sus conocimientos a un mayor número de personas poniéndolos por escrito y dándolos a la imprenta. Los contenidos del libro fueron aprobados por Julián Firrufino, catedrático de matemáticas, y la edición corrió a cargo de Juan de Herrera, el célebre ingeniero y arquitecto en quien Felipe II había confiado (además de la construcción de su palacio-monasterio) la dirección de la Real Academia de Matemáticas.

---

6 Juan de Herrera, *Instrucción de la Real Academia de Matemáticas*, Madrid, 1584, fol. 5r.

7 Herrera, *Instrucción...*, f. 4v.

8 Herrera, *Instrucción...*, f. 2r.

9 Ginés de Rocamora, *Sphera del Universo*, Madrid, 1599, f. 2r.

10 *El astrólogo fingido* es la primera comedia de capa y espada de Calderón de la Barca, escrita en 1623 y publicada en 1632. En ella critica la astrología como arte adivinatorio y la contrapone con la astronomía como verdadero conocimiento científico. La declaración de uno de los personajes evidencia el impacto de las lecciones del murciano en Madrid y, sobre todo, el de su *Sphera del Universo* como manual de esta materia: "También yo en mi mocedad/si he de deciros verdad/ alguna cosa estudié/y con deseos pequé/en esta curiosidad./Don Ginés de Rocamora/me enseñó tiempos atrás" (de la edición publicada en Zaragoza en 1632, f. 202v.).

11 *La Arcadia* fue publicada en 1598, llegando a ser una de las obras más exitosas de Lope de Vega. En ella Ginés de Rocamora es denominado como "varón universal en ciencias" (en la edición publicada en Madrid en 1603, f. 292).

Podríamos decir que la *Sphera del Universo* es un manual de cosmografía. Parte con unos laudatorios capítulos dedicados a las matemáticas, expone algunos temas sobre astronomía y añade informaciones geográficas e históricas. Rocamora dedica la obra al marqués de los Vélez, a quien agradece las atenciones prestadas a su familia y atribuye un vasto interés por estas materias, corroborado por el registro de su biblioteca[12]. El desarrollo de los temas pone de manifiesto la centralidad de la cosmografía en un contexto de expansión imperial en el que el protagonismo recae sobre la geografía y la navegación, saberes a los que quedaban supeditados los estudios de matemáticas.

Tras este primer bloque de contenidos Rocamora anexa una versión en lengua vernácula de la *Sphera* de Johannes de Sacrobosco[13]. Durante el siglo XVI las lecciones de cosmografía tomaban como referencia esta obra del siglo XIII, a la que se iban añadiendo correcciones[14]. Su popularidad se basó en su capacidad para explicar de manera sencilla las ideas fundamentales del *Almagesto*, el complejo tratado de astronomía de Ptolomeo (cuyo título original puede traducirse como *sintaxis matemática*). Podemos decir, por tanto, que Rocamora ofrece

[12] Los libros del marqués, que pudieron haber estado al alcance de sus allegados, fueron depositados en la Real Biblioteca de El Escorial, cuyo inventario puede consultarse a través de su catálogo digital (signatura L-I-13). Entre los autores relacionados con el estudio de la esfera encontramos a Teodosio de Bitinia, Johannes de Sacrobosco (con al menos una edición de 1566 y posiblemente otra de 1552) y el más actualizado Antonio Mizauld. Sobre temas más generales de astrología contaba con el *Rudimenta astronomica* de Muhamedis Alfragani, el *De reuolutione annorum mundo* y el *De significatione planetarum in natiuitatibus* de Messahala y el *Petri Nonii Petri Nonii Salaciesis Salaciensis De crepusculis liber unus* de Pedro Nuñez, entre otros. De Ptolomeo encontramos dos ediciones de la *Geometría* (de 1533 y de 1562) y una del *Liber de analemmate* (1562). No menos interesante es la presencia de Aristóteles, San Agustín, León Battista Alberti, Justo Lipsio, Domingo de Soto, Miguel de Medina, Martín de Azpiricueta, Erasmo de Roterdam, Plutarco, Quintiliano, Tucídides, Euricles, Virgilio y Ovidio, entre otros muchos, hasta completar un total de 441 títulos.

[13] Rocamora afirma que se trata de una traducción propia. El libro de Sacrobosco tuvo múltiples ediciones a lo largo del siglo XVI tanto en latín como en español en respuesta de la gran demanda de este tipo de conocimientos en este contexto en particular. Sobre la importancia de esta obra en la docencia universitaria y su difusión desde el siglo XII al XVII véase Marta Gómez Martínez, *Sacrobosco en castellano*, Salamanca, 2006.

[14] Víctor Navarro-Brotóns, "The Teaching of Mathematical Disciplines in Sixteenth-Century Spain", *Science & Education*, 15 (2006), pp. 209-233; cita en p. 213.

a sus lectores los materiales didácticos necesarios para adentrarse en el conocimiento científico fundamental de su tiempo.

¿Tiene sentido que un hombre de ciencia, interesado principalmente por las matemáticas, escribiera una historia local? ¿En qué punto converge el matemático con el corógrafo?

La corografía de Ginés de Rocamora se inscribe, además de en un género literario específico, en un contexto historiográfico. Se trata del momento de la aparición y puesta en discusión de una metodología de análisis histórico basada en la distinción entre fuentes primarias y secundarias, que empieza a tomar forma a mediados del siglo XVI y que no se consolidará hasta finales del siglo XVII[15]. Al comienzo de esta centuria Sebastián de Covarrubias definía la historia como "una narración, y exposición de acontecimientos pasados", distinguiendo entre la narración de las cosas vistas por el autor con "sus propios ojos" y la desarrollada a partir de la consulta de "buenos originales, y autores fidedignos"[16]. Para el autor del *Tesoro de la lengua castellana o española* el elemento distintivo de la historia era el mantenimiento de la verdad. Seis años antes Francis Bacon había hecho público el borrador de su plan de reforma científica y académica[17]. Su crítica al

[15] Frente a la estimación de Momigliano de que este cambio no empieza a percibirse hasta la segunda mitad del siglo XVII (Arnaldo Momigliano, "Ancient History and the Antiquarian", *Journal of the Warburg and Courtauld Institutes*, Vol. 13, Nº 3-4 (1950), pp. 285-315; cita en p. 286), Ginzburg lo adelanta una centuria y explica los aportes de Robortello y las polémicas que suscitaron sus obras, publicadas en 1548 y 1557 (Carlo Ginzburg, *El hilo y las huellas. Lo verdadero, lo falso, lo ficticio*, Buenos Aires, 2010, pp. 30-40). Más recientemente Silvina Vidal ha profundizado en estos aportes y polémicas (Silvina Paula Vidal, *La historiografía italiana en el tardo-Renacimiento*, Buenos Aires, 2016). Estos dos últimos trabajos complementan y matizan (también rebaten) la propuesta de Huppert sobre la preeminencia francesa en los cambios de paradigmas historiográficos impulsados desde mediados del siglo XVI (Geroge Huppert, *The Idea of Perfect History. Historical Erudition and Historical Philosophy in Renaissance France,* Urbana/Chicago/Londres, 1970, pp. 12-70. Kagan retarda la aplicación sistemática de estas novedades en Castilla hasta el último tercio del siglo XVII (Richard Kagan, *Los cronistas y la Corona*, Madrid, 2010, p. 364). Una caracterización general de la escritura de la historia en el ámbito español durante el siglo XVI en Baltasar Cuart Moner, "La larga marcha de las historias de España en el siglo XVI", R. García Cárcel (coord.), *La construcción de las Historias de España*, Madrid, 2004, pp. 45-126.

[16] Sebastián de Covarrubias, *Tesoro de la Lengua Castellana o española*, Madrid, 1611, entrada 'Historia'.

[17] Originalmente escrito en latín y publicado en 1605, hemos utilizado la primera edición traducida al inglés, de 1640. Un antecedente incuestionable de las propuestas baconianas sobre la organización general de los saberes había venido de la mano de

pensamiento aristotélico –al que acusaba de fomentar un conocimiento basado en prejuicios– le llevó a identificar tres saberes, cada uno de ellos vinculado con una parte del entendimiento humano: la historia con la memoria, la poesía con la imaginación y la filosofía con la razón. A su vez tipificaba la historia en civil, natural, eclesiástica y literaria.

Centrándonos en la historia civil, junto a las *historias perfectas*[18] –articuladas por épocas, personas o hechos– Bacon identifica unas "historias imperfectas" o "preparatorias"[19], entre las cuales incluye a las antigüedades. Las denomina también "historias deterioradas" o "resto de historias" y las define como aquellas historias hechas por "alguna persona industriosa, con diligencia y observación exacta y escrupulosa, a partir de los monumentos, nombres, palabras, proverbios, tradiciones, anotaciones y documentos privados, fragmentos de historias, pasajes de libros que no se refieren a la historia, y otras cosas semejantes"[20]. *Las Antigüedades de Murcia* encajan en esta tipología tanto por su título como por su contenido y metodología[21].

Luis Vives con su *De disciplinis*, publicada en Brujas en 1531, con escasa repercusión en España en aquel momento. Sin atender de manera específica al conocimiento histórico, sí comparte algunas ideas sobre la historia, que han sido resumidas en Pablo Sol Mora, "El pensamiento historiográfico de Luis Vives", K. Kohut (coord.), *Narración y reflexión: las crónicas de Indias y la teoría historiográfica*, México, 2007, pp. 63-78. Por otra parte, Cañizares Esguerra ha destacado el carácter pionero de los portugueses y los españoles en el desarrollo científico moderno, analizando la influencia de creaciones procedentes del ámbito ibérico en las obras señeras de Bacon, la *Instarautio Magna* y la *New Atlantis* (Jorge Cañizares-Esguerra, "Iberian Science in the Renaissance: Ignored How Much Longer?", *Perspectives on Science*, vol. 12, n.º 1 (2004), pp. 86-124).

18 *Perfect history*, traducido en la edición española de María Luisa Blaseiro como 'historia perfecta', 'historia completa' o 'historia cabal' (Francis Bacon, *El avance del saber*, Trad. María Luisa Balseiro, Madrid, 1988).

19 Francis Bacon, *Of the Advancement and Proficience of Learning or the Partitions of Sciences*, Oxford, 1640, Libro Segundo, 15-II.4.

20 Bacon, *Of the Advancement...*, Libro Segundo, 15-II.3.

21 A la hora de definir el contexto historiográfico de las *Antigüedades de Murcia* parecería necesario mencionar *De Historia para entenderla y escribirla*, publicada en 1611 por Luis Cabrera de Córdoba, a la postre autor de la *Historia de Felipe II, rey de España*. Como historiador representa la tendencia historiográfica opuesta a la de Ginés Rocamora, es decir, una historia oficial en manos de los cronistas reales y escritores autorizados por la Corona, cuyo objetivo era ofrecer una visión unitaria del pasado y crear una opinión favorable al monarca y sus políticas. Metodológicamente cuestiona la cualidad del historiador como testigo de los hechos, advirtiendo que "el escribir las cosas de su tiempo tiene peligro y dificultad, por la imitación de los ánimos" (ibídem,

No obstante, queriendo resolver nuestra duda sobre la relación entre las facetas científica e historiadora de Ginés de Rocamora debemos considerar una última clasificación historiográfica incluida casi de manera marginal por Bacon en su *Of the Advancement and Proficience of Learning:* las "historias mezcladas"[22]. Entre ellas menciona la cosmografía, que dice "se compone de historia natural en lo tocante a las regiones mismas, de historia civil en lo tocante a los asentamientos, formas de gobierno y costumbre de población, y de matemática, en lo tocante a los climas y configuraciones celestes"[23].

La relación entre cosmografía y corografía había sido establecida por Ptolomeo, cuyas ideas inspiraron la manera de concebir la geografía y la cartografía del Renacimiento. Así, haciéndose eco de las ideas ptolomeicas, Pedro Apiano en su célebre obra de 1524 definió la cosmografía como la "descripción, traza y pintura del mundo"[24], mientras que la corografía "describe y considera particulares lugares sin consideración ni comparación de sí mismos, ni de ellos con otros"[25]. Añadía que el corógrafo "con gran diligencia considera todas las particularidades y propiedades, por mínimas que sean, que en los tales lugares se hallan dignas de notar." Desde finales del siglo XV el concepto de cosmografía se irá imponiendo frente al de geografía e incluirá como subdisciplina a la corografía. El resultado será un mapeo en varias escalas: global, con descripciones geográficas, informaciones astrológicas y comentarios históricos; y regional, que añade informaciones sobre el paisaje y aspectos sociales, culturales, económicos, políticos y también históricos. Desde esta perspectiva la cosmografía estará fuertemente relacionada con el desarrollo de la cartografía, que en Europa tendrá un gran impulso a lo largo del siglo XVI gracias a la imprenta. Los cartógrafos españoles, sin embargo,

---

Discurso XIX) y añade, siguiendo a Polibio, que "escribe mejor el que no es natural de la provincia de quien hace historia" (ibídem, Discurso VI).

22 Bacon, *Of the Advancement...*, Libro Segundo, 15-II.12.

23 Bacon, *Of the Advancement...*, Libro Segundo, 15-II.13

24 Pedro Apiano, *Cosmographia*, Amberes, [1524] 1575, f. 1r.

25 Apiano, *Cosmographia...*, f. 2r.

no tuvieron tanta facilidad para dar a conocer sus trabajos, a pesar de sus evidentes aportes al avance de esta materia[26].

LAS MEDIDAS DEL IMPERIO: LOS PROYECTOS CARTOGRÁFICOS Y GEOGRÁFICOS DEL REY

En España la producción cartográfica se concentró en dos instituciones: la Casa de la Contratación y la Real Academia de Matemáticas, lo que da una idea clara de la orientación de estos trabajos: principalmente, servir de herramienta a navegantes, exploradores e ingenieros. Para la Corona española era prioritario conocer con precisión los océanos, las costas y los nuevos territorios ultramarinos para asegurar un dominio marcado por la distancia y una multitud de elementos novedosos. En ese contexto expansivo los detalles de las regiones europeas parecían menos importantes o no tan urgentes. Sin embargo, a lo largo del siglo XVI los monarcas castellanos ordenaron la realización de tres proyectos de registro cartográfico y descripción territorial de sus reinos peninsulares. El primero de ellos fue encargado a Hernando Colón, quien vio frustrado su cometido tras seis años de trabajo, que se desarrolló entre 1517 y 1523. En su *Itinerario* destacó a la ciudad de Murcia por su elevado número de vecinos (que cifra en tres mil quinientos), su muralla y el paisaje en torno al río Segura y la huerta, aludiendo a la fertilidad de la tierra

[26] Algunos autores han atribuido esta circunstancia a la reticencia de los soberanos españoles de hacer pública una información que podía ser utilizada por sus adversarios para diseñar sus estrategias de ataque (María M. Portuondo, *Ciencia secreta. La cosmografía española en el Nuevo Mundo*, Madrid/Frankfurt, 2013, pp.125-129). Otra explicación tiene que ver con el desarrollo de la imprenta en España. Si bien el número de imprentas en la Península no desmerecía de las que podían encontrarse en otros espacios europeos, como Francia o Alemania, sus características técnicas dificultaban la impresión al detalle y de gran tamaño que exigía la cartografía (David Buisseret, "Spanish Peninsular Cartography, 1500-1700", *The History of Cartography in the European Renaissance*, vol. 2, Chicago, 2002, pp. 1069-1094; cita en pp. 1091-1092). Por una y otra causa la gran mayoría de los mapas confeccionados en España se mantuvieron en formato manuscrito y bajo custodia de la Real Biblioteca de El Escorial. Como consecuencia, su visibilidad y su incorporación a los análisis históricos sobre este tema han sido limitadas.

al declarar que con sus productos "sirve [a] mucha parte del reino de Toledo"[27].

El segundo proyecto fue encargado en 1548 a Pedro de Medina, uno de los cosmógrafos de la Casa de la Contratación. Su fama como tal, alcanzada por sus investigaciones sobre instrumentos náuticos, no acompañó a su desempeño en este encargo real, cuyos resultados carecen de la base empírica esperada y se materializan en mapas de escasa calidad. En cuanto a la parte corográfica podemos relacionar este proyecto con el *Libro de grandezas y cosas memorables de España*, que Medina hizo imprimir en Sevilla. Al hablar sobre el reino de Murcia toma como referencia la provincia histórica de Cartagena, de la que alaba la fertilidad de sus campos a pesar de la falta de lluvias –"acontece no llover en dos o tres años"– gracias a su sistema de acequias, que permitía distribuir el agua de ríos y fuentes para el riego[28].

De la ciudad de Murcia refiere con gran épica los episodios claves de su etapa medieval: la pérdida y la recuperación de la ciudad por los poderes cristianos. Primero cuenta que "los de Murcia", que eran "hombres esforzados y buenos caballeros", "salieron al campo y hubieron batalla con los moros" [29]. Casi todos murieron y entonces fueron las mujeres quienes hicieron frente a los atacantes, a los que recibieron desde lo alto de las torres y muros de la ciudad armadas con cañas y lanzas. Cinco siglos después Alfonso X ganó Murcia y la (re)pobló de cristianos. Medina alude al deseo manifiesto del rey sabio de "estar y vivir en esta ciudad así por la fertilidad de la tierra como por ser en hermoso sitio asentada, cercada de huertas y arboledas"[30]. También quiso premiar la lealtad de sus habitantes con privilegios y el honor de conservar su corazón en la iglesia de Santa María de Gracia y lucirlo en su escudo. Medina acompaña estos relatos con una vista tipificada de la ciudad (la imagen se repite en las entradas

[27] Hernando Colón, *Descripción y cosmografía de España*, Sevilla, 1988, p. 321.

[28] Pedro de Medina, *Libro de grandezas y cosas memorables de España*, Sevilla, 1548, f. 53v.

[29] Medina, *Libro de grandezas...*, f. 54v. Para la escritura del Discurso 4 de sus *Antigüedades* Ginés de Rocamora sigue a Medina, quien a su vez utilizó la *Crónica de España* de Rodrigo Jiménez de Rada.

[30] Medina, *Libro de grandezas...*, f. 55r.

Mapa de la península ibérica y representación de la ciudad de Murcia. Pedro de Medina, *Libro de grandezas y cosas memorables de España*, Portada, Sevilla, 1548 (Biblioteca Nacional de España)

Provincia de

Capitulo.cxliiij. Dela ciudad de Murcia, como por auiso de vn Cauallero fue libre de destruycion y captiuerio.

DEspues que el rey don Rodrigo fue vencido en la gran batalla del campo de Sidonia, los moros fueron ganando los pueblos y cibdades de España, y vinieron con gran hueste sobre Murcia y Orizuela. Los de Murcia eran hombres esforçados y buenos caualleros salieron al campo y vuieron batalla con los moros, donde pelearon muy fuertemente. Mas como los moros eran muchos demasiadamente. Los christianos de Murcia fueron casi todos muertos en la batalla. Solamente escapo el señor dela ciudad con muy pocos que se acogeron a ella, y como fuessen dentro enla ciudad, como quiera que el llanto y dolor fue muy grande. El señor de Murcia era discreto, con gran astucia hizo subir en las torres y muros dela ciudad las mugeres quitadas las tocas con cañas en las manos, y algunas tenian lanças. Como la hueste delos moros llego cerca dela ciudad, y vieron tanta gente sobre los muros y torres / y las cañas que tenian que parescian de lexos lanças, creyeron que dentro auia mucha gente de armas, y que no la podrian luego tomar. El señor de Murcia salio alos moros en manera de mensagero dela ciudad / y con blandas palabras que les dixo, hizo con ellos su pleytesia, que los christianos quedassen enla ciudad con sus casas y eredades, y que entregassen el Alcaçar y fuessen sus vassallos. y les acudiessen con todas las rentas, y obedesciessen con el señorio della. Los moros otorgaronlo y juraronlo, y como despues algunos dellos entraron en la ciudad y vieron que no auia hombres, y que todo aquello auia sido fingido tuuieron se por engañados, pero no quisieron quebrar el juramento que auian hecho por ser el principio de su guerra. ¶ Despues

Representación de la ciudad de Murcia. Pedro de Medina, *Libro de grandezas y cosas memorables de España*, Sevilla, Capítulo CXLIIII, 1548 (Biblioteca Nacional de España)

de otros lugares como Alarcón o Roda), donde son las murallas y el río los que la dotan de identidad.

El tercer proyecto era el más ambicioso: las relaciones topográficas, que fueron propuestas en la década de 1550 como un gran compendio de información sobre los reinos peninsulares. Tanto las relaciones topográficas como las relaciones geográficas (su equivalente americano) tenían como objetivo último mejorar la administración territorial[31]. Felipe II era consciente de que para ejercer el buen gobierno debía conocer las características y necesidades de cada uno de los lugares bajo su dominio, lo que también debía servir para gestionar acertadamente las demandas de recursos que periódicamente hacía a sus súbditos. Para ello ordenó la confección de una carta geográfica de la Península Ibérica y una "descripción e historia de las particularidades y cosas notables de los dichos pueblos"[32].

El trabajo cartográfico fue encargado a Pedro de Esquivel, un profesor de matemáticas de la Universidad de Alcalá, quien implementó avanzadas técnicas de medición y cálculo[33]. En 1566, año de su muerte, el trabajo estaba ya muy avanzado, aunque todavía no se había dado por terminado. Su sustituto al frente del proyecto fue el ya mencionado Juan de Herrera. Por otro lado, la Corona encomendó a los cabildos la tarea de nombrar comisiones para averiguar y registrar las informaciones solicitadas en unos formularios de preguntas, que fueron enviados en 1575 y 1577. Estos servirían de base para hacer una relación general cuya redacción quedaría en manos de los cronistas

---

[31] Destacamos el enfoque de Brendecke (Arndt Brendecke, *Imperio e información: funciones del saber en el dominio colonial español*, Madrid/Frankfurt, 2016, p. 154), quien considera constatada la disponibilidad en el siglo XVI de conocimientos suficientes para llevar a cabo registros territoriales de gran envergadura por parte de la Corona española. No obstante, señala como problema a la hora de darles un desarrollo completo la falta de continuidad tanto de la voluntad política para hacerlo como de los agentes implicados en su acometida. Un problema que sería extensible a otras facetas del saber.

[32] Carta, Instrucción y Memoria firmada por Felipe II el 15 de octubre de 1575 y de nuevo el 7 de agosto de 1578. En F. Javier Campos y Fernández de Sevilla, *Las relaciones topográficas de Felipe II: índices, fuentes y bibliografía*, El Escorial, 2003, pp. 453 y 461.

[33] Antonio Crespo Sanz y María Isabel Vicente Maroto, "Mapping Spain in the Sixteenth Century: the Escorial Atlas and Pedro de Esquivel's Notebook", *Imago Mundi*, vol. 66, Part 2 (2014), pp. 159-179. El libro de anotaciones de Pedro de Esquivel fue encontrado en la Biblioteca Nacional de Suecia a principios del siglo XXI. En él detalla sus métodos y los avances de su trabajo.

Mapa de la península ibérica. Autoría discutida entre Pedro de Esquivel y Alonso de Santa Cruz. *Atlas de El Escorial*, décadas centrales del siglo XVI. (Real Biblioteca de El Escorial)

mayores. Las fuentes debían ser los lugareños o cualquier otra que ofreciera un testimonio fiable de los temas o aspectos sobre los que se interrogaba.

Podríamos decir que el desarrollo de este proyecto compilatorio fue irregular y que sus resultados fueron inciertos. La carta geográfica iniciada por Esquivel finalmente quedó inconclusa[34], mientras que muchos de los formularios a cargo de los cabildos no fueron hechos o no llegaron a enviarse a la Corte, tal y como se les había solicitado.

[34] Se mantiene la controversia sobre la identificación de este proyecto con el denominado *Altas del Escorial*. Éste se conforma por una serie de mapas que han sido atribuidos a varios autores, entre ellos Pedro de Esquivel y más recientemente Alonso de Santa Cruz (Crespo Sanz y Vicente Maroto, "Mapping Spain..", p. 163). Bajo esta última autoría habría sido confeccionado en torno a 1540, con lo que anticiparía la metodología y el formato de creaciones cartográficas muy posteriores.

El de Murcia fue uno de ellos. ¿Son las *Antigüedades* de Rocamora esta relación perdida?

LAS MEDIDAS DE LA REPÚBLICA: DEL FORMULARIO REAL A LA COROGRAFÍA DE ROCAMORA

La comparación de contenido de la obra de Rocamora con los interrogatorios enviados por la Corona arroja una coincidencia completa (véase el Anexo). Así, por ejemplo, el discurso 4 responde sobre "Si el dicho pueblo es antiguo o nuevo, y desde qué tiempo acá está fundado, y quién fue el fundador, y cuando se ganó de los moros, o lo que de ello se supiese"; los discursos 5 y 6 responden a varias preguntas que en los interrogatorios se interesan por el clima y la calidad de la tierra; los discursos 7, 8 y 11 describen elementos arquitectónicos, además de epitafios, letreros y antiguallas, tal y como la Corona pedía saber; el discurso 12 está directamente relacionado con la pregunta "sobre el escudo de armas que el dicho pueblo tuviese, si tuviese algunas, y por qué causa o razón las ha tomado, si se supiese algo"; y los discursos 14 y 16 dan detalles sobre el gobierno civil y eclesiástico. Incluso las páginas dedicadas a los santos cartageneros pueden identificarse como la respuesta a la solicitud de información sobre reliquias, ermitas, devocionarios y milagros.

Lo cierto es que no podemos asegurar que las *Antigüedades* de Rocamora sean las relaciones topográficas de la ciudad de Murcia que por una razón que desconocemos no fueron enviadas a Madrid, como sí hicieron otros cabildos del reino de Murcia[35]. No obstante, la evidente conexión de sus contenidos con los interrogatorios reales nos permite especular sobre la posibilidad de que, en efecto, se trate de los materiales recopilados por la comisión que el cabildo murciano hubo de nombrar para cumplir con el cometido regio. La posibilidad de que Ginés de Rocamora formara parte de esta comisión es alta una vez incorporado a la bancada de regidores en noviembre de

[35] *Relaciones topográficas de los pueblos del reino de Murcia, 1575-1579*, estudio y transcripción de Aurelio Cebrián Avellán y José Cano Valero, Murcia, Universidad de Murcia, 1992.

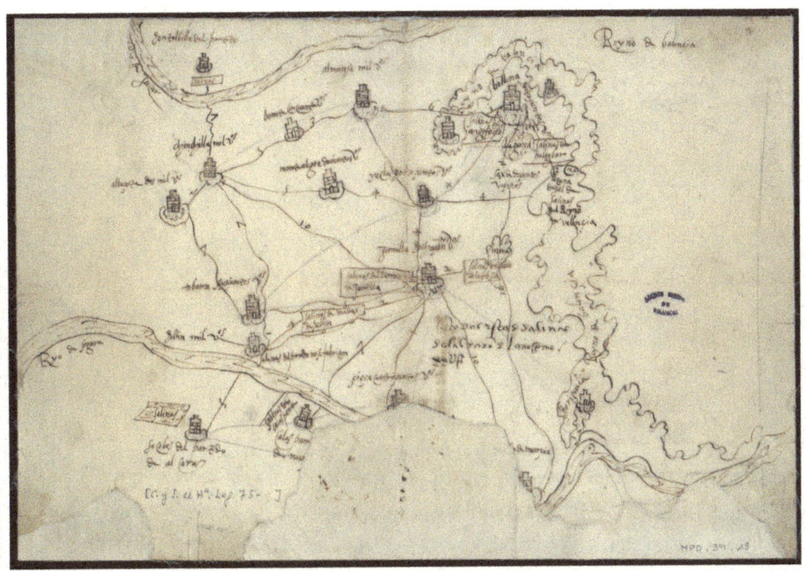

Croquis en el que se localizan las salinas del Reino de Murcia, se trazan el curso del río Segura y los caminos que conectaban las principales poblaciones, se señala el número de vecinos en algunas de ellas y se marca la línea fronteriza con el reino de Valencia (Archivo General de Simancas, MPD, 39, 018)

1577. Como ha recordado Domingo Centenero, a finales de 1580 fue comisionado para continuar con las labores de inventariado del archivo municipal y la recopilación en libros de documentos de diferente tipo relacionados con la ciudad[36]. Por otro lado, las actas capitulares de aquellos años dejan constancia del interés de la ciudad por recopilar cuerpos de documentos relacionados con su funcionamiento y organización: ordenanzas[37], pleitos[38] y privilegios que

[36] Archivo Municipal de Murcia (en adelante AMMU), Actas Capitulares (en adelante AC), 3 de diciembre de 1580: "Que don Ginés de Rocamora prosiga el inventario de las escrituras del archivo y haga hacer libros donde trate de las deudas, provisiones, sentencias y ejecutorias en orden de importancia y los originales estén a recaudo sin sacarse si no fuere para casos que convengan", citado en Centenero de Arce, *De repúblicas*..., p. 96.

[37] AMMU, AC, 17 de octubre de 1581: "Acordaron se acaben de recopilar las ordenanzas de esta ciudad".

[38] AMMU, AC, 14 de noviembre de 1581: la ciudad pedía hacer un libro en el que figurasen los pleitos que había tenido y tenía tanto en la Corte como en la Chancillería de

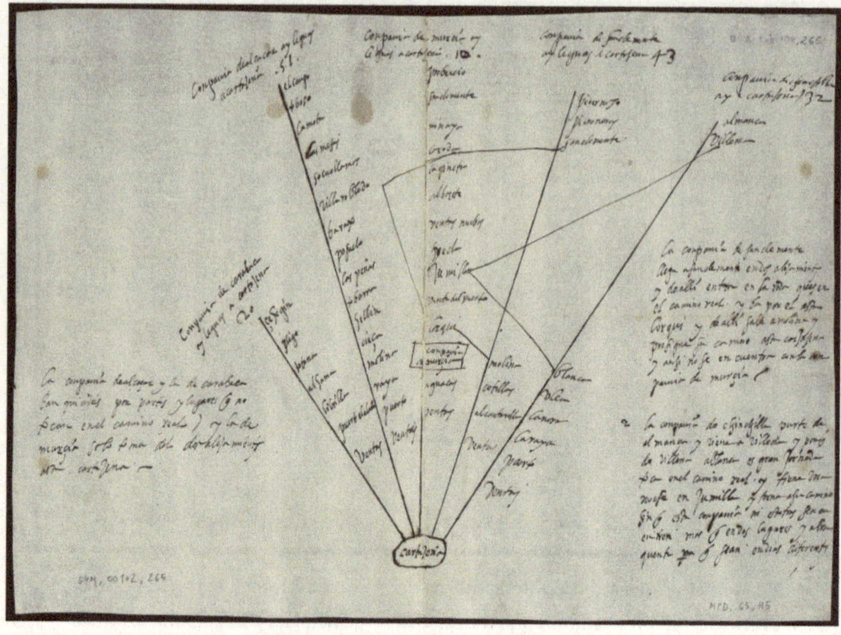

Esquema del itinerario de las compañías de milicias del Reino de Murcia desde sus lugares de origen hasta el puerto de Cartagena
(Archivo General de Simancas, MPD, 65, 115)

incluso ordenó llevar a la imprenta para su difusión[39]. Por último, en Simancas encontramos algunos mapas y croquis del Reino de Murcia hechos por aquellas mismas fechas, que ofrecen el tipo de información que la Corona estaba demandando a sus repúblicas: localización de salinas, vías de comunicación, número de vecinos y límites fronterizos[40]; demarcación de montes, llanos y cauces[41]; e

Granada. Mostraba especial interés por aquellos litigios relacionados con sus privilegios y solicitaba que una vez recopilados fueran enviados a su procurador en Madrid.

[39] AMMU, AC, 17 de octubre de 1581. "Acordaron que se traigan mil privilegios impresos", que fueron pagados con propios de la ciudad.

[40] Diseño de la situación de las salinas de Espartinas y de otras en el Reino de Murcia, 1567: Archivo General de Simancas (en adelante AGS), MPD, 39, 018.

[41] Descripción de la tierra circunvecina de Murcia, 1567: AGS, MPD, 08, 031.

itinerarios de las compañías de milicias desde sus lugares de origen hasta Cartagena[42].

Hay varios motivos por los que las relaciones topográficas pudieron no haber llegado a su destino. La más probable es la magnitud de la empresa. No solo la propuesta general, sino cada uno de los casos particulares implicaba movilizar una cantidad ingente de datos, algunos de ellos altamente sensibles. Desde el punto de vista de las repúblicas urbanas dar información sobre el número de habitantes, los diezmos, rentas y donaciones eclesiásticos, los propios y salarios concejiles, el valor de los productos que se obtenían en sus campos, la capacidad adquisitiva de sus vecinos, los mayorazgos de sus principales, los materiales de construcción empleados en puentes, murallas y todo tipo de edificaciones, las masas forestales y los cuerpos de agua equivalía a poner sus recursos a disposición de la Corona sin margen para salvaguardar sus intereses particulares. Esto en un contexto de reforma fiscal que había tensionado la relación del rey con sus reinos. Por otro lado, la relación escrita de los privilegios, fueros y costumbres del lugar, así como la identificación de los vecinos que gozaban de condición hidalga, inmovilizaban cualquier iniciativa colectiva o individual de redefinición identitaria, como la que estaban desarrollando en Murcia los caballeros de cuantía, que daría lugar a conflictos entre el grupo de principales afectados y la Corona durante más de tres décadas[43] y, finalmente, a una reconfiguración de la élite local de la que daría cuentas el licenciado Cascales en sus *Discursos históricos*[44].

Considero que es posible que la república de Murcia decidiera conscientemente esquivar la obligación de poner al servicio de la Corona el fragmento de mundo que administraba[45]. No obstante,

---

[42] Itinerarios de las compañías de Murcia y Albacete hacia Cartagena, 1580: AGS, MPD, 65, 115.

[43] Ana Díaz Serrano y Domingo Centenero de Arce, "La reconstrucción de una identidad hidalga: caballeros de cuantía en la ciudad de Murcia durante los siglos XVI y XVII", E. Soria Mesa, J. Bravo Caro y J.M. Delgado Barrado (coords.), *Las élites en la época moderna*, Volumen IV, Córdoba, 2009, pp. 95-106.

[44] Díaz Serrano, "Corografías de la memoria…".

[45] Esta afirmación requiere hacer una aclaración sobre por qué, entonces, hubo cabildos que sí enviaron estas informaciones. Haciendo una revisión de las relaciones topográficas del Reino de Murcia cabe tener en cuenta la organización territorial y

recopilada esa información Rocamora –que posiblemente la tenía en su poder– pudo haber querido darle uso, convirtiendo el cuestionario de preguntas en una corografía, género en pleno auge en aquellos años finales del siglo XVI. Para ello seleccionó los temas que podían resultar más atractivos a los lectores, los agrupó en discursos y les dio un formato más literario. De modo que las *Antigüedades* pudieron haber tenido dos fases de preparación: una primera en torno a 1577-1581, que se correspondería con el desarrollo del proyecto topográfico de la Corona, por Rocamora o por otros oficiales comisionados por el cabildo para ello; y una segunda, en torno a 1594, cuando Rocamora añade la descripción de las fiestas de los santos de Cartagena. Podemos considerar una etapa intermedia de escritura, con arreglos y quizás una primera versión de la corografía bajo autoría de Rocamora; también que este ejercicio de adaptación

el funcionamiento fiscal castellano para formular una respuesta muy general. Por un lado, los pueblos del Reino de Murcia que contestaron el formulario real estaban o habían estado bajo algún tipo de jurisdicción señorial. Esto significaba que no tributaban a la Corona, sino a sus correspondientes señores. En las relaciones se hace referencia a los señoríos de la orden de Santiago, los marquesados de los Vélez y Villena y el condado de Paredes de Navas. Los pueblos de realengo (bajo jurisdicción directa del rey) incluidos en las relaciones formaban parte de la gobernación del Marquesado, constituida con los territorios ganados por la Corona al marqués de Villena tras los enfrentamientos entre ambos poderes en la década de 1470. Por otra parte, muchos de estos pueblos se retrataron como lugares humildes, con escasos recursos y, a pesar de ello, cumplidores de los servicios exigidos. Por ejemplo, la villa de Yecla se describe como un pueblo de no más de 600 habitantes, con su población muy disminuida debido a que parte de sus vecinos había marchado al reino de Granada para repoblar las tierras abandonadas por los moriscos tras el levantamiento de las Alpujarras. Decía ofrecer servicio tanto a la ciudad de Murcia, que lo representaba en Cortes, por tanto quien se ocupaba de la recaudación de sus impuestos, como al marquesado de Villena, de cuyas juntas de concejos formaba parte desde tiempo inmemorial, lo que se traducía en una larga participación en la gestión del espacio fronterizo entre las Coronas de Castilla y Aragón. Los yeclanos contaron a la Corona que se dedicaban principalmente al oficio de carretería y trajinería y a la ganadería y a la agricultura. Muchos de ellos eran jornaleros, obligados por la poca labranza que podía hacerse en tierras ocupadas mayoritariamente por montes. Tan solo uno de sus vecinos ostentaba la condición de hidalgo. Junto a algunos cortijos dispersos en el alfoz, la villa agrupaba las construcciones del municipio. Ésta carecía de murallas y se componía de viviendas de adobe encalado; solo se registraban dos "edificios señalados": las casas del cabildo y el pósito del pan, ambos situados en la plaza mayor y hechos de mampostería (*Relaciones topográficas*..., pp. 363-372). Con este autorretrato era esperable que el rey se compadeciera de sus súbditos y evitara hacer caer sobre sus hombros pesadas cargas, consideración a la que no podían aspirar las ciudades de Murcia, Lorca o Cartagena.

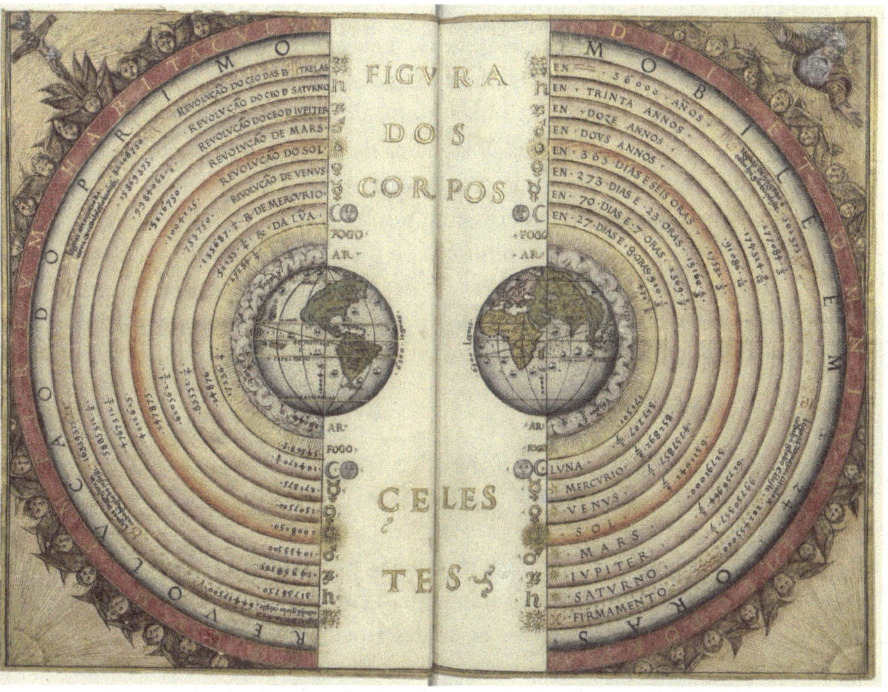

Representación de los cuerpos celestes. Bartolomeu Velho, *Cosmographia*, ff. 9v.-10r. París, 1568 (Biblioteca Nacional de Francia)

final se realizara en una fecha posterior a la publicación de la *Sphera del Universo,* tras el regreso de su autor a Murcia.

La transformación en una corografía de los apuntes y notas de los comisionados sería tarea sencilla y razonable dado el contexto historiográfico, pero también las características biográficas de su autor[46]. Podemos decir que Ginés de Rocamora siguió la dinámica de otros hombres de ciencia, para quienes la historia no era una materia ajena, sino complementaria dentro de un cuadro de saberes destinados a ordenar y comprender el mundo. Como las matemáticas,

[46] He analizado un proceso semejante para el caso de la obra realizada por Diego Muñoz Camargo para la ciudad de Tlaxcala en Díaz Serrano, *El gobierno…*, Capítulo 7.

la historia permitía obtener conocimientos verdaderos, basados en pruebas fidedignas y testeables, y que una vez establecidos no podrían ser cuestionados. Tanto las verdades matemáticas como las verdades históricas estaban basadas en la observación, que permitía sacar a la luz la armonía de las formas y la lógica de las relaciones en todos los órdenes. Así, no sorprende que gran parte de los autores de obras de contenido científico escribieran también otras de tipo histórico, aplicando una misma metodología en busca de un mismo objetivo: observar para describir de manera detallada y rigurosa el conjunto de mundo sensible, habilitando con ello una exaltación motivada de la creación divina.

LAS *ANTIGÜEDADES* EN LA MODERNIDAD: ANTICUARIA E HISTORIA EN LAS OBRAS DE GINÉS DE ROCAMORA Y FRANCISCO DE CASCALES

La relación entre cosmografía, corografía, geografía y cartografía viene dado por el sufijo *grafo*: dibujar, grabar, escribir. Su fin último es hacer visible el espacio a través de su descripción visual o escrita y crear imágenes naturales y mentales que permitan interpretar el mundo coherentemente, es decir, de manera estandarizada. A lo largo del siglo XVI la intensificación de la representación de la esfera terrestre de manera detallada y en su totalidad, junto a la catalogación de sus criaturas, son la manifestación de los cambios que el ser humano experimentó en la manera de ver y relacionarse con el cosmos a raíz de los descubrimientos de nuevos territorios y de la lenta pero sólida difusión de las ideas heliocéntricas. Parafraseando a Zumthor, el deseo y el impulso de dominar el mundo motivó el desarrollo de "una ciencia propia del espacio terrestre"[47]. Esta *ciencia* concebía un juego de escalas completo, desde la visión microscópica de la corografía, que localiza un lugar en el mundo (espacio físico y metafóricamente también político), hasta la visión macroscópica de la cosmografía, que localiza al mundo en el universo. En todas las escalas la acción de observar se anteponía a la de relatar. Se trata de un proceso donde el ojo indaga para verificar la

[47] Paul Zumthor, *La medida del mundo*, Madrid, 1994.

existencia de orden, es decir, para confirmar la perfección de lo creado. El historiador y el matemático revelan y explican la articulación de este orden natural y naturalizado, el matemático a través de la geometría y el historiador de la cronología.

En tiempos de Augusto la anticuaria había sido formulada como la descripción sistemática de todos los aspectos de la vida de la nación desde sus orígenes, rescatando aquellos desconocidos (olvidados) a partir de los vestigios del pasado, textuales y de cualquier otro tipo[48]. Previamente los historiadores griegos habían introducido el concepto de arqueología para denominar una historia de los inicios o de etapas arcaicas frente a una historia más habitual de etapas recientes (incluso del tiempo presente), en ambos casos con especial interés en el origen de las prácticas religiosas y el desarrollo de las instituciones políticas[49]. En sus *Antiquitates rerum divinae et humanae* Varro unificó estos dos marcos cronológicos y sumó objetos de interés a un estudio cuyo objetivo era retratar en su conjunto a una sociedad que se definía entre la ciudad y el imperio. Esta obra perdida llegará a los lectores modernos a través de su utilización por otros autores, especialmente por San Agustín en la *Civitas Dei*, que significativamente se convertirá en la referencia principal de la noción de res publica cristiana con la que se articulará el modelo de ciudad renacentista.

En la Edad Media el concepto "antigüedades" se utilizará para referir indistintamente un texto histórico y a un catálogo de vestigios monumentales, mientras que en el contexto humanista la palabra "anticuario" definirá a los compiladores de tradiciones antiguas, usando preferentemente fuentes literarias y epigráficas[50]. A partir del siglo XV la anticuaria ampliará su campo geográfico de interés: empezará a incluir en una *antigüedad* –hasta ese momento identificada únicamente con Grecia y Roma– a las entidades políticas europeas que en aquella centuria se estaban articulando *estatalmente*. Un siguiente paso será dotar a estos *estados modernos* de historias oficiales, de nuevo a semejanza de lo que habían hecho los historiadores griegos y romanos. Esto implicará descentralizar la atención histórica sobre

[48] Momigliano, "Ancient History...", p. 288.
[49] Momigliano, "Ancient History...", p. 287.
[50] Momigliano, "Ancient History...", pp. 290-291.

los tiempos antiguos y recuperar los tiempos medievales, donde las monarquías europeas encontrarán sus hitos fundacionales.

En este punto debemos volver a la tipificación historiográfica de Bacon. Momigliano señala que las historias perfectas enunciadas en su *Of the Advancement* son precisamente estas historias de la antigüedad clásica[51]. El criterio para considerarlas como perfectas o completas refiere a su carácter inalterable. Sus autores evocan acontecimientos de las épocas en las que vivieron, tomando como referencia la experiencia propia o la de otros testigos y utilizando elementos retóricos para convencer y conmover a sus lectores. Desde este planteamiento se presentan como relatos fidedignos, cerrados, *perfectamente* ajustados al deber del historiador de comunicar la verdad de lo que estaba narrando. Consecuentemente, las historias de Grecia y Roma escritas en aquellos tiempos no admitían contestación, tan solo reediciones. Algunas de estas reediciones incluirán comentarios que actuarán como soporte retórico, queriendo enfatizar la veracidad de estos relatos y el valor de lo histórico como fuente de lecciones y consejos. Por otro lado, la definición baconiana de la labor historiográfica de los anticuarios como incompleta o imperfecta señalaba –más que una deficiencia– su cualidad recopilatoria y rescatadora, que daba lugar a una narración igualmente verificable, aunque parcelada, inconclusa.

A finales del siglo XVI los archivos eran ya el lugar de referencia para el oficio de la historia, pero el uso de sus fuentes presentaba algunos inconvenientes. A la dificultad de acceder a estos fondos documentales bajo custodia de las autoridades (reales, municipales o judiciales) se sumará la puesta en duda de su fiabilidad. Como las fuentes literarias, las institucionales estaban sujetas a las destrezas y las motivaciones de sus autores y, por ello, eran susceptibles de incurrir en errores y falsedades[52]. Por aquellos años las suspicacias con respecto a las fuentes históricas se habían intensificado en el ámbito castellano por la aparición de importantes casos de falsificación. Los más sonados fueron los cronicones de Jerónimo Román de la Higuera, redactados en 1594 como el compendio de las obras del

[51] Momigliano, "Ancient History…", p. 292.
[52] Ginzburg, *El hilo…*, pp. 31-32.

autor latino Flavio Lucio Dextro y del visigodo Marco Máximo, y los plomos del Sacromonte, hallados en Granada entre 1588 y 1597 e interpretados como un quinto evangelio escrito en árabe. Su denuncia no impidió su entusiasta utilización incluso hasta centurias posteriores[53]. De hecho, el licenciado Cascales utilizó estos falsos cronicones, lo que el editor de la versión de sus *Discursos históricos* publicada en 1775 disculpó calificándolo como un "error tan frecuente en sus contemporáneos"[54].

También por aquellos años la proliferación de los linajudos –dados al chantaje de los candidatos de pruebas de nobleza o de limpieza de sangre–[55] ponía de manifiesto lo habitual de la adulteración de las informaciones genealógicas, vinculadas tanto a las memorias familiares como a la administración regia. Por último, podemos referir el interés por la historia de autores cuya producción estaba principalmente ligada a la ficción. En estos casos la falta de noticias fidedignas era suplida tanto con recursos literarios como con elementos procedentes de la tradición, haciendo un trasvase entre memoria e historia, así como entre historia y literatura. El resultado fue la fácil transmisión de un compendio de ideas, generalmente favorecedoras del orden establecido. A modo de ejemplo, un literato que manifestó su interés por la historia (incluso pretendiendo ejercer como cronista en la Corte) fue Lope de Vega, gran amigo de Ginés de Rocamora y Francisco de Cascales. En 1599 exaltó las virtudes espirituales de la villa de Madrid y por extensión de la Monarquía española a través de la vida y milagros de san Isidro, apoyándose, según su propia declaración, en fuentes de archivo, lo escrito por otros autores y, especialmente, en lo que todo madrileño sabía desde su nacimiento[56].

En este escenario la anticuaria tomará relevancia. Ampliando su marco geográfico y también cronológico, será identificada como la

[53] Kagan, *Los cronistas...*, pp. 356-364.

[54] Francisco de Cascales, *Al buen genio encomienda sus discursos históricos de la muy noble y muy leal ciudad de Murcia*, Murcia, 1775, Prólogo del editor (sin numerar).

[55] Enrique Soria Mesa, "Los linajudos, honor y conflicto social en la Granada del Siglo de Oro", J.J. Lozano Navarro y J.L. Navarro (coords.), *Violencia y conflictividad en el universo barroco*, Granada, 2010, pp. 401-427.

[56] Antonio Sánchez Jiménez, "Memoria tradicional e historia en dos corografías piadosas de Lope de Vega: las invenciones de Nuestra Señora de Atocha («Isidro», cantos VIII y IX) y «La virgen de la Almudena»", *Anuario Lope de Vega: Texto, literatura,*

historia hecha a partir de fuentes de incuestionable autenticidad. Se consideró que ruinas, epigramas o monedas proyectaban las formas del pasado con claridad, sin las sombras de posibles intervenciones o tergiversaciones, debido a la dificultad para falsificarlas. El carácter fragmentado de la anticuaria era compensado con creces por su capacidad para ofrecer certezas: cada antigüedad era un pedazo de verdad. En el caso de las historias locales las antigüedades establecían hitos en narraciones que además utilizaban otras evidencias. Bajo la premisa de que las calidades del lugar eran visibles e incluso tangibles, los corógrafos debían reflejarlo así en sus escritos, como si de pinturas se tratasen. La exposición de privilegios ganados desde tiempos medievales o incluso inmemoriales, junto a las referencias mitológicas o legendarias, por muy inverosímiles que parecieran,certificaban la constancia de los atributos, lo cual no hacía más que reforzar su credibilidad.

cultura, 18 (2012), pp. 175-209). El ejemplo más sobresaliente de este vínculo entre la historia y la creación literaria sigue siendo la serie histórica de Shakespeare. Fue escrita en la década de 1590 y servirá para instruir al pueblo sobre la historia inglesa del siglo XV, pero sobre todo para justificar la ocupación del trono por la dinastía Tudor.

Theatrum. In Quo Visuntur Illustriores Hispaniae Urbes, Aliaeque Ad Orientem & Austrum Civitates Celebriores, Amsterdam, 1657 (Biblioteca Nacional de España). Detalle de la vista de Cabezas de San Juan con retrato de Joris Hoefnagel a su paso por la villa andaluza en 1565 como parte de su recorrido por la península ibérica para hacer las ilustraciones que compondrían el *Civitates Orbis Terrarum*, publicado Georg Braun en Colonia y Amberes entre 1572 y 1618

Para las historias de Murcia escritas en los siglos XVI y XVII con pocos años de diferencia es interesante que tanto Ginés de Rocamora como Francisco de Cascales –ambos hombres de alta cultura, con dominio de las letras y relacionados con los principales círculos intelectuales de su época– evitaran identificar sus obras como historias propiamente dichas y utilizaran en sus títulos los términos *antigüedades* y *discursos históricos*. Con ello no estaban renegando del oficio de historiador (aunque ninguno de los dos se autodefiniría como tal); por el contrario, lo estaban reivindicando dentro del contexto historiográfico en el que se desenvolvían. Opto por pensar que Rocamora presentó su corografía como unas *Antigüedades* haciéndose eco de los debates de aquellos años finales del siglo XVI sobre la escritura de la historia y queriendo resaltar que la imagen de ciudad que dibujaba en cada uno de sus discursos era un retrato fiel, como decíamos unas líneas antes, *perfectamente* ajustado al deber del historiador de comunicar la verdad de lo que estaba narrando. De este modo dotaba de legitimidad los derechos a cuyos reclamos podía servir su obra.

Por su parte, el licenciado Cascales dio comienzo a la suya aclarando que su objetivo era disputar "muchos lugares de historia tocante a esta ciudad y a este reino"[57]; es decir, corregir de manera argumentada errores y falsedades que había detectado en la manera de explicar el pasado de Murcia. Es posible que estuviera refiriéndose, más que a relatos históricos escritos, a la tradición oral que maliciosamente seguía recordando los trágicos sucesos que habían llevado a una buena parte de la élite local ante los tribunales inquisitoriales unas décadas antes. A inicios del siglo XVII esta élite marcada por la lucha de bandos y el fanatismo de algunos agente reales decidió que la ciudad debía invertir sus recursos en combatir esta memoria colectiva, que dañaba su reputación y por extensión la de la república que lideraban y a la que representaban. Convinieron que la mejor manera de hacerlo era publicando un compendio de virtudes inmemoriales tanto de la república como de sus linajes principales[58].

A MODO DE CONCLUSIÓN

Gran parte del trabajo de Ginés de Rocamora como procurador en Cortes consistió precisamente en retratar a la ciudad de Murcia. Ante el rey los representantes de sus reinos debían articular discursos donde el reconocimiento de las demandas de la monarquía se equilibrara con la defensa de sus propias necesidades. Para ello exponían la situación de sus repúblicas y apelaban a la justa medida

[57] Francisco de Cascales, *Al buen genio encomienda sus discursos históricos de la muy noble y muy leal ciudad de Murcia*, Murcia, Luis Beros, 1621, "Dedicatoria a la Muy Noble y Muy Leal Ciudad de Murcia" (sin numerar).
[58] Díaz Serrano, "Corografías de la memoria…".

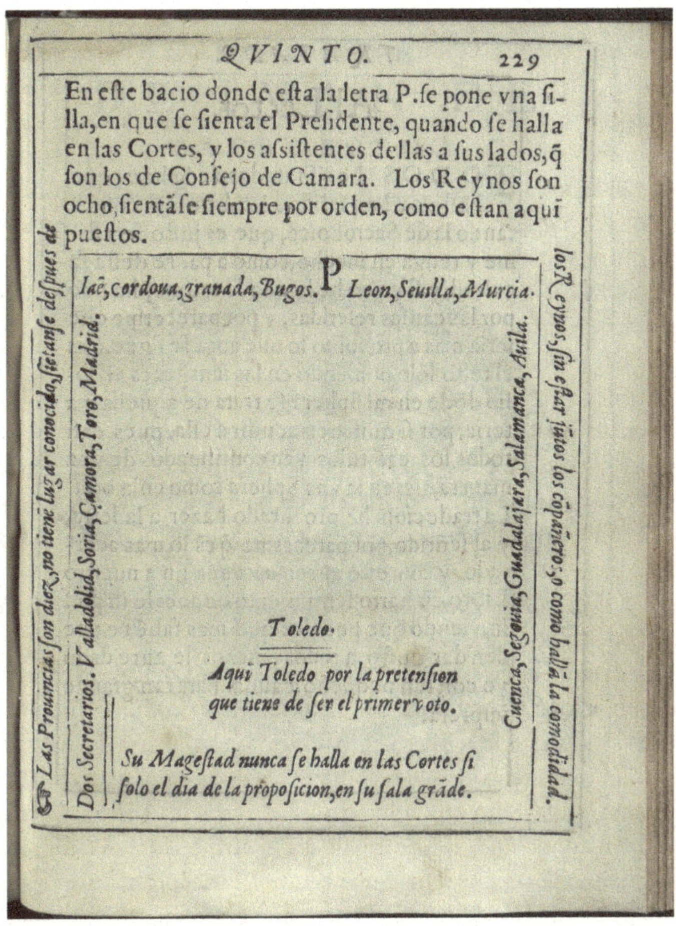

QVINTO. 229

En eſte bacio donde eſta la letra P. ſe pone vna ſilla, en que ſe ſienta el Preſidente, quando ſe halla en las Cortes, y los aſsiſtentes dellas a ſus lados, q̃ ſon los de Conſejo de Camara. Los Reynos ſon ocho, ſientãſe ſiempre por orden, como eſtan aqui pueſtos.

Iaẽ, cordoua, granada, Bugos. P Leon, Seuilla, Murcia.

☞ Las Prouincias ſon diez, no tienẽ lugar conocido, ſiétanſe deſpues de

Dos Secretarios. Valladolid, Soria, Çamora, Toro, Madrid.

Cuenca, Segouia, Guadalajara, Salamanca, Auila.

los Reynos, ſin eſtar jũtos los cõpañeros; o como hallã la comodidad.

Toledo.

Aqui Toledo por la pretenſion que tiene de ſer el primer voto.

Su Mageſtad nunca ſe halla en las Cortes ſi ſolo el dia de la propoſicion, en ſu ſala grãde.

Planta de las Cortes de Castilla. Ginés de Rocamora, *Sphera del Universo*, Madrid, 1599, f. 229 r. (Fondo Antiguo de la Universidad de Murcia)

como referencia de gobierno virtuoso. Las obras que el procurador murciano escribió durante su estancia en Madrid muestran un especial interés por hacer demarcaciones y establecer jerarquías entre los elementos insertos en ellas. En la *Sphera* no solo el universo es medido y ordenado, también lo son los mares, los continentes, los países, las ciudades, hasta llegar a la escala mínima de la sala donde se celebraban las sesiones de Cortes[59]: Rocamora incluye un croquis donde indica el lugar donde tenían asiento cada uno de los procuradores, dispuestos jerárquicamente según la calidad de los lugares a los que representaban. En las *Antigüedades* hace algo parecido al describir el gobierno urbano, colofón del orden espacial y social puesto a la vista del lector a través de la descripción de la muralla, los edificios, las calles y plazas de la ciudad, o de la enunciación de proezas que habían convertido a sus vecinos en dignos de toda merced.

Tanto la *Sphera* como las *Antigüedades* fueron escritas en contextos científicos e historiográficos de cambios que no se consolidarían hasta varias décadas después. Ginés de Rocamora ancló su pensamiento a patrones que estaban empezando a ser abandonados, al igual que lo estaban haciendo otros autores contemporáneos, entre ellos el propio Bacon. El pensador inglés usó la Biblia como referencia e inspiración para su proyecto de innovación científica y reivindicó su época como una Antigüedad *mejorada* (Antigüedad al fin y al cabo)[60]. Por su parte, el murciano recargó su corografía de elementos propios de una *vieja historia*, ostensiblemente cuestionada en aquellos años finales del siglo XVI[61].

La manera de concebir tanto la ciencia como la historia se basaba en la observación y catalogación de los hechos y en un principio de objetividad que solo tenía sentido desde la concepción de la historia como un fenómeno cíclico o como la revelación del plan divino de salvación de la Humanidad[62]. En estos casos los inicios y finales eran bien conocidos, lo historiable era lo acontecido en ese extenso entretiempo, en el que tenía lugar la vivencia del propio historiador.

---

[59] Rocamora, *Sphera...*, f. 229r.

[60] François Hartog, *De los antiguos a los modernos, de los modernos a los salvajes. Para un historia intelectual de Europa*, México, 2015, pp. 31-32.

[61] En 1599 La Popelinière publicará *Dessein de l'historire nouvelle des françois*. Con ello consolidaba las ideas expuestas en las décadas anteriores por Bodin en torno a una nueva forma de hacer historia, en contraposición a la cronística medieval, entre cuyos signos distintivos se encontraban el predominio de motivos religiosos y privilegios medievales. Ambos autores abrogaban por una historia laica (del Estado, frente a la historia eclesiástica, más común hasta ese momento), ordenada cronológicamente y fundamentada en el análisis de las causas. Véase Huppert, *The Idea of Perfect History...*, capítulo 2.

[62] Hanna Arendt, *Entre pasado y futuro*, Barcelona, [1954] 1996, pp. 58-59.

La labor del anticuario/historiador era *rescatar del diluvio del tiempo*[63] la grandeza de los hombres, que cruzaba generación tras generación y se hacía perceptible en los vestigios depositados en los archivos, en el paisaje o en la memoria.

El gran cambio en el paradigma histórico vendrá inducido por la duda cartesiana. La pérdida de confianza en los sentidos dejará en suspenso la capacidad del ser humano de conocer empíricamente la realidad[64]. Entonces los historiadores abandonarán la búsqueda de la verdad y las interpretaciones providencialistas y optarán por explicar el comportamiento humano a partir de la redefinición de la historia como una serie de procesos desencadenados por acciones más o menos premeditadas, aunque de resultados siempre imprevisibles[65]. Así fue superada la crítica a las fuentes y establecida, junto a la idea de progreso, "la conciencia de que nuestro conocimiento del pasado es –en palabras de Ginzburg– inevitablemente incierto, discontinuo, lagunoso: basado sobre una masa de fragmentos y ruinas"[66], o lo que Bacon definiría como una *historia imperfecta.*

[63] Expresión utilizada por Bacon para referir la labor del anticuario/historiador (Bacon, 164 Bacon, *Of the Advancement...*, Libro Segundo, 15-II.4).
[64] Arendt, *Entre pasado...*, p. 63.
[65] Arendt, *Entre pasado...*, p. 71.
[66] Ginzburg, *El hilo...*, p. 54.

Anexo.
Tabla comparativa: contenido de las Antigüedades de la ciudad de Murcia con los interrogatorios enviados por la Corona para la confección de las Relaciones Topográficas

ANTIGUEDADES	INTERROGATORIO 1575	INTERROGATORIO 1577
Discurso 4. Que trata de como fue entregada la ciudad y su reyno al rey don Fernando y tomo la posesion della el ynfante don Alonso su hijo y como después se le alço con el reyno el rey de Murcia y los tributos a cobrar de los moros Discurso 17. Que trata los hechos señalados que la ciudad de Murcia ha hecho en las guerras contra moros y otros géneros de gentes en que se ha hallado. Discurso 18. Que trata de la fundación de Cartagena. Discurso 19. Que trata de la antigüedad del obispado de Cartagena.	2. Si el dicho pueblo es antiguo o nuevo, y desde qué tiempo acá está fundado, y quién fue el fundador, y cuando se ganó de los moros, o lo que de ello se supiese. 57. Y generalmente, todas las demás cosas notables y dignas de saberse que se ofreciesen, a propósito para la historia y descripción del sobre dicho pueblo, aunque no vayan apuntadas, ni escritas en esta memoria.	3. Si el dicho pueblo es antiguo o nuevo, y desde que tiempo acá está fundado, y quién fue su fundador, y cuándo se ganó de los moros o lo que de ello se supiere. 44. Y generalmente se digan todas las cosas notables y dignas de saberse, que fuesen a propósito para la historia y descripción de cada pueblo, aunque no vayan apuntadas en esta Memoria.
Discurso 5. Que trata del asiento y temperamento de la ciudad de Murcia. Discurso 6. Que trata de la vega y término de la ciudad de Murcia, y de su fertilidad.	20. Los nombres de los ríos que pasaren por el dicho pueblo, o cerca de él, y qué tan lejos, y a qué parte de él pasan, y cuan grandes y caudalosos son. 21. Las riberas, huertas, regadíos y las frutas, y otras cosas que en ellas se cogen, y los pescados y pesquerías que los dichos ríos hubiere, y los dueños y señores de ellos, y lo que les suele valer y rentar. 22. Los molinos y aceñas, y los barcos y puentes señalados que en los dichos ríos y términos del dicho lugar hubiese, y los aprovechamientos de ellos, y cuyos son. 23. Si es abundoso o falto de aguas, y las fuentes o lagunas señaladas que en el dicho pueblo y sus términos hubiese; y si no hay ríos ni fuentes, de dónde beben y a dónde van a moler. 24. Los pastos y dehesas señaladas que en términos del sobredicho pueblo hubiese, con los bosques y cotos de caza y pesca que asimismo hubiese, y cuyos son y lo que valen. 26. Y si es tierra de labranza, las cosas que en ella más se cogen y dan, y los ganados que se crían y hay, y lo que comúnmente suele cogerse de los diezmos, y lo que valen, y las cosas de que tienen más falta, y de dónde se proveen de ellas.	19. Si estuviese en serranía el pueblo, se diga cómo se llaman las sierras en que está y las que estuviesen cerca de él, y cuánto está apartado de ellas, y a qué parte le caen, y dónde vienen corriendo las dichas sierras, y hacia donde se van alargando. 20. Los nombres de los ríos que pasaren por el dicho pueblo o cerca de él, y qué tan lejos y a qué parte de él pasan, y cuan grandes y caudalosas son, y si tienen riberas o frutales, puentes y barcos notables y algún pescado. 21. Si el pueblo es abundoso o falto de aguas, y las fuentes y lagunas señaladas que en el dicho pueblo y sus términos hubieren; y si no hay ríos, de dónde beben y a dónde van a moler. 22. Si el pueblo es de pocos o muchos pastos, y las dehesas señaladas que en los términos del sobredicho pueblo hubiese, con los bosques y cotos de caza y pesca que asimismo hubiese, siendo notables, para hacer mención de ellos en la historia de dicho pueblo por honra suya. 23. Si es tierra de labranza, las cosas que en ella más se cogen, y los ganados que se crían, y si hay abundancia de sal para ellos y para otras cosas necesarias, o dónde se proveen de ella y de las otras cosas que faltan en dicho pueblo.

Discurso 7. Que trata de la cerca que la ciudad de Murcia tiene y torres que en ella hay. Discurso 8. Que trata de la puente que está en el río Segura y otros edificios que la ciudad tiene hechos por fuera de la muralla. Discurso 11. Que trata de algunos edificios antiguos que hay en el término de la ciudad de Murcia. Discurso 23. Que trata de los conventos de religiosos y religiosas que ay en la ciudad de Murcia.	32. El sitio y asiento donde el dicho pueblo está poblado; si está en alto o en bajo, llano o áspero; y si es cercado, las cercas y murallas que tiene y de qué son. 33. Los castillos, torres y fortalezas que en el pueblo y jurisdicción de él hubiere, y la fábrica y materiales de que son, con relación de las armas y municiones que en ellas hubiese. 35. Las suertes de las casas y edificios que se usan en el pueblo, y de qué materiales están edificadas, y si los materiales los hay en la tierra o los traen de otra parte. 36. Los edificios señalados que en el pueblo hubiese, y los rastros de edificios antiguos, epitafios y letreros, y antiguallas de que hubiese noticia.	28. El sitio donde cada pueblo está puesto, si es en alto, en bajo y en asiento llano o áspero; y si es cercado, las cercas y murallas que tienen y de qué son. 29. Los castillos, torres fuertes y fortalezas que en el pueblo y en la jurisdicción de él hubiere, y la fábrica y materiales de qué son. 30. La suerte de las casas y edificios que se usan en el pueblo, y de qué materiales son, y si los hay en la tierra o los traen de otra parte. 31. Los edificios señalados que en el pueblo hubiere, y los rastros de edificios antiguos de su comarca, epitafios, letreros y antiguallas de que hubiere noticia.
Discurso 9. Que trata de los vecinos que la ciudad de Murcia tiene dentro de la cerca de ella y las parroquias que en ella hay y plazas que dentro tienen. Discurso 10. Que trata de los arrabales que la ciudad tiene junto a sus muros y los apartados.	2. Las casas y número de vecinos que al presente en el dicho pueblo hubiere, y si ha tenido más o menos antes de ahora, y la causa por qué se haya disminuido o vaya en crecimiento. 6. Si es pueblo que está en frontera de algún reino extraño, que tan lejos está de la raya, y si es entrada o paso para él, o puerto, o aduana. 35. Qué modo de vivir y qué granjerías tiene la gente de dicho pueblo, y las cosas que allí se hacen o labran mejor que en otras partes.	
Discurso 12. Que trata de las armas antiguas que la ciudad tenía y las que ahora tiene.	6. El escudo de armas que el dicho pueblo tuviese, si tuviese algunas, y por qué causa o razón las ha tomado, si se supiese algo.	7. El escudo de armas que el dicho pueblo tuviese, si tuviese algunas, y por qué causa y razón las haya tomado, si algo de ello se supiese.
Discurso 13. Que trata del gobierno que antiguamente tuvo la ciudad de Murcia y del real presente tiene y por cuantos regidores es gobernada. Discurso 16. Que trata de los adelantados que han sido en el reino de Murcia después que fue ganada a los moros. Discurso 24. Que trata de los prelados que an governado la sancta yglesia de Carthagena.	10. La gobernación, corregimiento, alcaldía, merindad o adelantamiento en que está el dicho pueblo; y si fuere aldea, cuántas leguas hay hasta la ciudad o villa de cuya jurisdicción fuese. 43. Las justicias eclesiásticas o seglares que hay en el dicho pueblo y quién las posee; y si en el gobierno y administración de justicia hubiese alguna diferencia de lo que en otras partes se platica. 44. Los ministros de justicia eclesiástica y seglar que hubiese en el dicho pueblo, y el número de regidores, alguaciles y escribanos, y otros oficios y oficiales de concejo, y los salarios y aprovechamientos que cada uno tuviese. 34. Los alcaides de las fortalezas y castillos, y quien los posee, y lo que valen las alcaldías, sus salarios y aprovechamientos, y las preeminencias que tuviesen.	10. La gobernación, corregimiento, alcaldía, merindad o adelantamiento en que está el dicho pueblo; y si fuese aldea, cuántas leguas hay hasta la ciudad ó villa de cuya jurisdicción fuese. 36. Las justicias eclesiásticas o seglares que hay en dicho pueblo y quién las posee.

Discurso 14. Que trata de otros muchos previlegios quel rey alonso dio a la ciudad de Murcia Discurso 15. Que trata de la fidilidad que la ciudad de murçia a tenido y de las cartas de reagradeçimiento que los reyes le an enviado de su fidilidad. Discurso 22. Que trata de los previlegios quel rey don Alonfo dio a la yglesia de Cartagena.	46. Los privilegios, fueros y costumbres notables que el tal pueblo tiene y hubiera tenido, y la razón por qué se le dieron, si se supiere, y los que se le guardan y han dejado de guardar, y por qué no se le guardan ya, y desde qué tiempo acá. [59] Las ferias y mercados de dicho pueblo, que tan grandes y caudalosos son; y si son francos en todo, o en algunas cosas; los días délias en que se hacen, quiénes se las concedió, y desde qué tiempo acá, y por qué privilegios».	37. Si tiene muchos o pocos términos, y algunos privilegios y franquicias de que se pueda honrar, por habérsele concedido por algunos notables servicios.
Discurso 4. Que trata de como fue entregada la ciudad y su reyno al rey don Fernando y tomo la posesion della el ynfante don Alonso su hijo y como después se le alço con el reyno el rey de Murcia y los tributos a cobrar de los moros Discurso 17. Que trata los hechos señalados que la ciudad de Murcia ha hecho en las guerras contra moros y otros géneros de gentes en que se ha hallado.	57. Y generalmente, todas las demás cosas notables y dignas de saberse que se ofreciesen, a propósito para la historia y descripción del sobre dicho pueblo, aunque no vayan apuntadas, ni escritas en esta memoria.	44. Y generalmente se digan todas las cosas notables y dignas de saberse, que fuesen a propósito para la historia y descripción de cada pueblo, aunque no vayan apuntadas en esta Memoria.
Discurso 19. Que trata de la antigüedad del obispado de Cartagena Discurso 21. Que trata de la descripción de la santa iglesia de Cartagena.	11. Ítem, el Arzobispado, o Obispado, o Abadía y Arciprestazgo, en que cae el dicho pueblo, cuya relación se hiciese, y las leguas que hay hasta el pueblo donde reside la catedral, o que es cabecera de su partido. 48. La iglesia catedral, o colegial, que hubiese en el dicho pueblo, y las parroquias que hubiese, con alguna breve relación de las capillas y enterramientos, y donaciones señaladas que en ellas haya [Ms. y *la vocación délias].* 53. Los monasterios de frayles, monjas y beatas que hubiese en el pueblo y su tierra, con lo que se supiese de sus fundadores, y el número de religiosos y rentas que hubiese. 54. Los hospitales y obras pías que hay en el dicho pueblo, y las rentas que tienen, y lo que valen, con los instituidores de ellas.	11. Ítem el arzobispado, ó obispado, ó abadía y arciprestazgo en que cae el dicho pueblo, cuya relación se hiciese y las leguas que hay hasta el pueblo donde reside la Catedral y hasta la cabeza del partido. 38. La iglesia catedral o colegial que hubiese en el dicho pueblo, y la vocación de ella, y las parroquias que hubiese, con alguna breve relación de las prevendas, canongías y dignidades que en las catedrales o colegiales hubiese. 39. Y también si en las dichas iglesias hubiese algunos enterramientos y capillas o capellanías tan principales, que sea justo hacer memoria de ellas y de sus instituidores en la dicha relación, con los hospitales y obras pías que hay en el dicho pueblo y las instituciones de ellas. 42. Los monasterios de frailes, y de monjas y beatas que hubiese en la tierra, con lo que se supiese de sus fundadores, y el número de religiosos y otras cosas notables que tuviesen

Discurso 10. Que trata de los arabales que la ciudad tiene a sus muros y los apartados Discurso 20. Que trata de los límites y términos que el rey don Alonso dio al obispado de Cartagena después que la ganó a los moros.	13. Assi mesmo se diga el nombre del primer pueblo que hubiese, yendo del lugar donde se hiciese la dicha relación, hacia donde el sol sale, y las leguas que hasta él hubiese, declarando poco más o menos si el dicho pueblo está directamente hacia donde el sol sale, o desviado algo al parecer, y a qué mano; y si las leguas son ordinarias, grandes o pequeñas, y por camino derecho o por algún rodeo. 14. ítem, se diga el nombre del primer pueblo que hubiese, yendo de donde se hiciese la relación hacia el mediodía, y el número de las leguas que hubiese, y si son grandes o pequeñas, o por camino derecho o torcido, y si el tal pueblo está derecho al medio día, o al parecer algo desviado, y a qué parte. 15. Y assi mesmo, se declare el nombre del primer pueblo que hubiese caminando para el poniente desde el dicho pueblo, con el número de las leguas que hay hasta él, y si son grandes o pequeñas, y por camino derecho o no; y si está derecho al poniente o no; como queda dicho en los capítulos anteriores de este. 16. Y otro tanto se dirá del primer pueblo que hubiese a la parte del norte o cierzo, diciendo el nombre de él, y las leguas que hay hasta el pueblo donde se hace la relación; y si son grandes o pequeñas, y por camino derecho, y si el pueblo está derecho al norte o no; todo como queda dicho en los capítulos precedentes.	13. Asimismo se diga el nombre del primer pueblo que hubiese yendo del lugar, cuya relación se hiciese, hacia la parte por donde el sol sale al tiempo de la dicha relación, y ras leguas que hasta él hubiese, declarando si el dicho pueblo está derecha mente hacia donde el sol sale, ó desviado algo al parecer, y á qué mano; y si las leguas son ordinarias, grandes o pequeñas, y , por camino derecho ó torcido, de manera que se rodee alguna cosa. 14. ítem, se diga el nombre del primer pueblo que hubiese yendo desde dicho pueblo hacia el Mediodía, y las leguas que hubiese, si son grandes o pequeñas y por camino derecho o torcido, y si el tal pueblo está derecho al Mediodía o desviado, y a qué parte. 15. Y asimismo se diga el nombre del primer pueblo que hubiese caminando por la parte por donde el sol se pone al tiempo de la dicha relación, y las leguas que hay hasta él, si son grandes o pequeñas, y por camino derecho o no, y si está derecho al Poniente o desviado a alguna parte, como queda dicho en los capítulos antes de éste. 16. Y otro tanto se dirá del primer pueblo que hubiese a la parte del Norte, diciendo el nombre de él, y las leguas que hay hasta él, y si son grandes o pequeñas, y por camino derecho o torcido, y, si el pueblo está derecho al Norte o no; todo como queda dicho en los capítulos precedentes.
Discurso 26. Que trata cómo llegaron las sanctas reliquias y el recibimiento que se les hizo. Discurso 27. De la proçesión que se hizo en el recibimiento de las sanctas reliquias	51. Las reliquias notables que en las dichas iglesias y pueblos hubiere; y las ermitas señaladas, y devocionarios de su jurisdicción, y los milagros que en él se hubiesen hecho.	40. Las reliquias notables que en las dichas iglesias y pueblos hubiese y las ermitas señaladas y devocionarios de su jurisdicción, y los milagros que en ella se han hecho.

Pedro Ibarra y la custodia de un libro *perdido* en el Archivo Histórico Municipal de Elche

Mariano Monge Juárez
Universidad de Murcia

La cultura es una construcción compleja y difícil de definir. Algunos, sobre todos los que nos encontramos marcados por la Antropología, entendemos por cultura todo aquello que no es transmitido a través de la genética. Ítem más, seguramente, si dijéramos que la idea de cultura, tal y como se concibe hoy, es una invención propia del mundo contemporáneo, levantaríamos cierto desasosiego. Por ello, creo que sería prudente afirmar que al menos las reflexiones más trascendentes sobre el concepto cultura anclan su devenir a principios del siglo XIX, verbigracia, como uno de los fundamentos del movimiento romántico en Europa, controversia que evolucionará, como defiende Safranski[1], hasta llegar a las interpretaciones más atrevidas como la paradójica contracultura de la Posmodernidad del siglo XX o XXI. En cualquier caso, si nuestra intención fuera proponer un elemento simbólico y de consenso, que representara eso que llamamos cultura, nos decantaríamos por un objeto físico, el libro, es decir, un conjunto de papeles, pergaminos, o similar, encuadernados de algún modo que contienen escritos, cuentas, dibujos o cualquier otro modo de expresión humana. Es quizá por este valor simbólico – incluso metafísico o sobrenatural para muchos- que los libros han despertado siempre una especial interés y fascinación, aunque no conviene olvidar que también un odio irredento e incendiario en algunos momentos de la historia de España y Europa no muy lejanos.

El tema que nos ocupa en este capítulo trata precisamente de un libro, un libro titulado *Antigüedades de Murcia*, y su custodia desde al

[1] Rüdiger Safranski, *Romanticismo: Una odisea del espíritu alemán,* Barcelona, 2007.

menos finales del siglo XIX o principios del XX gracias al arqueólogo e historiador ilicitano Pedro Ibarra Ruiz.

Pedro Ibarra fue un gran bibliófilo y merced a este amor a los libros hoy podemos tener en nuestras manos las *Antigüedades de Murcia*, que han sobrevivido en el *Archiu Històric Municipal d'Elx* desde su fundación oficial en 1979 hasta hoy. Ibarra nació el 10 de abril de 1858, en una familia de propietarios domiciliados en la antigua *vila* de Elche, es decir, el núcleo urbano habitado por la burguesía y la aristocracia local. Los Ibarra figuran durante el siglo XIX en las listas de mayores contribuyentes del municipio. Este dato nos conduce a pensar que Pedro Ibarra creció en un ambiente acomodado y, debido a la gran influencia de su hermano mayor, Aureliano Ibarra y Manzoni, sumergido en la cultura clásica del novecientos de la Historia, la Pintura, la Música, la Arqueología, y, por supuesto, una especial veneración por los libros. Una vez superados los estudios de primeras letras, Ibarra decidirá emprender el camino de las Bellas Artes. Por ello marchará a la Real Academia de San Carlos de Valencia y, posteriormente, se matriculará en la Universidad de Barcelona, aunque, tras una breve estancia de nuevo en Elche, en la que entró a formar parte de la masonería, decidió iniciar estudios en la Escuela Superior de Diplomática de Madrid. En 1891, obtiene el título de Archivero, bibliotecario y anticuario. Aquel mismo año, ganaría la plaza de archivero en Cádiz, pero renunciará al puesto para instalarse definitivamente en su ciudad natal. Poco después, en 1895, publicará *Historia de Elche* y continuará una labor incansable de recopilación de piezas arqueológicas y documentos. Ibarra rastrea documentos, compra montones de "papeles viejos" a moribundos y viudas, y salva infinidad de manuscritos, legajos enteros de traperos, quincalleros y buhoneros ambulantes. No descansa en su cruzada personal, en solitario y sin ningún apoyo institucional, en beneficio de la cultura y la protección del patrimonio.

Mas, como advertíamos más arriba, el personaje clave en el contexto familiar del joven Pedro Ibarra es sin duda su hermano de padre, Aureliano Ibarra y Manzoni (1834-1890), también historiador y arqueólogo, que además tendría una intensa vida política vinculada al progresismo republicano septembrista del alicantino Eleuterio

Maissonave (1840-1890). Pedro Ibarra heredará de su hermano la pasión por la Historia, la Pintura y la Arqueología, pero también un importante bagaje de relaciones personales con el entorno intelectual de la España finisecular, de entre los que podríamos destacar a Roque Barcia (1821-1885), Ramón Chíes (1846-1893), José Nekens (1841-1926), Teodor Llorente (1836-1911) o el cartagenero Adolfo Herrera Chiessanova (1847-1925), miembro de la Real Academia de la Historia.

Herrera Chiessanova se presenta como una de las principales pistas para dar con los orígenes del manuscrito *Antigüedades de Murcia*. Su nexo con Murcia, con los Ibarra y con Elche es frecuente y estrecho, y, posiblemente reforzado por la amistad que comparten ambos con Juan de Dios de la Rada y Delgado (1827-1901), uno de los intelectuales más importantes de la historia de la conservación del patrimonio cultural en la España de la segunda mitad del novecientos. La cuestión es que la relación del cartagenero con Elche y con Pedro Ibarra es fundamental para hallar una pista acerca del manuscrito de Rocamora. Ibarra y Herrera Chiesanova se conocieron en persona, compartieron inquietudes e incluso gozaron de cierta amistad, aunque a veces sufriera algún distanciamiento. Lo más importante es que la conexión entre ambos arqueólogos se encuentra en todo momento rodeada de una extensa red de relaciones comunes, que, a su vez, estrechaba el viejo vínculo entre Elche y Murcia, ciudades enlazadas por ferrocarril directo desde mayo de 1884. De este entramado decimonónico, de amigos, familiares y amantes de la cultura y la Historia, podemos extraer una posible idea, ni siquiera una conjetura, sobre cómo llegaron las *Antigüedades de Murcia* a Elche. ¿Tiene algo que ver Herrera Chiesanova con el libro de Rocamora? ¿Qué lugar ocupa la esposa del cartagenero en todo esto?

Adolfo Herrera, que solía pasar largas temporadas en Santa Pola, es invitado a presenciar *La Festa* en agosto de 1896[2]. Herrera asistirá acompañado de Gustavo Bushell[3]. El primer resultado de esta

[2] Joan Castaño, "L'excursió a Elx d'Adolfo Herrera chiesanova (1896)", *La Rella*, 27 (2014), pp. 31-52.

[3] Gustavo Bushell, hermano de Enrique Bushell y Lussat (1838-1909), diputado a Cortes por Alicante de1881 a 1896, es sobrino político de Adolfo Herrera, aunque el

visita es la publicación de un artículo titulado "Excursión a Elche. Auto lírico-religioso en dos actos, representado todos los años en la parroquia de Santa María los días 14 y 15 de agosto" en el *Boletín de la Sociedad Española de Excursiones,* en noviembre de 1896[4]. En esta obra, Herrera sigue en parte las directrices marcada por el arquitecto Javier Fuentes y Ponte (1830-1903) en otro trabajo sobre el Misterio, *Memoria histórico-descriptiva del santuario de Ntra. Sra. de la Asunción en la villa de Elche,* publicado en 1887.[5] Fuentes Ponte era un arquitecto afincado en Murcia miembro de la Real Academia de la Historia[6], amigo personal de Herrera desde los años setenta y autor de una obra titulada *Murcia que se fue*, publicada en 1872[7], dos años antes de la edición de *Discursos históricos de la ciudad de Murcia y su reino*, de Francisco de Cascales.[8]

El rizoma familiar, profesional y de otras relaciones de Adolfo Herrera será siempre tangencial con Murcia, Elche, Pedro Ibarra, la cultura y la Historia. La esposa de Herrera Chiessanova fue Magdalena Gil (1851/1852-1933), hermana del conocido poeta murciano Ricardo Gil (1853-1907). A su vez, sus sobrinos políticos, tanto la familia de los Bushell como la de los Salvetti[9], tendrán estrechas vinculaciones con Elche. El hispanista Pierre Paris (1859-1931), conservador del Louvre y amigo personal de Ibarra, mantuvo también relación con

---

apellido Bushell también se encuentra ligado a Elche de alguna manera porque existe un molino en la partida de Altabix conocido como Molino de Bushell (Archivo Histórico Municipal de Elche, Sig. 55-36).

[4] Castaño, "L'excursió a Elx…", p. 31.

[5] Joan Castaño, "Una aproximació a la Memoria histórico-descriptiva (1886-1887) de l'església de Santa Maria d'Elx de Javier Fuentes y Ponte", *La Rella,* 10 (1994), pp. 39-61.

[6] Juan Manuel Abascal y Rosario Cebrián, *Adolfo Herrera Chiesanova (1847-1925). Su legado en la Real Academia de la Historia,* Murcia, 2006, p. 109.

[7] Javier Fuentes y Pontes, *Murcia que se fue,* Madrid, 1872.

[8] Francisco de Cascales, *Discursos históricos de la ciudad de Murcia y su reino*, Murcia, 1874.

[9] Se trata de los sobrinos políticos Adolfo Herrera, Alfredo y Arturo Salvetti de Laussat, este último casado con Juana Pardo Doulonbaun y Pascual de Bonanza, de alguna manera relacionada con Elche, pues el hijo de este matrimonio fue Arturo Savetti Pardo (1911-1936), muerto en Elche durante los primeros momentos de la Guerra Civil debido a su relación con el golpe de Estado como falangista. Por otra parte, una de las hijas del cronista de Cartagena, amigo personal de Herrera, Isidro Martínez Rizo (1828-1893), Isabel Martínez Rizo (1871-1944) fue esposa del poderoso industrial ilicitano Antonio Ripoll.

Adolfo Herrera a través del arqueólogo y anticuario alsaciano, Arthur Engel (1855-1935), de gran presencia en yacimientos de Andalucía y el Sureste peninsular. Las calles de Elche y Murcia hoy todavía custodian muchos de estos nombres.

Cualquiera de estos personajes del entorno compartido entre el arqueólogo ilicitano y el cartagenero pudo facilitar el manuscrito de Rocamora a Pedro Ibarra o bien informarle de dónde se encontraba. Quizá la prueba se encuentre en alguna carta u otro documento de un archivo o colección particular.

Tanto Pedro Ibarra como Adolfo Herrera forman parte de un contexto, el de las últimas décadas del siglo XIX, en el que la historia local adquiere un valor singular, relacionado con el proceso de renacimiento de las ciudades en España, Europa o América. El ochocientos es un tiempo vernáculo, en el que se formula la idea de cultura popular, pero también es el siglo en el que se construye la cultura institucional. Es el siglo de las grandes conciencias colectivas, la de clase obrera y la de nación, dos grandes sistemas culturales enfrentados, que también llegarán a sintetizarse y, de algún modo, a entenderse. Los sujetos de este proceso de construcción de la cultura desde la perspectiva local, de las ciudades, son intelectuales como Andrés Baquero (1853-1916) en Murcia, el citado Herrera y Chiesanova en Cartagena, Ernesto Gisbert y Ballesteros (1842-1898) en Orihuela o Antonio Puig Campillo (1876-1960) también para el caso de Cartagena.

El siglo XIX supone el *kairós* del intelectual[10] como agente social, sujeto decisivo, heterodoxo en ocasiones, a veces incluso disidente de la oligarquía económica y política, que pretende ganar una equidistancia entre esa élite, su origen, y el resto de la sociedad,

[10] Sobre los intelectuales consideramos recomendable la lectura de Eric Storm, "Los guías de la nación. El nacimiento intelectual en su contexto internacional", *Historia y política: ideas, procesos y movimientos sociales,* 8 (2002), pp. 39-56. El debate sobre el nacimiento de los intelectuales se ha animado durante la primera década del siglo XXI con la publicación de Michel Winock (*The Dreyfus Affair and the Crisis of French Manhood,* Baltimore, 1997), que centra su modelo de intelectual en Maurice Barrés y con el ensayo de Venita Datta. No menos interesante resultan las reflexiones de Inman Fox (*Ideología y política en las letras de fin de siglo (1898),* Barcelona, 1988, pp. 13-25) y Carlos Serrano y Serge Salün (*1900 en España,* Barcelona, 1991, pp. 85-107).

el pueblo. Pero la segunda mitad del siglo XIX en España significa también el momento de las bibliotecas, los museos y los archivos, de la prensa y de la opinión pública, en el que el pueblo adquiere conciencia como sujeto político y social, con voz propia en unas urnas constantemente malversadas por el sistema caciquil y corrupto de la Restauración. La ciudad es consciente de su transformación económica y social. Durante los años finales del ochocientos se ha consolido una *inteligencia* local que maneja el presente y la historia del municipio, la ciudad, el territorio, los *monumenta* y los *documenta* como elemento ideológico de cohesión identitaria, quizá como plasmación de esa idea de *intrahistoria* de Unamuno, que esgrime en los últimos años del siglo sobre una España maltrecha y olvidada por sus propias élites políticas. Elche, Murcia, Lorca, Orihuela formarán parte de esa *intrahistoria* casi invisible, que aflora en Elche, Murcia o Cartagena merced a la labor, sobre todo, de los hermanos Ibarra, Herrera, Baquero.

¿Cuál fue el posible interés del libro de Rocamora para Pedro Ibarra? Quizá las páginas dedicadas a los privilegios medievales de la ciudad de Murcia que pudieran estar relacionados con Elche. Ibarra pasará gran parte de su vida reconstruyendo la identidad histórica de su ciudad, su idiosincrasia y su prestigio. Todos aquellos documentos que podían aportar rastros de la singularidad de Elche eran interesantes para el incansable Pedro Ibarra Ruiz.

NOTAS SOBRE EL MANUSCRITO b 68 DEL ARCHIVO HISTÓRICO MUNICIPAL DE ELCHE

Carmina Verdú Cano
Archivo Histórico Municipal de Elche

SOBRE LA SIGNATURA b 68

El manuscrito *Antigüedades de Murcia* de Ginés de Rocamora se conserva en el Archivo Histórico Municipal de Elche[1] en la denominada sección "b" (be minúscula) junto con otros documentos -libros principalmente- de diversas procedencias, como el *Consell* municipal; la Universidad de San Juan de la villa de Elche; libros de cabreos adquiridos a los herederos de los administradores de los condes de Altamira; libros procedentes del archivo del fray Agustín de Arques Jover, archivero general de la orden de la Merced que pasó sus últimos días en el convento de la Merced de Santa Lucía en Elche;[2] y, también, libros procedentes de la colección Ibarra, como es el caso de este manuscrito de Ginés de Rocamora y otros que también han sido editados[3]. Muchos de los libros con signatura precedida por la letra "b" formaban parte del denominado "Museo Ibarra" perteneciente al historiador y erudito ilicitano Pedro Ibarra Ruiz (1858-1934). En él conviven *Llibres de Sitiades del Consell* con correspondencia encuadernada de Aureliano Ibarra (1834-1890), *Libros de actas de la Universidad de San Juan*, *Libros de las Juntas de Sanidad*, la colección *Varios* y la de *Papeles Curiosos* de Pedro Ibarra, sus álbumes fotográficos y borradores de diferentes originales como

1 En adelante AHME.

2 Estos libros procedentes del convento de la Merced también entraron en el AHME a través de la colección Ibarra.

3 Véase Aureliano Ibarra y Manzoni, *Diario de mi prisión: desde el día 8 de noviembre de 1866 hasta el día 21 de marzo de 1867*, edició, transcripció i notes a càrrec de Joan Castaño i Gabriel Sansano, Elx, 1995. O también *El Codex d'Elx*, transcripció, edición i notes a càrrec de Mª Luisa Cabanes Catalá, València/Elx, 1995.

Elche. Materiales para su Historia, entre muchos otros. La signatura "b", formada por documentos plurales y heterogéneos, recoge una de las secciones más ricas del Archivo municipal.

Esta sección "b" se creó tras el traslado del Archivo, en 1982, a las dependencias rehabilitadas del que fuera antiguo convento desamortizado de los franciscanos de San José después de que en el año 1979 el Pleno municipal aprobara el destino a usos culturales de este edificio que hoy siguen ocupando la Biblioteca Pública Municipal Central Pedro Ibarra y el Archivo Histórico Municipal. La ampliación del espacio dedicado a Archivo y Bibliotecas supuso la incorporación de documentos que estaban dispersos en otros locales municipales. No podemos decir que este libro se encontrara previamente en el Archivo del Ayuntamiento porque el inventario realizado en 1974 por el archivero-bibliotecario Alejandro Ramos Folqués[4] (1926-1984) no aparece registrado, pero sí sabemos que pertenecía a la colección comprada a la viuda de Ibarra por el Ayuntamiento en 1939[5].

El libro lleva además dos signaturas antiguas de la colección de Pedro Ibarra la "B" (B mayúscula), y el número "2". La signatura "B" está escrita en el lomo de la encuadernación en pergamino del manuscrito, pero no podemos decir a qué colección pertenecía en origen, ya que no se ha conservado ningún inventario completo de lo que tenía en su domicilio y que formaba su "Museo". El número "2" aparece en el centro de la impronta de un sello de tampón de color azul ovalado con la leyenda "Propiedad de P. Ibarra" en el que escribe de su mano este número en la página 1 vuelto del manuscrito. En este caso sí tenemos constancia de que pertenecía a la colección denominada "Biblioteca Ilicitana".

De esto da cuenta el propio Ibarra en su libro *Elche. Materiales para la historia* editado en 1926[6]. En este libro dedica un apartado

[4] Alejandro Ramos Folqués, *Inventario del Archivo Municipal de Elche*, Elche, 1974.

[5] Acerca de la compra por parte del Ayuntamiento del denominado Museo Ibarra y las vicisitudes de la dispersión de la colección y, en concreto, de los documentos que entraron al AHME se puede se consultar: Joan Castaño García, "L'inventari del "Museo Ibarra", *La Rella, Anuari de L'Institut d'Estudis Comarcals del Baix Vinalopó*, nº 21 (2008,), pp. 141-157, y Carmina Verdú Cano, "La col·lecció de Pere Ibarra en l'Arxiu Històric Municipal d'Elx", *La Rella, Anuari de L'Institut d'Estudis Comarcals del Baix Vinalopó*, n.º 26 (2013), pp. 115-132.

[6] Pedro Ibarra Ruiz, *Elche. Materiales para su historia*, Cuenca, 1926.

a archivos y bibliotecas que era necesario conocer para documentar la historia de Elche, incluyendo en esta relación el fondo de su colección. En la bibliografía destacan dos apartados: el denominado "Biblioteca Ilicitana", formada por manuscritos, e "Impresos". El manuscrito de Ginés de Rocamora pertenece a la Biblioteca Ilicitana, en la que se encuentran el *Llibre de privilegis*, también denominado *Codex d'Elx*[7], ya mencionado o las *Excelencias del la villa de Elche* de Cristóbal Sanz de 1621[8]. También hay algunas notables ausencias de libros citados en esta colección y que no han llegado a nosotros.

SOBRE EL MANUSCRITO b 68

El manuscrito mide 220 mm x 160 mm. Está encuadernado en pergamino, lleva una encuadernación sencilla y va cerrado con dos ligaduras de cuero.

El libro estaba en mal estado de conservación debido principalmente a la corrosión de las tintas sobre un papel no demasiado grueso. Por este motivo, algunas páginas eran casi un esqueleto de lo que un día fueron sus grafías originales, en especial las primeras y últimas. La simple apertura del libro hacía caer polvo procedente de la tinta y restos de papel. En el año 2011 fue restaurado por la empresa valenciana Sánchez & Priebe y se reintegraron la cubierta en pergamino, que solo conservaba el original de forma parcial, y algunas páginas. Además, para la consolidación del papel tan frágil fue necesario una restauración completa laminando cada una de las páginas y volviéndolo a encuadernar, rehaciendo el cosido y las cabezadas con hilo de cáñamo.

La confección de la tinta y la calidad del papel ha sido la circunstancia que más ha complicado la lectura porque en numerosas partes el trazo no es limpio. Además de los mutilos, no solo procedentes de los problemas de la tinta y el papel, sino por el uso o de la acción

---

7 AHME, Colección de Pedro Ibarra, *Llibre de privilegis*, siglo xv. Sign.: b 337.

8 AHME, Colección de Pedro Ibarra, Cristòfol Sanz, *Recopilación en que se da quenta de las cosas ancí antiguas como modernas de la ínclita villa de Elche*, 1621. Sign: b 336. Es conocido por Excelencias de la villa de Elche.

humana que ha arrancado algunas páginas, también había deterioro por causas biológicas y este es el caso de los márgenes en la esquinas que ha hecho que se perdiera parte de la numeración original.

La transcripción, por tanto, tiene ausencias de texto que vienen expresadas entre corches con puntos suspensivos [...]. A veces se ha podido reconstruir el significado de las palabras por la huella que ha dejado en el papel o por los restos de escritura y en ese caso hemos expresado la palabra completa o grafías dentro de corchetes también.

El libro lleva una paginación actual que se ha indicado en la edición del texto.

Está compuesto de dos partes: la primera son las *Antiguëdades de Murcia* de Ginés de Rocamora y comprende desde la página 1 a la a 163 de la numeración actual y, la segunda, las *Justas Literarias,* que ocupan las páginas 164 a 234. La portada de estas composiciones lleva un mutilo significativo ya que es el escudo de Murcia arrancado por acción humana.

El texto no está completo ya que comienza en la página número 24 de la numeración original y hay un salto de la 29 a la 32, además algún desgarro y pérdidas parciales.

En todas las páginas de las *Antigüedades* y a modo de encabezamiento está escrito en el margen superior de la izquierda: "Antigüedades" y en la derecha: "de Murcia". No encontramos este encabezamiento en la parte de las *Justas Literarias*. Este hecho no se ha hecho constar en las notas a pie de página para que no resultara reiterativo.

La grafía del texto se identifica con una letra humanística redonda. No es una escritura que presente complejidad y no lleva demasiadas abreviaturas ni elisiones. La dificultad de lectura viene dada por el estado inicial del manuscrito, especialmente en algunas páginas, en que la lectura se hace impracticable a simple vista.

En ocasiones cambia la grafía utilizando una letra de tipo librario y letras capitales para subrayar aquellas anotaciones que considera de interés o también las inscripciones recogidas de iglesias o monumentos.

En las notas marginales, que son llamadas de atención sobre datos del texto, como fechas, nombres, bibliografía etc., se distinguen varias manos de diferentes momentos de escritura. Hay notas marginales que pueden ser originales, como son las que enumeran privilegios o las poesías, ya que están muy ordenadas y van acordes al texto, pareciendo además la misma mano. En caso del resto de notas, se puede ver escrituras con diferentes grados de cursividad y trazo. Las notas marginales se han transcrito a pie de página.

En los márgenes también podemos encontrar interlineados que no caben en el cuerpo de la caja de la escritura, pero llevaban una llamada del lugar en el que debería ir este texto o palabra. Los interlineados, si son del texto original o pertenecen a correcciones, se han transcrito en el texto. Otras expresiones que son posteriores, a pesar de que señalan cuestiones relevantes como el conflicto entre Manueles y Fajardos, se ha llevado a nota de referencia. Una de las notas marginales que se repite es sobreescribir la grafía de "año" a "era", especialmente en alguna de las páginas. Esta circunstancia también se hace constar en las notas al pie.

La estructura de este manuscrito tiene vocación de libro ya que está muy definida, con una caja de escritura marcada, los capítulos o discursos van con otra letra de trazo más grueso y relevante, da una sensación de orden, de armazón previo que sabía lo que tenía que decir y cómo.

SOBRE GINÉS DE ROCAMORA EN EL MANUSCRITO b 68

En la portada, además de los datos del autor y el título del libro se recoge la siguiente frase: "También secretario de el certamen que va en este libro y todas las hojas del van rubricadas de su mano". Efectivamente, cada una de las páginas, por el recto, van con una rúbrica en el margen inferior, no centrado, sino a la derecha. Todas tienen la misma disposición con respecto al texto, cercana a este, pero sin cruzarse ni molestar a la lectura.

No es el único rastro que Ginés de Rocamora deja en el texto, puesto que hace afirmación de sus intereses y su voluntad sobre el mismo, como lo que escribe en el Discurso 17 cuando dice: "Siguiendo pues a estos auctores tan graves, me pareció que las hazañas y hechos señalados que la ciudad de Murçia a hecho en las guerras y requentros en que se an hallado no an sido menos dignas para que sean descriptas que las demás y, aunque no sea con aquella elegancia que los demás scriveron, me pareció resuçitallas y ponellas en este discurso en el qual se verán sus heroycos hechos”.[9]

CRITERIOS DE TRANSCRIPCIÓN

-Teniendo en cuenta lo anteriormente expresado, el criterio principal es transcribir escrupulosamente el manuscrito conservando su grafía original.

-Se han desarrollado las abreviaturas.

-La separación de las palabras corresponden a la lengua actual. Si bien, debido a que hay muchas expresiones juntas (por ejemplo: “questán”), estas no se ha separado. En el caso en que se unan dos palabras y la segunda sea nombre propio, como es el abundante: “dEspaña” se ha escrito este nombre propio en mayúsculas.

-Los signos de puntuación corresponden a la lengua actual.

-Se ha regularizado el uso de mayúsculas y minúsculas a la normativa actual.

-Las consonantes dobles iniciales se han simplificado.

-El uso del (*sic*) se ha limitado a aquellos casos en los que pudiera interpretarse como erróneo, como la discordancia de género.

-Se ha indicado el cambio de página con dos barras // el número y si es vuelto o recto en superíndice (//127v).

-Se han utilizado los corchetes en los casos de dificultad de lectura cuando se ha podido restituir la grafía o bien con puntos suspensivos cuando no se ha podido hacer o falta texto [...].

-Los interlineados se han incluido en el texto entre barras simples /, una al comienzo y otra al final del interlineado.

-Se han indicado en notas los cambios de letra, tachados o subrayados en el manuscrito original.

-Se han escrito en cursiva los textos en latín.

---

9 Página 89v. del manuscrito b 68.

Antigüedades de Murcia, escritas por Ginés de Rocamora en torno a 1594

Transcripción de Carmina Verdú Cano

//1r Varios apunta[mien]tos eclesiásticos, polític[cos] y históricos de la ciudad de Murzia en el año /de 1594/ se escrivieron.

El author de este libro fue D. Ginés Rocamora y Torrano, natural de Murcia, regidor perpetuo y procurador de Cortes muchos años en Madrid donde leyó mathemáticas a muchos grandes de España y fue author de el libro intitulado *Esfera del Universo.* Fin

También secretario de el certamen que va en este libro y todas las hojas del van rubricadas de su mano.[1]

//2r [...] Vida[2] hordenada e son ardides e [...] gentes en uno con el poder y con el aber de agora non tan solamente ganaran a España más todas las otras tierras que son de los enemigos de la fee contra la yglesia de Roma y será tan grande que todos los fechos de ultramar de los lugares que son contra ellos con estas dos gentes en uno con el poder y con el aver los podrán acabar muy ligeramente si quisieren guardar y ser del nuestro linaje que los buenos sin culpa eredan y los que malos pierden por sus mereçimientos procomunal será de nuestro señorío ca de que estos poderes fueran uno a acaudellar los omes desta tierra mayor servirán a Dios que non aora fazen y sabrán más honrra y obedecer a los señores y abran mayor sabor de bivir en justicia y en paz y ser ricos y de buena ventura y procomunal será no tan solamente de nuestro señorío, más de todo el christianismo.

Otrosí que muchos que son agora pobres y no an consejo averlo an por este logar porque podrían servir a Dios y ellos hazer vida de buenos omes. Por ende, ordenamos y damos[3] y otorgamos y mandamos en este nuestro testamento quel nuestro señorío mayor de todo lo que avemos y aver devemos finque después de nuestros

[1] La portada contiene además operaciones matemáticas y pruebas de pluma. En el vuelto de la página está el sello ovalado en color azul con la leyenda «Propiedad de P. Ibarra» y manuscrito el número «2».

[2] Faltan las primeras páginas del manuscrito, comienza en la 24.

[3] Tachado: man-.

días en nuestros nietos, hijos de don Fernando nuestro fixo, que fue primero heredero, de guisa quel mayor herede este nuestro señorío y al otro //2v [...] haga bien, así como conviene, según el Fuero de España manda hazer a los fixos que non[4] an de aver el señorío mayor, por tal manera que lo que él diere lo tenga de sí como de señor.

Esto mesmo dezimos si algunos de nuestros fixos, sacando don Sancho, se tuviere connusco porque le ayamos a hazer bien e honrra en alguna cosa señalada, esto hazemos. Otrosí, porque entendemos que ningunos de nuestros fixos por si non podrían amparar lo nuestro según que agora está parado de como las gentes son pobres y demás ordenamiento por fuera conbiene que el que lo obiese y buscase de otra parte e que se lo ayudasen a mantener.

E, por ende, tan grande ayuda ni tan buena non podría aver como el rey de Francia. E porque estas cosas sean más estables y firmes establecemos y mandamos, ordenamos aún más que si los fixos de don Fernando muriesen sin fixos que deviesen de heredar que tome este nuestro señorío el rey de Françia, porque biene derechamente de línea derecha donde venimos del emperador de España y es visnieto del rey don Alonso de Castilla, bien como nos, ca es nieto de su fixa. Este señorío damos y otorgamos de tal manera questé ayuntado con el rey de Francia en tal guisa que ambos sean uno para siempre y el que fuere rey o señor de Françia sea otrosí rey e señor deste //3r señorío nuestro dEspaña e porquesta […][5] ofrecemos a Dios porque el sea servido y […] su ley sea ensalçada y […] e este nuestro fecho en poder y en guarda de la sancta yglesia de Roma que ella sea siempre […][6] otorgar y guardar […] según que es puesto y ordenado que […] delante. Rebocamos y deshazemos todos los otros testamentos que antes dese avíamos fecho y mandamos y establecemos que ningún otro testamento non vala si non este sacando aquellas cosas que mandaremos por nuestra alma a nuestros fixos y amigos y vasallos en otro escripto que nos faremos que non […] en amenguamiento deste señorío e si alguno quier de nuestro linaje o de otro fuere o quisiere ir contra estas cosas sobre dichas o contra alguna de ellas

[4] Margen izquierdo: año 1283.
[5] Margen superior derecho: 25.
[6] Pérdida de texto por acción de las tintas ferrogálicas.

para menguarlas y enbargarlas que sea [des]comulgado y maldito de Dios e de la yglesia de Roma y aya la maldición de aquellas donde nos venimos y la nuestra e sea el tal traydor como aquel que vende castillo o mata señor de guisa que se non pueda salvar por ningún fuero ni por armas ni por otra cosa ninguna que sepa fazer.

Y porque esto sea firme y estable para siempre mandamos sellar este //3v nuestro testamento con nuestro sello de plomo este testamento fue hecho en Sevilla, domingo a[7] ocho dias de noviembre, era de mill y trezientos y veinte y un años. Testigos que fueron llamados y rogados: doña Beatriz, fixa del rey y reyna de Portogal y del Algarve, y don Remundo, arcobispo de Sevilla, y don Suero, obispo de Cádiz, y don fray Aymar, electo, y don Martingol de Portogal, Pero García de Arróniz, Suero Pérez de la Sarra, Garcí Jofré, copero mayor del rey y Elgarres, justicia de casa del rey, Juan Martínez, capellán mayor de la capilla del rey, Pero Ruiz de Villegas, Lope Alonso, portero mayor en el reyno de Galicia e yo Joan Andrés, escrivano del rey escreví este testamento por mandado del dicho señor rey e soy testigo.

Otro testamento otorgó el rey don Alonso que dize ansí:

En el nombre del Padre y del Hijo y del Spíritu Sancto, conocida cosa sea y manifiesta a todos los omes queste presente escripto [...] como nos don Alonso por la gracia de Dios reynante en Castilla, en León, en Toledo, en Galizia, en Sevilla, en Córdova, en Murcia, en Jaén, en Badajoz, en Algarve, seyendo en nuestro cuerpo y en nuestra boluntad y creyendo firmemente en la Sancta Trinidad, Padre e Hijo y Espíritu Sancto que son tres personas y un Dios //4r verdadero y creyendo en la Virgen [Santa][8] María, madre de nuestro señor Jesucristo, que el puso carne y en todas las otras cosas que la sancta yglesia de Roma cree y manda creer y guardar y conociendo que por otra cosa ninguna non puede ser ome salvo si non por la nuestra fe cathólica e veniéndose nos en miente de los muchos

[7] Margen izquierdo: año 1283.
[8] Margen superior derecho: 26.

bienes y mercedes que Dios nos fizo en tantas maneras que lo non podríamos pensar, ni dezir.

Por ende, después que obimos hecho este nuestro testamento en que mostramos y ordenamos cumplidamente nuestra postrimera boluntad en razón de los nuestros reynos y del nuestro señorío el mayor ques sobre todo lo que abemos y aver devamos en que uno fincase después de nuestros días porque aquel escripto es muy grande ca muestra que todas las razones porque lo fezimos y lo devimos fazer y tobimos por bien de fazer escripto en que ordenamos facienda de nuestra alma y en cómo pagásemos lo que devíamos y podíamos mandar y fazer bien a los que nos sirvieran lealmente.

Y, por ende, ordenamos por el escripto deste nuestro testamento que nuestro cuerpo non sea enterrado fasta que nuestras deudas sean quitas y pagadas y esto dezimos porque no nos fincó de que las pagar pudiésemos porque nuestros enemigos tomaron por trayción todo quanto en el mundo avíamos, según todo el mundo sabe. Y mandamos //4v [a] nuestros fixos los que se tubieren connusco y a [nu]estros vasallos hagan ellos guardar y tener esto ca en la mercé de Dios y en la su lealtad lo dexamos todo y paren mientes así como querrían que les nos hiziésemos en fecho de sus almas e así harán ellos en fecho de la nuestra alma que les venga en miente que nos fuemos el primero rey de nuestro linaje que quitamos las almas [de] los nuestros naturales y vasallos quando murieren.

Y las nuestras deudas que se deven pagar son en tres maneras: la primera, a mercadores de la nuestra tierra y de fuera que nos emprestaron y varataron lo suyo a sazón que lo avíamos menester mucho a servicio de Dios y por honrra de nuestra tierra y, la otra, es de aquellos que nos avían servido los ricos omes y cavalleros y los otros omes de la nuestra casa y de la nuestra tierra, clérigos y legos que nos mandaremos dar algo de allí donde nos entendiéremos que lo podremos aver para el servicio que nos fizieron e non les fue dado pues que nos lo partiéremos y mandándoselo dar tenemos que era derecho y que lo deven aver y por ende mandamos que le sea dado.

La tercera cosa es de aquellas cosas que ordenamos que se fiziesen a servicio de Dios e a honrra de nos e de nuestra tierra y non se cumplieron, pues que non se pudieron cumplir por estas razones sobre dichas, conbiene que se //5r cumpla de alguna parte canones derecho [...][9] el cuerpo huelga hasta que sean cumplidas aquellas cosas porque no podría holgar el alma. Y pues que Dios quiere que nuestras deudas sean pagadas y cumplidas las mandas que el nuestro cuerpo sea enterrado en nuestro monesterio de Sancta María la Real de Murcia ques cabeca deste reyno y el primer lugar que Dios quiso que ganasemos a servicio del y a honrra del rey don Fernando y de nos y de nuestra tierra. Pero si los nuestros cabecaleros tobieren por mejor que el nuestro cuerpo sea enterrado en la ciudad de Sevilla o en otro lugar que sea más a servicio de Dios, tenémoslo por bien en tal manera que finquen al monesterio sobre dicho de Murcia los bienes y las posesiones que nos le diemos, salvo el alcáçar que mandamos que aya siempre el que de derecho fuese rey de Murcia del nuestro linaje.

Y si los nuestros testamentarios tobieren por bien de enterrar el nuestro cuerpo en Sevilla, mandamos que lo hagan enterrar allí donde tovieren e entendieren ques mejor, pero desta guisa que la sepultura no sea muy alta y si quisieren que sea allí, donde está enterrado el rey don Fernando y la reyna doña Beatriz yaze, que fagan //5v en tal manera que la nuestra cabeça tengamos a los pies de ambos a dos e de guisa que la sepultura sea llana de guisa que quando el capellán metiere a dezir la oración sobre ellos y sobre nos que los pies tenga sobre la sepultura.

E otrosí mandamos que luego que muriéremos que nos saquen el coraçón y lo lleben a la sancta tierra de ultramar y que lo sotierren en Jherusalem en el monte Calvario allí donde yazen algunos de nuestros abuelos y si llebar non le pudieren que lo pongan en algún logar donde esté hasta que Dios quiera que la tierra se gane y se pueda llebar en salvo.

Esto tenemos por bien y mandamos que haga don fray Juan y los que tobieren vozes del maestre del Temple en los reynos de Castilla y de León y de Portogal que nos a conocido del nuestro señorío y tovo connusco al tiempo que todos los maestres de todas las otras órdenes nos desconocieron. Y mandamos con este cavallero de nuestro cuerpo

[9] Margen superior derecho: 27.

y de todas las nuestras camas que traemos de nuestro guisamiento y demás mill marcos de plato (*sic*) para dar en capellanías donde canten capellanes misa cada día para siempre por nuestra alma en el sepulcro, quando Dios quisieren que lo ayan cristianos o en aquel logar donde estoviere nuestro coraçón. Y porque el maestre //6r y los freyres de la horden de Tenple an por[10] [costum]bre de traer quales armas quieren rogamos a este maestre ora es y será de aquí adelante que traygan [. . .] ellos mismos por sus cuerpos estas mismas senales y que le enbie lo [. . .] por honrra de la su orden y lo al porque entiendan quál es nuestra voluntad [...] hagan este amor señaladamente por el otro que nos le fizimos quando ganamos el reyno de Murcia que al [...] a esta horden mayor que todas las otras cosas.

E otrosí mandamos el [...] de toda la ropa que oviere a la razón que finamos a los pobres del hospital de Sant Juan dareis mill marcos de plata.

Mandamos otrosí que quando sacaren el nuestro coracón para lo llebar a la sancta tierra de ultramar, según que es ya dicho, que saquen lo otro de dentro y lo lleben en el monesterio de Sancta María la Real de Murcia o el nuestro cuerpo fuere enterrado que lo metan todo en una sepultura así como si nuestro cuerpo fuese y obiese aya y azer si el monesterio fuese en aquel estado que nos le establecemos y deve destar. Si non, mandamos que hagan esto en la yglesia mayor de Sancta María de Murcia.

E otrosí mandamos que si el nuestro cuerpo obiere de ser enterrado en Sevilla que sea ay dada la nuestra tabla //6v que hezimos con las reliquias a honrra de Sancta María que la traigan en la procesión en las grandes fiestas de Sancta María y la pongan sobre el altar y los quatro libros que llaman *Espejo historial* que mandó fazer el rey Luys de Francia y el paño rico que nos dio la reyna de Ynglaterra nuestra hermana ques para [...] y la casulla y la almática y la capa que son de paño historiado [. . .] labrado muy ricamente, y una tabla grande historiada, en que ay muchas ymagenes de marfil fechas e [. . .] de

---

[10] Margen superior derecho: 28.

fechos de Sancta María que la pongan cada sábado sobre el altar de Sancta María a la missa.

E otrosí mandamos que las dos Biblias, la una en tres libros de letra gruesa cubiertas de plata y la otra en tres libros historiada que nos dio el rey Luis de Francia y la otra nuestra tabla con las reliquias y las coronas con las piedras y con los camafeos y sortijas y otros dones nobles que pertenecen al rey que lo aya todo aquel que con derecho por nos heredare el nuestro señorío mayor de Castilla y León.

E otrosí mandamos que todas las vestimentas de nuestra capilla con todos los otros libros que los den a la yglesia mayor de Sancta //7r María de Sevilla o a la yglesia mayor de Mur[cia][11] si el nuestro cuerpo ay enterrado sacando las vestimentas que mandamos dar señaladamente a Santa María de Sevilla y las dos Biblias que mandamos dar aquel que eredare lo nuestro.

E otrosí mandamos que todos los libros de los *Cantores de los loores de Sancta María* sean todos en aquella yglesia donde el nuestro cuerpo fuere enterrado y que los hagan cantar en las fiestas de Sancta María. Esta quel que lo nuestro heredare con derecho y por nos quisiere aver estos libros de los *Cantares de Sancta María* mandamos que faga bien e algo por ende a la yglesia donde los tomare porque los aya con merçed y sin peccado.

Y otrosí mandamos a aquel que lo nuestro heredare el libro que nos hezimos setenario este libro es las *Siete partidas*.

Y otrosí mandamos que lo que tenemos en Toledo que nos tomaron quando Dios quisiere que lo cobremos nos o aquel que lo nuestro heredare ca son cosas muy ricas y muy nobles que perteneçen a los reyes y mandamos al ynfante don Juan, nuestro fixo, los reynos de Sevilla y de Badajoz con todas las villas y los castillos y fortalezas y con todos sus términos y con todas sus tenencias, según dize en el previlegio que a él nos dimos destos reynos sobre dichos a nuestra fixa doña Beatriz, reyna de Portogal y del Algarve, a la ynfanta doña Berenguela y a Urraca Alfonso y Martín Alonso, nuestro fixo, que non fueron ni son contra nos, a rricos omes, //7v [ca]balleros y otros omes que nos sirvieron bien y lealmente a la sazón que se lebantó

[11] Margen superior derecho: 29.

esta traición contra nos que tenemos por bien y mandamos que los ayan según dizen y sacan.

Otrosí que las rentas de Badaxoz que tenemos por bien que las aya en su vida nuestra hija doña Beatriz y reyna de Portogal y del Algarve, así como nos ge la diemos por nuestras cartas.

Y otrosí mandamos que don Juan y los que del vinieren obedezcan siempre y conozcan a aquel que de derecho nos heredare por nos Castilla y León y los otros nuestros reynos. Pero si tan grande nuestra desaventura fuese y trayción de la tierra que en todas guisas quisiesen a don Sancho por señor y si el quisiere traer alguna pleytesía con don Juan porque le diese estos reynos sobre dichos o alguna cosa dellos por canbio o por otra manera, mandamos a don Juan que lo non faga por ninguna cosa porque don Sancho non sea poderoso nin heredero en aquello que nos tenemos en nuestro poder y en nuestra vida.

Y otrosí mandamos que todas las rentas de los almojarifadgos y todas las otras rentas que don Juan deve de aver en el reyno de Sevilla, según sobredicho, que tome la mitad para el defendimiento de la tierra y la otra mitad que la tomen los cabeçaleros para quitar nuestras deudas y pagar nuestras mandas y si la mitad no cumpliere para quitamiento de[12] //8r para pagar nuestras deudas o cumplir nu[estras][13] mandas a en aquello que oviéremos de otra parte donde le podamos pagar e encomendámoslo al Papa y al ynfante don Juan, nuestro fixo y a don Remundo, arcobispo de Sevilla, hasta que puedan yr al Papa ayan aquello que nos le mandamos dar e mandamos dar a Joanes Alfonso, hijo del ynfante don Alonso de Molina, nuestro tío, cinquenta mill maravedís de la moneda de la tierra para en casamiento o para tomar orden qual más quisiere.

Encomendamos otrosí a nuestra fixa doña Beatriz, reyna de Portogal y del Algarve e mandamos otrosí que todos los cavalleros e ricos omes de nuestra mesnada que fincaron todavía connusco e nos sirvieron que ayan todo lo que les pusimos por sus tierras o por sus soldadas del tiempo pasado que non avían avido y ayan demás las

[12] Salta de la página 29 a la 32 por pérdida.
[13] Margen superior derecho. 32.

soldadas de un año si nos muriéremos antes que cobremos la tierra. Esto mandamos que les den de aquello que nos diere el apostólico o el rey de Francia para quitar nuestras deudas o de nuestras mandas o de aquello que nos tomamos de las rentas de Sevilla para quitamiento de nuestra alma que lo ayan bien e cumplidamente, según que lo nos pagáramos si biviéramos lo nuestro que nos tobieron por sospecha del apostólico y del rey de Francia y eso mesmo mandamos que sea fecha a todos //8v [...] nuestra criaçón tan bien clérigos como legos y otros omes qualesquier que en nuestro servcio estoviesen.

E mandamos otrosí a Juan Martines, el capellán el abadía de Cuebas Rubias e si por ventura el apostólico diere a Martín Alonso, nuestro fixo, arcobispado o obispado o otra dignidad mayor mando a Juan Martines el sobredicho e labadía de Balladolid que nos servirá bien y lealmente.

E mandamos otrosí al maestro don Gonçalo, clérigo el abadía de [...] e mandamos otrosí a Juan Andrés, nuestro notario, la nuestra parte de las rentas que nos avíamos en la yglesia de Marchena que la aya para toda su vida, según la carta que él tiene en esta razón conjuramos a aquel que con derecho fuere nuestro heredero, que así no quiera, que la nuestra alma cayga en pena por mengua de non pagar nuestras deudas y cunplir nuestras mandas ca según razón de todo derecho así como obiere la honrra así an de tomar la carga e por ende lo conjuramos por Dios que lo que él querría que fagan en fecho de su alma que así faga en la nuestra e mandámoselo por senorío natural que avíamos sobre él de linaje y de naturaleza porques fuero antiguo de los reyes maldezir a los de su linaje que eraren contra ellos descomunales. Por ende dezimos //9r nos que el que en esto errare sea maldito de Dios[14] y de Sancta María y de toda la corte celestial y que sean otrosí descomulgados de la yglesia de Roma en cuyo poder nos dexamos nuestro testamento y vamos por ende que sea el tal traydor como quien tiene castillo y mata señor y si non puede por ende salvar por armas nin por uso ni por costumbre nin

[14] Margen superior derecho. 33.

por fuero scripto más que sea maldito y vaya siempre en las penas del ynfierno con Judas el traydor.

Y los cavecaleros que fazemos son estos: el ynfante don Juan, hijo de dona Beatriz, reyna de Portogal, y don Remondo, arçobispo de Sevilla, y a don Fernán Pérez de Ponce, rico ome nuestro cormano, y a don Martín Gil de Portogal y a don Gutier y a don Garci Fernández, maestre de la horden de Calatrava, y a Alonso Fernández, nuestro sobrino y nuestro consejero y, porque estos abrán aora mucho que ver en lo nuestro y en lo suyo, ordenamos y establecemos estos otros que aquí serán agora dichos y que los sean ayudadores y acomendadores porque esto se cumpla mal ayna Juan Martínez, capellán mayor de la nuestra capilla, Garcí Jofré, nuestro copero, don Gutiérrez, justicia de la nuestra corte, Pero Ruy de Villegas, nuestro repostero mayor del reyno de Castilla, Juan Andrés, nuestro notario donde a todos estos mandamos por la naturaleza que an connusco y conjurámoslos por Dios y por la sancta fe que ellos fagan esto lealmente //9v catando ay primeramente lo de Dios y de sí lo nuestro y después lo suyo de la buena estanca y el derecho que harán si lo bien fizieren y del yerro si de otra guisa fuese. Y dámosles poder que lo puedan ansí fazer y cumplir todas las cosas que atañen a quitamiento de nuestra alma y demos nuestras deudas que deve para cumplimiento de lo que le mandaremos y rogamos a Dios y pedímosle merçed como quier que somos tan peccadores que non devamos los ojos alçar al cielo nin rogarle en ninguna cosa pero atrebiéndonos en la buena estança que siempre avíamos en Sancta María, su madre, en la merced que esperamos della aver, rogamos a ella que se lo ruegue por nos que meta en coracón a estos que fagan bien y lealmente este oficio en que les ponemos y si lo fizieren bien que ellos ayan buen galardón por esto en este mundo e en el otro e si non que se lo demandedes a los cuerpos y a las almas. Y por estos nuestros testamentos ayan poder por que lo puedan fazer mejor y más derechamente esto que les nos mandamos que fagan otorgámosles que puedan cumplidamente enderecar nuestros fechos que fallaren de todas partes que fezimos por fuerca y sin razón fuera aquello que fue fecho contra nos enemigos conoçidos y nuestros traydores manifiestos y les damos otrosí poder

//10r cumplido para pagar nuestras deudas y para[15] cumplir nuestras mandas y pagarlas y quellos puedan fazer conpo*sic*iones y caminos y todas las otros (*sic*) cosas porque ellos entendieren que más ayna y mejor se faga y rogamos y mandamos a nuestros vasallos y nuestros naturales por bien que les fizimos y por el derecho y la naturaleza que an connusco que si alguno esto quisiere en tratar o enbargar que fagan ellos sobre nuestra alma lo que fazían sobre nuestro cuerpo y que se les miembre que nos fuymos el primero rey de nuestro linaje que a sus vasalllos diese luego algo señaladamente para cavallos y para casamientos y para salir de prisión ni que más pugnase de saverlos cada uno del logar que era mejor y de bien y de honrra, ni que las tierras de los padres dieses a los fixos y después de su muerte a los parientes más cercanos ni que más pugnase de que oviese buen precio y buena nonbradía por todo el mundo ni que más encubriese ni perdonase grandes tuertos e yerros porque les rogamos mucho asmadamente que se les miembre esto y que ayuden a estos nuestros manfesores a cumplir lo que les mandamos en fecho de nuestra alma y de nuestro cuerpo así como es escripto en este nuestro testamento y en los otros escriptos que serán mostrados //10v de nuestra parte, tanbién deudas como demandas.

Y otorgamos y confirmamos el otro nuestro testamento que fezimos antes deste en que mostramos y ordenamos cumplidamente nuestra cumplida y postrimera boluntad en razón de nuestos reynos e nuestros señoríos el mayor y mandamos que vala según está puesto e ordenado. Y porque todas estas cosas sean firmes y estables mandamos sellar nuestro testamento con nuestro sello de plomo.

Fecho en Sevilla[16], lunes a veynte y dos días de enero de mill y trezientos y veynte y dos años. Yo, Joan Andrés, escrivano del rey y su notario escreví este testamento por mandado deste mesmo señor.

Bien parece por este testamento la bondad, santidad y buen exemplo quel rey don Alonso mostró en su vida y muerte como

[15] Margen superior derecho: 34.
[16] Margen izquierdo: 1284.

buen rey que lo fue a quien todos los reyes del mundo deven ymitar y hagan tan sancto fin como el rey don Alonso hizo. //11r

Discurso 4.
Que trata de cómo fue[17] entregada la ciudad de Murcia y su reyno al rey don Fernando y tomo la posesión della el ynfante don Alonso su hijo y como después se le alçó con el reyno el rey de Murcia y los tributos a cobrar de los moros

Quenta la *Chrónica* del sancto rey don Fernando questando[18] el rey enfermo en Burgos enbió a su hijo el ynfante don Alonso hazia la frontera [...] en ella era muerto y [...] la tregua que tenían puestas con el rey de Granada, y por esta razón embiava a su hijo el ynfante para que la guardase al qual proveyó de todo lo necesario y enbió con él a que le acompañase a don Rodrigo Goncález Girón.

Partido que fue el ynfante quando llegó a Toledo halló que avían llegado ciertos enbaxadores de Aben Hudiel rey de Murcia que yban al rey don Hernando con cartas quel rey se le quería dar por vasallo con todo su señorío baxo de çiertas capitulaciones que llevaban.

Oydo que fue la enbaxada, por el ynfante no les dexó pasar a do estava el rey don Fernando, su padre. Antes, en su nombre, aceptó la demanda de los //11v enbaxadores con las condiciones que pedían y les mandó tornar a Murcia, porque el ynfante yba en pos dellos. Llegado que fue Alcaraz tornaron los enbaxadores del rey Aben Hudiel y allí [. . .] el partido y pleytesía con el ynfante don Alonso de donde se partió a recibir el reyno de Murcia, yba ynfante, el maestre don Pelayo contra de la horden de Sanctiago. Llegado que fue el ynfante a Murcia le fue luego entregada el Alçácar della y apoderáronle en todo el señorío y le otorgaron que llevase sus [. . .][19] señores de Crevillén, de Alicante, de Elche, de Orihuela, de Alhama, de Aledo, de Ricote, de Cieça y de los otros lugares del reyno de Murcia y lo apoderaron del dicho reyno salvo a Lorca, Carthagena y Mula que no quisieron dar ni entrar en el partido de los otros y después de apoderado andubo

[17] Margen superior derecho: 35.
[18] Margen derecho: *Chrónica*, capítulo 34.
[19] Mutilo de dos líneas.

por lo dicho reyno juntamente con don Rodrigo Gonçález Girón y el maestro don Pelayo corría bastesiéndolo y fortaleçiendo las fortalezas y pacificando los moros que se avían dado y apremiendo los lugares rebeldes corriéndoles las tierras talándoles los campos y haziéndo-//12rles muchos daños, y en especial a Carthagena[20], Lorca y Mula que se le abían querido dar. Y andando en esto supo como Mula tenía neçesidad de mantenimientos y le puso çerco y la toma por hambre desta manera se le [entre]garon todos los pueblos del reyno de [Murcia] y de allí en adelante tubo cuydado de visitar el reyno y basteçer sus fortalezas de lo que tenían neçessidad.

Estando pacíficamente en obediencia del rey don Alonso todo el reyno de Murcia en el ano honzeno, de [...] mill y dozientos y sesenta y un años Aben[...] rey de Granada teniendo hechas treguas con el rey don Alonso las quebrantó y se confederó con el rey de[21] Murçia que se llamava Abem Huyt y por otro nombre Abem Mamfar para que se alçase contra el rey don Alonso y quel le quebrantaria las treguas. Hecho el concierto entre los dos reyes moros, el rey de Murcia y todo su reyno se le alçaron en un día y cobraron los moros todas las fortalezas del reyno de Murçia, como lo dize Valerio de las *Historias* y Goncalo de Argote Molina en la *Nobleza del Andalucía* y Pedro Beuter y la *Chrónica del rey don Jayme* y Montáñez para ahazer este lebantamiento el rey de Granada secretamente hizo venir de África muchas companías de gentes de //12v a pie y de a cavallo quedando allá mucha más apercibida para pasar en España.

El rey don Alonso estando en Sevilla como supo que se le avía lebantado el reyno de Murcia y los moros que avían pasado de África envió luego a dar aviso a su suegro el rey don Jaime de Aragón y enbió por enbaxadores a [...] fray[22] Pedro Joanes, maestre de la horden [de Alcán]tara y a mosén Beltrán de Villanova, cavallero catalán que se avía criado con la reyna doña Violante siendo infanta, para que suplicasen al rey don Jayme les [...] en tal necesidad, la qual nueva

[20] Margen superior derecho: 36.
[21] Margen izquierdo: Balerio, libro 3, capítulo 11. Argote, libro 2, capítulo. 5. *Corónica*, libro 6, capítulo 7. Beuter, libro 2, capítulo 5. Montáñez capítulo 10.
[22] Margen izquierdo: Yáñez.

le fue llegada domingo de Ramos estando oyendo los oficios en la yglesia de Huéscar.

Y tomando pareçer de los grandes dese reyno acordaron que era muy gran razón fuese faboreçido el rey don Alonso y para ello dieron muchas razones. La primera fue que: si en tal necesidad no favorecía un príncipe tan poderoso como era el rey de Castilla que podría tener razón de quedar agraviado y buscar mal y daño después que oviera salido de su necesidad. Y asímismo dixeron que si el rey de Castilla perdía su tierra los de Aragón no quedavan seguros en la suya y tan bien porque quando casó su hija doña[23] Biolante le avía dado su fee y palabra de que le ayudaría en la conquista del reyno de Murçia, como lo dize Montáñez. //13r Sabida la nueba y hecha la determinación[24] entre el rey y los grandes de Aragón con tal brevedad posible se partió para Balencia contra los moros de Castilla con su exército y quando llegó a Orihuela le vino al rey abiso de cómo abían pasado por Lorca ochocientos ginetes con dos mill azémilas cargadas de trigo y armas y dos mill peones y luego al punto mandó a sus hijos los ynfantes don Pedro y don Jayme y a don Manuel, su yerno, hermano del rey don Alonso a los maestres del Temple y al de Uclés y a todos los de su hueste que se apercibiesen y armasen y todos se juntasen con él al cabo de la puente de Segura. Y dada arma en el campo todos fueron a punto y marcharon hazia Murcia y a la que amanecía llegaron a una alquería que solía ser cimenterio de los reyes moros questa de la otra parte del puente que era entre la çiudad y el monte que va a Carthagena. Y de allí ordenó el rey las batallas desta manera: dio el abanguardia a sus hijos los infantes, la batalla la dio a don Manuel, su yerno, juntamente con el priestre de Uclés y don Pedro de Guzmán y tomando para sí la retaguardia, mando que nin-//13vguno saliese de la horden ni aremetiese a los moros antes de hazelles señal para ello la horden en [...] de las trompetas aremetiese la abanguardia y al segundo la batalla y el tercero la retaguardia con el orden questaban puestos.

---

[23] Margen izquierdo: Montáñez, capítulo 12.
[24] Margen superior derecho: 37.

Y a un caballero llamado Rocafull le mandó que con otros cinco cavalleros fuese atalayar y reconoçer si venían los moros. No pasó media ora después que se ovieron partido quando vino un cavallero que enbió el Rocafull a dar aviso como los moros estavan çerca y el rey mandó descoger sus vanderas y salió de un recodo donde estavan y se puso en lo ancho y esforçando a los suyos dio señal de batalla y conforme a la orden questava dada aremetieron los moros los de a cavallo contra los ginetes que ya estavan a tiro de ballesta y pasando adelante por los lados para tomarles las espaldas y dividir los de la ynfantería y bagaje los çercaron por todas partes. Y viéndose los moros rodeados entendieron que eran tres vezes más que no ellos y todos juntos se hizieron un cuerpo desquadrón y ronpieron por //14r una ladera para huyr por donde avían[25] venido y los christianos enbistieron con ellos y siguieron a los de a cavallo los quales desamparando las azémilas con todo el vagaje supusieron en huyda y los christianos quisieron seguir el alcance y el rey no les dexó por entender que los de la çiudad estavan çerca y reçelándose siempre dellos no les acometiesen por las espaldas. Y así mandó tocar a recoger y tanbién porque los moros se yban recogiendo hazia la villa de Alhama que estava cerca de una fortaleza donde avía gente de guarnición del rey de Granada y de allí podrían salir a faboreçellos yendo sin orden y esparzidos y puestos en saquear prohibió tanbién no se diesen a[...] las azémilas y vagaje sino que biniese todo a su mano el qual lo repartió y distribuyó en todos quanto se halló de armas, jaezas de cavallos y todas las demás cosas que se trayan excepto las azémilas y vituallas como cosas más necesarias y se maravillaron mucho como los de la ciudad no avían salido a socorrer a los que les venían con el socorro y en su ayuda y fabor pues no era pusible (*sic*) que ygnorasen su venida y estando casi a la vista de //14v la çiudad donde fue la batalla que de fuerça avían de oyr el estruendo de las armas y tanbores pero no osaron salir los governadores ni gente de la çiudad entendiendo que les tenían armada çelada entre los reyes de Castilla y Aragón y que venían cada uno por su parte a cercar la çiudad y quando el rey de Aragón començase la escaramuça con los de Granada y los de la

[25] Margen superior derecho: 38.

çiudad saliesen al socorro el rey de Castilla hallando sin guarnición la çiudad, la entrase y se apoderase della.

Y esta fue la causa porque los de la çiudad no salieron a socorrer los que venían con el socorro para ellos después el rey don Jayme se bolvió Aranzela que era un lugar çerca de Orihuela (la qual tengo para mí ques una eredad que oy se llama Azen[...] que fue pueblo y con jurisdicción)[26] y de allí se fue a Orihuela a donde pocos días después vinieron cartas del rey don Alonso, su yerno, de cómo estava en Alcaraz rogándole fuese a ver a su hija y nietos y dexando en su lugar al ynfante dom Pedro, su hijo, se partió para Alcaraz do estuvo algunos días solazando con mucho plazer sus nietos.

El ynfante don Pedro //15r tubo nuebas que dentro de la çiudad de[27] Murçia avía algunas parçialidades teniendo estrechura de mantenimientos y eran venidos en gran rompimiento los bandos contrarios y quiso probar si dándole batería y combate tenía ventura de tomarla y así mandó aparejar toda la gente y lo que era necesario. Y enpeçando a romper el alba conbatió todo el día y noche refrescando la gente para el conbate y, ya que iba a entrar por la puente, salieron los moros y le defendieron el paso balerosamente, por lo qual mandó el ynfante retirar su gente. Hizieron los moros de Murcia una gran hazaña que todas las parçialidades se reconçiliaron y se olvidaron de sus enojos y particulares yntereses al punto que vieron conbatir sus muros por los christianos y quando el ynfante lo supo perdió del todo la esperança que tenía de cobrar la ciudad.

Acaeció que los ochocientos ginetes que avían huydo tornaron con diez mil hombres de las comarcas y de las Alpujarras de Granada y vinieron con tal horden que no ubo sentimiento dellos hasta que fueron en las puertas de Murcia de suerte que no se pudo ympedir que no entrase //15v dentro el socorro y mantenimiento que [...] les venía. Y viendo esto el ynfante mandó talar toda la güerta y alçó el cerco y se fue Alicante y quando lo supo el rey don Jayme le pesó mucho porque el ynfante avía dexado el conbate. Visto por los moros que el cerro era alcado descuydáronse y despidieron a todos los que

---

[26] Paréntesis en el original.

[27] Margen superior derecho: 39.

avían venido a faborecerellos. Buelto que fue el rey don Jayme de Alcaraz bolvió otra vez al cerco y hallándolos solos a los de Murcia les començó reziamente a conbatir. Y después de muchas pérdidas de gentes y grandes molestias que recibieron, así los de la una parte como los de la otra, se dieron a partido con las condiçiones que el rey les ofrecía y hecha por los çiudadanos su determinación lo primero que hizieron fue echar de la çiudad al governador que les avía puesto el rey de Granada y hecho esto embiaron a dezir al rey que para cierto día le abrirían las puertas y le entregarían la ciudad. El rey mandó poner en horden çinquenta hombres de armas con otros tantos cavallos ligeros y ciento y veinte vallesteros para que entrasen en la çiudad quedándose el rey fuera en la ribera del río Segura. //16r Y les mandó que siendo dentro se apoderasen[28] de todas las torres y principalmente de la fortaleza y quando vido puesto en el más alto torreón su estandarte real dio gracias a Dios nuestro señor por tan grandes mercedes y tan señalada victoria y presa de ciudad. Y a banderas desplegadas con la mitad del exército se entró en ella donde lo recibieron con mucha alegría y luego puso su guarniçión en la fortaleza y dando buelta con el gobernador de la çiudad por toda ella y vista determinó dividirla en dos partes: la una, que tomase dentro de sí la fortaleza con la mezquita mayor questava de una obra riquíssima la qual hizo consagrar para yglesia y que desta parte la avitasen los christianos; la otra mitad dexó para los moros con otras diez mezquitas. Y mandó hazer y tracar la calle que ahora se llama la Trapería y en aquel tiempo la llamavan la calle Trançada consagrada que fue la mezquita. Mandó que todo lo restante del exército entrasen en proceslón en la çiudad en la qual yban los obispos de Barcelona y Carthagena //16v y fueron a la iglesia que ya tenía nombre de Nuestra Señora a donde dieron ynfinitas gracias a nuestro señor y asentaron las cosas del culto divino y la presidencia del obispo de Carthagena en la misma yglesia que avían consagrado.

Desta manera cobró el rey don Jayme la ciudad de Murcia, primero día[29] de hebrero, del año de mill y dozientos y sesenta y cinco

[28] Margen superior derecho: 40.
[29] Margen izquierdo: 1265.

años y otro día que fue la Purificación de nuestra señora se dixo en ella la misa de aquel día.

Pobló el rey la ciudad de gente catalana y aragoneses que yban en su exército, repartioles las casas y heredades[30] della y luego la restituyó a su yerno el rey don Alonso décimo deste nombre con todas las villas questavan entre Alicante y Murcia según todo lo refieren Pedro Beuter y la *Chrónica del rey don Jayme* y Montaner el rey don Alonso después que la ciudad tornó a su poder les hizo muchas mercedes dándoles muchos previlegios, fueros y exenciones como en los dircursos deste tratado se verán.

//17r Discurso 5.
Que trata del asiento[31] y temperamento de la ciudad de Murcia

La ciudad de Murcia está sentada en una vega muy llana y arimado a sus muros pasa y corre el caudaloso ryo Segura haziendo muy hermosa y deleytable ribera de muchos y muy crecidos [arboles], el cual antiguamente fue llamado Estavero. [Llamósele] Segura por estar su nacimiento en la sierra de Segura.

Está metida hazia el setemptrión. Dista de nuestro mar Mediterráneo nueve leguas.

Está edificada y tiene el sitio, según las tablas de Tholomeo, en el quarto clima al principio del, el qual se llama Diarodos, de Rodas, isla questá en el mar Mediterraneo de donde tomó el nombre.

Está la çiudad del occidente ques del poniente en 16 grados de longitud y del polo en 33 grados de latitud. Los astrólogos entienden que por la longitud se quenta el espacio que ay de oriente a poniente y así es medida la longitud de las ciudades por el círculo equinoccial donde son determinadas y puntualmente de donde comiençan es del poniente, porque desde allí se tiene más verdadera noticia y es lugar cierto habitado y señalado y según Ptholomeo es en las islas de Canaria y de allí, como de lugar último y abitable del poniente y casi como del fin de la tierra occidental, tomó la quenta //17v Ptholomeo

30 Margen izquierdo: Beuter libro 2, capítulo 50. *Chrónica*, libro 17 por todo él. Montaner, capítulo 12 hasta 17.

31 Margen superior derecho: 41

en sus tablas de la longitud de las ciudades hazia oriente porques el puerto y lugar çierto de la longitud el occidente hazia oriente por grados y minutos y cada grado en la tierra es el espacio que pasa el sol en el cielo y reputado en la tierra hallase que son: 1[...] leguas la equinocial y los minutos son parte de que se compone y haze un grado que son 60 minutos y se pueden contar hasta 180 grados según las Tablas de Ptholomeo, porque entonçes por la longitud tenía más descubierto de los dichos 180 grados más ahora se pueden contar hasta 360 grados porque la tierra está dividida en otros tantos y, aunque todos no se an descubierto, falta muy poco.

Según las yndias, que después del tiempo de Ptholomeo se an hallado, y según esto Murcia está del occidente conforme a lo que dize Ptholomeo en 16 grados de longitud. Es, como quien dize, que la ciudad de Murcia es tan lexos del occidente como 288 leguas, pues cada grado, como ya está dicho, es en el cielo lo que 16 leguas en la tierra y según esta quenta se sabe la latitud ques la elevación del polo sobre del orizonte por el çírculo meridiano o, porque mejor se entienda, es la latitud el discurso que ay de la çiudad a la equinocial midiendo por el dicho círculo meridiano, porque quanto más se acerca a la equinoçial tanto más se alexa del polo ques la tramontana relebada sobre //18r todo lo que en ella se puede ver del cielo. Y por estar la[32] ciudad lexos del polo o tramontana es causa de ser templada por ser ella en el principio del quarto clima ques muy bueno y por la longitud que tiene del occidente ay gran templanza en la tierra porque si no haze biento el ynbierno se siente muy poco frío en la ciudad de Murcia. Y por el mes de nobiembre y diziembre los más años se hallan rosas, bioletas y otras flores y en los árboles, mançanas, peras y otros géneros de fructas que tornan a produzir y en estos meses los naranjos tornan a produzir azahar, como en este año de nobenta y tres se a visto.

Todo esto muestra que la tierra es templada y en el ynbierno se goza de mucho regalo y si fuera lo contrario no se pudieran hallar

[32] Margen superior derecho: 42.

flores ni frutas en los árboles ni se gozarán de otros muchos regalos que de contino ay en la ciudad de Murcia y[33] todo su contorno.

El verano, aunque el lebante es grandemente cálido y congojoso, en Murcia es muy fresco por benir por entre las frescuras y por esta causa es delicado y suave, como lo dize Acosta en la *Corónica (sic) moral de las Indias*.

Discurso 6.
Que trata de la Vega y término de la ciudad de Murcia y de su fertilidad

La vega, donde se a dicho que la ciudad de Murcia está situada, es una de las mejores que en nuestra Europa ni aún en otras partes del mundo se puede //18v hallar porque desde su principio, ques tres leguas ariba de la ciudad de Lorca, hasta la ciudad de Alicante tiene veynte y ocho leguas de longitud y por todas partes casi dos leguas de latitud y toda ella va muy llana. Pero lo que della va a la ciudad de Murcia que son seis leguas, que son desde el mojón del término de Lebrilla, hasta el mojón del término de Orihuela, destas seys leguas, las quatro tan solamente son arbolado de moreras, viñas, naranjos y otros árboles de todo género de fructas. Es tan fértil que casi todos los años se coxen destas quatro leguas ciento y veynte mil arobas de vino y veynte y cinco mil arobas de lino y ochenta mill arobas de higos y tres mill y quinientas fanegas de panizo y quatro mill y seyscientas fanegas de alcandía y veynte y seis mill arobas de azeyte.

Pero la mayor cosecha della es que casi todos los años se coxen ciento y sesenta mill libras de seda, ques la mayor grandeza y riqueza que ninguna ciudad dEspana tiene y es cosa de maravilla que parece que naturaleza se esmeró de produzir y criarse en todo el término de Murçia en grandíssima abundancia todas las cosas necesarias para la cría de la seda como son vojas, carrizo, raygón y en la orilla del río las más largas y gruesas cañas que en ningún ryo dEspaña se crían.

[33] Margen izquierdo: Acosta libro 3, capítulo 2.

Acuden en el tiempo de la seda más de //19r ocho mill personas con otros tantos [...][34] y mulas tod[...] la seda.

Fuera de todo esto se coxe en la tierra de Murcia mucha cantidad de [...] garbancos, habas, panizo de las yndias. Ay en tanta abundancia naranjos, cidrales, limoneros que todos los anos se sacan para Toledo, Madrid y otras partes pasados de diez millones de naranjas, limones y çidras. Críanse muy grandes y en especial los limones. Ha tales que ay limón de peso de treze libras y cidras de a seys. Y de a ocho libras coxense en esta huerta de más de seis millones de granadas y otros tantos membrillos. Y en grandíssima abundancia, peras, duraznos, albercoques y otras fructas questán por las placas sobrados y se probee casi todo el reyno de Murcia desto y de otras ortalizas que se crían con mucha abundancia. Házense grandes bercas y algunas de peso de más de un arroba y calabaça se a visto coxer dos arrobas. Ay muchos melones de peso de a treinta libras que todo demuestra grandíssima fertilidad en la tierra.

El río Segura que riega toda esta huerta es uno de los mejores y de más probecho que ay en el mundo porque desde su //19v nacimiento hasta [entrar] en Guardamar que ay más de setenta leguas [...] del por todos los pueblos y campos que pasa sacándole el agua para sus güertas y [heredades] con este río. Antes que llega a la ciudad de Murcia, a catorze leguas della, se junta otro llamado el ryo el Mundo. Este ryo nace encima de un peñasco muy alto y de allí se [...] el agua, la qual es muy delicada y buena y por tal es solenizada hasta dentro de Roma, y junta con la del ryo Segura. En tal manera la adoba y es tan buena que la tienen en tenajas veynte y treinta años sin ninguna corrupción.

En el nacimiento destos dos ryos se crían truchas y el pescado que después de juntos se toma es muy delicado que a los muy enfermos no les haze daño. Es muy sabroso y retrás en calor y sabor a las truchas. Críanse muy grandes barvos y anguilas que muchas vezes se sacan a las plazas de media arroba de peso cada uno. Ay tantas en abundancia que de contino está en las placas sobrado.

En este ryo para regar la güerta le tiene la ciudad hecho un azud muy grande que casi le sacan toda el agua que trae por dos acequias

[34] Margen superior derecho: 43.

tan grandes que cada una della parece //20r otro río y está de tal manera hecho el azud que si[35] le quieren sacar toda lagua del ryo pueden con mucha facilidad. Destas dos las acequias se sacan más de otras quarenta y van repartidas con tan buen horden y concierto que se riega toda la güerta con tan grande[36] abundancia de agua que jamás ay falta della de ynbierno ni de verano.

Quiriendo Acosta en su *Corónica moral de las Yndias* esagerar y engrandeçer en cierta parte della las acequias y riegos que tienen, dize que los yndios occidentales sacan de los ryos grandes acequias las quales usaron con tanto horden y tan buen modo que en Murcia ni en Milán no las ay mejores de manera que para encarecer este buen horden y riego no halló en las tres partes del mundo ques Asia, Europa y África con aver andado la mayor parte del cosa más ynsigne ni señalada como el ryego y buen govierno de las huertas de Murcia y Milán.

Fuera de esta vega tiene la ciudad de término en redondo otras más de quarenta leguas el qual es muy fructífero y, aunque del no se labran sino muy poco ques lo questa a los rededores de la ciudad, porque lo demás no se llega a ello por estar muy cerca de la mar y a peligro de moros pero, en lo poco que se [...], los más años se coxen ciento y quarenta mill fanegas de trigo y çiento y çinquenta mill de cebada y en la huerta y campo se coxe mucha cantidad de sosa y barrilla y se lleva a otras partes para el bidro y jabón.

Ay por los meses de noviembre y diciembre tanta abundancia despárragos, setas, palmicones y caracoles que los traen //20v a las plaças a cargas.

Ay en los campos gran abundancia desparto de que se labran del muchas cosas.

Ay gran abundancia de ganados de vecinos de la ciudad.

Es tan abundosa de pastos que todos los años entran a erbaxar en su término duzientas mill cabecas de ganado de la serranía de Quenca y de otras partes. Finalmente, tiene tanta grosura la tierra que los más años acudiendo un poco el tiempo, así en el término de

---

[35] Margen superior derecho: 44.

[36] Margen izquierdo: Acosta libro 3, capítulo 20.

la ciudad como en el de Carthagena y lugares de la comarca, se vee en ella lo que dize el evangelio que coxen de una hanega ciento. Y esto a subcedido y vístose por los ojos muchos años. Suélese en un año coxer dos fructos de un bacal. Es tan temprana que casi todos los años por los postreros de marҫo seganse cebadas.

Ay en la güerta de Murcia muchas parras que hazen en un año tres vezes fructo y es desta manera que echa el primero y se coxe en agraz y por esta horden se coxen todos tres que quitado uno torna a hechar otro de donde claramente se entiende ser la mejor vega y campo que ay en todo el mundo ni que más fertilidad tenga por su temperamento como está dicho ser tan apacible.

//21r Discurso 7[37]. Que trata de la çerca[38] que la ciudad de Murcia tiene y torres que en ella ay.

Entre las otras grandezas que la ciudad de Murcia tiene tan dignas de que sean sabidas es questá toda çercada de una muralla muy fuerte y hermosamente torreada[39] que le da mucha magestad y ornato. Tiene la muralla de altura treynta y çinco cobdos y de ancho quinze. Ay en ella nobenta y cinco torres. De una torre a otra ay veynte y seis passos. Otras muchas torres avía que la çiudad tiene ocupadas con edificios sumptuosos que van por fuera de la muralla.

Tiene al mediodía quatro puertas que se nombran: las Siete Puertas[40]: la puerta El Toro, la puerta El Sol, la puerta El Puente.

Tiene al setemptrión otras quatro que son la puerta El Açoque, la puerta Los Porceles, la puerta El Mercado, la Puerta Nueba.

Tiene a oriente otra puerta que se llama la puerta Orihuela y al occidente tiene otra puerta que se llama la puerta Los Bedrieros.

Fuera destas puertas ay otros dos postigos //21v llamados: el postigo de Sancto Domingo y el postigo de la Berónica de las quales puertas se dirá porqué se llama y tienen los nombres dichos.

---

[37] Número sobre escrito: un siete sobre un seis.
[38] Margen superior derecho: 45.
[39] Margen derecho: Muralla.
[40] Margen derecho: Puertas: 4, 4, 1, 1. Postigos: 2.

Comencando pues por la puerta que se llama las Siete[41] Puertas. Digo questa puerta está armada entre quatro torres muy fuertes questán puestas en quadro y entre las dos primeras está la puerta principal por donde se entra a la çiudad la qual se cerrava con una puerta lebadiza y luego ay otra puerta que se cerrava más adentro entre otras dos torres questán a la mano derecha ay otras dos puertas y frontero de la puerta principal otras dos y a la mano siniestra otra puerta y entre las otras dos torres la puerta por donde se entra dentro de la ciudad la qual se cerrava con otras dos puertas y fuera destas dos por donde se entra y sale a la ciudad.

Las demás estaban hechas a manera de portales que servían de aduana o almagazenes y al presente están en ellas labradas casas que se abitan. Todas las puertas están hechas y labradas con labores moriscas y arqueadas con mucha fortaleza.

La puerta El[42] Toro está asimismo hecha y labrada de labores[43] moriscas. La puerta El Sol está desa misma labor muy bien acabada. Encima //22r della están tres escudos: el de en medio tiene las[44] armas reales con una corona de reyes encima y los escudos de los lados son de las armas de la ciudad.

En[45] la puerta El Puente están encima della dos escudos[46], el uno ençima el otro. El más alto tiene dos leones y dos castillos y en el más vaxo están las armas de la ciudad. Esta puerta está armada de baxo de una torre muy grande y fuerte y asida con el puente del ryo Segura entrada.

Esta puerta tiene otras dos puertas que la una sale al oriente y la otro (*sic*) a occidente. En la que sale al oriente ay una plaça muy ancha y larga en la qual muchas vezes la ciudad suele hazer sus fiestas de toros y cañas. En esta placa por previlegio del rey don Alonso décimo conçedió se hiziese feria en ella, como parece por el preuilegio que en un capítulo del dize así: Otrosí queremos quel mercado y la feria sean a la puente allende del ryo porque será en más comunal

[41] Margen izquierdo: Siete Puertas.
[42] Margen izquierdo: El Toro.
[43] Margen izquierdo: El Sol.
[44] Margen superior derecho: 46.
[45] Margen izquierdo: El Puente.
[46] Tachado: Escudos.

logar. Diose este previlegio en el año quinzeno de su reynado, a diez y ocho de mayo, era de mil y trezientos y cinco años.

En esta plaça todos los[47] días del año nuevo se hazen ferias y acuden a ella toda la comarca de la ciudad de Murcia, en la qual se acostumbra que los cavalleros enraman las damas, el qual es uso antiguo deste nombre de enramar en esta ciudad.

La otra puerta sale a otra plaça muy larga y ancha y se llama El Parador en que en ella ay muchos //22v mesones donde paran los carros.

La puerta de Los Bedrieros[48] está baxo de una torre muy fuerte y ay en ella dos puertas una dentro de la çiudad y otra de fuera en la qual ay tres escudos. Los dos de los lados son de las armas de la ciudad y el del medio de las armas reales.

La puerta El[49] Acoque está labrada a la morisca y en arávigo quiere dezir la puerta do ba plaça porque antiguamente avía junto a ella una gran plaça do hazían los moros mercado.

La puerta los[50] Porceles, según la tradición que della ay, dizen se llama así por causa que una muger de un cavallero que se llamava Porçel parió siete criaturas de un parto, todos varones, y entendiendo que su marido reciviría enojo y pesar dello, mandó a una criada suya tomase los seis niños y los llevase a echar en el ryo. En esta puerta, dizen, la encontró el Porcel, padre de los niños, y mirando lo que llevaba vio los seis niños los quales dio a criar a diferentes amas y quando fueron de edad de quatro años los vistió a todos de una color y lo mismo hizo al que su muger avia criado y sin que la muger lo supiera los truxo un día y los sentó todos a la //23r mesa. Y la muger quando los vio juntos y los miró[51] que se parecían unos a otros reconoció ser sus hijos y que eran aquellos los que avía mandado echar en el ryo, pero quando los vidó se alegró en estremo. Y por esta causa se llama la puerta Los Porçeles y oy en día están en ella pintados siete niños.

47 Margen derecho: 1267.
48 Margen izquierdo: De los Bidrieros.
49 Margen izquierdo: Azoque o de Santa Florentina.
50 Margen izquierdo: Porzeles.
51 Margen superior derecho: 47.

Algunos dirán ser esto nobela, pero no es despantar questa muger pariese siete ninos pues se sabe claramente que una muger puede traer tres y quatro de un preñado, según lo recita Aulo Gelio del[52] [...] que vio parir a una muger cinco criaturas de un preñado y de otra que le vio parir otras cinco. Y Plinio escrive en el de *Natural Historia* que[53] se halla en algunas tierras aver parido siete y ocho de un solo preñado. También se sabe que a subcedido que a avido mujeres que an parido veynte y veynte cinco vezes en menos tiempo de cinquenta años y en el mesmo lugar quenta que Ponpeyo Magno puso en Roma en los hornamentos del theatro la imagen de Entige muger natural de Assia de la ciudad de Tralia que ubo treinta hijos y eran vivos los veinte y al tiempo que ella murió se hallaron en su entierro. Y así nadie se a de maravillar que esta muger oviese siete de un parto.

A este propósito dize Ambrosio de Morales en su *Chrónica* //23v *General*[54] *dEspaña* tratando del conde don Diego Porcelos[55] queste nombre Porcelos se le dio al dicho conde del nombre latino *porcellus* que quiere dezir lechón por averle parido su madre juntamente con otros seis [de] un parto como lo suelen hazer las madres de los lechones, pero no da para ello auctor[56] que lo trate.

La puerta El Mercado tiene dos puertas en medio de las quales ay un rótulo que dize: Qualquier que a esta ciudad truxere a vender quales quier mercaderías y mantenimientos entrando miércoles, vendiendo jueves y saliendo viernes, son francos de alcavala.

Otrosí no pueden ser presos ni enbargados por maravedís que devan aunque sean a su magestad.[57]

Este previlegio tiene la ciudad en el qual se verá quién fueron los reyes que lo conçedieron quando se trate el discurso de los previlegios.

---

[52] Margen izquierdo: Libro 10 de *nocti acti*, capítulo 2.
[53] Margen izquierdo: Plinio, libro 7, capítulo 3.
[54] Margen izquierdo: Anbrosio, libro 15 capítulo 17 (tachado: 97).
[55] Tachado: dize.
[56] Margen izquierdo: El Mercado.
[57] Desde "qualquier a magestad" se utiliza una escritura libraria, no cursiva.

Esta puerta antiguamente[58] se llamava la puerta Bebalmuñer[59] según se nombra en un previlegio quel rey don Alonso dio quando mandó que los moros se pasasen al Arrejaca, como[60] en su lugar se verá en el mismo previlegio.

La Puerta Nueva se hizo desde el tiempo del rey don Alonso que dio un previlegio para que se abriese. Su fecha: en Jerez, a veinte y dos[61] días de abril, era de mil y trezientos y seis años.

La puerta Orihuela //24r se[62] llama así porque por ella salen a Orihuela, pero[63] su nombre antiguo es la puerta el León porque ay en ella un león de piedra. A la mano siniestra de la puerta que entra en la ciudad y encima la puerta questá fuera della están[64] las armas reales.

Tiene de çircuto (*sic*) toda la cerca[65] tres mill y duzientos y sesenta pasos y dentro della ay una alcácar ques otra cerca muy fuerte en la qual ay ocho torres y la más principal se llama la torre Caramaxut quera donde solían tener las armas y moniciones de guerra. Esta torre y una palma tenía[66] la ciudad antiguamente por armas como en su lugar se verá[67].

Ay otra alcácar que se llama el[68] Alcácar Nueva la qual hizo el rey don Enrique el tercero como parece por una carta quel rey don Juan, su hijo, dize en ella quel rey don Enrrique, su padre, hizo la dicha alcácar. Su fecha en Magas, cerca de Palencia, a nueve de noviembre, ano de mill y quatrocientos y nueve años.

Está encima de la puerta de la dicha alçar (*sic*) un escudo de las armas del rey don Enrique con un cordón de sant Francisco por la orla que significa el rey don Enrrique aver nacido en el día de Sant Francisco. Y así la ciudad todos los días que venía el día de Sant //24v Francisco celebravan la fiesta e yban a la yglesia cathedral

---

[58] Margen izquierdo: Bebalmuñer.
[59] Bebalmuñer subrayado en el original.
[60] Margen izquierdo: Puerta Nueva.
[61] Margen izquierdo: 1268.
[62] Margen izquierdo: Miguela o Léon.
[63] Margen derecho: 48.
[64] Margen derecho: Circunferencia de las murallas.
[65] Margen izquierdo: Alcázar Viejo.
[66] Margen derecho: armas primitivas.
[67] Desde "Esta torre" hasta "se verá" subrayado en el original.
[68] Alcázar Nuebo o [...].

toda la ciudad y dezían su missa y hazían guardar la fiesta como en muchos cavildos y ayuntamientos que se hizieron en aquel tiempo. Parece por los acuerdos que sobre este particular hazían que por ellos mandavan se celebrase esta fiesta por aver nacido en ella el dicho rey don Enrrique.

De manera que la ciudad tiene diez puertas y dos postigos que siendo cerradas todas queda muy fortificada.

Discurso 8[69].

Que trata de la puente questa en el río Segura y otros edificios que la ciudad tiene fechos por fuera de la muralla.

La puente que en el río Segura está hecha de cal y de canto es una de las buenas dEspaña y muy bien acabada. Tiene dos arcadas muy grandes. Tiene de largo ochenta pasos y de ancho quinze. Hízose en la era de mill y trezientos y[70] quarenta y un años según parece por una çédula //25r quel rey don Fernando concedió a la ciudad para[71] que echase cierta ynpu*sic*ión para que se hiziese el dicho puente como por ella parece que dize así: «Don Fernando, por la gracia de Dios rey de Castilla, de Toledo, de León, de Galizia, de Sevilla, de Córdoba, de Murcia, de Jaén, del Algarbe e señor de Molina. Al concejo de Murcia, salud y gracia. Vi vuestra carta en que me enbiastes dezir que por rrazón de dineros que avíades menester para fazer una puente de cal e de canto y en el ryo Segura e por otras cosas e missiones que avíades de fazer y e cosas de la villa que abíades puesto que se cargase un común de la carne e del pescado e del pan e del vino e de otras cosas que se venden y según vos lo tenedes ordenado e que me pedíades merçed, que lo tobiese por bien e lo confirmase, porque se fiziese de aquí adelante e porque entiendo ques más mío servicio e más pro de la tierra que en se echar y otros pechos. Para esto téngolo por bien e confírmolo e mando e tengo por bien que lo coxades bien e cumplidamente de aquí adelante e que lo pongades en aquellas cosas que entendiéredes ques más mío servicio e vra pro E defiendo

[69] Número sobre escrito: un ocho sobre un siete.
[70] Margen derecho: 1303.
[71] Margen derecho: 29.

fiermemente que ningunos nos sean osados de venir contra esto que yo mando por menguarlo en ninguna cosa e a qualesquier que lo fiziesen a los cuerpos e a lo que obiesen me tornaría por ello. E porquesto sea firme e non venga en duda, //25v mando vos dar esta carta sellada con mío sello colorado. Dada en Guadaffaiara, dos días de febrero, era de mill y trezientos y quarenta y un años».

Desta cédula y probisión real se saca en claro el ano que fue comencado el dicho puente que fue en[72] el año del senor de mill y trezientos y tres años[73] que entonces se contava la era de mill y trezientos y quarenta y un años, de manera que a duzientos y nobenta y un anos que fue comencado a hazer el dicho puente, desde el qual hazia oriente y poniente, la ciudad tiene hecho un reparo de cal y canto para la defensa de la çiudad ques la cosa más principal que tiene ciudad en España[74].

Tiene hecho un malecón de tierra tan alto que parece una muralla. Ansí mismo, para reparo de toda la ciudad para quando bienen las avenidas del ryo que son muchas y muy grandes y bienen muy a menudo. Este malecón comienca del que tienen hecho de piedra y cal y tiene de largo [en blanco] mill passos.

Dentro, en el Alcáçar Vieja, ay[75] un ospital muy principal donde se curan muchos enfermos hordinariamente de diversas enfermedades y de su renta se dan a criar los niños espósitos que en él son echados que serán en cada un año cerca de duzientos.

Son administradores deste hospital, que cada un ano se eligen, un capitular de la yglesia cathedral y un regidor //26r de la ciudad. Tiene de renta mill y duzientos ducados[76], fuera de otras limosnas quentre año le son dadas.

---

[72] Margen izquierdo: 1303.
[73] Margen izquierdo: [...] ano 1202, permanezió 398.
[74] Margen izquierdo: Malecón.
[75] Margen izquierdo: Hospital.
[76] Margen derecho: 51.

Ay su cura, mayordomo, médicos, boticacurujanos y otros oficiales asalariados para el servicio de la casa y algunos dellos biven dentro della.

Están arimadas[77] a la muralla unas casas que antiguamente fueron del señor rey don Alonso déçimo en las quales an vibido los marqueses de Vélez y aora las poseen en las quales ay muchos escudos que tienen cinco coronas que fueron las que primero le fueron dadas a Murcia por el dicho señor rey don Alonso y oy en día se llaman y tienen nombre de[78] Palacio.

Junto a ellas están las casas que llaman de la Corte ques donde acostumbran de tener su abitación los corregidores desta ciudad. En estas casas está la sala del Ayuntamiento desta ciudad de la qual salen unos corredores hazía la orilla del río ques de mucha recreación. Estas casas parece por un previlegio del rey don Alonso se las dio a la ciudad de Murçia según consta de una cláusula del dicho previlegio que dize: Otrosí les damos que la casa que en tiempo de moros solían dezir Daraxarif[79] que sea del concejo y los juezes que juzguen en ella, más queremos que la justicia la tenga y guarde los presos en ella. Fue dado este previlegio en Jaén, a diez y ocho de mayo, en el quinzeno año de su reynado en la era de mil y trezientos y cinco años.[80]

//26v Después, el ynvictíssimo emperador Carlos quinto dio licencia para labrar las casas donde abita el corregidor, como parece por su cédula dada en Sevilla, a quatro de mayo de mill y quinientos y veinte y seis años, en el Alcácar Nueva que hizo el rey don Enrique ques toda de piedra franca. Sirve de cárceles del Sancto Oficio y salas de audiençias y casa de uno de los inquisidores. Son las más principales en renta de toda España porque tienen más de quinze mill ducados

[77] Margen izquierdo: Palazio.
[78] Margen izquierdo: Casa de la Corte.
[79] Daraxarif subrayado en el original.
[80] Margen derecho: Ano 1267.

de renta. Tiene[81] la ciudad labrados unos mesones que le rentan muchos ducados en los quales tiene encima de la portada sus armas.

Junto a ellos están labrados unos edificios sumptuosos que sirven[82] de almudí que son adonde biene a parar todo el trigo que traen a vender a la ciudad y allí se mide y no en otra parte.

Tienen hechos encima muchos aposentos que sirven de echar el trigo del pósito ques en gran cantidad porque avido (*sic*) año que se an echado en ellas treynta y ocho mill fanegas de trigo conprado con el caudal del pósito.

Encima de la portada y en las paredes ay unos rótulos escriptos y el de la portada dize lo mesmo que dize el que queda dicho questá en la puerta que diximos del mercado y el segundo dize así:

//27r Los mui magníficos señores: Murcia mandó hazer esta obra siendo corregidor el magnífico cavallero don Nuño del Águila y Belasco, vezino de Ávila, Año 1554.

Ay más adelante una imagen[83] con su nino en los bracos y dos ángeles a los lados /que significa la charidad/ y en las vestiduras dellos tienen un rótulo que dize: *Charitas que ad cretionen quo egit ipsa cogatad regendun.*[84]

Encima de la imagen está otro rótulo que dize: Los illustres señores justicia y patrones del pósito del pan mandó hazer esta obra siendo corregidor el ilustre cavallero don Pedro de Ribera y Vargas, vezino y regidor de Madrid, Año 1575.

Tiene la ciudad labradas otras casas que sirven del peso de[85] la harina las quales antiguamente estavan junto al puente, como parece por cédula que dio el rey don Alonso honzeno en Balladolid, a primero de octubre era de mill y trezientos y setenta años.

Tiene la ciudad otras diez y siete casas labradas todas de una manera //27v sin[86] que difirencie una de otra sacan dellas mucha renta. En la décima casa ay un escudo con las armas de la ciudad y un rótulo

---

[81] Margen izquierdo: Mesón.
[82] Margen izquierdo: Almudí.
[83] Tachado: De nuestra señora.
[84] Desde *Charitas* hasta *regendun* en mayúsculas.
[85] Margen izquierdo: Peso de larina.
[86] Margen izquierdo: [...].

al pie del que dize *fidelitas murtiana*[87]. Vaxo de este rótulo ay otro rótulo que dize: «Murcia mandó hazer esta obra siendo pontífice máximo Gregorio XIII, rey de las Españas el cathólico e invictíssimo Philipo 2, corregidor el honrrado cavallero don Pedro de Ribera de Vargas, vezino y regidor de la villa de Madrid. Año de 1577.

Encima[88] de las puertas que se dixo del mercado tiene la ciudad unas salas que sirven de cárcel de cavalleros y los jueves haze la ciudad ayuntamiento en ellas.

De la otra parte del puente, en la orilla del río, tiene la ciudad hechas[89] unas casas que sirven de matadero desde las quales se saca el agua del ryo y se limpian las ynmundicias con ella y torna a caer en el ryo por lo qual está con la mayor limpieza que se puede ymaginar que en España no ay su semejante. Tiene a un lado un escudo con las armas de la ciudad y un rótulo que dize: «Los mui ilustres señores, Murcia mandó hazer esta obra siendo corregidor don Lope Sánchez de Valencuela, cavallero y comendador de Sanctiago veinte y quatro de Vaeca, Año 1573».

Dentro de la ciudad ay otros edificios sumptuosos de los quales se tratará en sus lugares como por ellos se verá.

//28r Discurso 9.
Que trata de los[90] vezinos que la ciudad de Murcia tiene dentro de la cerca della y las parrochias que en ella ay y plazas que dentro tiene.

Dentro de la cerca que la ciudad de Murcia tiene ay siete parrochias que son: la parrochia de Sancta María, ques donde está la yglesia cathedral deste obispado, la de Sancta Eulalia, la de Sant Lorenco, la de Sant Bartholomé, la de Santa Catherina, la de Sant Pedro, la de Sant Nicolás. Fuera destas ay en los arabales otras quatro parrochias que son: la parrochia de Sant Juan, la de Sant Antolín, la de Sant

87 Fidelitas Murtinana en mayúsculas.
88 Margen izquierdo: Casas del mercado.
89 Margen izquierdo: Matadero.
90 Margen derecho: 52.

Andrés, la de Sant Miguel. En las siete parrochias que están dentro de la çerca de la ciudad hay más de quatro mill vecinos.

Toda la ciudad es muy llana, está bien adornada de casas y edificios sumptuosos. Las calles bien traçadas y con mucha pulicia.

Ay dentro de la cerca seis plaças y la más principal de todas ellas es la placa que llaman Sancta Cathalina porque está en medio de toda la ciudad y es en ella el concurso de todos los ciudadanos y en ella están los escriptorios de los escrivanos a donde se acuden a todos los negocios. Ay en esta //28v plaça[91] labradas unas casas sunptuosas que sirven de constraste que son adonde se pesa toda la seda que se vende en la ciudad y fuera della no se pueden vender ni pesar ninguna so ciertas penas.

Estas casas se hizieron y labraron por particular mandato de los reyes don Fernando y dona Ysabel, como parece por la carta que para ello dieron en Sevilla, a veynte y uno de junio de mill y quinientos años.

Encima del contraste ay una sala adonde están las armas que la ciudad tiene recogidas para necesidades. Ay en ella armas que se pueden armar quatro mill hombres de todas armas. Encima de la puerta ay un rótulo que dize lo mismo del questá en la puerta el mercado y almudí y las armas de la ciudad.

Ay en esta[92] plaça una lonja que sirve de Audiencia, para la qual el ynvictíssimo Carlos Quinto dio para ayuda a su obra de penas de cámara durante que se acabava treynta mill maravedís de gastos de justicia y penas de cámara como parece por la cédula que para ello dio en Granada a treynta y seis años. Ençima della ay unos corredores que sirven quando en esta plaza se hazen los auctos generales de la fee o juegos de torros o canas o torneos. La ciudad tiene //29r allí con mucho adorno puesto su dosel donde está[93] sentada con gran magestad. Está toda esta lonja con unas rejas de hierro mui curiosas.

En medio de la pared están las armas de la ciudad y un letrero que dize: «Por provisión de su magestad qualquier vezino desta ciudad

[91] Margen izquierdo: Contraste.
[92] Margen izquierdo: Lonxa.
[93] Margen superior derecho: 53.

y su jurisdicción puede pasar al reyno de Valencia diez ducados sin pedir licencia y sin manfestar»[94].

En la yglesia de Sancta Cathalina, que en esta placa está, ay una torre donde están las canpanas y es la más alta que ay en toda la çiudad y desde ella, quando es necesario, se haze centinela y atalaya. Está en ella el reloxox de la ciudad y campana con que hazen seña quando ay algunos rebatos de moros en el puerto de Carthagena o en su término y costa.

Y es desta manera que la ciudad de Carthagena da abiso como andan en la costa fustas de moros y la çiudad de Murcia luego manda poner en esta torre una centinela y en otra torre, que está en el puerto legua y media de la ciudad, otra centinela, y en otra torre, questá camino de Carthagena, a tres leguas della que se llama el Albuxón ponen otra, de manera que de las torres questán orilla de la mar con ahumadas //29v dan abiso y se corresponden las unas a las otras y en una ora se sabe en la ciudad quántas fustas de moros andan en la mar para saltar en tierra y quándo están fuera. Y la ciudad de Carthagena luego enbía por socorro y según la gente que pide.

Así, la ciudad provee por las parrochias y se juntan en esta placa toda la gente necesaria y los jurados dellas los traen hasta esta plaça. Y si en ella está el adelantado y capitán general se le entrega toda la gente y si no al regidor más antiguo que allí se halla o uno de los jurados más antiguos. Y quando la necesidad es muy urgente suele salir la seña de la çiudad que es un pendón colorado con las armas de la ciudad y este lo lleva un alférez que la çiudad nombra cada un año y a de ser un cavallero hijodalgo della. Hazen este nombramiento por particular previlegio que tienen del rey don Alonso y entre otras cosas que en el dicho previlegio le fueron otorgadas dize una cláusula del desta manera: Otrosí, por honrra de ciudad sobredicha de Murcia dámosle que ayan seña y el concejo que excoxgan (*sic*) un cavallero o un ome bueno //30r que la tenga aquel que entendiere ques era para[95] ello y questé guisado de caballo y armas. Diose

[94] Frase entrecomillada en letra libraria en original.

[95] Margen superior derecho: 54.

este previlegio en Sevilla, viernes a catorze de mayo, era de mill y trezientos y quatro[96] años.

Quando sale esta seña todos los cavalleros e hijosdalgo y los demás ciudadanos acompañan al alférez que la lleba y ninguno buelve a la ciudad sin ella y si acaso no se halla en la ciudad el tal alférez o está enfermo lleba esta seña.

El jurado más antiguo que allí se halla, ques preeminencia antiga de los jurados por un previlegio quel rey don Alonso les otorgó en Balencia, a veinte[97] de nobiembre era de mill y trezientos y doze años.

Ay vezes que se juntan dos mill hombres y más de pelea y aquellos que les faltan armas la ciudad se las da de las que tiene para semejantes ocasiones y quando buelven las tornan a la sala donde fueron sacadas. Van con la mayor presteza que se puede ymaginar a los socorros que son llamados que a subcedido en menos de ocho oras ponerse en Carthagena que ay nueve leguas. Es muy antiguo el salir a estos socorros y para ello la ciudad tiene previlegio para forcar a los vezinos que salgan a ellos que le fue dado por el rey don Alonso, como parece por el mesmo previlegio que fue dado en Victoria, a dos de henero, era //30v de mill y trezientos y quatro años.

Ay dentro desta ciudad una aduana adonde se registran las cosas que salen y entran en ella así de qualesquier mercadurías como de otras cosas de qualquier género que sea.

Ay dentro de la ciudad otras muchas casas sumptuosas de cavalleros y otros edificios muy galanos que tienen la ciudad con mucha pulicia y adorno.

Discurso 10.
Que trata de los arabales que la ciudad tiene junto a sus muros y los apartados.

Según los vestigios y edificios deribados y pedacos de muralla que oy día parecen, se muestra claro questa ciudad tenía junto a sus muros otra cerca que se llamava el Arrexaca, que en lengua aráviga

96 Margen derecho: Ano 1266.
97 Margen derecho: Ano 1274.

quiere dezir arrabal cercado, el qual era muy grande porque la cerca por do se muestra que yba lo demuestra.

En esta cerca abitaban los moros con el rey que tenían y estavan apartadas y divididos de los christianos y para más seguridad suya y para tener sus //31r casas y haziendas más guardadas y que los christianos no les hizieran malos tratameintos pidieron al rey don Alonso les otorgase que pudiesen hazer esta cerca.

Y el rey les otorgó un previliejo por el qual hizo saber al deán de Cartagena y a Gregorio Porcel, su almoxarife, y a otras personas en el previlegio señaladas, como el alguazil Abeamur Avegaliu le avía mostrado hazienda de los moros de Murcia e le dixo que rescibían gran daño de los cristianos que entraban en la ciudad e que algunos les hurtavan e los robavan e no se podían guardar dellos por que no avía entrellos departimiento de muro. Y le pidió que ca[…] alguna carrera porque los moros fuesen más guardados e que no obiese entre los cristianos e moros desamor ni contienda ninguna y que abían avido su acuerdo entre los moros que estarían bien en esta Arexaca haziendo su muro. Y por el rey les fue otorgado y mandado y tubo por bien que todos los moros biviesen en el Arrexaca lugar apartado donde estarían más seguros e guardados e los christianos que fincasen en la villa de Murcia.

Y mandó que tubiesen los heredamientos que obiesen sido repartidos entrellos y para hazer esto mandava a don Mahomat, rey de Murcia, que hiziese a los moros que se mudasen a esta Arrexaca con todas sus cosas del día que su carta viesen a quarenta días. Y que los moros no hiziesen daño en las casas que dexasen en la villa //31v ni sacasen puertas ni cerraduras ni los almarios e que las casas que abran los christianos en el Arrexaca las dexasen a los moros e questos hiziesen muro nuevo allende de la barvacana que era entre el almedina y el Arrexaca y que cerrasen luego todas las puertas que salían del muro de la villa al Arrexaca y las de las barvacana y para ayuda al […] obras les daría toda la mitad de las rentas que avía para reparar los muros de Murcia.

Y asímismo les dava la mitad de los heredamientos de la Puente Vieja de la villa de Murcia para que lo obiesen los moros para siempre, para hazer puente por do pasasen a sus heredamientos. Y que luego quel plazo dicho se cumpliese, que los moros se mudasen al

Arrexaca, partiesen las casas de la villa a los pobladores cristianos y las cosas quel dio en donadio por su cartas plomadas fuesen guardadas para aquellos que las obiesen de aver. Y que en el dicho plazo de los quarenta días no consintiesen que los cristianos entrasen en la villa para señalar las casas ni para tomarlas ni deribasen ni deshiciesen las paredes que eran entrellos hasta pasados los quarenta días del dicho plazo.

Y que luego que los moros se comencasen a mudar en el Arrexaca sacasen los cristianos que moraban en ella y açerrasen a piedra cal la puerta que dezían Belbalmuñe porque ellos pudiesen deshacer la pared del destajo que //32r partía el Arrexaca y que oviesen todas las[98] casas della cumplidamente y la partición de los eleredamientos (*sic*) entre los cristianos y los moros, y les dio límites por donde avían de ser hechos, según parece por el previlegio que para todo esto les otorgó en Sevilla, a cinco de junio, en la era de mill y trezientos y quatro años, que[99] era en el ano del nacimiento de nuestro senor Jhesuchristo de mill y dozientos y sesenta y seis años donde parece claro que a trezientos y veinte y ocho años, que la dicha cerca fue hecha por los moros que a ella se pasaron, la qual está ya toda deribada.

Y en el dicho arabal hechas muchos (*sic*) casas muy bien acabadas y tiene mill y quatrocientos vecinos repartidos en tres parrochias que la una es Sant Antulín, la otra Sant Andrés y la otra Sant Miguel.

Ay otra iglesia llamada Sanctiago que antiguamente solía ser parrochia y así en muchos previlegios que la çiudad tiene se nombra la parrochia de Sanctiago en la qual los cavalleros hijosdalgo de la ciudad tienen eregida una cofradía de Sanctiago y todos los días de la fiesta del glorioso sancto va a la dicha iglesia a bísperas y missa y por estar extramuros de la ciudad va a caballo. Y el mayordomo que entrellos se elixe cada un año lleva un pendón blanco en el qual va la ynsignia de Sanctiago y quando alguno destos caballeros muere le entierran con esta cofadría (*sic*) y otro ninguno no puede ser en- //32vterrado con ella que no fuere cofrade.

---

[98] Margen superior derecho: [56].

[99] Margen derecho: 1266.

En esta Arrexaca y arabal está la plaça del mercado en la qual todos los juebes todas las cosas que en ella se venden son francos de alcabala. Y esto por particular previlegio quel rey don Alonso dio en Sevilla a ocho de mayo en la era[100] de mill y trezientos y quatro anos, por el qual otorgó a la ciudad que para siempre obiese mercado cada semana en día de juebes e que a él todos biniesen salvos e seguros. Y después deste previlegio en otro que dijo el dicho rey a la ciudad de Murcia estando en ella a cinco de mayo en la era de mill y trezientos y diez años, dize entre otras cosas que le concede que para hazer la feria y mercado otorga la placa que se tiene con sus casas del Arrexaca que alinda y va hasta el muro del Arrixaca de los Cristianos y deste muro hasta el acequia Mayor que pasa ante las casas de los frayles menores e torna por el guerto de don Gregorio y viene fasta el muro de la villa y va el muro arriba fasta las Puertas Nuevas, que son en la rua de la pellexería y pasan con las tiendas que se tornan con el güerto de los predicadores y va fasta los casas ques ante las casas del ynfante don Ferrando, nuestro fixo.

Por estas mismas palabras lo dize el mismo previlegio estas casas que eran del rey don Alonso son las que ahora está el monesterio //33r de las monjas de Sancta Clara la Real después[101] de la reyna doñá Isabel hizo merçed a la çiudad y le dio otro previlegio que dize assí: dona Isabel etc. A vos el concejo, justicia y regidores, cavalleros, escuderos, ofiçiales y omes buenos de la muy noble çiudad de Murcia. Por los muchos y buenos leales y señalados serviçios que en todos los tiempos feziestes a los reyes de la gloriosa memoria, mis progenitores, y agora abedes fecho e fazedes al rey, mi señor, y a mí, de cada día y en alguna enmienda y remuneración dellos, e porque de aquí adelante la dicha çiudad sea más ennoblecida y mejor probeyda y bastecida de los mantenimientos y otras cosas neçesarias, tengo por bien y es merçed que ahora e de aquí adelante para siempre jamás aya en la dicha ciudad un mercado franco por el día del jueves de cada semana. E que todas e qualesquier personas que al dicho mercado binieren así de la tierra de la dicha ciudad, como de otras qualesquier

[100] Margen izquierdo: 1272.
[101] Margen superior derecho: 57.

ciudades, villas e logares de los mis reynos e señoríos o fuera dellos así cristianos como judíos e moros, omes y mugeres de qualquier ley, estado o condición preeminençia o dignidad que sean, vayan e vengan libre //33v y seguramente al dicho mercado y que no paguen ni sean tenudos ni obligados de pagar alcavala alguna de las mercadurías e mantenimientos y las otras cosas que al dicho mercado llebaren o truxeren, vendieren e trocaren y cambiaren, ni sean presos ni detenidos ni enbargados ellos e sus bienes ni las dichas sus mercadurías ni otra cosa alguna de lo suyo que así llevare e troxere por deuda ni deudas algunas que ellos o qualquier dellos sean obligados e que devan e ayan dar e pagar así a mí de las mis rentas e pechos y derechos como en otra qualquier manera ni asímismo a otras qualesquier personas no enbargante qualesquier recaudos y obligaçiones que sobre ello tengan ni ayan fecho ni por prendas ni represarias algunas que por los concejos y personas singulares adonde los tales biven y moran o por ellos se ayan fecho o fagan o a otros qualesquier conçejos y personas o en otra qualquier manera, salvo si los tales se obligaron señaladamente de pagar las tales deudas en el dicho mercado.

E asímismo es mi merçed que los vecinos de la dicha ciudad y sus arabales sean francos y quitos y esentos que no paguen la dicha alcavala solamente de los bienes //34r rayzes que en el dicho día trocaren e cambiaren unos con otros y esto que sea de los heredamientos que los vezinos de la dicha ciudad tienen en la huerta y término de la dicha ciudad, la qual dicha merced les yo fago por tiempo de dos anos, los quales comiencen desde el día questa mi carta fue representada en el conçejo desa dicha ciudad. Pero que si en el dicho trueque y cambio de las dichas heredades pasare dinero de la una parte a otra o otra cosa alguna mueble que no sea heredad, que en pago dello se diere que des total se pague el alcavala, y esto que se entienda de los heredamientos e no de casas e de solares de casas como dicho es.

Asímismo que no se entienda la dicha franqueza a los vezinos de la dicha ciudad que vendieren forros, figo o pasa e lino e semillas e otras cosas salvo que paguen su alcavala los de la dicha ciudad y los de fuera según que lo acostumbraron fazer aquí e por esta mi carta o por el traslado della signado de escrivano público.

Mando a qualesquier mis tesoreros y recaudadores e arendadores mayores o receptores o qualesquier arrendadores e fieles e coxedores e otras qualesquier personas que coxen e recaudan y an y obieren de coxer e recaudar //34v ahora e de aquí adelante, por granado o per menudo, así en renta como en fialdad o en otra qualquier manera, las rentas de mis alcabalas de la dicha ciudad de Murcia que no demanden e lleven así a los que al dicho mercado binieren las dichas alcabalas de las dichas mercadurías e cosas que vendieren e trocaren e cambieren en el dicho día del dicho mercado, desde en amaneciendo fasta que anochezca, viniendo al dicho mercado un día antes y saliendo otro después y estos que sean estrangeros y no de la dicha ciudad y sus términos.

Otrosí, no se estienda a los estrangeros esta merçed y franqueza que yo fago que tienen casas e tiendas e boticas y mercaduría en la dicha çiudad, ni asímismo no demanden ni lleven las dichas mis alcabalas a los vezinos de la dicha ciudad y sus arrabales de los dichos trueques y cambios de los bienes raízes y heredades de la güerta y término de la dicha ciudad en los dichos dos años como dicho es. Dada en Valladolid, a quatro de junio ano de mill y quatroçientos y setenta y seis años.

Este previlegio es el que la çiudad tiene en los lugares más señalados della, escripto en piedras con letras //35r muy grandes para que los que binieren a ella[102] lo sepan, lean y entiendan como está dicho que está en muchas partes.

Tiene la ciudad arimada a sus muros otro arabal que[103] se llama de Sant Juan que será de trezientos vecinos el qual es parrochia de por sí y antiguamente fue de la yglesia catedral, como en su lugar se verá.

Fuera destos dos arabales tiene la ciudad otros veynte y dos arabales los quales están a una legua los unos y otros a media que son los que se siguen: el[104] Aljezar, Benihiel, Cinco alquerías, Noniay, la Torre de Agüera, Sant Juan de Beniaján, el lugar de don Luis Riquelme, el lugar de don Gabriel Dábalos, Aljuçer, el Lugar Nuevo que se llama la Era de Resta, la Raya, el Palomar, la puebla

[102] Margen superior derecho: 59.
[103] Margen derecho: Arrabales.
[104] Margen derecho: Aldeas.

de Puxarín, el lugar de don Pedro Villaseñor, el lugar de Dona Ana Carrillo, Guadalupe, Espinardo, la Condomina, La Añora, la Puebla de Soto que antiguamente se llamava Santerén, como parece por una sentencia que dio el [...] Alonso Núñez de Toledo en la ciudad de Murçia a veinte y tres de Marco año de mill y quatrocientos y treinta y seis anos en que por ella dio la jurisdición alta y baxa y mero misto ymperio a la ciudad que era suya, que la tenía //35v sin licencia della Lope Ochoa de Torrano.

Ay en la huerta de la ciudad más de mill torres y ay en toda la orilla del río y su huerta veynte y seis casas de molinos que tienen cinquenta ruedas que muelen.

Asímismo, dio el rey dom Pedro a la ciudad de Murcia por aldea la torre de las Salinas ques entre Villena y el Pinar, como parece por el previlegio que le fue dado a veinte y uno de mayo, en la era[105] de mill y trezientos y nobenta y seis años.

Antiguamente la villa de Lebrilla fue aldea de la ciudad de Murcia, como parece por una carta quel rey don Alonso el honzeno enbió a mandar a Pero Fernández, portero del rey, que como tal aldea la entregase a la ciudad la qual carta se dio en Balladolid, a primero de henero era de mill y trezientos y setenta[106] y cinco años.

También Molina fue al de la ciudad, como parece por una carta del ynfante don Pedro que envió a la ciudad que dize: De mí, ynfante don Pedro, fixo del muy noble rey don Sancho e tutor con la reyna doña María, mi madre, e con el ynfante don Juan, mi tío, del rey don Alfonso mío sobrino e guarda de sus reynos al concejo e a la hermandad de la noble //36r ciudad de Murcia, salud. Como omes buenos[107] de quien mucho fío y para quien querría buena ventura sepades que los vuestros mensajeros me pidieron merced teniendo quel servicio del rey e vuestra pro que yo que tobiese por bien que Molina Seca ganada ella vos que vos la diese por aldea por muchos daños que reçibíades de aquel lugar por que la tiene don Juan, porque vos mando, de parte del rey e de la mía, que vos pugnedes por quantas partes pudiéredes en la ganar e yo vos aseguro por esta mi

[105] Margen izquierdo: 1358.
[106] Margen izquierdo: 1337.
[107] Margen superior derecho: 60.

carta que si vos ganáderes que vos la daré como dicho es. E desto vos mandé dar esta mi carta, sellada con mío sello, dada en Toro, quinze días de noviembre, era de mill y trezientos y cinquenta y dos años.

Yo, Domingo[108] Fernández la fiz escrevir por mandado del ynfante.

Otra aldea tiene la ciudad de Murcia ques el lugar de Fortuna que tiene ciento y ochenta y seis vezinos la qual era de don Abrahem Abucali, rey de los moros de la Arrexaca de Murcia y primero havía sido de su padre, el rey Abrafar y en la era de mill y trezientos y treinta[109] años la bendió por precio de tres mill maravedís Aparicio de Nonpot, el qual la compró //36v para su yerno don Pedro Gueral, como parece por la carta de venta que dello se otorgó[110]. Y después la ciudad la compró y dio a censo por quatro mill maravedís de pensión en cada un año a Juan de Cascales, regidor, y se quedó la ciudad con la jurisdicción alta y baxa y mero mixto imperio, como oy día se la tiene. Todo lo qual parece ser así por una carta de los Reyes Católicos que se dio en Lérida, a quatro de octubre sobre razón quel dicho Juan de Cascales pretendía ser suya la jurisdicción y no de la ciudad fuera de todas las aldeas dichas que la ciudad tiene vaxo de su jurisdicción. Antiguamente tenía por término a la villa de Mula y a Molina Seca y el balle de Ricote y otros lugares que fueron término de la dicha çiudad de Murcia en tiempo de Miramolín como parece por un previlegio que el rey don Alonso le dio a la dicha ciudad por el qual le dava por su término los dichos lugares para que fueran subiectos a su jursidición y que guardaran su seña yendo en hueste con el concejo de la dicha ciudad. El qual previlegio fue dado en Sevilla, a tres de agosto en la era de mill y trezientos y quatro[111] años y, aunque ahora no están subjectos a su jurisdición, todavía guardan así en los rebatos como quando van en hueste con el dicho concejo y ciudad la seña della yendo a la horden del capitán de la ciudad o del adelantado del reyno de Murçia.

[108] Margen derecho: 1314.
[109] Margen derecho: 1292.
[110] Tachado: que pasó por ante Jayme Pedriñán, notario.
[111] Margen derecho: 1266.

//37r Discurso II.
Que trata de[112] algunos edifiçios antiguos que ay en el término de la ciudad de Murçia

Por los antiguos vestigios y ruynas que oy día parecen de un castillo questa cerca de la ciudad de Murçia a media legua della, aunque en él ay muchas torres lebantadas y del discurso del tiempo casi ya consumidas y aruynadas. Era muy fuerte porque está en un monte redondo y muy agudo y alto que sobrepuxa a todos los demás que cerca del están. Y ençima deste monte está fundado este castillo el qual tenía dos cercas antes que se llegara a la puerta del. Por estar en este monte se llama Monteagudo y jamás se a hallado[113] en qué tiempo fue hecho ni por quién fue fundado y no a tenido otro nombre que se obiese sabido, sino a sido este. Pero, según lo que dize Abulcacin Tarifet Abentarique, que en los discursos pasados está hecha mención del que como el rey de Balençia, que se llamava Abem Bucar, se hallase oçioso y con gente de guerra acordó //37v de ensanchar su reyno y conquistar el reyno de Murçia, que a la sazón reynava en él Abrahem Alazcandari, y tomando parecer de los grandes de su reyno acordó y se resolvió de publicar la guerra contra el rey de Murcia. Y, sabido por Abrahem Alazcandari, procuró con la brevedad pusible su remedio y se apercibió de socorro y lo embió a pedir al rey Abem Cotba, que reynava en Baeca, el qual le socorrió con quinientos hombres de a cavallo y mill peones y los embió con un alcayde suyo llamado Abencuhail. Llegados que fueron a Murçia, el rey Abrahem con ellos y con la demás gente que pudo, juntó en campo ocho mill hombres de a pie y mill y quinientos de a caballo. Y el rey Abem Bucar juntó seys mill hombres de a pie y mill y duzientos de a cavallo y vino con su gente marchando hazia el reyno de Murcia. Y el rey Abrahem le salió al encuentro y llegaron a vista el uno del otro junto a un ryo que llamaron los moros en su lengua guid Harbuala, que quiere dezir en nuestra lengua castellana ryo de Orihuela, en el qual ryo se començó la batalla saliendo de

---

[112] Margen superior derecho: 61.
[113] Margen derecho: Monteagudo.

ambas partes algunos de a cavallo para començar la pelea. Y aviendo escaramucado buen rato, se travó la batalla muy sangrienta en la qual murió mucha gente y esparçidos con la obscuridad de la //38r noche.

El día siguiente, al reyr del alva[114], volvieron a travar la batalla y a las nueve del día se reconoció la victoria por el rey de Murcia. Y visto por el rey Abem Bucar, temiendo no benir a manos de su enemigo, salió huyendo de la vatalla en su cavallo del qual cayó y se malhirió en la cabeça, pero al fin llegó a la çiudad de Valencia. Y el rey de Murcia prosiguió su victoria contra la gente del rey Abem Bucar porque, como el rey avía buelto las espaldas huyendo, su jente desmayó y fueron muchos dellos muertos.

Y abiendo despojado el campo antes que de allí partiese para Murcia, mandó labrar junto aquel río un castillo muy fuerte para guardar aquel passo al qual puso nombre: hazne Harbuala, tomando el nombre que le avían puesto al ryo en la acotación que haze en la margen. El que lo traduxo dize: Tengo para mí queste ryo es el que oy llamamos río de Orihuela y según esto en Orihuela no ay otro río ninguno que le entre ni pase por fuera ni dentro de la ciudad sino es el río Segura, que primero pasa por los muros de la ciudad de Murcia, el qual, antes que en la huerta se hizieran los açarves questán echos, siempre que sale de madre el río deramava y oy día derrama por toda la huerta y llega hasta este castillo. Y como antiguamente no avía hechos açarves todo aquello questava //40v junto al castillo eran armagales y pantanares questavan siempre llenos de agua y todo parecía río más que donde está hecho el castillo. Es un paso que enpantanada el agua por una parte ni por otra no se puede entrar en el término de Murcia porque, en efeto, es puerto que a la fuerca an de pasar por él viniendo por el camino de Valencia y, guardado este paso, toda la ciudad está guardada. Y así el rey de Murcia, quando le salió al encuentro al rey de Balencia solo fue para guardar este paso y allí fue donde le resistió, porque pasado este puerto entra luego un gran llano adonde se dio la batalla desde la qual le quedó hasta oy en día el campo La Matança.

---

[114] Margen superior derecho: 62.

Y por esta razón[115] se entiende claro queste rey Abrahem Alazcandari hizo este castillo de Monteagudo para la guarda de su çiudad la qual vatalla dize la historia en el Libro Segundo que[116] fue en el año de setecientos y treinta y uno, de manera que a esta quenta a ochocientos y sesenta y tres años que se fundó el dicho castillo de Monteagudo del qual, en la era de mill y trezientos y sesenta y siete años, fue alcayde del Garcí Jofré de Loaysa, como parece por una carta del rey don Alonso honzeno, dada en Toledo, //39r a siete de junio del dicho ano.

Y fue su teniente[117] de alcayde en el dicho castillo Jordán Pérez. Y en la era de mill y trezientos y sesenta y nueve años fue alcayde del dicho castillo Garcí Jofré de Lisón, como parece por carta del rey don Alonso, dada en Sevilla, a diez y ocho de marҫo del dicho año. Y ansí mismo fue su teniente de alcaide el dicho Jordán Pérez[118].

Este rey Abrahem, asímismo, en este tiempo mandó hazer en el campo de Carthagena muchos algives de agua luvia. La causa fue porque quando mandó venir la gente de Carthagena para esta guerra, como era verano y en el dicho campo no avía agua, vinieron fatigados de sed y para que no faltase agua hizo los dichos algives, que muchos dellos están oy día hechos.

Ay otro edificio antiguo[119] ques una torre muy fuerte cercada toda con su rebellín questá orilla de la mar que la llamaron Los Alcáçares. Igual se hizo para puerto de la mar de la ciudad de Murcia como parece por una carta del rey don Fernando que embió a la ciudad para que se hizieran los dichos alcáçares ques la que se sigue:

«Don Fernando por la gracia de Dios rey de Castilla, de Toledo, de León, de Galicia, de Sevilla, de Córdova, de Murcia, de Jaén, del //39r Algarve, señor de Molina. A vos, don Juan Osores, por esa misma gracia maestre de la horden de la cavallería de Sanctiago e mío adelantado en el reyno de Murcia, salud. Así como aquel que amo e en quien mucho fío, sepades que el concejo de Murcia me enviaron

[115] Margen izquierdo: Abentarique, libro 2, capítulo 54.
[116] Margen izquierdo: Aqué (*sic*) se fundó Monteagudo 863 años.
[117] Margen superior derecho: mutilo.
[118] Tachada la frase siguiente, ilegible.
[119] Margen izquierdo: Los Alcázares.

dezir que porque en Murcia ni en los otros míos logares deste reyno no an puerto de mar que vos y ellos [ha]llastes con acuerdo de marineros e de mercaderes sabidores que se puede fazer buen puerto a un lugar que dizen Alcácar apa[...] de la mar, término de Murçia, e faciendo y torres y cortijo que se puede y bien fazer e embiáronme a pedir merced que mandase y dar de que se pueda labrar. E yo, entendiendo ques mío servicio e acrecentamiento de las mis rentas e gran mejoramiento de la mi tierra, téngolo por bien, porque vos mando que de los maravedís de la moneda forera que vos abedes a hechado en esa tierra que les mandedes quinze mill maravedís que pongan en labor del dicho logar e mándagelos dar de los primeros e mejor parados que y fueren e tomad dellos cartas de pagamiento que rescibirlos vos e en quenta. Dada en Guadalaxara, doze días de febrero, era de mill y trezientos y quarenta y un años.[120] De manera que, conforme a esta carta a que se hizieron los dichos Alcáçares duzientos y noventa y un años porque entonces era //40r el año del naçimiento de nuestro señor[121] Jhesucristo de mill y trezientos y tres.

Tiene la ciudad hecha otra torre en el albufera questá cerca[122] destos Alcáçares que por otro nombre se llama Cañizada ques una manga que sale de la mar Mayor y en ella tiene hecha la çiudad unos cañizos donde se toma un pescado ques el mar regalado que ay en toda esta mar. Llámanle mújol que ay algunos de peso de[123] más de dos libras. Péscanse en ella grandes oradas y biene en un tiempo que en todo el mar Mayor no se pesca otro ningún pescado porque biene desde los primeros de mayo hasta los postreros de septiembre y tómase en gran cantidad. Y está la ciudad muy regalada dello porque en todo el berano es su natural tiempo lo que no es en los demás pescados. Tómanse desta manera: que de cañas tienen hechos unos corrales donde entra el pescado y después de dentro no puede tornar a salir. Y así con facilidad los toman e de tanto probecho que la ciudad[124] la arrienda cada un año en mill ducados. Y para guarda

[120] Margen derecho: 1303.
[121] Margen superior derecho: 64.
[122] Margen derecho: Albufera o cañizada.
[123] Margen derecho: Mújol.
[124] Margen derecho: Arrendado en Mil ducados.

desta pesquera tiene hecha la dicha torre muy fuerte donde se recoxen los pescadores. Solíase vender antiguamente cada[125] libra deste pescado por tres maravedís. //40v Está nueve leguas de la ciudad y en una noche de berano bienen con el pescado a la ciudad y amanecen en ella de manera que lo traen tan fresco como lo sacan de la mar, sin que sea salado ques cosa de mucho regalo.

Desta albufera hizo merçed el rey don Alonso a su hermano el ynfante don Manuel, como pareçe por el previlegio que dello le dio en Murcia, a veynte y ocho de abril, era de mill y trezientos y diez años. Y después el rey don Alonso honzeno le dio un previlegio a la çiudad y lo confirmó el rey don Fernando, su nieto, en que por él le hizo merçed, que pudiesen pescar en la dicho albufera, el qual previlegio se dio en Medina del Campo, a diez y ocho de mayo era de mill y trezientos y quarenta y tres años. Y después, quando se hizo la dicha torre, el ynvictíssimo emperador don Carlos quinto dio licencia para que se arendara la dicha albufera[126] para acabar de hazer la dicha torre, la fecha de la qual fue en Granada, a veynte y seis días del mes de nobiembre de mill y quinientos y veynte y seis años.

Ay otra torre que la ciudad ahora nueva-//41mente a hecho en la orilla del Mar Mayor en un[127] lugar[128] que llaman El Estacio, ques la mejor cosa que ay en nuestro mar Mediterráneo, con la qual está segura toda la costa y poco tiempo a se a hecho en ella:[129] un almadrava para pescar atunes que baldrá a la ciudad muchos ducados de renta. Este año de noventa y quatro a sido el primero que fueron echadas las redes para pescar los dichos atunes y se pescara todo género de pescado.

Otro castillo ay questá a una legua de la ciudad y, según sus ruinas y edificios que antiguamente tenía, parece[130] era muy fuerte y se llamava Miraflores y en la parte questá, ques en unos çerros que subjectan toda la güerta y ciudad, tuvieron gran razón llamarle

[125] Margen derecho: Mujola a 3 maravedís.
[126] Tachado: por tres años.
[127] Margen superior derecho: 65.
[128] Margen izquierdo: Tiene El Estacio.
[129] Margen izquierdo: Almadrava para pescar atunes.
[130] Margen izquierdo: Miraflores.

Miraflores porque desde allí se ven todas las flores de naranjos y los demás árboles que ay en la vega y orilla del ryo.

Este castillo según dize Valerio de las *Historias*, lo mandó hazer el rey don Enrrique terçero que hizo el alcáçar nuevo de la ciudad como ya queda dicho. Este castillo es uno questá encima de la Fuensanta.

Otra torre ay junto a la ciudad que la[131] llaman la torre Las Labanderas y según della parece debía de servir de atalaya antes quel rey Mahomat Alazcandari, rey de Murcia, mandase hazer. Otras muchas torres y castillos están derribados en la redonda y término de la ciudad que no tienen ni parece dellos más de las señales de aver avido edificios muy antiguos en ellos, porque se hallan vaxo de tierra muchos çimientos que dan muestra de su antigüedad.

//41v Discurso 12.
Que trata de las armas antiguas que la ciudad tenía y las que aora tiene

Antiguamente la ciudad de Murcia tenía por armas una torre y una palma las quales por sus mereçimientos le fueron dadas porque la torre significava que la ciudad de Murcia era alcáçar y muro ynexpunable que dentro della tenía y guardava la fidilidad que todas las ciudades dEspaña avían de tener y guardar a[132] su rey y señor natural. La palma, como escribe Plino y Andreas Laguna en el comento[133] que haze de *Diascoridis* tratando de su propiedad, dizen que la madera della si la aprietan con peso y carga excesiva y desmasiada así como las otras maderas se abaxan vençiéndose y sojuzgándose de la carga y peso. La palma es, al contrario, que siendo cargada demasiadamente resiste al peso y contra él repugnando se encorva y entuerta para ariba y se haze como arco hazia la carga y la sostiene. Así, la çiudad de Murçia, quando //42r las otras ciudades dEspaña se encorbaron y[134] torcieron hazia abaxo con el peso y carga de la fidilidad que avían de tener a su rey y señor, ella repugnando contra el peso y carga que siempre le fue muy lixera

[131] Margen izquierdo: Torre de las lavanderas.
[132] Margen izquierdo: Plinio, libro 16, capítulo 42.
[133] Margen izquierdo: Andreas, libro 1, capítulo 125.
[134] Margen superior derecho: 66.

las ortubo en sus hombros y salió con ella victoriosa. Los romanos antiguamente la tenían para coronas que significavan triumphos y con ellas coronavan a los que abían vencido y alcancado alguna victoria, aunque avía otras particulares y señaladas coronas como eran los ramos de oliba, de grama, y de enzina para coronar cada género de victoria y hecho señalado, pero la palma era general señal de bençimiento.

Así, los ínclitos reyes don Alonso déçimo y don Pedro, hijo del rey don Alonso el honzeno, no se contentaron de dalle a Murçia corona de grama, de enzina, ni de oliba, sino que la coronaron por su gran fidelidad de seis coronas de oro orleadas de castillos y leones, para que se las guardasen que todo significava la fortaleza que a tenido y tiene de su gran fidilidad. Dando a entender que, así como entre los antiguos gentiles en sus religiones y vanidades de dioses que ellos fingían tenían consagrada la palma al dios Phebo por ser el planeta que más en el mundo relumbraba, así los dichos reyes pusieron este escudo de las seys coronas que por armas le dieron a la ciudad de Murcia en lo más //42v alto y subido desta palma para que como árbol más lebantado entre los demás árboles de la tierra y como consagrado al dios Phebo alúmbrase y con su resplandor y claridad diese luz a todas las ciudades dEspaña para que biesen como en espejo christalino el retrato natural de la fidilidad que an de tener y guardar a sus reyes y señores naturales como esta ciudad lo a hecho desde su fundación como más claro se verá en los previlegios que por ellos le fueron dados que dizen desta manera:

Don[135] Pedro, por la gracia de Dios, rey de Castilla, de Toledo, de León, de Galizia, de Sevilla, de Cerdeña, de Murcia, de Jaén, del Algarve, de Algezira, y señor de Vizcaya e de Molina, al concejo de la çiudad de Murçia, salud e gracia. Sepades que vi vuestra carta en que me enbiastes dezir de la entrada que fiziestes a tierra de Aragón y del mal daño que les feziestes e téngovoslo en servicio. E yo, por esto e por otros muchos serviçios que me feziestes e señaladamente del que se començó esta guerra ques con el rey de Aragón según que me dio don Gutierre Gómez, prior de Sant Juan, y los otros fronteros

---

[135] Margen izquierdo: Previlegio de las seis coronas y orla de castillos y leones que le dieron a Murcia.

questubieron en mío serviçio y en la dicha ciudad y por vos dar //43r galardón dello para que allades más boluntad[136] de me servir, vos e los que de vos vinieren, tengo por bien que de más de las cinco coronas que vos avedes por señal en el vuestro sello y en el vuestro pendón que ayades una más, así que sean seys coronas. E mando vos que lo fagades así poner en el vuestro sello y en el pendón. Y desto vos mandé dar esta mi carta sellada con mío sello de la poridad. Dada en la villa de Garisa, que yo gané del rey de Aragón, quatro días de mayo, era de mill y trezientos y noventa y nueve años e enbiad a mí un ome e mandar vos e dar previlegio dello. Yo, Matheo Ferrández, la fiz escrevir por mandado del rey.

Don[137] Pedro, por la gracia de Dios rey de Castilla, de Toledo, de León, de Galiçia, de Sevilla, de Córdova, de Murçia, de Jaén, del Algarve, de Algezira, señor de Vizcaya y de Molina, al conçejo y a los alcaldes y alguazil de la noble çiudad de Murçia e a los treze cavalleros e omes buenos que abedes dever fazienda del conçejo de la dicha ciudad, salud e graçia. Bien sabedes en como por vos fazer merçed tobe por bien que como avíades cinco coronas en el pendón y en el sello que obiésedes una más en manera que fuesen seys. E agora, por vos fazer más bien e más merçed por muchos servicios //43v e buenos que feziestes e fazedes de cada día, tengo por bien que pongades en la orla de los dichos sello y pendón, leones y castillos en cada uno porque vos mando que pongades en la orla de los dichos pendón y sello demás de las seys coronas que abedes los dichos castillos y leones e que los ayades por armas de oy adelante. E desto vos mandé dar esta mi carta sellada con mío sello de la poridad. Dada en Sevilla, diez días de jullio, era de mill e trezientos y[138] nobenta y nueve años. Yo, Matheo Ferrández, la fiz escrevir por manadado del rey.

Algunas ciudades y villas ay en España que tienen coronas, castillos, y leones por armas que son estas que se siguen:

La çiudad de Úbeda tiene por armas una corona de oro en campo roxo y por orla doze leones, como lo dize Gonçalo Molina de Argote

[136] Margen superior derecho: 6[7].
[137] Margen izquierdo: Previlegio de la orla de castillos y leones.
[138] Margen derecho: 1361.

en[139] la *Nobleza del Andaluzía*. La ciudad de Jaén tiene en su escudo por orla castillo y leones los quales le dio el rey don Fernando el[140] Sancto. El reyno de Noruega tienen tres coronas, según lo dize Martín Biçiana, en la tercera parte de la *Chrónica de Valencia*. La villa de Burriana tiene por armas tres coronas como parece por el previlegio quel rey don Pedro de Aragón le dio en Balençia, a doze de março año de mill //44r y trezientos y quarenta y ocho años. Pero[141] todas juntas ellas se hallará están encorporadas en las seys coronas orleadas de castillos y leones que dentro del escudo tiene la ciudad de Murcia por armas, donde se muestra claro quántos más fueron los servicios que hizieron a los reyes pasados mostrando siempre aver sido su fidilidad la mejor de quantas çiudades an tenido y tienen en nuestra España y fuera della, como más claro se verá en los discursos que siguen.

Discurso 13.
Que trata del gobierno que antiguamente tubo la ciudad de Murcia y del que al presente tiene y por quántos regidores es gobernada.

Siempre la ciudad de Murçia a sido y es governada por gente de mucha calidad porque de contino se a preciado que su Ayuntamiento estuviese adornado de cavalleros hijosdalgo y muchos de ábitos de Sanctiago, Alcántara y Calatrava por lo qual a sido governada con grandíssima prudencia que ninguna //44v çiudad en España le a hecho ventaja en ello. Y para que se entienda como después que fue ganada de los moros por el rey don Alonso décimo tubo el govierno con previlegios que para governalla le[142] dio es desta manera:

Por un previlegio quel dicho rey don Alonso dio en Sevilla, a catorze de mayo, era de mill y trezientos y quatro años, les conçedió a la ciudad que obiera dos juezes y una justicia, que se entiende que obiera dos alcaldes y un alguacil, e que se mudasen en cada un año por

---

139 Margen izquierdo: Argote, libro 1, capítulo 94.
140 Margen izquierdo: Biciana, 3 parte.
141 Margen superior derecho: 6[8].
142 Margen izquierdo: 1266.

el día de Sant Juan y fuesen de los mejores omes e más sabidores de derecho y esto se hiziese con consejo del questuviera aquí por el rey, e que siendo el rey en la tierra, se enbiaran a él, y si no al que estuviera en su lugar, a que les otorgara los oficios y les tomaran la jura. Esta costumbre antigua les dura hasta oy día, porque todos los días de Sant Juan nonbra la çiudad dos alcaldes y un alguacil, los quales si acaso el corregidor que en ella está subcede que muere hasta que su magestad enbía otro estos alcaldes y alguazil hazen el oficio de corregidor.

Por otro previlegio quel dicho rey don Alonso dio en Sevilla, a catorze de mayo del dicho día de Sant Juan, nombrasen un almotacén y lo mudaran cada un año y lo enbiaran a hazer la jura. //45r Otorgoles, asimismo, que por honrra de la ciudad[143] que ovieran seña y quel concejo escogiera un cavallero o un ome bueno que la tubiera y que fuera aquel que se entendiera que sería más para ello y questuviera guisado de armas y caballo. Esto se usa el día de oy porque se nombra un cavallero que lleva esta seña como queda ya dicho.

En otro previlegio quel dicho rey dio en Jaén, a ocho de mayo era de mill y trezientos y cinco años, les conçedió quel concejo pudiera escoxer omes buenos por jurados y que quando los juezes en cada un año se mudaran fuera mudados y juraran ante el rey o por ante quien por él fuera y quellos ni ningunos del concejo fizieran apartamiento ni allegamientos ni hablas ningunas, a menos de los juezes e de la justicia, e quando obieran de aver acuerdo lo obieran en Daraxarif o dos juezes devían juzgar. Esta Daraxarif eran las propias casas donde el día de oy tiene la ciudad la sala de su ayuntamiento y donde el corregidor bive y están los presos y donde son juzgados.

Asímismo, concedió en este previlegio que pudieran tener escrivanos públicos para hazer cartas, así como en Sevilla, y que los omes buenos los escogieran concejeramente savidores y leales y tales que fuesen buenos para el oficio, e que los juezes e la justicia tomasen dellos el juramento. En este //45v previlegio concedió al concejo que pudiera escoger los corredores que fueran menester en la ciudad e tales que fueran buenos e leales para aquello.

[143] Margen superior derecho: 69.

Por otro previlegio dado en Jerez, a veinte y dos de abril, era de[144] mill y trezientos y seis concedió a la ciudad que[145] obiera boçeros con que si fueran legistas no alegarán por otras leyes, sino por la de su fuero.

En otro previlegio quel rey don Alonso[146] dio en la ciudad de Murcia, en la era de mill y trezientos y diez años a ocho de abril, concedió quel concejo pudiese poner tres omes cada un año y que tubieran un arca con tres llaves cada uno la suya en la qual echaran los dineros del común del concejo y questos lo despidieran y pagaran por escripto en las cosas quel conejo (*sic*) para su propio comunalmente obiera menester y questos omes buenos fueran tenudos de dar quenta de quatro en quatro meses. Y, después, el rey don Juan en un previlegio que dio a la ciudad entre otras cosas concedió que nonbrasen[147] un mayordomo que tubiera su cargo las rentas y propios de la ciudad como por él se verá.

En otro previlegio quel dicho rey don Alonso concedió estando en Balencia, su fecha a veinte[148] de noviembre era de mill y trezientos y doze mandó que hizieran un bastón //46r a sus señales y que lo truxera un ome[149] de los jurados que avía de hazer las entregas por ellos y por los alcaldes, y que usara del oficio según ellos lo mandaran. En este previlegio mandó que los jurados quel concejo pusiese cada un año fueran dos de los cavalleros hijosdalgo, y dos de los ciudadanos, y dos de los menestrales y estos que fueran en todos los fechos y en los ordenamientos de la villa. Desta manera se començó a regir y governar la ciudad. Y después, biendo que era necesario que fuera de los seis jurados que se elegían cada un año obiera otras personas que les ayudasen a gobernarla y acordaron oviera otros treze hombres y estos que se hallaran con los jurados en los conçejos que se hazían abiertos. Después, el rey don Alonso honzeno por un previlegio que dio estando en Sevilla, a siete de septiembre[150] era de mill y trezien-

[144] Margen izquierdo: 1268.
[145] Margen izquierdo: Abogados.
[146] Margen izquierdo: 1272.
[147] Margen izquierdo: Maiordomo.
[148] Margen izquierdo: 1274.
[149] Margen superior derecho: 70.
[150] Margen derecho: 1333.

tos y setenta y un años, mandó que no se hiziera concejo abierto y que, en lugar deste concejo, que se juntaran con los oficiales del conçejo veinte y quatro omes buenos. Y en otro quel dicho rey dio en Balladolid, a diez de henero, era de[151] mill y trezientos y setenta y tres años, mandó //46v que, como eran veinte y quatro omes, fueran treynta en el concejo y estos que pudieran aver oficios. Y por otro previlegio que dicho rey dio en Lerma, a veinte de junio era de[152] mill y trezientos y ochenta y quatro años, mandó que de los treynta hombres mudasen cada un año diez dellos los que les parecieran. Y después desto parece que llegaron a número de quarenta hombres que regían y governavan la ciudad, de los quales por mandado del rey don Pedro se tornaron a resumir en treze, como de primero se estaban, según parece por un previlegio quel dicho rey dio a veinte de jullio era de mill y trezientos y nobenta y cinco años. Y por otro previlegio que[153] dio en Çamora a nueve de junio era de mill y quatroçientos y siete años mandó que no obiera trezes si no que tornaran a los quarenta hombres que regían primero y estos hordenaron todos los fechos de la ciudad entrando en ellos los jurados, alcaldes y alguacil.

Desta manera estuvo regida y governada la çiudad hasta que el rey don Juan les hizo merced de los ofiçios de regidores y jurados perpetuos como parece por las cartas que para ello dio que son las que se siguen:

//47r Don[154] Juan por la gracia de Dios rey de[155] Castilla, de León, de Toledo, de Galizia, de Sevilla, de Córdova, de Murcia, de Jaén, del Algarve, de Algezira, e senor de Vizcaya e de Molina. Al corregidor y alcaldes y alguacil e fieles e cavalleros e escuderos e oficiales e omes buenos de la çiudad de Murçia e de su tierra e jurisdición que agora son e serán de aquí adelante o a qualquier o a qualesquier de vos a quien esta mi carta fuere mostrada o el traslado della signado de escrivano público auctorizado en pública forma, salud e gracia.

---

151 Margen derecho: 1335.
152 Margen izquierdo: 1346.
153 Margen izquiero: 1357.
154 Margen izquierdo: Previlegio de regidores perpétuos.
155 Margen superior derecho: 71.

Sepades que vi vuestra petición que me enbiastes por la qual entre otras cosas me enbiastes dezir quesa dicha çiudad estava muy menguada de buen regimiento en manera que muchas cosas que cumplían a mi servicio y otras que eran muy necesarias al probecho y a bien desa dicha çiudad avían çesado e cesaban de hazer por lo qual en los tiempos passados avía recreçido dellos grandes ynconvinientes e danos a esa dicha ciudad e que me pedíades por merced que sobre ello quisiese proveer, sobre lo qual yo mandé reçebir cierta ynformación la qual avida, yo entendiendo que cumple así a mi servicio e a pro e bien común desa dicha çiudad e a execución de la mi justicia fue y es mi //47v merçed que aya en ella regidores perpetuos[156] según que los an en la muy noble ciudad de Toledo e que sean por número diez y seis, los quales es mi merçed que sean estos que se siguen: Joan Sánchez de Ayala, el negro, Lope Ruiz de Dávalos, Pero Gómez de Dávalos, Ferán Rodríguez de la Çerda, Sancho Rodríguez Pagán, el viejo, Lope Alfonso de Lorca, Alfonso Rodríguez de Balibrera, Francisco Riquelme, Goncalo Rodríguez de Abilés, fixo de Joan de Ortega de Abiles, Ruy García Jaurín, Goncalo García de Notal, Domingo Vicente, Joan Sánchez de Torres, Antón Martínez, Pedro Martínez de Agüera, Sancho Gonçález de Aroniz, de los quales es mi merçed de fiar los dichos oficios y les fago merçed dellos. E por esta mi carta los crio y fago juntamente regidores de la dicha ciudad y les do los dichos oficios de regimientos della y les fago merced dellos para en todas sus vidas. Y es mi merced y mando que juntos en vuestro concejo, según lo abedes de costumbre, rescivades juramento dellos sobre la señal de la cruz y las palabras de los Sanctos Evangelios en forma devida que bien e fiel y lealmente pospuesto amor e odio e favor e miedo e otro ynterese qualquier que obedecerán mis cartas e mandamientos //48r e guardarán mis secretos quando[157] [...] mandare y a do vieren y entendieren donde fuere mi serviçio e probecho e bien desa ciudad, que lo allegarán e procurarán a todo su leal poder. E donde vieren y entendieren lo contrario, que lo aredrarán e desviarán, e si lo non pudieren fazer que me lo farán

[156] Margen izquierdo: Primeros regidores fueron 16.
[157] Margen superior derecho: 72.

saber por sí o por otro o por sus cartas, lo más ayna que pudieren. E finalmente que guardarán e cumplirán e farán todas las cosas que buenos e fieles e leales regidores deven fazer. E si lo así fizieren, que Dios les ayude en este mundo a los cuerpos y en el otro a las ánimas. E si lo contrario fizieren que él gelo desmande como aquellos que se perjuran, a sabiendas e más que por ese mesmo fecho cayan en las penas en el derecho estableçidas contra aquellos que a sabiendas rigen y administran mal la cosa pública que les es encomendada e mienten a su rey e senor natural. Porque vos mando quel dicho juramento por ellos así fecho que dende en adelante ayades e recibades a los dichos Juan Sánchez y Lope Ruiz de Dávalos y Pedro Gómez de Dávalos e Ferrán Rodríguez de la Çerda e Sancho Rodríguez Pagán el viejo y Lope Alfonso de Lorca y Alfonso Rodríguez de Valibrera y Françisco Riquelme y //48v Goncalo Rodríguez de Avilés, fixo de Joan de Ortega de Avilés, e Ruy Garçia Saurín y Goncalo García de Notal y Domingo Viceynte y Joan Sánchez de Torres y Antón Martínez, y Pero Martínez de Agüera y Sancho Goncález de Arroniz e a cada uno dellos por mis regidores desa dicha ciudad e usedes con ellos en los dichos oficios de regidores desa dicha çiudad en todas las cosas que a ellos pertenecen e pertenecer deven, según e en la manera que en la dicha ciudad de Toledo usan e deven usar con los mis regidores della. E que les dexedes e consintades fazer e ordenar e mandar todas las cosas e cada una dellas que al dicho oficio de la dicha ciudad pertenecen o pertenecer deven en qualquier manera o por qualquier razón, según las ordenanças de la dicha ciudad de Toledo e que les non ocupedes ni perturbedes ni enbargedes nin consintades ocupar nin perturbar nin enbargar a ellos nin alguno dellos cosa alguna de las quellos e cada uno dellos fizieren o quisieren fazer en el dicho regimiento de la dicha ciudad más que les dedes e fagades dar todo el más e mayor fabor e ayuda que cumpliere y menester fuere. Y vos ellos dixeren o enviaren dezir //49r que an menester para poder mejor fazer[158] e cumplir lo que dicho es e guardedes e cumplades e fagades guardar y cumplir sus cartas e mandamientos e vayades e enbiedes a sus llamamientos cada e quando vos ellos e cada uno

[158] Margen superior derecho: 73.

dellos o qualquier dellos llamaren o enbiaren llamar, so las penas que vos por ellos fueren puestas. E que recudades e fagades recodir e dexedes e consintades aver e tomar en cada año a cada uno de los dichos regidores de las rentas e propios de la dicha ciudad mill y quinientos maravedís ques mi merçed de les mandar dar e que aya cada uno dellos cada año de sus salarios por razón de los dichos oficios.

E otrosí, que les guardedes e fagades guardar todas las honrras e gracias e mercedes e franquezas e libertades e preheminencias e previlegios que por razón de los dichos ofiçios de regimientos deven aver según que los an e deven ser guardadas a los dichos mis regidores de la dicha çiudad de Toledo. Y les non vayades nin pasades ni consintades yr nin pasar contra lo contenido en esta mi carta nin contra alguna cosa nin parte dello en algún tiempo nin por alguna manera. E yo les do poder cumplido para usar de los dichos oficios de regimientos e de todas //49v las cosas a ellos anexos y pertenecientes, según e de la manera e forma que usan e deven usar los dichos mis regidores de Toledo.

E les fago merced de los dichos oficios con los dichos mill y quinientos maravedís de salario cada uno cada año en la manera sobredicha, pero es mi merced que si los sobredichos o alguno dellos son o fueren clérigos de corona que non ayan nin puedan aver los dichos oficios salvo si son o fueren casados e non traxeren corona nin ábito de clérigos y los unos ni los otros non fagades nin fagan ende al por alguna manera, so pena de la mi merced e de diez mill maravedís cada uno de los por quien fincar de lo así fazer e cumplir para la mi cámara e demás por qualquier o qualesquier por quien fincare de lo así fazer e cumplir.

Mando al ome que vos está misma carta mostrare o el dicho su traslado signado como dicho es que vos emplaze que parezcades ante mí en la mi corte donde quier que yo sea el concejo y oficiales por sus procuradores suficientes e las otras personas singulares personalmente del día que los enplazaren fasta quinze días primeros siguientes, so la dicha pena a cada uno a dezir por qual razón non cunplides mi mandado de como esta mi carta vos fuere mostrada o el //50r dicho su traslado signado como dicho es e los[159] unos y los otros la cumplieredes.

[159] Margen superior derecho: mutilo.

Mando so la dicha pena a qualquier escrivano público que para ello fuere llamado que de ende al que vos la mostrare testimonio signado con su signo porque yo sepa en como cumplides mi mandado.

Dada en la muy noble ciudad de Toledo, cartorze días de março, año del naçimiento del nuestro salvador Jhesucristo de mill y quatrocientos y veinte y quatro años. Yo el rey. Yo Martín Goncález la fize screvir por mandado de nuestro senor el rey registrada.

Don[160] Juan por la graçia de Dios rey de Castilla, de León. De Toledo, de Galizia, de Sevilla, de Córdova, de Murcia, de Jaén, del Algarve, de Algezira, e senor de Vizcaya e de Molina. Al conçejo e corregidor e alcaldes e alguacil e cavalleros e escuderos e oficiales e omes buenos de la çiudad de Murcia e de su tierra e jurisdición que agora son o serán de aquí adelante y a qualquier o qualesquier de vos a quien esta mi carta fuere mostrada del traslado della signado de scrivano público auctorizado en pública forma, salud y graçia.

Sepades que vi vuestra petiçión que me enbiastes en la qual entre otras cosas se con-//50vtenía que esa dicha ciudad estava muy menguada de buen regimiento en manera que muchas cosas que cumplían a mi servicio e otras que eran muy neçesarias al probecho e bien desa çiudad se avían dexado e dexavan de fazer, por lo qual en los tiempos pasados avían recrecido grandes ynconvenientes y daños a esa dicha çiudad e que me pedíades por merçed que sobre ello quisiese proveer. Sobre lo qual, yo mandé recibir cierta ynformación la qual avida, yo entendiendo que cumple así a mi servicio e a pro e bien común desa dicha ciudad e a execución de la mi justicia, fue y es mi merçed que aya en ella jurados[161] perpetuos según que los an en la muy noble ciudad de Toledo e que los dichos jurados perpetuos que sean veinte y uno. Los quales es mi merçed que sean estos que se siguen: de la collación de Sancta María, Gabriel de Puxmarín y Pero Carles; de la colaçión de Sant Nicolás, Ortín Pérez y Juan Pérez de Balladolid, notario; y de la collación de Sant Pedro, Pedro Sánchez de Sant Viceynte y Beltrán de Bovadilla; de la collación de Sancta Chatalina, Arnao de Villanova y Pedro Alfonso Descarramat; de la

[160] Margen izquierdo: Privilegio de jurados perpetuos.
[161] Margen izquierdo: Jurados 21.

collación de Sant Bartholomé, Miguel Ponce y Bartholomé Coco; e de la collación de Sancta Olalla, Francisco de Abellán, el moço, y Pedro //51r Villatorta; y de la collación de Sancto Antolín[162], Ginés Martínez de Murcia y Garçi Domínguez; e de la collación de Sant Miguel, Joan Utro y Alfonso Ferrández de Contreras; e de la collación de Sant Juan del Arraval, Juan Ferrández, notario, y Pedro Goncalez; y de la collación de Sant Llorente, Nicolás Ferreté y Francisco Casquet; y de la collación de Sant Andrés, Joan Alfonso de Murcia, de los quales es mi merced fiar los dichos oficios.

E por esta mi carta los crio e fago nuevamente jurados desa dicha ciudad e les do los dichos oficios de juraduría della e les fago merced dellos para en todos (*sic*) sus vidas porque vos mando que juntos en vuestro concejo, según que lo abedes acostumbrado, recibades juramento de los sobredichos e de cada uno dellos sobre la señal de la cruz e de las palabras de los Sanctos Evangelios en forma devida que ellos usarán de los dichos oficios de juradería bien e fiel e lealmente, pospuesto todo temor odio e favor e miedo e otro ynterese qualquier, e que obedecerán e cumplirán mis cartas e mandamientos e guardarán mis secretos quando ge lo yo mandare y donde quier que vieren e entendieren lo que fuere mi servicio e probecho e bien desa dicha ciudad que lo allegarán e procurarán a todo su leal poder e donde bieren o entendieren //51v lo contrario lo arredrarán e desviarán e, si lo non pudieren fazer, que me lo farán saber por sí o por otro o por sus cartas lo más ayna que pudieren.

E finalmente que guardarán e cumplirán todas las cosas que buenos e fieles e leales jurados deven fazer. E si lo así fizieren, que Dios los ayude en este mundo a los cuerpos y en el otro a las ánimas. E si lo contrario fizieren quel ge lo demande como aquellos que a sabiendas se perjuran e demás que por el mesmo fecho cayan en las penas en el derecho establecidas contra aquellos que a sabiendas usan mal de tales oficios [...][163] a la cosa pública natural y el dicho juramento por ellos e por cada uno dellos.

---

[162] Margen superior derecho: 75.
[163] Tachado: ilegible.

Así fecho que dende en adelante los ayades e resçibades por mis jurados desa dicha ciudad e usedes con ellos enlos dichos oficios de juradería de la dicha ciudad en todas las cosas que a ellos pertenecen e perteneçer deven, según y en la manera que en la dicha ciudad de Toledo usan e deven usar los mis jurados della e que los dexedes e consintades fazer y mandar todas las cosas e cada una dellas que al dicho oficio de juradería de la dicha çiudad pertenecer deven en qualquier manera e por qualquier razón según la ordenança de //52r de (*sic*) la dicha ciudad de Toledo.

E que les non ocupedes[164] nin perturbedes nin enbargedes a ellos nin a ninguno dellos en cosa alguna de lo quellos y cada uno dellos fizieren e quisieren fazer en los dichos sus oficios de juradería de la dicha çiudad más que les dedes y fagades dar todo el más y mayor fabor e ayuda que cumpliere e menester fuere e vos ellos dixeren o enbiaren dezir que an menester para lo mejor poder fazer y cumplir.

E otrosí, que les guardedes e cumplades e les fagades guardar e cumplir sus cartas e mandamientos e bayades o enbiedes a sus llamamientos cada e quando vos ellos e cada uno dellos llamaren o enbiaren llamar, so las penas que vos por ellos fueren puestas.

Otrosí que les guardedes e fagades guardar todas las honrras e gracias e mercedes e franquezas e libertades e preheminencias e previlegios que por razón de los dichos oficios de juradería deven aver según que los an y deven ser guardados a los dichos mis jurados de Toledo e les non vayades nin pasedes nin consintades yr nin pasar contra lo contenido en esta mi carta, nin contra cosa nin parte dello en algún tiempo por alguna manera so pena de la mi merçed e de diez mill maravedís a cada uno de vos para la mi cámara, e demás. Sed çiertos que yo mandaré proçeder contra vos y contra cada uno de vos así como contra //52v aquellos que van y pasan contra mandamiento espreso de su rey y señor natural y non consienten el regimiento del bien público seyendo menster e si non por qualquier o qualesquier por quien fincar de lo así fazer.

E cumplir mando al ome que vos esta mi carta mostrare, o el dicho su traslado signado como dicho es, que vos emplaze que parezca

---

[164] Margen superior derecho: 76.

delante mí en la mi corte do quier que yo sea del día que vos emplazare fasta quinze días primeros siguientes so la dicha pena a dezir por qual razón non cumplides mi mandado e de como esta mi carta vos fuere mostrada o el dicho su traslado signado como dicho es.

Mando, so la dicha pena, a qualquier escrivano público que para esto fuere llamado que de ende al que vos la mostrare testimonio signado con su signo porque yo sepa en cómo se cumple mi mandado de lo qual vos mandé dar esta mi carta escripta en pargamino e sellada con mi sello de la puridad pendiente en cuerdas de seda. Pero es mi merced que, si los sobre dichos o alguno dellos son o fueren clérigos de corona, que non ayan ni puedan aver los dichos oficios salvo si son o fueren casados e non troxeren corona nin ábito de clérigos. Dada en la muy noble ciudad de Toledo, catorze días de marco //53r año del naçimiento de nuestro senor Jhesucristo de[165] mill y quatroçientos y veinte y quatro años. Yo el rey. Yo Marín Goncález la fize screvir por mandado de nuestro señor el rey. Registrada.

Por otra carta quel rey don Juan dio en Toledo a catorze de marco del dicho año, mandó que dos pendones, el uno real y el otro la sena de la ciudad, estubiesen en un arca con dos llaves, y la una tubiera la justicia y la otra unos de los regidores a quien cada un año le cayera la suerte de tenella y, por esta merced, todos los días de Sant Juan echan suertes y a quien le cae aquel año tiene la dicha llabe y lleba en las proçesiones que a de salir el dicho pendón y va en medio del corregidor y el regidor más antiguo y este mismo regidor tiene el sello de la ciudad, juntamente con el dicho pendón real, y la seña de la çiudad la lleva el cavallero que fue electo para ello delante de la ciudad.

En este mismo previlegio concedió que todos los días de Sant Juan eligieran alcaldes y alguazil para que muriendo el corregidor sirviesen en su lugar como ya queda dicho. Conçedió que eligieran mayordomo para que tubiera a su cargo las rentas y propios de la çiudad como ariba se declaró. Asímismo concedió a la çiudad para que eligieran escrivanos conforme al previlegio que les estava dado, ques el que se sigue:

---

[165] Margen superior derecho: 77.

//53v Sepan[166] quantos esta carta vieren como yo infante don Pedro, fixo del muy noble rey don Sancho, tutor con la reyna doña María, mi madre, y con el ynfante don Juan, mi tío, del rey don Alfonso mío sobrino e guarda de sus reynos por fazer bien e merçed al concejo y hermandad de la noble ciudad de Murcia por muchos buenos servicios que feziestes e fazedes al rey e a mí, e porque entiendo ques servicio del rey al tiempo de agora e para adelante, do vos todas las escrivanías de la vuestra corte de y de Murcia para siempre jamás con todas las tierras e los derechos que pertenecen a las dichas escrivanías bien e cumplidamente que non mengüe ende ninguna cosa e esta donación vos fago para siempre jamás. Después de los días de Bernal Rallar, vuestro vezino, a quien las yo di para su vida e mando e defiendo fiermemente por esta carta del rey que ninguno non sea osado de voslas enbargar ni de vos contrallar en ninguna manera e qualquier o quelesquier que lo fiziesen yrán contra el rey e a mí en pena mill maravedís de la moneda nueva e a vos el concejo e hermandad el daño e menoscavo que por esta razón recibieredes doblado e demás mando a vos el concejo que se lo non consintades en ninguna manera ca mi boluntad es de vos fazer esta merced e otras muchas e desto vos mandé dar esta //54r carta sellada con mío sello de cera colgado. Dada[167] en Toro, a diez y seis días de nobiembre era de mill y trezientos y cinquenta y dos años.

Por otro prebilegio quel rey don Juan el segundo dio en Salamanca, a veinte y quatro de mayo año de mill y quatrocientos y cinquenta años, concedió a la ciudad que quando bacase alguna escrivanía muriendo el escrivano della probe y eran en otro los Reyes Cathólicos por un previlegio que confirmaron nuevamente mandaron que, quando algún regidor muriera, la justicia y regimiento eligeran otro en su lugar la qual confirmación fue en Madrid, a veinte y ocho de abril año de mill y quatroçientos y setenta y seis años.

Y los mismos reyes por otro previlegio que dieron en Balladolid a veinte y uno de mayo año de mill y quatroçientos y setenta y seis

[166] Previlegio de [...] nos
[167] Margen superior derecho: mutilo. Por este motivo no vuelve a haber numeración hasta la página 142.

años les acreçentaron quinientos maravedís de salario a cada regidor fuera de otros que tenían.

Por otro previlegio los dichos reyes declararon pertenecer a los regidores el ser procuradores de Cortes y no a los jurados. El qual previlegio se dio en Segovia, a diez y seis de octubre año de mill y quinientos y tres años.

Y para mayor adorno de la çiudad y ayuntamiento della, el rey don Juan, hijo del rey don Enrrique, le concedió que los porteros que ponía para en guarda a //54v la puerta de su ayuntamiento pudieran ver maças de plata figuradas con las armas reales. La qual merçed les concedió en Alcalá de Henares en el año de mill y quatroçientos y treinta y seis años.

Al presente es governada y regida la ciudad por un corregidor que su magestad provee de tres en tres años el qual pone tres alcaldes mayores, en la ciudad uno, y en las çiudades de Lorca y Carthagena en cada una della otro. Probeé todas las varas de alguaziles de todas tres ciudades. Trae con el dicho oficio de corregidor, el ser adelantado de todo el reyno de Murcia y capitán general del, como ya queda declarado, y esto por ausencia del propietario ques el marqués de los Bélez por no estar en el dicho reyno.

Ay, en la ciudad que asimismo la rigen y gobiernan con el dicho corregidor, quarenta y un regidores y treinta y quatro jurados que tienen regida y gobernada la dicha ciudad con mucha prudencia y discreción.

Ay en la ciudad veinte y cinco escrivanos y diez y seis procuradores perpetuos, veynte letrados de leyes, treinta theólogos, nueve doctores de medicina, veinte y seis curujanos y ocho boticas de medicina. Ay seisçientos //55r y sesenta oficiales de todos oficios. Ay de mercaderías y despeciería y lencería.

Tiene la ciudad muchos y muy buenos propios que le rentan en cada un ano nueve mill ducados.

Ay muchos cavalleros hijosdalgo, muchos señores de lugares y mucha gente noble. Ay muy gentiles hombres, hermosas mugeres todos muy discretos.

Es la ciudad donde se hazen qualesquier fiestas así de tores, cañas, torneos y otros qualesquier juegos tan bien como se haze en España.

La entrada que hazen en los juegos de cañas es tal que en ninguna parte donde se acostumbran y precian de tales entradas no le ygualan.

Ay muy buenos hombres de a cavallo y muchos muy diestros de lanca y adarga y ponense tan bien en un cavallo como quantos ginetes ay en el mundo porque desde niños de ocho y diez años saben hazer mal a un cavallo ay muchos y muy diestros de lancear toros que por toda España tienen nombre.

Finalmente, es la ciudad de gente muy cortesana, lúcida y muy bien criada y trátanse de tal manera que de ynbierno y verano no se visten, si no son sedas. Tiene todas quantas particularidades otra ciudad España puede tener de pulicia, gentileza y adornos.

//55v Discurso [...][168].
Que trata de otros muchos previlegios quel rey
don Alonso dio a la ciudad de Murcia

Para ennoblecer más a la çiudad de Murcia el rey don Alonso décimo, con el amor y bolutad que /le/ tenía, para que estuviera más llena de merçedes, le dio y otorgó otros muchos previlegios, libertades y exenciones los quales en relación yrán declarados que son los que se siguen:

Ende[169] un previlegio en la villa de Elche a veinte y cinco de junio, en la era de mill y dozientos y nobenta[170] y çinco años, en que otorgó a la ciudad de Murcia y a su concejo y a los moradores que entonces eran y a los de allí adelante, el heredamiento que avía nombre las Condominas para que la repartieran entre sí por cavallerías e por peonías y que las obieran libres para siempre jamás con que en cinco años no las pudieran vender y que no pagaran ningún derecho si no fuera a la yglesia.

Por[171] otro previlegio dado en Sevilla, a catorze de mayo,[172] era de mill y trezientos y quatro años, conçedió a la ciudad el fuero y las

[168] Por el rastro que se ha quedado recortado en el papel podría ser el 14 que es el que le corresponde.
[169] Margen izquierdo: 1.
[170] Margen izquierdo: [...] Condominas.
[171] Margen izquierdo: 2.
[172] Margen izquierdo: Franquezas de Sevilla.

franquezas que avían los cavalleros e los omes buenos e todos los otros del conçejo de la ciudad de Sevilla, salvo [//56r] que retuvo para sí portazgos, molinos, aceñas, hornos, vaños, alcaycerías, alfóndigas, los mercaderes y las calderas de tenir los paños y las tiendas de sal y todas las salinas.

Que fueran francos de portazgo de las cosas que sacaran de la villa ni de los derechos que devían a dar del pan, vino, fructa y ortalizas de sus cosechas y de todo el ganado de su criança.

Que pudiera cada uno tener tiendas en sus casas, fuera de las tiendas y lugares que se arendaban a los vecinos con que pagaran un maravedí por la fiesta de Sant Juan.

Que sacando las mezquitas que eran dadas para yglesias, las demás las obiesen para moradas con sus corrales y en las aldeas que se poblasen de christianos.

Que todos los vecinos y moradores de la çiudad de Murçia que tubieran caballos y armas, que gozaran de las franquezas que avían los cavalleros de la[173] ciudad de Sevilla, y que todos los que fueran heredados fueran sus vasallos y del infante don Fernando, su hijo, y no de otro, sopena de perder los heredamientos. Y los que tuvieran heredamientos por cavallerías estuvieran guisados de cavallos y armas y los vallesteros y peones que sirviesen guisados cada uno dellos de las armas que les conviniese.

Que porque las ruas de la ciudad fuesen más apuestas[174] y a pro común al de todos, mando que los que hiziesen o labrasen o adovasen sus casas. Si en la rua donde labrasen no obiese veinte palmos de ancho, que las paredes que labrasen o levantasen de çimiento metiesen dos pa[...] adentro.

[//56v]Por[175] otro previlegio que dio en Sevilla, a quinze de mayo era de mill y trezientos y quatro años, mandó que ninguno pudiese comprar ningunos heredamientos de los de la partición hasta pasados cinco años porque, si luego que se mandó poblar de christianos pudieran luego comprar, los fincarían en la ciudad poca gente más.

[173] Margen derecho: [...] puedan ser vasallo sino del rey.
[174] Margen derecho: Que se ensanchen las calles.
[175] Margen derecho: [3].

Si algunos vinieran con sus mujeres e hijos para vivir, en ella questos pudieran comprar cada uno de un poblador y no más.

Por[176] otro previlegio quel dicho rey dio en Sevilla, a diez y nueve de mayo en el dicho año, concedió que[177] en la ciudad de Murcia obiese para siempre jamás feria una vez cada un año y que comencara el día de Sant Miguel y durara quinze días después y todos los que a esta feria vinieran, así christianos como moros e indios, mercaderes, y otros omes qualesquier, así de sus señoríos como fuera dellos, fueran e vinieran salvos e seguros, así por mar como por tierra, con sus mercaderías e con todas sus cosas sin embargo ninguno e que no fueran presos por deudas propias que hizieran en la feria o por fiaduría que obieran hecho en otro lugar y que no les demandaran portazgos, ni otros derechos ningunos por entrada ni por salida de quantas mercadurías comprasen o bendiesen o sacasen en quanto durase la feria.

//57r Otro[178] previlegio concedió a la ciudad estando en Sevilla, a veinte y cinco de mayo del dicho año, en el qual dixo que por los servicios que los vezinos de Murçia hizieron en la guerra les hazía merced que obiesen los heredamientos que abían antes que la guerra se comencara y que heredaran en casas en los otros heredamientos con los otros vezinos que avía mandado poblar y heredar dentro de la ciudad y mandó a los partidores que los heredasen así como a los otros.

Por[179] otro previlegio que dio en Sevilla, a dos de agosto de la dicha era, mandó a todos los alcaldes, alguaziles, comendadores y a todos los omes de su reyno que guardasen los fueros e franquezas del concejo de Murcia.

Otro[180] previlegio dio el dicho rey en Sevilla, a tres de agosto de la dicha era, por el qual mandó que los vezinos y moradores de la ciudad de Murcia, así los que entonces eran como los que fueran de allí adelante y los de su término en todos sus reynos y señoríos, no

[176] Margen izquierdo: 4.
[177] Margen izquierdo: Feria por San Miguel [15] días.
[178] Margen izquierdo: 5.
[179] Margen izquierdo: 6.
[180] Margen izquierdo: 7.

fueran enbargados ni prendados, sino fuera por su deuda propia o fiaduría que obiera hecho.

Por[181] otro previlegio dado en Sevilla, a tres de agosto del dicho año, mandó que los vezinos de la ciudad de Murcia fueran franqueados de portadgo por tiempo de seis años y de todos otros derechos en todos sus reynos salvo en todo Toledo.

//57vPor[182] otro previlegio dado en Sevilla, a quatro de agosto de la dicha era, concedió a los omes buenos del concejo de Murcia las dozientas tahúllas que don Mahomat Aboadilla, rey de los moros de Murcia, les avía dado.

Otro[183] previlegio dio el dicho rey en Jaén en la era de mill y treszientos y çinco anos, por el qual mandó que los previlegios y cartas que avía dado en fabor del concejo de Murcia le fuesen guardadas.

Por[184] otro previlegio que dio el dicho don Alonso rey, en Jaén, a catorze de mayo, confirmó a los pobladores las casas que los partidores les avían dado.

Otro[185] previlegio dio en Jaén, en el dicho día, mes y año por el qual otorgó que los que labrasen de nuevo las tiendas que pagasen censo por cierto tiempo limitado, pero si las vendieran en el dicho plazo retenía para sí el luysmo y fadiga.

Que qualquier mercader estraño que vendiera en la ciudad y en el Arrexaca pagase sus maravedís por çentenar.

Que fuesen francos por seis años en el Arrexaca pero si en este tiempo le fiziesen engañosamente perdiesen la franqueza.

Que no pagasen ninguna cosa que lo que sacasen de la ciudad o de otro lugar del reyno que comprasen de los moros o los obiesen de buena guerra lo qual fue por seis años.

//58rQue todo ome que truxera ganado de Castilla e los vendiera a los cristianos que pagara por razón del almoxarife el diezmo y no más.

Que los vezinos de la ciudad y de su término pudieran vender las casas y las heredades que obieron por partición con que el comprador

[181] Margen izquierdo: 8.
[182] Margen izquierdo: 9.
[183] Margen izquierdo: 10.
[184] Margen izquierdo: [11].
[185] Margen izquierdo: 12.

no comprase más de unas casas para su morada y que hiziera vecindad donde comprara las casas.

Por[186] otro previlegio quel dicho rey dio en Jaén, a diez y ocho de mayo, confirmó el previlegio que avía dado en Sevilla para que todos los cristianos y judíos así estraños como vecinos de la ciudad binieran a juizio de los juezes della.

Otro[187] previlegio dado en Jaén, a quinze de mayo, de la dicha era por el qual mandó que todos los concejos del reyno guardasen los caminos cada uno en sus términos y que no tomasen ninguna cosa por razón de guarda o de rretoba.

Otro[188] previlegio que se dio a diez y ocho de mayo del dicho año, mandó que fueran ante los juezes de las alcadas de diez maravedís ariba en los lugares que avía dado por témino de Murcia y las que fuesen de diez maravedís abaxo se librasen en los lugares.

Que los juezes obieran escrivanos, según era en Sevilla, y que oviera un escrivano que los supiera todo y diera razón dello quando se lo mandaran.

//58v Que[189] las tiendas donde los cristianos vendían los panos de Françia y las tiendas de los canbios de las monedas y la pellejería fuesen en aquella carrera quel rey de Aragón avía fecho derribar las casas de Sancta María hasta el muro del Arrexaca.

Que las calles de los armeros, silleros y ofiçiales e las carnecerías e pescaderías fuesen en los lugares que los partidores les dieron con consejo del almoxarife y que las dos partes de las tablas de las carnecerías e pescaderías fuesen en la carnecería mayor y la tercera en la carnecería de la puerta Orihuela y que no se vendiese carne ni pescado en otros lugares salvo toda carne o pescado salado que lo pudiesen vender en sus casas.

Que las tiendas de la trapería, canbios y pellegería de todos los otros menesteres las daría a censo: por cada tienda de la pellejería, dos maravedís, y por las demás tiendas, un maravedí, y por cada tabla de las carneçerías, pescaderías, tres maravedís pagados por Sant

---

186 Margen izquierdo: 13.
187 Margen izquierdo: 14.
188 Margen izquierdo: 15.
189 Margen izquierdo: [...] trancada [...].

Juan, los quales maravedís abían de ser alfonsíes en oro y retenía para sí la fadiga y luismo que era la décima parte del precio porque se vendieran.

Que los vezinos pudieran teñir en sus casas qualesquier tintas, salvo tintas de yndio, grana, laca y Brasil, questas se tiñesen en su caldera que diesen de cada tienda un maravedí.

//59r Que los vecinos e moradores de la ciudad e su término y todos los de su reyno de Murcia no diesen en rretoba en ningún lugar, sino en los lugares do se solía dar en tiempo de Miramamolín y que si se hiziese algún daño en los caminos que quien tomase la rretova diese recado de los malhechores o pagasen el daño.

Que todo ome que truxera ganado de Aragón a Murcia no pagara por el almoxarife en la ciudad ni en la Arrexaca más de ocho maravedís y medio y que si lo truxeran los vezinos de la ciudad y su término fueran francos.

Que cada uno vendiera su vino en su casa o do mejor pudiera a los christianos, más retenía para sí alfóndiga sabida do comprasen los moros vino y no en otro lugar.

Que como quier que retenía para sí pesos y mosurajes y tiendas y otros derechos les otorgava e mandava que del mensurar y pesar usasen bien como era en Sevilla.

Que ningún rico ome ni cavallero ni otro ome que viniera a Murcia posara en las casas por fuerça sin voluntad de los juezes e de los jurados.

Que las órdenes no tuvieran casas y heredamientos en la ciudad, sino aquellos que les dieran previlegio.

Que los clérigos tubieran y obieran heredamientos en todo el reyno de Murçia por razón de compra e por erençia con que fuese del rey el número y que no las pudieran enajenar sin licencia a yglesia //59v ni orden porque no menguara en su dercho y en su senorío.

Que los cavalleros que fueran heredados en Murcia y en su término fueran sus vasallos y den ynfante don Fernando, y de los que subçediesen y si fueran basallos de otros i que perdieran los heredamientos.

Que quando algún ome obiese estado en la cadena y saliese della, si no obiese de que poder pagar el presonaje que no pagase nada y teniendo de que pagase tres sueldos de pepiones así como en Sevilla.

Que los alfayaes no obrasen cosa sabuda de los panos ni de las penas que los traperos y pellegeros vendieran.

Que las aguas de las acequias fuesen partidas entre los cristianos y los moros por derecho, según que cada uno devieran aver su parte, y los cristianos pusieran un acequiero y los moros otro y que los mudaran cada un año y les tomaran la jura los juezes y almoxarif que toda demanda de quien no se debía hazer justicia por al, si hasta diez días después de querellado se pudieran adovar el uno con el otro, que lo hizieran sin calunna, en el uno ni en el otro, y que si los pleitos fueran comencados los juezes tomaran jura de las partes que no se demandaran nada.

//60rQue los que tubieran tiendas suyas de las obras desparto e de tierra e de bidrio que le diesen un maravedí cada año por ella, el qual avía de ser alfonsí, y los que labravan la obra le dieran su derecho como en Sevilla y Toledo.

Que maguer que retenía para sí la tafurería como era en Sevilla, otorgó que los omes buenos[190] jugasen en sus casas o do quisieran todo juego e que la justicia ni otro ninguno no les demandaran nada del juego.

Que la justicia ni otro juez ninguno no tubieran alfóndiga ni lugar sabido de malas muheres e que los omes buenos e los juezes de la ciudad las guardaran que ninguno las fiziera fuerça y el alguazil las defendiera como devía.

Que la justicia no tuviera que aver con ningún ome de fecho de las mujeres, salvo por muger forcada o casada si no así como en el fuero de Sevilla.

Que la justicia ni otro ome no demand[aran] en ningún tiempo un pipión de ninguna carga de leña que truxeran.

Que la justicia ni otro ome no demandara para sí ninguna cosa a ningún mercader vezino de la ciudad ni estranjero por razón de las valas y de los trasillos que traxeran //60v a la çiudad o sacara ende, sino fuera en ayuda de los almaxarifes por recaudar su derecho.

Que las panaderas y taberneros se les demandarán los tres pepiones que por cada mes le solían demandar los alcaldes que por el rey estavan.

---

190 Margen derecho: Quedan los [...].

Que los menestrales e los omes que no labraran no dieran al obispo de Carthagena en ningún tiempo más de quanto davan los de Sevilla.

Que todos los ganados de los vezinos de Murcia y su reyno pazcan francamente por todo el dicho reyno las yerbas e bevan las aguas salvo ende que no fagan daño en huertas ni panes y vinas y si lo hizieran que enmendaran el daño.

Que sacarán francamente por todo el reyno donde quisieran e que pudieran cortar en los montes para leña y carbón e para madera de casas ,salvo ende árboles de fructa, e que quitaran piedras quantas quisieran para cal y yeso e que tomaran tierra para ladrellos e que pescaran francamente en las albuferas que avía dado el ynfante don Manuel e que no hizieran ninguna persona, dehesa en ningún lugar, sino como era usado en tiempo de Miramamolín.

//6rQue los jurados escogieran cada un año por collaciones dos personas para que limpiaran los açarbes mayores de la huerta y que los linpiaran los christianos y los moros cuyos fueran.

Que moraran los judíos en judería apartada hazia la puerta Orihuela en el lugar que les fuera partido y que no moraran entre los cristianos. Oy día ay en este lugar una plaça que se le llaman la placa la Sinoga y los judíos estuvieron donde dize este previlegio hasta que la reyna dona Ysabel y el rey don Fernando, su marido, dieron su carta en Granada, a treinta y un días de março ano de mill y quatroçientos y nobenta y dos años, por la qual mandó a la ciudad de Murcia los hechara fuera del reyno y mandó que no sacaran oro, ni plata ni las otras cosas vedadas.

Que entendieran los cavalleros, çiudadanos e vezinos de Murcia e de su término que el rey no quería que ninguno les fuera contra sus franquezas e fueros.

Por[191] otro previlegio del dicho rey dado en Jerez, a veinte y dos de abril era mill y trezientos y seis[192] años, dio liçençia a los vezinos de Murcia //6v para que pudieran dar los heredamientos a sus hijos con que hizieran la vezindad quellos devían fazer y en quanto a pagar las deudas la pudieran pagar si muebles no obiera de los rayzes.

[191] Margen izquierdo: 16.
[192] Margen derecho: 1268.

Otro[193] previlegio dado por el dicho rey don Alonso en el dicho día, mes y año por el qual mandó que en Elche ni en otro lugar del reyno de Murcia no tomaran retova a los cristianos ni moros porque la tierra era ya sosegada y en paz.

Por[194] otro previlegio dado en Jerez, el dicho día mes y año, mandó a Garci Núnez, deán de Carthagena y a Diego Porçel y a Domingo Pérez[195], repostero mayor de la reina, y a Beltrán[196] de Villanova, su escrivano, que partieran el campo de Carthagena dando a los cavalleros y a los omes buenos señalados quatro yugadas de heredad a año y vez y se las diesen en aquella parte que les avían señalado en la partición e a los otros vezinos les dieran comunalmente a cada uno.

En otro previlegio del dicho rey don Alonso, dado en Sevilla, a diez de agosto del dicho año, mandó que la justicia de los lugares del reyno de Murcia prendieran a los malhechores del //62r reyno de Aragón que se acogían en los dichos[197] lugares y si mereciesen pena de muerte o sangre o los recaudasen para darlos a las justiçias e a los portellados del reyno de Aragón ca el dicho senor rey enbiava su carta a ellos para que ansí lo hiziesen en lo que tocase a los malhechores.

Por[198] otro previlegio quel dicho rey don Alonso otorgó en Sevilla, a diez y siete de agosto de la dicha era, mandó que todos aquellos que quisiesen venir con viandas a Murcia y a los otros lugares de la conquista que no se los envargasen por razón de saca ni por otra cosa.

En[199] otro previlegio quel dicho rey dio en Toledo, a dos de agosto era de mill y trezientos y siete años, mandó que en el puerto de la Mala Muger tomasen de la vestia mayor cargada, siete sueldos, y de la menor sus pepiones, y a la venida otro tanto, si biniesen cargados y si venían bazías no llebasen ninguna cosa y del ganado menudo de cada ciento dos sueldos y del ganado vacuno de cada cabeça, cinco pepiones, y del puerco, siete dineros alfonsís.

---

193 Margen izquierdo: 17.
194 Margen izquierdo: 18.
195 Margen izquierdo: 1268.
196 Margen izquierdo: [Parti]zón del campo de Cartaxena.
197 Margen derecho: 86.
198 Margen izquierdo: 20.
199 Margen izquierdo: 21.

Por[200] otro previlegio quel dicho rey dio en Toledo a seis días del mes de setiembre, era de mill y trezientos y siete años, mandó que los que devieran deudas teniendo bienes muebles o rayzes no les executarán ni vendieran sus caballos, ni vestias, ni vestidos de sus mujeres.

//62v Por[201] otro previlegio quel dicho rey don Alonso dio en Murçia, a primero de abril, era de mill y trezientos y nueve años, concedió que los vezinos que tubiesen mugeres e hijos e morasen con sus conpañas y tubiesen las casas mayores pobladas fuesen quitos del diezmo que abía mandado diesen los que metiesen mercadurías en el dicho reyno y que no fuesen tenudos de pagar los dichos vezinos más que dos maravedís por çentenar de lo que vendiesen en Murçia, e si los llevasen fuera pagasen el diezmo cumplido y en este diezmo se contasen los dos maravedís que oviese pagado dentrada. Y quel vezino que emplease el dinero en Murçia y las empleas sacase fuera del reyno de Murcia que pagase de cada centenar un maravedí.

Que los mercaderes estraños que truxeran mercaderías a Murcia pagaran dentrada cinco maravedís por ciento de los que vendiesen e que pudieran sacar su retorno quanto fuese la cantía de la venta e que no pagasen otro derecho por razón del retorno al diezmo ni almoxirafazgo en el reyno de Murcia. Y si los llevaran a Castilla, fuera del dicho reyno, pagarán cunplidamente el diezmo y en los otros lugares los portazgos. Y si enpleasen dineros y las enpleas sacasen fuera del reyno, pagasen en Murcia dos maravedís y medio por ciento y no otra cosa.

//63r Quel almoxarife pusiera sendos hombres[202] en Alicante, en Guardamar, Carthagena, Lorca, Chinchilla, Hellín y Oriela (*sic*) para que los mercaderes que no obieran llegado a Murcia y pasaran por los dichos lugares cobraran dellos los dineros.

Que cualquier mercader que viniera a Murcia con mercaderías y metiera en el aduana si las vendiera, pagara derecho, y si no las mostrara o las metiera en almoneda y no los vendiera, que pagara el derecho puesto. E si no las mostrara, ni las vendiera, ni metiera

200 Margen izquierdo: 22.
201 Margen izquierdo: [2]3.
202 Margen derecho: [...].

en almoneda, que no pagara el derecho y las pudiera tornar por el mismo lugar.

Quel ganado, pan y otras cosas de la coxida de los vezinos no dieran diezmo al rey ni otro derecho vendiéndolo a cristianos, pero que si lo conpran los moros pagarán el derecho y lo que conpraran no lo pudieran sacar fuera de la conquesta de Murcia por mar ni por tierra, sino fuera azeite y higos, pasas e almendras y esto siendo primeramente la tierra abundosa dello.

Que todos los mercaderes vezinos de Murcia que pagaran cumplidamente el diezmo en ella de las mercaderías que anduxeran, que no pagarán en todos sus reynos diezmo alguno ni otro derecho, salvo en Sevilla y en Toledo que pagasen fuera desde diezmo los otros derechos.

//63v Por[203] otro previlegio quel dicho rey don Alonso dio en Murçia, en ocho de abril, era de mill y trezientos y diez anos, otorgó que el concejo de Murçia tubiera una renta cierta por común y que la ordenara entre sí.

Que qualquier vezino de Murcia o de su reyno que obiera valía de cien maravedís de la moneda nueva que cada un año para el común diese dos sueldos. Y el que obiese dende en ayuso hasta diez maravedís de los nuevos, un sueldo de la misma moneda.

Que todas las calunas que los alcaldes y alguaziles tomaran entre año tomará el concejo la quarta parte dello para este común y asímismo les otorgó la mitad de las caluñas de los que jugasen dados.

Que para el dicho común tomarán de los bienes de qualquier vezino a su finamiento si llegaran a cantía de quinientos maravedís de los nuevos o dende ariba quatro maravedís e de los quinientos dos sueldos y medio y de los veinte y cinco maravedís ayuso quinze dineros fuera ende si cada uno de los justicias sobre dichas lo obiesen ordenado en sus mandas.

Que dinero que dizen de Dios que solían dar los mercaderes e los otros omes quando otor- //64r gavan las ventas e las compras que se diera para este común e que después que aquel dinero fuera dado por mano del corredor fueron firmes las ventas e compras e que si después

---

[203] Margen izquierdo: [2]4.

el comprador o vendedor se arepintieran que el que se arepintiera pagará sesenta sueldos para el común y que no fuera desecha la venta.

Que para el dicho común tomaran de cada uno que de nuevo quisiera ser vezino de Murcia si obiera valía de cien maravedís, un maravedí y dende arriba dos.

Que pudieran tomar para el dicho común la quarta parte de todas las penas puestas por concejo por alcaldes o por jurados o por otros omes buenos.

Que la dicha moneda fuera de la nueva que se contava a razón de cinco sueldos un maravedí.

Quel concejo pudiera creçer e menguar e toller de todo este común quanto tubieren por bien y quel dicho senor rey no le tomara dello ninguna cosa en razón de enpréstido ni de otra manera.

En[204] otro previlegio dado en Murcia, a nueve de abril de la dicha era, el dicho rey don Alonso concedió al concejo de la ciudad de Murçia //64v todos los heredamientos que tenía según quel se lo avía dado en donadío o partición, ansí como eran tenedores dellos.

Que pudieran conpran (*sic*) unos a otros así casas como heredamientos y los que conpraran lo pudieran tener libre para siempre jamás.

Que obieran libres y quitas todas las conpras que hizieran de que les abían otorgado que vendiesen e comprasen, por ruego de don Fernando su hijo.

Que los que quieran caballos e armas a costumbre dEstremadura fueran francos de todo derecho de diezmo e de todos los otros derechos que le debían dar e, también, de los dos maravedís chicos que les eran puestos por centenar, como de las otras cosas.

Quel[205] trigo e la çebada e harina que fuera vendida en la villa en el lugar o solían morar los frayles predicadores çerca de la Puerta Nueva y que allí fuera el almudí.

Que oviera en la villa y en el Arrexaca de los cristianos tres carnecerías e tres pescaderías e tres vercerías. La una en la collación de Sancta Cathalina; otra en Sancta Olalla, en los corrales que eran ante las casas que fueron de Ramón de Montot y ante los corrales

[204] Margen izquierdo: 25.
[205] Margen izquierdo: Pósito 1272.

de Ramón de Palacuelos //65r y ante las casas de Albar Martínez, según que las carreras mayores las ceravan. Y la otra en la collación de Sanctiago en al Arrexaca en la placa que era ante las casas que fueron[206] de don Alonso García y con las casas de Pedro de Robres y que en cada una de las dichas carneçerías, pescaderías e vercerías aya tantas tablas quantas fueran menester.

Que para que la villa fuera más apuesta tubo por bien que cada uno de los vezinos pudiera hazer contra las calles mayores en sus casas tiendas quantas [...] francas y libres y que las pudieran acensar por tiempo o para siempre jamás y les quitó el maravedí que le abían de dar de cada tienda.

Quel almoxarife o el que oviera de aver las salinas que dieran en las salinas a los vezinos de Murcia el cahíz de sal que haze quatro hanegas toledanos por un sueldo de los dineros nuevos y que no se vendiera en la villa de Murcia en otro lugar la sal, sino en las sus casas del Arrexaca y que fuera tenudo de cumplir la villa de sal.

En[207] otro previlegio del dicho rey dado en Murcia, a quinze de abril de la dicha era, por el qual //65v mandó a Pedro Ferrer de Balencia, vezino de Murcia, maestro de blanquería, que partiera a los blanqueros el lugar quel rey les avía dado en la ciudad.

Por[208] otro previlegio dado en Murcia, a cinco de mayo de la dicha era, en que por él mandó que las mercaderías que entraran en la feria vinieran atadas y las metieran en el aduana y fueran en poder del almoxarife y que si antes de la feria las quesieran vender e desatar que lo pudieran [h]azer pagando su derecho y que si alguno las vendiera encubiertamente que las perdiera. Y que todos los que en la feria compraran mercaderías después de la feria las sacaran libres y si pasada la feria las quisieran rebender que pagaran el derecho.

En[209] otro previlegio quel dicho rey dio en Murcia, a diez y seis días de mayo de la dicha era, mandó que en quanto a las demandas que me an puesto para que las mugeres obiesen parte en los bienes de los maridos se guardasen las posturas y pactos que hizieron con

---

[206] Margen derecho: 12[...], [...] ano 1424.
[207] Margen izquierdo: 26.
[208] Margen izquierdo: 27.
[209] Margen izquierdo: 28.

sus mugeres quando se casaron con ellas //66r y en otra manera que no faltan temidos de les responder [...] a plaz dellos y que los casamientos que se hizieran de allí adelante que valieran según el fuero de la Roma.

Por[210] otro previlegio quel dicho rey don Alonso dio en Alicante, a diez y seis días del mes de otubre, era de mill y trezientos y doce años, dixo que atento que los cavalleros y los omes buenos se avían agraviado del servicio quel dicho rey avía mandado [...] y que por ello se temían que se les quebrantarían sus previlegios y franquezas, que prometía que los quinze mill maravedís de la moneda que fue fecha en tiempo de la guerra que le davan en Sevilla quel ni los que del vinieran y reynaran no lo demandarían por fuero ni por pecho, así a los que entonces eran como a los que los heredasen ni a los que biniesen a poblar ni fuese quebrantamiento de sus previlegios ni de las franquezas e buenas costumbres que les avía dado.

En[211] otro previlegio dado en Balencia, a veinte de nobiembre de la dicha era, mandó a los almaxarifes que no llevaran dineros a las personas que prestaran dineros para comprar no abiendo ellos parte en la ganancia.

//66vEn[212] otro previlegio dado en Balencia, en el dicho día, mes y año, mandó que en ningunos lugares a los vezinos de Murcia no les enbargaran las biandas e ganados que comprasen para probeymiento de la dicha ciudad.

En[213] otro previlegio quel dicho rey dio en Sant Matheo, a veinte y seis días de noviembre, era de mill y trezientos y doze años, mandó que, si qualquiera demanda o querella oviera de qualquier vezino, que pasara primero ante los alcaldes y que si se agraviavan que les dieran alcada como es fuero e derecho, salvo si el rey fuera en el lugar que pudieran apellar ante él.

Por[214] otro previlegio quel dicho rey don Alonso dio en Victoria, a veinte y dos de henero[215], era mill e trezientos y quince años, concedió

[210] Margen izquierdo: 29.
[211] Margen izquierdo: 30.
[212] Margen izquierdo: 31.
[213] Margen izquierdo: 32.
[214] Margen izquierdo: 33.
[215] Margen derecho: 1277. Se quería azer puente mayor.

al concejo de Murcia que en la Puente Mayor que querían fazer de cal y de canto pudieran hacer molinos sobre los arcos y algunas tiendas, lo qual obiese francamente para sus misiones.

En otro previlegio quel dicho rey concedió en Victoria, en el dicho día, mes y año, mandó que pudieran hazer dehesa de conejos en el [...] de [...] sin daño de otros lugares y la hizieran en el campo de Carthagena.

//67rEn[216] otro previlegio quel dicho rey concedió en Victoria, a veinte y tres de henero de la dicha era, mandó que los molinos de Murcia molieran según en tiempo de moros y que no tomaran más de lo que entonces tomavan, salvo los molinos del rey del almoxarifazgo.

En[217] otro previlegio dado en Victoria, en el dicho día, mes y año, concedió que por quitar contienda entre los que partían el agua que la obieran entre sí comunalmente así que cada uno obiera parte según obiera tierra y supiera el día que la avía de tomar.

Por[218] otro previlegio quel dicho rey dio en Victoria[219], a dos de março del dicho año, parecía que don Aboadille Abem Hud, rey de los moros del Arrexaca de Murcia, le pidió al dicho rey que confirmase ciertas alfavas e tahúllas de tierra quel avía dado a Pedro Sánchez, su escudero, lo qual era del heredamiento quel dicho rey moro tenía y el dicho rey lo otorgó para que lo obiese, según el rey moro lo avía dado.

En[220] otro previlegio quel dicho rey don Alonso dio en Sevilla, a cinco de abril, era de mill y trezientos y diez y ocho anos, mandó que los que no pagaran al plaço el acequiaje lo pagarán doblado.

//67vEn otro previlegio quel dicho rey dio a primero de dizienbre, era de mill y trezientos y veinte años, mandó a don Suero, obispo de Cádiz, que del enpréstido quel rey de Francia le hazía quel yba a rrecaudar pagase al concejo de Murcia lo que montava la manlieba quel avía hecho para basteçer el alcáçar.

---

216 Margen izquierdo: 35.
217 Margen izquierdo: 36.
218 Margen izquierdo: 37.
219 Margen derecho: 1277.
220 Margen izquierdo: 38.

En otro previlegio quel dicho rey dio a Murcia, estando en Sevilla, era de mill y trezientos y veinte y un anos, quitó al concejo de Murcia las pesqueras que tenía hasta entonçes.

Por[221] otro previlegio quel dicho rey [dio] en Sevilla, a treze de henero del dicho año, concedió que todos los vezinos de Murcia pescarán francamente en la mar ques cerca de Cabo de Palos, ques dicha Albufera.

En[222] otro previlegio dado en Sevilla, el dicho día, mes y año, otorgó al concejo de Murcia el[223] alquería que avía nonbre Alcantarilla que avía sido de la reyna con todo su término, heredamientos, derechos e pertenencias quantas avía, salvo que retuvo para sí los molinos que la reyna avía, diésela para que la poblaran de christianos.

Por[224] otro previlegio quel dicho rey otorgó en Sevilla, el dicho día, mes y año, franqueó //68r a los vezinos e moradores de Murcia para siempre en todos sus reynos, así en lo que era de su señorío como en lo de las hórdenes de portazgo y otro derecho alguno de las cosas que conprasen, vendiesen e sacasen, así por mar como por tierra, el qual parece está confirmado por nuestro señor el rey Philipo.

Por[225] otro previlegio quel dicho rey dio en Sevilla, a honze de junio del dicho año confirmado por el rey nuestro señor, concedió a los vezinos y moradores de Murcia que puedan sacar e meter todas sus mercaderías de qualquier manera que sean francas e quitas de todo pecho e derecho e de toda subjeción de almoxarifazgo, aduana y de alhóndiga y las puedan llevar por todo el reyno francamente.

Que pudieran vender su vino francamente a quien quisieren, así a moros como a cristianos, quel censo que solían dar de la moneda prieta que dieran una moneda blanca por un dinero prieto otro blanco e no más.

Que hizieran un molino trapero en el más cercano lugar del Arexaca, en el acequia que pasa por la dicha Arrexaca que era en el

[221] Margen izquierdo: 41.
[222] Margen izquierdo: 42.
[223] Margen derecho: Da Alcantarilla.
[224] Margen izquierdo: 43.
[225] Margen izquierdo: 44.

casar que fue de Abem Hamete que se lo avía tomado porque se fue a don Sancho, su hijo.

//68v Fuera de los previlegios que el rey don Alonso décimo dio a la ciudad de Murcia, el rey[226] don Pedro por su carta dada en Sevilla, a treinta de abril, era de mill y quatrocientos y quatro años, hizo merced a la ciudad de quitar quantos derechos tenían puestos así de galeotes como de soldados de nóminas y todas las monedas y serviçios para que no los pagasen.

Por otra carta del dicho rey don Pedro, dada a[227] quinze de mayo era de mill y quatrocientos y siete años en [...] por ella mandose labrara moneda en Murcia y el rey don Alonso, subcesor del rey don Enrrique, por una carta que[228] dio en Arévalo, a cinco de nobiembre, era de mill y quatrocientos y sesenta y cinco, mandó asimismo fuese labrada moneda en Murcia.

Por todos estos previlegios se ve claro quanto procuraron los reyes pasados: engrandeçer y priviligiar la ciudad de Murçia y ennoblecella de todo quanto fue neçesario illustralla y engrandeçella.

//69r Discurso 15.
Que trata de la fidilidad que la ciudad de Murçia a tenido y de las cartas de reagradeçimiento que los reyes le an enviado de su fidilidad.

La ciudad de Murcia siempre a sido muy çélebre e ínclita de nuestra España y coronada por tal y porque desde su fundación a tenido mucha quenta y con muy gran cuidado a procurado conservar su fidilidad la qual, como oro probado por el fuego con obras notorias, lo a mostrado assí en guerras, comunidades, lebantamientos que en España an subcedido toncantes (*sic*) al serviçio de su rey y senor natural y a su corona real de donde cobró renombre de muy noble y muy leal ciudad. Y, por su nobleza y fidilidad, alcançó tener por armas las seis coronas que oy tiene, que ninguna ciudad dEspaña las tiene ni se puede alabar de semejante blasón y, para mayor

[226] Margen izquierdo: 45.
[227] Margen izquierdo: 46.
[228] Margen izquierdo: Labrar moneda.

confirmación de su fidelidad, los reyes pasados procuraron siempre regalarla con cartas de reagradecimiento como por ellas se verán que son las que se siguen:

//69vLa fidilidad que la ciudad de Murçia tubo en tiempo del rey don Alonso décimo de Castilla quando su hijo don Sancho se le alçó con los reynos y todos les desampararon y siempre Murcia estuvo firme en su lealtad.

No ay para qué tratarla porque es cosa tan sabida y entre los chronistas çelebrada que sería quererla contar como cosa nueva y nunca savida.

Quando el rey dom Pedro andaba enbuelto en aquellos bullicios y guerras con su hermano el conde don Emrique no dexó Murcia de tener aquella fidilidad que siempre avía tenido y, confiado el rey della, le ymbió una carta diciéndole que aparejava gente para yr contra el conde y les encargava a los de Murcia le guardasen la ciudad, como buenos basallos y como leales que eran, y le dieran buena quenta della y dellos y que hizieran fazana de buenos y leales como lo eran y abían sido los de donde ellos venían. Diose esta carta en Sevilla, a los cinco de abril, era de mill y quatrocientos y quatro años.

En tiempo del rey don Juan el segundo quando por causa de don Álvaro de Luna obo aquellos grandes escándalos, movimientos, debates e disensiones así entre los grandes de los reynos como las çiudades y villas dellos por causa de los quales ubo muchas muertes, hurtos, robos e ocupaciones de ciudades, villas y castillos //70r y si Dios por su misericordia no lo remediara se esperarán otros mayores daños y deslates.

En este tiempo y coyuntura el dicho rey don Juan enbió a la ciudad de Murcia /una carta/ que dize así:

Yo el rey. Enbio mucho saludar a vos el concejo, alcaldes, alguazil, regidores, cavalleros, escuderos, oficiales, y omes buenos de la ciudad de Murcia e su tierra. Como de aquellos de quien fio, fago vos saber que a mí es fecha relación que algunas personas movidos con mal propósito a fin de escandalizar mis çiudades e villas e mis regnos e de sembrar zizaña e discordia en ellos e poner toda yndignaçión entre mí y ellos an dibulgado he dicho algunas cosas en mí de servicio e en gran daño e yndignación de los dichos mis regnos e señoríos, especialmente diciendo que yo avía dado o que entendía dar algunas de mis çiudades y villas de mis regnos e senoríos de mi corona real a algunas personas e otras muchas cosas cerca desto fingidas que no son verdaderas. E, como quier que algunos de vosotros a esto no ayades dado fee porque no es ansí ni la razón lo sufre en otras partes podría ser, según los movimientos e escándalos en mis regnos levantados, que avían puesto //70v algunas dudas en quien según sus lealtades e fidilidades que me deben, debían ser escusados e porque vosotros seades avisados quando lo tal se dixere e sepades mi yntención en esta parte.

E la verdad, por la presente vos çertifico e prometo por mi fee real que nunca por mi pensamiento lo tal paso nin lo entiendo fazer, ni dar, ni apartar de mi corona real las tales ciudades e villas ni sus tierras e términos. E así fue dicho por las personas que lo tal dixeron con mal zelo e propósito a fin de vos fazer errar e posponer la fidilidad e lealtad que me devedes, en la qual todos tiempos devedes acatar e mirar según soys tenudos e vosotros podedes estar seguros que yo non daré lo tal cerca de lo qual más largamente fable con los procuradores de las dichas çiudades e villas de mis regnos declarándolas el fecho de la verdad.

E yo mandé a los que desa dicha çiudad e su tierra ynbiastes que vos informasen dello a los quales vos mando que dedes fee e creençia e no ay otra cosa.

E aquella es la pura verdad de la qual vos enbié esta mi carta firmada de mi nombre, dada en Medina del Campo, seis días de agosto de treynta y nueve. Yo el rey. Yo Asienso Rodríguez de Torlaguna, la fiz escrivir por mandado del rey nuestro señor.

//71rVista por la çiudad de Murcia la carta quel rey don Juan le enbió acordó enbiar a Sevilla, en satisfación de su fidilidad, otra para ynformarse de la ciudad de Sevilla si estaba firme en la suya y la dicha ciudad le respondió con otra carta dando muestra como estava firme como siempre en la fidilidad que avía tenido como parece por las cartas que se escrivieron que dizen ansí:

Muy[229] magníficos señores.

---

[229] Margen izquierdo: Carta que enbió Murcia a Sevilla.

Muchos días a que sabemos e sentimos los grandes mobimientos escandalosos e peligrosos que en estos reynos an seido lebantados e ocurren contra la voluntad, según que se dize, del muy alto rey e señor nuestro en que se an enbolvido muchos grandes perlados, condes, cavalleros, ciudades e villas por diversas causas de que abemos mucho desplazer. Avido como quier que, según la natural lealtad de que siempre la nación castellana por gracia de Dios se preció usar, no se presume que al fin en estos fechos no pasen por la determinación que al dicho señor rey plazerá sobrello ordenar pero que a nosotros a parecido muy grave si así es e cosa de mal exemplo que las ciudades [//71v] de la corona real ni alguna dellas por razón, color, ni ocasión alguna, ayan tomado ni aceptado voz a tal que suene ni se pueda sentir por el mundo ser en alguna desobediencia de su rey y senor natural a quien les fue e es mandado por Dios obedecer, como aquel que tiene su lugar en la tierra e lo puso por cabeca del pueblo e quiso que de sus dichos ende sus fechos non osase alguno algún mal retraer e quien lo fiziese fuese por ello descomulgado, como el que faze sacrilegio e demás porque los antiguos dEspaña preciándose de su lealtad se tornarán mucho de dicho e de fecho tales lebantamientos en tanto que tubieron en derecho y al luego que los pueblos sopiesen dello deviesen todos a recorrer a su rey no esperando su llamamiento. E pues si los pueblos del rey a esto son obligados quanto más lo son a se tener por él e mantener su voz e seguir su boluntad e no de otro alguno. E por amor de aquesto, nosotros abiendo memoria de como en el tiempo del muy sereníssimo rey don Alonso, que ganó esta çiudad de los moros, quando fue a ser emperador e su fixo don Sancho se alçó con el reyno por lo qual después que tornó e se vio desterrado de la mayor parte de su señorío sufrió muchos trabaxos e muchas cueytas, tanto que obo de buscar socorro del sancto Padre e del [//72r] rey de Francia y de Aben Yucaf rey de Marruecos en poder del qual estuvo por quatro meses e, aunque el dicho rey Aben Yucaf sabía que la casa dEspaña siempre fuera contraria de la suya de Maruecos, entendió que tan grande prez non podía él ganar para él e para su ley como ayudar a rey contra quien tan malamente avían errado los suyos.

E por esto, pasó la mar con sus poderes gastando de su aber por le ayudar e por gracia de nuestro senor Dios esa muy noble ciudad de Sevilla, e esta çiudad e la çiudad de Badaxoz fueron tan solamente en aquella sazón falladas aver estado e estar firmes en la voz e intención del dicho señor rey don Alfonso e que nunca don Sancho con ruegos e con amenazas las pudo de aquella yntención mover. E los dichos rey don Alfonso e Aben Yucaf se ayuntaron en esa muy noble çiudad e de y el dicho senor rey don Alfonso comencó a cobrar e cobró todo su señorío de Castilla e fizo muchas mercedes a essa ciudad e a esta e a Badaxoz e ,después, acá entre estas dichas ciudades, en especial entre esa muy noble ciudad e esta, a avido siempre mucho amor por el deudo de la gran lealtad en que ubieron unión e companía de lo qual todo por escripturas antiguas vuestras magnifiçencias creemos que //72v son mucho mejor çertificados e aora no olvidando por çierto nosotros la proeza esmerada de nuestros linajes e anteçesores de quien deçendemos que en la dicha lealtad se fallaron con los vuestros e la buena nonbradía e fama que por aquello dexaron en la qual, como en espejo acatando con zelo e deseo de la semejar, movidos a esto con tanto ardor e fervor de coracones con quanto más natura humana nos pudo obligar abiendo por agradable la muerte e todos otros daños si algunos a nuestro señor Dios pluguiere que reçibamos en el sostenimiento e prosecución de tan justo e de tan alto negocio, somos nos acordados estantes los dichos movimientos e siempre tener como abemos tenido mejor e tenemos la voz e vía e yntención del dicho rey e senor nuestro e seguir en todo e por todo su boluntad según sus mandamientos toda eficación e yntención contraria çesante ca parte puesta aviendo esperança que la devinal probidencia le dará consejo e regla e razón e fabor e boluntad de derecho conocimiento para pacificar e mantener en justicia su tierra en guisa que la misericordia e verdad se hallen en uno e se besen la justiçia e la paz.

E menbrando nosotros y de la hermandad buena e leal e sana que con esa noble ciudad //73r tiene firmada por cartas de A B C de que se ne des la una e tenemos la otra. Acordamos de esta razón çertificar vuestras magnificençias por esta nuestra letra seyendo çiertos que abiedes dello plazer e queremos questa nuestra yntençión a seydo y es la vuestra, como quier que mucho deseamos ser por vuestra letra çertificados dello.

Muy afectuosamente suplicamos e rogamos a vosotros señores que, consideradas las cosas susodichas e las otras que vuestras sanezas entienden mejor que a esto vos tienen obligados, que así como esa çiudad es la más noble e más poderosa e más honrrada del regno e más obligada a su rey parezca en tal tiempo que della así como nace luz del sol a las estrellas, nazca a las otras çiudades luz e resplandor de lealtad e obediençia del dicho nuestro rey e señor de lo qual tenemos mucha confiança que así lo abedes fecho e faredes. E esto es nuestro deseo por el qual satisfazer vos pedimos por merçed que de vuestra leal entençión nos escrivades lo qual vos ternemos (*sic*) en sigular benefiçio.

Nuestro senor Dios vos tenga en su sancta guarda e scripta en la dicha çiudad de Murçia, a nuebe días del mes de otubre, año del nacimiento de nuestro señor Jhesucristo de mil y quatroçientos y treinta y nueve años.

//73vNobles,[230] mucho honrrados parientes, amigos, los alcaldes, alguazil, veinte y quatro regidores. En la muy noble ciudad de Sevilla, con presta ofrecida voluntad, vos embiamos saludar en aquel que salud a todos vivientes es. A nos fue presentada una carta su subscriçión que se dezía enbiada por los alcaldes, alguazil, regidores, cavalleros, escuderos e omes buenos desa noble çiudad de Murcia, asaz de prudente sabiamente concluyente, ser a vos deseo de que vos escrivanos nuestra leal yntençión ofrecida a la lealtança singular devida a nuestro rey señor puesto por Dios para salud e governación del pueblo que por él recomendado le es. Por causa de los grandes mobimientos escandalosas (*sic*) que en los regnos son ynsurgidos contra la voluntad, según dixistes que se dize del muy alto rey y señor nuestro, faciendo comemoración por relación de la singular fee e lealtad desta muy noble çiudad en tiempo de algunos trabaxos e persecuciones contra el bienaventurado sabio rey don Alonso a quien fueron siguientes confederantes esa noble çiudad e la ciudad de Badaxoz. Nobles parientes por singulares estremadas

230 Margen izquierdo: Carta que [...].

lealtanças ynnumerables magníficos serviçios desta //74r dicha çiudad Sevilla senblantes nunca vistos en la gruesa opulenta España ante al tiempo e después a que vos referides e después ynfinitas vezes en magníficos trabaxos e fechos por ynconparabile premio e corona le fue propiamente dada e otorgadas singular denominación de muy noble por excelencia superlativa e si después algunas çiudades fueron denominadas muy nobles fue por sí que la suya non principal e aquella virtuosa propia singular lealtanca que en ella fue por su virtud natural e fixa constelación es por siempre será puramente servir e por ello toda última pasión reçibir por salud, gloria e servicio del senor rey nuestro a tranquilidad e guarda de la señoría e pueblo que por Dios recomendándoles como avíe cargo suyo en lo temporal e en las entrañas de los bivientes que ya fueron e de las presentes por naturaleza en esta çiudad de Sevilla fue e es e permaneçe radicando que apartado non puede ser verdadero entrañable amor e acatamiento singular al dicho señor rey nuestro por siempre en los coraçones e lenguas, amor e loor suyo conformándose por ymitación al psalmista sea siempre en mi boca su alabança e por esta tan grandíssima fe con obra quandoquier que necesario fue e será //74v se pudo e puede dezir gozáronse los decípulos quando vieron al señor clamantes el senor fice luego con nos que ya tarde es e el día declina e vista la estrella en oriente fee de Christo ya naçido troxo a los Reyes adorar a él clamantes: bendicto el que biene en nombre del señor, e por verdadera oblación viçeral e obligación natural a nos presente era con pronpto coracón e con todo apetito natural e sensitivo vuestra graçiosa exortación e con nos estava e permaneçía afectando nuestros ojos, ver, salud, victoria e prosperidad del rey senor nuestro para cuya virtud e bendición çesaron e çesarán todos escándalos e a diversidades en la señoría suya por la gloria magnifiçencia e potencia del muy alto Dios omnipotente que al amigo ynclinado es acatando la su fee e sanctidad que en él más resplandece que en rey alguno de la christiandad por quanto sus ojos e él alçados por continua contemplación merecieron ver e creer de Dios e de la su salvación e preservación de que la espiriencia a *propis animalibus* fizo, faze doctrina espirimentativa e por la limpia pura sacta vida castidad e ygnoçiençia suya que manifiesta es llamado debe ser segundo David a quien por Dios fue dicho: falle ome a mi voluntad, sé y fuerte e siempre //75r seré contigo, por quanto oy la salud del señor fecha[231] es antel e sus ojos aviertos son conocidos al señor que con él, en su coracón real e en la boca suya, faze morada e por él recibe coracón sin temor ynfusa doctrina política moral para dezir, ordenar, obrar e fazer enseñança al pueblo con resistençia a toda adversidad doquier provenga por qualquier vía e imaginación porque todas sus cosas son de Dios estando siempre en él su amor e delectación dante (*sic*) testimonio de la verdad consolante a la su resplandeciente humildad consolación dio e dará a la Natividad e venida suya a tanta senoría e governación con justicia de pueblos diversos por diversas condiciones e generaciones porque sin justicia, estabilidad non puede ser a la dulce pía pértiga de aqueste templado misericordioso castigo fizo, faze en el pueblo de que todos gozosos son e otra vez se gozarán sin tristeza alguna porque por la gloria suya nuestra nación dEspaña cuya cabeça e principadgo, los regnos de Castilla e de León, son purgada alumbrada e restaurada es desechadas todas sospechas siniestras e por ello gozar nos devemos dando gloria al señor que nos dio pan cotidiano, manjar e conbite de tanta exçelencia e, sin humana comparación, singular e famoso senor e governador //75v y an quebrantada toda tiniebla vista fallada es luz manifiesta reluciente en las partes más y an bienificados somos e por sus méritos fecha es redonación del pueblo.

Este fue, es e será deseado a todas las gentes cumplirá la governación de su señoría dando gloria al señor, regirá el pueblo, obedeçerá a él en la presencia e ausencia, príncipe de mucha bondad, virtud, claridad, e castidad, templo lleno de gracia dante gloria e alabança al omnipotente e su coracón e boca aistente a él enseñante aquello que diga e determine. Mereció la silla de la su corona real situada seer a la diestra del señor. Puestos subjugados todos sus adversarios so el cabello de los sus pies un ovil, un pastor, soportar devemos e devedes nuestros e vuestros travajos con verdadera charidad por servir a él todo tiempo que converná e será cumplida ley de Christo. Levantado es, dará luz en el pueblo suyo llamado Jherusalem, bisión de Dios, porque venida es su claridad e la gloria del señor sobre él

---

[231] Margen derecho: 99.

nacida es. Rescibirán consolaçión en él todos los que en la cercanía suya son e porque todos somos ynbiados a este fin establecida es e debe ser entre nos hermandad, paz, e buena confederación e nuestra nombre debe ser verdaderos //76r amigos servidores del pues conpluga la su palabra en nuestro conspectu e si a nuestro tiempo converná perpertuamente viniendo muerte por nuestro senor el rey en nuestra virtud nos será gloria estable mal daño alguno por servicio suyo no sentiremos porque con nos e a nos presente es gloriosa alegres cosas los prosiguientes uno e propósito bueno fazer de consuno por obras confortar abitación e por quanto de la preçiosa presencia e real magestad deste preferido bendicto rey nuestro con los súbditos suyos infantes, duques, condes, ricos omes, arcobispos, obispos e otros prelados e con todo el pueblo ciudadano e plebeo es avido o asimulado cuerpo místico e cabeca gobernante los otros ynferiores miembros por él gobernados sin alguna descrepación e tiene apropiación conparación al coraçón el pueblo al cuerpo e el coraçón al pueblo es superante en ciertas virtudes dale movimiento e vida según los miembros entresí son hordenados e dispuestos e recibe sus movimientos del cuerpo así reparante, unos con otros dando aquello que les mengua façiendo fraternal e natural comunicaçión creciendo en los defectos porque la virtud vegetativa e nutritiva a ellos proporcionalmente según la verdadera sustancia sea comunicada por operación interior de la una //76v especie de la justicia comunicativa e el coracón conparado al príncipe rey nuestro cuya vida con prosperidad creciendo en victorias da e contribuye a los miembros del cuerpo pueblo subjeto natural espíritu de vida por médula dante comienco de sentimiento llamada justicia destributiva repartiendo lo que tiene dando la virtud suya a cada uno según sus grados de la naturaleza por las dignidades que dellas rescibió. Estas dos justicias mantienen e goviernan el cuerpo natural e así la justicia particular en la comunicación, permutación e división de los bienes de la fortuna, según los merecimientos, salvan el regno e lo mantienen en paz e sosiego dando a cada uno lo que suyo es onestamente biviendo a otro non enpeçiendo. E por esta virtud e benefiçios que en la justicia son los antiguos ante del baptismo de la fee de Cristo edificaron e adornaron templos e a la justicia como a la virtud necesaria al bien público e por ella el pueblo es sostenido cada uno teniendo por orden el grado que suyo es mayor, mediano, en otra manera en el cielo e en la tierra estabilidad no podría ser e por ello en el tratado de la sabiduría de Dios fue ofrecido a los reyes e príncipes vos que juzgades la tierra amad justicia, fazed la guarda [...] guardados e amados de Dios //77r teste Balerio del rey Aleno primero fundante la ciudad Lucrecia e por quanto en el señor rey nuestro perfectamente estos dones graçiosos e muchos más son fallados por naturaleza, ynfluencia e virtud especial conviniente es ser amado, servido, pre electo e preferido por su pueblo por suabes loores e alabança al criador que lo dotó e premió en tantos bienes e bertudes de la gracia divinal e los miembros pueblo suyo como cuerpo al coracón le sirvan e continuamente le obedezcan cumpliendo sus leyes e mandamientos que denegados non deven ser en la fechura de la senoría suya porque su alteza gubernada.

E si desto obiese alguna resistençia continuando la lealtança de questa ciudad coronada es non negando muerte que nos sería gloria todo pospuesto se siguiría al camino de la verdad la fee que a su señoría devida es e non convenía nin conviene que de la tal cabeca miembro alguno fuese alexado e destirpado e aquella lealtanca que siempre en Castilla España gruesa más que en otras probinçias fue vista e fallada que biuda ni huérfana non podría ser acatando la reflorencia de las virtudes deste magnífico señor e rey nuestro todos con reberencia fueron e serán a él ynclinados con obediencia e en sus tiempos por la virtud suya porná Dios por él toda paz e berdadera subjeción a la su corona e señoría. //77v Conforme a la palabra angélica: "en las alturas gloria a Dios, en la tierra paz a los omes de buena voluntad" e por el pugnará Dios dándoles siempre triumpho real a él abiertas siempre serán las puertas de Jano mostrantes victoria e porque escrevistes de la buena sana, leal, hermandad questa muy noble ciudad con esa noble çiudad tiene firmada por cartas de A B C de que tenendes la una desto a nos non es memoria ni alguna sabiduría mucho vos rogamos que vuestra nobleza nos enbíe la dicha carta vista abremos mucho gozo respondiendo por obra todo aquello que servicio del senor rey honrra e bien desta e desa ciudades sea escriviéndonos por carta vuestra firmada de buestros nombres, según en nos costumbre es.

El muy alto poderoso Dios conserve, prospere, repare e guarde vuestras honrras e salud de bien en mejor a su sancto servicio.

Escripta a treze días de nobiembre. Diego Álvarez, alguacil, Juan Cerón, alcalde, Joannes Licençiatus, Joannes Bachaus, Pedro Goncález, Juan Fernández, Diego Fernández, Fernán Ruiz, Juan de Torres, Antón de Torres, Antón Desquivel.

Escriptas que obieron sido por las ciudades de Murcia y Sevilla las cartas dichas, como andava todavía el rey y los reynos en sus re- //78r buluciones y desasosiegos, el rey don Juan embió al príncipe don Emrique, su hijo. Llegado que fue a la villa de Hellín, escrivió una carta a la ciudad de Murcia que dize así:

Yo, el príncipe don Enrique, envío a saludar a vos el concejo, alcaldes e alguacil e regidores e jurados e cavalleros e escuderos oficiales e omes buenos de la muy noble ciudad de Murcia como aquellos a quien mucho precio e cómo e de quién mucho fio. Fago vos saber que yo llegué aquí a la villa de Hellín ayer miércoles, porque antes no pude por ocupación de algún accidente que obe en mi persona. E luego, oy jueves por la mañana, oy vuestros procuradores e vi todo lo que por ellos me enbiastes suplicar a lo qual, acatando la gran lealtad e fidilidad que esa çiudad e los que en ella viben an avido al serviçio de los señores reyes antepasados mis progenitores e al del rey mi señor e mi padre e mío en la qual lealtad e fidilidad yo non podría poner ni pornía duda salvo ques aquella que todavía fue, yo respondí a vuestras tres peticiones, según vuestros mensajeros vos dirán, e porque entiendo que cumple al servicio del dicho rey mi señor e mío, yo entiendo partir de aquí prestamente e continuar mi camino a esa ciudad.

Yo vos ruego e mando que, si placer e servicio me deseades fazer, pongades buen recado en esa ciudad e la tengades presta para el servicio del dicho rey mi señor e mío, echando della //78v a todos los sospechosos.

Escripta en Hellín, a diez y seis de octubre de mill y quatroçientos y treinta y nueve años.

Yo, el príncipe.

La mayor grandeza de todas quantas la ciudad de Murcia a tenido y tiene y de que más se pueda preçiar es aver sido governadora de los reynos dEspaña porque quando el rey don Enrrique terçero quiso morir, en el testamento que hizo estando en el çerco de Cirílico de la Vera en el reyno de Portogal, en veinte y uno de jullio del año de mill y trezientos y ochenta y cinco años, antes que subçediera la batalla, dexó por tutores de los reynos y gobernadores dellos al condeestable don Alonso de Aragón y marqués de Villena, y al arcobispo de Toledo y a don Juan García Manrrique, arcobispo de Sanctiago, y a don Pedro Núnez, maestre que avía sido de Calatrava, y a don Juan Alonso de Guzmán, conde de Niebla, y Pedro Goncález de Mendoca, su mayordomo mayor, y con ellos un vezino de las ciudades de Burgos, Toledo, León y Sevilla, Córdova y Murçia el qual testamento en las Cortes que hizieron los grandes de Castilla en el año de mill y trezientos y noventa y dos años, estando presente el rey con los procuradores de los reynos acordaron se guarda/ra/ el testamento del dicho rey don Enrrique y desde entonces governaron los dichos reynos, las dichas çiudades //79r y de la de Murcia. Fueron por gobernador Ju[an] Callante y Pedro Calafat el rey le hizo merçed de las primeras alçadas de la dicha ciudad de Murçia, como todo consta por los libros del archivo de la dicha ciudad de Murcia.

Pues la fidilidad que la ciudad de Murcia tubo y guardó como siempre lo avía hecho parece por un juramento que los regidores della hizieron en tiempo de las comunidades que los comuneros que avía en la dicha ciudad se alcaron con ella y los hecharon fuera della según por él parece que dize así:

En el nombre de Dios, Padre e Fixo y Espíritu Sancto, que son tres personas e una esençia divina que vibe e reyna para siempre sin fin, e de la gloriosa Sancta María, su madre e senora nuestra, ante quien todos los pecadores tenemos por senora y abogada en todos nuestro fechos y suplicamos que ruegue a su fixo bendicto Jhesucristo nuestro redemptor que por los méritos de su sanctíssima pasión aya piedad y misericordia de nuestras almas e nos enderezca en su sancto servicio e aparte de la yra e odio e malquerencia e mala boluntad de las yniquas dolosas personas que nos quieren contrastar e perseguir, por ende, nos los regidores e jurados de la ciudad de Murcia questamos desterrados e alancados de nuestras casas e faziendas por estos desiertos e //79v [...]pos por mandado de la comunidad e síndicos e capitán de la dicha ciudad que no mirando ni çelando el servicio de Dios, ni del rey nuestro señor se an alcado e apoderado de la ciudad e usurpado la jurisdición real e govierno della acoxiendo e trayendo en su companía personas de mal vibir e condición e an cometido otros excesos y delictos e prendiendo a las personas que se les antojan e soltando e librando otras e sin niguna pena, haciendo pregones e mandamientos duros e crueles sin ninguna forma de ley ni de rey, ni de razón, ni de amor, ni charidad contra el dicho regimiento e las otras personas que no quieren obedecer ni seguir su opinión e seta (*sic*) diabólica. Y para evadirnos de la persecución desta gente non sancta avemos acordado de meternos so la salva e guarda de su divina potencia y del rey nuestro señor, de sus governadores, de su consejo real, y sufrir con toda humildad y paciencia nuestros travajos e fatigas e gastos e destierros fasta que venga el remedio e redmpción de Dios y de su alteza como rey en la tierra e, para questo mejoremos, consoladamente se pueda fazer, todos unánimes y conformes en la dicha nuestra protestación, dezimos que protestamos de vibir e morir //80r en la fe e hermandad y que todos los sobredichos que aquí firmamos nuestros nombres nos juntemos en un lugar o en las partes que cada uno tubiere manera de poder estar, haziendo mensajero o mensajeros al rey nuestro señor e a los de su muy alto consejo haziéndoles saber el estado e manera e rebolución de la comunidad de la dicha ciudad e las fazañas e mal tratamiento que facen al dicho regimiento e personas que no los quieren seguir, e de la gran desobediencia que an fecho e fazen al rey e a sus juezes e questaremos firmes, leales, estables en el servicio de Dios e del rey e de sus governadores e consejo e cumpliremos sus cartas e mandamientos e faremos todo lo que sus altezas e su consejo real mandaren e no bolveremos a la dicha ciudad ni a nuestras cassas por modo ni consetimiento de la dicha comunidad, sino fuere reduziéndose e refirmándose al servicio de sus altezas e si fuere complidero para fortificar lo susodicho a venturar las vidas e faziendas //80v e todo lo demás en su sercivio, que lo faremos desde agora parą entonçes y destonçes para agora lo ofreçemos.

E protestamos que nos guardaremos toda amistad, amor e deudo e faremos muy buenas obras unos a otros en respecto de lo suso dicho. E para ello juramos a Dios e a Sancta María e a esta senal de cruz [signo] e a los sanctos quatro Ebangelios donde quiera que son escriptos e fazemos pleito omenaje como fixosdalgo e de honor una e dos e tres vezes en manos e poder de Pedro de Perea, regidor, ome fixodalgo que de nos lo recibió que lo cumpliremos e manternemos (*sic*) so pena de perjuros ynfames e de caer en los casos en que caen los fixodalgo que quebrantan sus pleitos omenajes fechos en su libre boluntad en fe de lo qual firmamos aquí nuestros nombres.

Fecho en el Alcantarilla, en la yglesia della, sábado primero de septiembre año de mill y quinientos y veinte años. //81r Pedro de Zambrana, regidor, rescibió el pleito omenaje de Pedro de Perea, regidor, en sus manos. Pedro de Perea, Alonso Pacheco de Arróniz, Diego de Abilés, Francisco Bernad Zambrana, Juan Marines de Cegarra, Juan Bárquez, Diego de Lara, Francisco Requelme, Ruy García Saorín, Antón Saorín, Pedro de Arróniz, Rodrigo Abellán, Goncalo Rodríguez de Abilés, Alonso de Molina, Pedro de Çamora, Alonso de Tença, Fulgencio de Almela, Hurtado de Arróniz, Cristóval de Balibrera, Alonso Çeldrán, Rodrigo de Aroniz, Alonso de Auñón, Bozmedano de Aróniz, Juan de Cavallos, Diego Riquelme, Francisco Thomás, Rodrigo Pagán, Francisco Lope, Cristóbal Salar, Rodrigo Bázquez, Alonso Dábalos.

Otras muchas cartas de reagradeci- //81v miento escrivieron los reyes pasados a la ciudad de Murcia loando siempre su lealtad las quales, por evitar prolixidad, se dexan de poner[232] en este lugar y serán puestas en otras partes donde vengan más a propósito como por ellas se verán.

Discurso 16.
Que trata de los adelantados que an sido en el reyno de Murcia después que fue ganada de los moros

El ser adelantado del reyno de Murcia siempre a sido y es el oficio más preeminente que en //82r todo el reyno ay porque está a

[232] Tachado: las quales por evitar prolixidad se dexan.

su cargo toda la costa del dicho reyno, que es desde el término del reyno de Balencia hasta el término del reyno de Granada, y está obligado a visitalla, guardalla y faboreçella de tal manera que a de acudir siempre a los peligros de moros que ocurieren en la costa, así por mar como por tierra, y para esto tiene tal poder que cada y quando que el adelantado ynbía por todo el dicho reyno al llamar gente y acuden a su llamamiento como a cabeca ques de todo. Y así, siempre a estado y está en gente ilustre como a sido en príncipes maestros de Sanctiago, de Alcántara y Calatrava, en condestables, duques, condes y marqueses al fin como oficio de tanta calidad y confiança que es, como por este discurso se verá.

El primero adelantado que ubo en el reyno de Murcia fue el ynfante don Manuel, hermano del rey don Alonso déçim porque, después que la çiudad de Murcia fue ganada por el rey don Jayme de Aragón y entregada al rey don Alonso su reyno, nonbró luego por adelantado a su hermano el ynfante don Manuel, que ansí mismo era yerno del dicho rey don Jayme. Y como el dicho don Manuel tenía en el reyno de Murcia muchas ciudades y villas, como eran la ciudad de Carthagena //82v Alcalá[233], Lorquí, Lebrilla y otros muchos pueblos, juntamente con ellos tenía a cargo el ser adelantado de los demás. Y el aver sido adelantado consta[234] por una carta quel rey don Fernando[235] enbió a la villa de Molina diciendo que tenía dados a don Juan, hijo del ynfante don Manuel, catorze mill maravedís y en el entretanto le dava en enpeño a Molina durante no se los diese y mandava se la entregasen con el alcáçar. En esta carta nombra el dicho rey don Fernando que avía sido adelantado del dicho reyno de Murcia la qual carta se dio en Palencia, a diez[236] de octubre, era de mill y trezientos y[237] quarenta y nueve años.

---

[233] Margen izquierdo: [...] en Murcia [...] era 1318 [...] que fue adelantado mayor deste reino el infante don Manuel y su teniente Díaz Sánchez de Bustamante.

[234] Margen derecho: el rey don Alfonso llama su adelantado mayor o don Enrique Pérez en una misión de una partición de tierras hecha aquí en Murcia estando el rey en Aljucer era 1310 años, ano 1276.

[235] Margen derecho: verse ha esto en las últimas hojas del libro de la población desta ciudad.

[236] Margen izquierdo: 1311.

[237] Margen derecho: Este Henrique Pérez fue sin duda Henrique Pérez de Harana.

En tiempo del rey[238] don Alonso déçimo de Castilla fue adelantado don Alonso García, como parece por un previlegio quel dicho rey dio a la çiudad de Murcia en que por él concedía tubiese seña y sello y otras cosas en él concedidas, como ya queda hecha mención del, en el qual previlegio entre otros cavalleros, obispos y arçobispos que le confirmaron, lo confirmó el dicho Alonso García como adelantado que era del reyno de Murcia, como parece por el dicho previlegio que fue dado en Sevilla a nuebe de mayo era de mill y trezientos y[239] quatro años. Y, asimismo, en otro previlegio quel dicho rey dio a la dicha ciudad estando //83r en Sevilla, a tres de agosto de la dicha era [...], él les concedía y dava por término a Mula, Molina y el Balle y los otros lugares que eran en tiempo del Miramamolín lo confirmó el dicho don Alonso García como por el parece.

Don[240] Garcí Jofré de Loaysa fue adelantado del dicho reyno como parece por un previlegio que el rey don Sancho[241] dio a los vecinos de los arrabales de Talabera para que les fueran bueltos sus heredamientos, en el qual confirmó el dicho don Garcí Jofré como adelantado que era del reyno de Murcia. Diose este previlegio en Burgos, a veinte y nueve de março, era de mill y trezientos y veinte y tres años. Y ansí mismo el dicho don Garcí Jofré confirmó como adelantado del reyno de Murçia otro previlegio quel dicho rey don Sancho otorgó a don Diego obispo[242] de Carthagena y al deán y cabildo de su iglesia, por el qual le confirmó la merced que le tenía hecha de todos los çensales de Murcia con luismo e con la fadiga e con las tiendas e con las carneçerías e las alfóndigas e con el eredamiento que avía en el Albeyenzabad Algidi. Fue dado este previlegio en Sant Esteban de Gormaz a veinte y seis[243] de enero de la dicha era[244].

Este don Garcí Jofré de Loaysa por el testamento que otorgó en la ciudad de Murcia a veinte y tres de agosto de la dicha era se

---

238 Margen izquierdo: don Alonso García.
239 Margen izquierdo: 1266.
240 Margen izquierdo: Don Garcí Jofré de Loaysa.
241 Tachado: El bueno.
242 Margen derecho: año 1286. Subrayado: a don Diego obispo
243 Margen derecho: 1285.
244 Subrayado: a veinte y seis de enero de la dicha era.

nombra adelantado y mandó por él que Juan Ybáñez diera //83v a[245] Galín Pérez el alcázar de Murcia que tenía por él para que la diera al rey don Sancho. Y, asimismo, mandó a Bernat de Torroella que diera al dicho Galín Pérez el castillo de Çieça para entregallo al dicho rey, donde parece claro questaban a su cargo juntamente con ser adelantado. Este testamento pasó ante Bernal Ermengol, notario, como todo por él parece. Este don Garcí Jofré fue albaçea del rey don Alonso décimo como parece por el dicho testamento que era suio pero mayor y el dicho don Garcí Jofré y fue hijo de don Jofré de Loaysa que /era/ tenido en mucho del dicho rey don Alonso porque quando el ynfante don Philipe y don Nuño y don Lope Díaz y otros ricos hombres estaban en Granada en desobediencia del dicho rey don Alonso y le enbiaron a pedir que les otorgase ciertos fueros, usos y costumbres, según que los obieron de los reyes de Castilla, y para determinar lo que le pedían hizo un ayuntamiento en Almagro y entre otros cavalleros que en él se hallaron fue uno don Jofré padre del dicho don Garcí Jofré, según[246] que todo parece en la *Chrónica del rey don Alonso décimo* en el capítulo quarenta y quatro y en las Cortes que el dicho rey hizo en Burgos entre otros cavalleros que //84r fueron[247] enbiados al ynfante don Philipe[248] y a los otros cavalleros para que se sosegasen fue uno este don Garcí Jofré de Loaysa, como lo dize la dicha *Chrónica* en el capítulo 23.

Parece[249] que don Fernán Pérez de Guzmán fue adelantado del dicho reyno de Murcia, como consta por una carta quel rey don Sancho enbió a Murcia sobre los pleitos de las alçadas de la ciudad que por ella mandava no pusieran razones nuevas en la qual carta le llama adelantado del dicho reyno, según por ella consta que se dio en Palencia, a primero de diziembre, era de mill y trezientos y veinte y quatro años.

---

245 Tachado: que diera.
246 Margen izquierdo: *Chrónica*, capítulo 44.
247 Margen izquierdo: *Chronica*, capítulo 23.
248 Margen superior derecho: 10[...].
249 Margen izquierdo: Don Fernan Pérez de Guzmán.

Fue[250] adelantado del dicho reyno de Murcia don Juan, hijo del ynfante don Manuel, como[251] parece por la carta de nombramiento quel rey don Sancho le hizo estando en Madrid a primero de diziembre, era de mill y trezientos y veinte y ocho años, y en la dicha era nonbró por su teniente a Juan Sánchez de Ayala, como parece por una carta del dicho rey que enbió a Murcia sobre el poner de las belas, la qual se dio en Madrid a ocho de diziembre en un [privilegio por el] rey don Fernando quarto d[ado] a la ciudad de Baeca [...] otros cavalleros //84v como adelantado que era del reyno de Murcia el qual se dio en Balladolid a tres de agosto era de mill y trezientos y treinta y tres años. Tubo ansímismo por su teniente a Pedro López de Ayala y a Juan García de Loaysa y a Alonso Fernández de Ludeña como parece por los nombramientos que de los suso dichos hizo en la era de treinta y cinco años y en la de cinquenta y siete y por él el rey don Alonso honzeno le fue quitado el oficio de adelantado, según parece por una carta que dio en Balladolid, a honze de octubre era de mill y trezientos y sesenta y tres años y después en la era de mill y trezientos y sesenta y ocho años, a veinte y nueve de enero. Estando el dicho rey en Toro le tornó el adelantamiento del dicho reyno de Murcia al dicho don Juan y esta segunda vez tubo por su teniente Alonso Fernández Saabedra el qual cargo lo quitó que lo tenía Pedro López, como parece por el nonbramiento que dicho don Juan le hizo al dicho Alonso Fernández Saabedra, a veinte y cinco de septiembre era de mill y trezientos y sesenta y nueve años.

Por[252] carta quel rey [...] estando en Guadala[jara...] //85r fue[253] adelantado del dicho reyno Alonso [Fernández] Saabedra como parece por la carta quel rey don Alonso le hizo merçed del dicho adelantamiento estando en Sahagún, a dos de septiembre, era de mill y trezientos y setenta y tres años.

Tanbién[254] parece por carta del rey don Alonso honzeno, dada en Sevilla a diez y ocho de noviembre, era de mill y trezientos y setenta

[250] Margen izquierdo: Don Juan hijo del ynfante don Manuel.
[251] Margen derecho: 1290.
[252] Margen izquierdo: Don Juan Osores, maestre de Santiago.
[253] Margen izquierdo: Alonso Fernández Saabedra.
[254] Margen izquierdo: Juan Fernández Horozco.

y cinco años, en la qual nombra por adelantado a Pedro de Éxica según por el dicho nombramiento consta[255].

En[256] la era[257] de mill y trezientos y ochenta y cinco años, a diez y seis de abril, el rey don Alonso nombró[258] por adelantado a Juan Fernández Horozco y en otra carta dada en Sevilla, a veinte y cinco de mayo de la dicha era[259], le enbió a mandar que por quanto era Jumilla tomada y estaba a su servicio que pusiese recaudo en ella.

Parece[260] por carta del rey don Pedro, dada en Sevilla a veinte y seis de abril, año de mill y trezientos y ochenta y ocho años que nombró por adelantado a don Fernando hijo de don Juan, su basallo, y que en su lugar estuviera Juan Fernández Horozco.

Por[261] nombramiento quel rey don Pedro hizo de adelantado del dicho reyno a don Martín Gil, hijo de don Juan Alfonso de Alburquerque, //85v parece [...] el qual hizo a diez y seis de julio, año de mill y trezientos y ochenta y nueve años, y el dicho don Martín Gil nombró por su teniente a Ruy Díaz Cabeça de Baca, como parece por el nombramiento que se hizo en Balladolid a ocho de agosto de la dicha era[262].

El[263] rey don Enrrique nombró por adelantado del dicho reyno de Murcia a don Rui López Dábalos, condestable de castillo, el qual nonbramiento hizo a diez y seis de octubre, año de mill y trezientos y nobenta y seis años. Fue teniente del dicho condeestable el doctor Garci Fernández de Salamanca, como parece por el poder que se le dio en Segovia a diez y seis de hebrero, era[264] de mill y trezientos y noventa y siete años.

---

[255] Margen derecho e interlineado: Y su teniente Gonçalo Yañez Calvillo. Don Fernando Manuel fue adelantado. Era de 1381. Su teniente don Sancho Manuel, su tío.
[256] Margen izquierdo Juan Fernández y Horozco.
[257] Tachado: año.
[258] Margen izquierdo: 1437.
[259] Tachado: año.
[260] Margen izquierdo: Don Fernando.
[261] Margen izquierdo: Don Martín Gil.
[262] Tachado: año.
[263] Margen izquierdo: Ruy López de Ábalos, condeestable.
[264] Tachado: año.

Parece[265] que don Enrrique Enrríquez fue adelantado del dicho reyno de Murçia por nonbramiento quel rey don Pedro le nonbra por tal adelantado y en él manda a la ciudad de Murcia le resciban, el qual se hizo en Carthagena a veinte y dos días de julio, era de mill y trezientos y noventa y siete años.

Ansímismo[266] parece que en el era[267] de mill y trezientos y nobenta y ocho años estando el rey don Pedro en Almodóbar del Campo a veinte y siete de mayo, nombró por adelantado del dicho reyno de Murcia a don Gutierre Gómez /de Toledo/ prior de Sant Juan.[268]

[//86r]En[269] [270]el era[271] de mill y quatrocientos, a veinte y ocho de abril fue nombrado por adelantado del dicho reyno de Murcia a Día Gómez de Toledo como parece por la carta de nonbramiento quel rey dom Pedro le hizo estando en Sevilla en la qual mandó a la ciudad de Murcia le obedecieran por tal adelantado.

El maestre de Alcántara don /Gutier/[272] Gómez fue nombrado[273] por adelantado y lo fue del dicho reyno, como parece por el nombramiento quel rey don Pedro hizo del dicho adelantamiento a don Martín López, maestre de Alcántara, en el qual dize que sea adelantado el dicho don Martín López del dicho reyno como hasta allí lo avía sido el dicho Gutier Gómez, maestre, quando era bivo diose esta carta de nonbramiento en Sant Lucas de Barrameda a veynte y uno de abril era[274] de mill y quatrocientos y tres años.

Este don Martín López hizo merced de la merindad a Andrés Pérez Formentera. Fue teniente de adelantado del dicho don Martín López Pedro Malfeyto, como parece por el nombramiento que se le hizo a

---

[265] Margen izquierdo: Don Enrrique Enrriquez no fue sino adelantado de la frontera [...] de la Andalusía.
[266] Margen izquierdo: Don Gutierre Gómez, prior de Sant Juan.
[267] Tachado: año.
[268] Margen inferior: Fue maestre de Alcántara [...] el mismo de quien se trata más abaxo y se engañó este autor pensando que como fue prior de San Joan y después [...]
[269] Margen superior: Santiago que fueron diferentes.
[270] Margen izquierdo: [...] Gómez de Toledo.
[271] Tachado: año.
[272] Tachado: Garsi.
[273] Margen derecho: Del maestre de Alcántara Gutier Gómez fue teniente Pedro Fernández Niño y Alcayde de Alicante, como parece por el libro Annal de 1364, reinando el rey don Pedro.
[274] Tachado: año. Margen izquierdo: Era a de dezir y no año.

dos de mayo del dicho año[275], el qual nombramiento lo hizo estando sobre el real de Orihuela. Este Pedro Malfeyto sostituyó el poder en Ruy García, el gallego, por ser, como a la sazón era, el dicho Pedro Malfeyto, alcayde de Alicante, como parece por la sostitución que en Alicante hizo a treze de agosto de la era[276]. //86v Después[277] parece que le fue quitado al dicho don Martín López el oficio de adelantado y el dicho rey don Pedro se lo bolvió a dar estando en Burgos a diez y ocho de abril, era[278] de mill y quatrocientos y cinco y el dicho don Martín López nombró por su teniente a Fernán Pérez Calvillo.

Fue[279] adelantado deste reyno de Murcia don Juan Sánchez Manuel, conde de Carrión, como parece por el nombramiento quel rey don Juan, el Segundo, le hizo estando en Medina del Campo a veinte y quatro de hebrero, era[280] de mill y quatroçientos y diez y nueve años[281]. Puso[282] por su theniente en el dicho oficio Alonso Yáñez Fajardo, como por el dicho nombramiento parece que se hizo a diez de septiembre del dicho año[283].

Era este don Juan Sánchez Manuel, como parece por muchas cartas y cédulas reales que dello dan razón, se llevava siempre mal con la ciudad de Murcia y su tierra por lo qual ganaron las dichas cédulas para que el dicho conde no entrase en la çiudad ni su tierra por los males tratamientos que les hazía. Estando pues el dicho Alonso Yánez Fajardo en la ciudad de Murcia el dicho conde le mandó fuese a las peñas de Sant Pedro a tratar ciertos negocios con el alcayde //87r que allí tenía puesto el dicho conde, al qual tenía abisado que quando el dicho Alonso Yáñez Fajardo fuese a las dichas peñas lo matasen entre él y el concejo de Las Peñas. Llegado que fue el dicho Alonso Yáñez fue avisado de algunos de la villa y una noche lo descolgaron

---

[275] Tachado: año. Nota marginal izquierda: era.
[276] Tachado: año. Nota marginal derecha: era.
[277] Nota marginal izquierda y superior: ilegible.
[278] Tachado: año.
[279] Margen izquierdo: Don Juan Sánchez Manuel.
[280] Tachado: año.
[281] Margen derecho: Tachado 1381. 1419
[282] Margen izquierdo: Aquí está el mutibo de disturbios de los Manueles y Faxardos.
[283] Tachado: era.

con unas cuerdas a las penas abaxo y se vino a la ciudad y contó lo que le avía subçedido y la ciudad escrivió al rey lo que avía pasado.

Luego que llegó a la ciudad de Murcia el Alonso Yáñez Fajardo el conde enbió tras del una carta a la ciudad en que por ella dezía que Alonso Yáñez Fajardo le avía disfamado diciendo lo enbió a Las Peñas a que su alcayde y el concejo dellas lo mataran y que no pasava tal ni el lo avía mandado y le rebocava el poder de adelantado, según todo esto parece por la carta que fue enbiada a seys días de hebrero, año de mill y quatrocientos y veynte años.

Luego quel rey supo lo que avía passado[284] mandó parecer antel al don Juan Sánchez Manuel y al Alonso Yáñez Fajardo y entre tanto mandó el rey por su carta dada en Castro Nuño, a diez y nueve de mayo del dicho año, que Alonso Valdivieso, comendador de Ricote, sirviese el oficio de adelantado. Por estas [discu]siones que entre el conde y el Alonso Yánez Fajardo avía, hizo el rey adelantado a don Ruy López Dávalos que ya otra vez, como queda dicho, lo avía //87v sido en tiempo del rey don Enrrique, nieto del rey don Enrrique y después por la sentencia que contra él dio el rey don Juan el segundo, le privó de la condestabilia y del adelantamiento del reyno de Murcia y de los demás que tenía y hizo condeestable a don Álvaro de Luna y el ser adelantado del reyno de Murcia Alonso Yánez Fajardo según se dize en la *Chrónica del rey don Juan Segundo* en el capítulo 62. Este don Sánchez Manuel murió en la ciudad de Murcia y está enterrado en un capilla que la puerta della está en la capilla del Sanctíssimo Sacramento de la yglesia cathedral y en ella un rótulo que va en arco por la dicha portada que dize así: Aquí yaze el noble cavallero don Juan Sánchez Manuel, fixo del conde de Carrión, adelantado que fue del reyno de Murçia. Esta capilla se metió en una que los marqueses de Bélez hizieron questá junto a la capilla del Sacramento y en este año /de noventa y quatro/ se hizo el carnero y hazía la parte do avía sido la capilla del don Juan Sánchez lo hallaron con su espada dorada çeñida y espuelas doradas calçadas.

---

[284] Tachado: los.

El[285] nombramiento quel rey don Juan, el Segundo, hizo de adelantado del dicho reyno Alonso Yánez Fajardo fue en la Puebla de Montalván a diez //[88r] y siete de noviembre, año de mill y quatroçientos y veinte y uno y en este mismo ano el dicho Alonso Yánez Fajardo, a doze de diziembre, nombró por su teniente a Pedro Gómez Dábalos como por el nombramiento parece.

Muerto[286] el Alonso Yánez Fajardo, el príncipe don Enrrique, hijo del rey don Juan, nombró por adelantado del dicho reyno a don Pedro Fajardo, hijo del dicho Alonso Yánez Fajardo, la qual merced le hizo en Chinchilla, a treinta de noviembre, ano de mill y quatrocientos y quarenta y quatro años.

Por[287] muerte del don Pedro Fajardo le subcedió en el oficio don Juan Chacón, que fue casado con doña Luisa Fajardo hija del don Pedro Fajardo, como parece por la merced quel rey don Fernando le hizo a su hijo don Pedro de çiertos maravedís de por vida y en él le nombra adelantado al dicho don Juan Chacón, la qual merçed fue hecha en Granada, a catorze días de septiembre, año de mill y quinientos años.

Después[288] la reyna doña Isabel, por muerte del dicho don Juan Chacón, hizo merced del adelantamiento a su hijo don Pedro Fajardo, la qual merçed le hizo estando e (*sic*) Segovia, a diez y seis de octubre, año de mill y quinientos y tres años y, asímismo, le hizo merced de la tenencia de Los Alcácares de Murcia y antes le avían hecho merçed de la ciudad de Carthagena los dichos Reyes Cathólicos, en el //[89v] año de mil y quatroçientos y setenta y siete, estando en Madrid a quinze de abril. Y, después, los dichos Reyes Cathólicos, en el año de mill y quinientos y quatro años, a nueve de noviembre, estando en Lorca le quitaron a Carthaghena y le dieron por ella a Bélez el Blanco e Bélez el Rubio e los lugares de las Cuevas e Portilla y trezientas mill maravedís de juro en Lorca y en Murçia.

Deste[289] don Pedro subçedió en el adelantamiento su hijo Luis Fajardo.

---

[285] Margen izquierdo: Alonso Yánez Fajardo.
[286] Margen izquierdo: Pedro Fajardo.
[287] Margen izquierdo: Juan Chacón.
[288] Margen izquierdo: Don Pedro Fajardo.
[289] Margen izquierdo: Don Luis Fajardo.

De[290] don Luis Fajardo subçedió su hijo don Pedro Fajardo el qual murió y está enterrado en la ciudad[291] de Murcia en su capilla.

Por muerte de don Pedro Fajardo le subçedió en el dicho adelantamiento su hijo don Luys, que al presente es y después que entró el dicho adelantamiento en el dicho Alonso Yáñez Fajardo nunca[292] más a salido deste casa. Y después de la muerte del don Luys Fajardo siempre a estado el adelantamiento a cargo de los corregidores que an venido a la ciudad y lo an administrado y administran y se llaman adelantados a causa que los adelantados no an residido ni residen en esta ciudad y su reyno.

//89r Discurso 17.
Que trata los hechos señalados que la ciudad de Murçia a hecho en las guerras contra moros y otros géneros de gentes en que se a hallado.

Quenta Séneca[293] que quien las cosas pasadas[294] no mira que pierde la vida y el que a las venideras no probee entra en todas como no sabio en que da claro a entender que conbiene mucho que sean descriptos los hechos pasados para hordenança de los presentes y probidencia de los venideros. Y Salustrio dize que se debe mucha gloria a los que las hazañas obraron y que no se deve menos fama a los que las scrivieron. Y así Virgilio, Quinto Curçio, Trogo Ponpeo, Omero, Lucano, Laercio Suetonio, Plutarco, Juan Bocacio y otros muchos que descrivieron elegantemente la vida y obras de algunos varones, así griegos como romanos, y muchos acaeçimientos que en el mundo a abido para perpetuar para siempre la memoria de aquellos y las suyas mismas dando exemplo //89v a los venideros para que virtuosamente bivieran y les ymitarán a los passados para eternizar sus memorias.

Siguiendo pues a estos auctores tan graves, me pareció que las hazañas y hechos señalados que la ciudad de Murçia a hecho en las

290 Margen izquierdo: Don Pedro Fajardo.
291 Margen izquierdo: Don Luis Fajardo.
292 Margen izquierdo: 1594.
293 Tachado: y dize.
294 Margen izquierdo: Séneca.

guerras y requentros en que se an hallado no an sido menos dignas para que sean descriptas que las demás y, aunque no sea con aquella elegancia que los demás scriveron, me pareció resuçitallas y ponellas en este discurso en el qual se verán sus heroycos hechos.

La primera vatalla que los de la ciudad de Murcia tubieron fue quando la pérdida de nuestra España que los moros vinieron sobrella y según quenta el arcobispo de Toledo en su historia de latín dize que, después que los moros obieran tomado a Córdova, Granada y Málaga, vinieron sobre Murcia y Orihuela y los de Murcia, como fuesen hombres esforcados y buenos cavalleros, salieron a ellos y obieron batalla con los moros en el campo de Sangonera y fue fuertemente ferida por ambas partes. Y como los moros //90r eran muchos más a rrespecto lo [...] los bencieron y todos los cristianos cavalleros y hombres de pie de Murcia fueron muertos en la batalla. Solamente escapó el señor della que se llamaba Barbate, según lo quenta la *Historia del rey don Rodrigo*, dirigida[295] a don Ynigo López de Mendoça en la qual dize que salieron a esta batalla mill cavalleros y quatro mill peones. Escapado quel senor de Murcia fue con algunos cavalleros se retiró a Murcia donde ubo grandíssimo llanto de ver que todos avían muerto. Y siendo discreto y sagaz, con gran astuçia hizo subir en las torres y muros de la çiudad todas las mugeres destocadas con cañas en las manos y algunas tenían lanças, y todas llegaron çerca los moros de la çiudad y viesen tanta gente sobre los muros y las cañas que tenían parecían lanças entendieron que avía más gente de armas en la çiudad y que no la podían tomar así de lixero. Y el señor salía a los moros en manera de mensajero y con blandas palabras hizo con ellos su pleytesía /y fue/ que los cristianos quedasen en la ciudad en sus casas y heredades y que el alcáçar //90v [...] entregarían a los moros y serían sus vasallos y les acudirían con todos (*sic*) las rentas y tributos y obedecerían el señorío de los moros los quales lo otorgaron. Y como después entrasen en la ciudad y no biesen hombres y que avía sido engaño quisieron quebrantar su pleytesía pero que no la hisieron por no quebrantar la palabra y postura abían hecho en esta batalla. Lo hizieron tan balerosamente los cristianos

[295] Margen izquierdo: *Historia del rey Rodrigo*, capítulo 32.

que ninguna ciudad dEspaña se defendió más /esforcada/mente,[296] pues todos los cavalleros della murieron en la defensa de la çiudad con que eternizaron su memoria para siempre.

El rey don Sancho, por una carta que escribe a la /ciudad/ de Murcia, dize que por los servicios que la ciudad hizo y rescibieron los reyes de donde venía y los servicios que al rey su padre hizieren y a él, siendo ynfante y después de ser rey, y en especial y señaladamente en la de Monteagudo y contra Aben Yucaff y Abem Jacob, su hijo, quando çercaron a Jerez por dos vezes y por el servicio //91r que hizieron en la guerra de Tarifa quando se conbatió y se tomó a fuerça de armas. Y quan bien lo hizieron y quan lealmente se tubieron e guardaron lealtad contra los movimientos quel ynfante don Juan hizo contra el rey y por otros servicios que hizieron quando los avía menester les conçedió muchos previlegios, como por la carta parece que fue fecha en Balladolid, a veynte y tres de mayo, era de mill y trezientos y treynta y un anos.

En tiempos del rey don Alonso honzeno el obispo y concejo de la ciudad de Murcia hizieron una entrada en el reyno de Granada a donde hizieron grandíssimo daño y el rey lo enbió agradecer a la[297] ciudad, como por la carta parece que se dio en Sevilla, a primero de octubre, era de mill y trezientos y setenta y un años.

En este mismo tiempo la ciudad de Murcia embió al rey don Alonso una carta en que le davan aviso como avían peleado con los moros y los avían vençido y el rey por su carta les enbió a dezir que lo hizieron muy bien y que se lo tenía al servicio y le rogaría siempre lo hizieran ansí defendiendo la tierra de moros //91v [...] agradecía mucho y que les [hacía] mucho bien y merçed, la qual carta se dio a primero de abril, era de mill y trezientos y setenta y un años.

Los moros de Béliz corrieron a Priego a los quales les llevaban gran cabalgada de bacas y ganados y acaso salieron de Murcia algunos cavalleros della llevando por adalid a uno que se llamava Bernaldo Solera los quales yban a correr tierra de moros y como supieron que se llebavan la cabalgada, fueron en su seguimiento que les llebavan

---

[296] Tachado: tan balerosa.

[297] Margen derecho: 1333.

quatro leguas de ventaja y en el alcance rebentaron veynte y cinco cavallos y les quitaron la cavalgada que llevaban. Todo lo qual parece por la carta de agradecimiento quel rey don Alonso enbió a la ciudad escripta en Burgos, a dos de mayo, era de[298] mill y trezientos y setenta y dos años.

Por otra carta quel rey don Alonso embió a la ciudad de Murcia desde el real de sobre Lerma, en la era de mill y trezientos y setenta y quatro años, les dize cómo avía savido quel adelantado y los de Murçia fueron y entraron y tomaron a Lebrilla, Alhama y Alcalá para servicio del rey que se lo agradecía mucho y les rogava que los //92r demás que tenía en esta [...] del ynfante don Manuel los [...] y que les haría grandes mercedes.

En tiempo del rey don Pedro la ciudad de Murcia tomaron a Jumilla y el rey les embió una carta que dize ansí:

Don Pedro, por la graçia de Dios rey de Castilla y de Toledo, de León, de Galizia, de Sevilla, de Córdova, de Murçia, de Jaén, del Algarve, de Algezira y señor de Molina.

Al concejo y a los alcaldes y a los cavalleros y omes buenos que an de aver fazienda de la ciudad de Murcia y qualesquier de vos questa mi carta vieredes, salud y gracia.

Sepades que me dixeron que Jumilla[299] que era tomada e que se acertaron a la tomar algunos omes de Murcia e por vuestro consejo e que estaba para mío servicio e feziéstes lo muy bien y tengovoslo en servicio porque vos mando, luego vista esta mi carta, que enbiedes luego a poner tal recaudo en el dicho lugar porqueste presto e bien guardado para mío servicio. Fecho en Sevilla, a veynte y cinco de marҫo era de mill y trezientos[300] y noventa y seis años.

Otra carta escrivió el dicho rey don Pedro a la ciudad de Murçia que dize desta manera:

//92vDon Pedro por la gracia de Dios etc. A todos los caballeros, escuderos e fijosdalgo e concejo questades en mío servicio en el regno de Murcia, salud e gracia.

[298] Margen derecho: 1334.
[299] Dixeron que Jumilla: subrayado en el original.
[300] Margen derecho: 1358.

Sepades quel prior de San Juan me enbió dezir de la buena andança quel y don Enrique Enríquez y vosotros obiestes en esa pelea que tobiestes con esos questavan en Orihuela e feziestes lo muy bien y tengo vos lo en servicio señalado e bien cierto soy que tales sodes vos que en todo lo que pudiésedes e sopiésedes que mío serviçio que no menguarían por vos en lo fazer e ciertos ser que siempre vos lo conoçere faciendo vos mucha mal por ello e pues que desta guisa tenedes quebrantados e vençidos a buesos enemigos agora es tiempo que fagades obra lebantando adelante el buen acaeçimiento que obiestes. Dada a diez y ocho de agosto, era de mill y trezientos y nobenta y siete años.

Pues la entrada que los de la ciudad de Murcia hizieron a tierra de Aragón en tiempo del dicho rey don Pedro y del daño que hizieron digna es que se escriva con letras de oro pues por ella el dicho rey don Pedro dio a la çiudad la sesta corona de sus armas y la orla de castillos y leones, como ya queda dicho en el discursos (*sic*) que trata de las armas de la ciudad, la qual merced le hizo en la era de mill y trezientos y nobenta y nueve años.

//93rEn tiempo del rey don Enriquez tercero de Castilla acaeció que mill cavalleros e dos mill peones de moros entraron por el rey de Murçia diciendo que yban a hazer prendas de los cristianos y salió contra ellos Alonso Yáñez Fajardo, adelantado, con los cavalleros y gente de Murcia y peleó con ellos y los venció y mató, lo qual vatalla fue en el puerto la Olivera.

En tiempo del rey don Juan, el segundo, en el año çinquenta y dos de su reynado, Alonso Fajardo y Diego de Ribera, aposentador del rey que después fue ayo del rey don Alfonso, que a la sazón era corregidor de Murcia, juebes diez y seys de março el Alonso Fajardo enbió a dezir al Diego de Ribera que avía sabido que hasta seyscientos de cavallo y mill y quinientos peones avían entrado en el reyno de Murcia y se llebavan más de quarenta mill cabeças de ganado mayor y menor y hasta cinquenta christianos que saliera con la gente de la ciudad de a caballo y de pie lo qual puso por obra y sacó de la ciudad de Murçia setenta de a cavallo y hasta quinientos peones y fueron hazia Lorca y se juntó con Alonso Fajardo que estava juntamente con su yerno García Manrique y con dozientos de a cavallo y mill y quatrocientos peones y Alonso de León comendador de Toledo que traya siete a caballo y quinze //93v peones los quales fueron a buscar los moros y hallados que fueron se pusieron en orden de batalla los unos y los otros y pelearon tan reziamente que los cristianos ronpieron tres vezes por los moros de suerte que fueron vencidos y muertos los moros y /los/ muertos fueron más de ochocientos moros y de los cristianos murieron hasta quarenta y heridos más de dozientos. Y los moros que se escaparon se subieron a una sierra muy áspera donde fueron presos muchos de ellos y les tornaron algunos cavallos y otras cosas. En esta batalla murieron catorze capitanes que eran Abenaciz, caudillo de Baça, Abucacin, su hermano, caudillo del campo de Granada, Alavez, alcayde de Vera, el caudillo de Bélez el Blanco y el de Bélez el Rubio, el caudillo de Almería, el caudillo de Horce, el caudillo de Huesca, y el alcayde de Cúllar. Esta es la batalla tan nombrada que dizen de Los Alporchones y por esta victoria las ciudades de Murcia y Lorca el día de Sant Patriçio, ques a diez y seys de marco, le guardan como a patrón suyo y hazen procesión general y salen las ciudades en ella y la ciudad de Murcia saca aquel día en la [...] su seña y pendón y se soleniza la fiesta con gran solenidad //94r pues la va/ta/lla que don Pedro Fajardo, adelantado del reyno de Murcia, ubo con la gente que llevava consigo de la ciudad contra los moros día de Sant Francisco digna es que se celebre para siempre, pues que siendo los moros tres vezes más que los christianos que el dicho adelantado llevava, los vencieron a los moros mataron y capturaron muchos de ellos, la qual batalla fue encima de las lomas del azud ques a una legua de la ciudad de Murcia, según parece por unas tablas que ay en la capilla del dicho marqués que dello trata.

La memorable batalla de Alcaraz no se puede quedar obscura sin dar a Murcia la gloria que en ella ganó porque, teniéndola cercada y acudiendo al dicho cerco la gente de Murcia, quando llegaron las estancias principales del campo estavan tomadas //94v y como no avía acomodamiento, qual era necesario para ellos, pidieron al general lo diese y les fue respondido se aloxasen en la villa. Y los de Murcia aquella noche se aloxaron junto a las puertas della y otro día por la mañana amanecieron dentro de la villa alcados sus pendones, cosa digna de gran admiración y que tal hecho se eternize con las memorias de los ombres. Por este señaladísimo hecho los[301] Reyes Católicos por una su carta dada en Madrid, a diez días del mes de abril, de mill y quatrocientos y sesenta y siete anos, hizo merced en tiempo del lebantamiento del reyno de Granada teniendo los moros cercada a Vera en el dicho reyno y en grande arriesgo la ciudad de Murcia. Luego que entendió el peligro en que estaban, sin aguardar otro mandato, salió con grande exército de su propia ciudad y comarca y a sus propias expensas[302] fueron y descercaron la dicha ciudad de Vera y los moros la dexaron libre la dicha ciudad.

Otras muchas hazañas an hecho la gente de Murcia dignas que para siempre sean[303] sean tales hechos eternizados al fin como de personas tan balerosas y esforcadas.

//95r Discurso 18.
Que trata de la fundaçión de Carthagena.

La ciudad de Carthagena fue una de las más principales dEspaña y por tal fue celebrada de los escriptores antiguos. El origen y principio della fue del rey Testa del número diez y nueve de los reyes antiguos dEspaña. Este rey era de nación africana y començó su gobernación casi en el año de mill y quatroçientos y treze años antes que Cristo redemptor nuestro naciera. Y entre las cosas más memorables queste rey hizo fue fundar esta ciudad y llamarla de su nombre, aunque Plinio dize la fundaron los penos, pero llana cosa es averla fundado.

Este rey Testa, después reynando en España Gárgoris del número veynte y tres de los reyes antiguos,, en el año de mill y ciento y setenta y nueve años antes que Cristo naciera vino en España un capitán griego llamado Teuchro Thelamonio el qual llegó con su armada a la ciudad quel rey Testa avía edificado, que se llamava siempre de su nombre, y pareçiéndole questaría muy acomodado él y toda su gente la tomó por fuerça y la su edificó y le quitó el primer[304] nom-

---

[301] Margen izquierdo: A dicha ciudad de Murcia de que fuesen libres de pedidos y monedas y otras ynpu*si*ciones.
[302] Tachado: costas.
[303] Tachado.
[304] Margen izquierdo: Silio, libro 3.

bre y la hizo llamar Teuchra, como lo recita Silio, y al tiempo que Teuchro la tomó //95v los que a ella huyeron fundaron en las haldas del monte Mariola una población que la llamaron Contestanea y oy se llama Coçentayna y de aquí vinieron a llamarse los pueblos de su comarca contestáneos.

Después los Carthaginenses procuraron muchas vezes hazer entradas en España para ver si la pudían señorear y la primera vez que vinieron fue en el año de seysçientos y sesenta y tres años antes que nuestro señor naciese. Estos carthagineses eran deçendientes y se llamaron así porque fundaron a Carthago la de África quando la reyna Dido se vino huyendo de su hermano Pigmaleón, rey de Egipto, porque la quería matar, como hizo a su marido Sicheo por alcarse con las riquezas que avía llevado dEspaña.

Andavan tan puxantes estos carthagineses por mar y por tierra que poseyan en África muchas provincias y ciudades populosas y trayan deramadas por la mar grandes armadas y con la buena fortuna que llevaban procuravan de se meter en quantas yslas y puertos podían y muchas vezes acometieron en España pero hazíanles gran resistençia los españoles de manera que por esta vez no pudieron salir con su yntento. Más después, sintiéndose prósperos tornaron segunda vez, y viendo la resistençia que los españoles les hazían, acordaron de hazer //96r treguas con algunos andaluzes y trata [...] con ellos de manera que vinieron a gran confederación y con esta ocasión la señoría de Carthago para apoderarse dEspaña y poderla mejor señorear acordarán hazer nuevos exérçitos y con ellos enbiaron por capitán Asdrúbal para que con su buena solicitud los pacificara y en la isla de Çerdeña quiriéndola conquistar le mataron y le quedó el cargo de capitán a su hermano Halmícar y se tornó de allí a la ciudad de Carthago.

Y en el año de quatroçientos y sesenta y cinco antes que naçiera Cristo salvador nuestro tornaron a enbiar a España otro capitán llamado Safo y andubo algunos días por la mar y se bolvió a su ciudad y enbiaron otros dos capitanes que se llamarían Hilmicón y Hanón. Y el Hilmicón pasó en el Andaluzía y Hanón se quedó en Mallorca y después se juntaron e hizieron grandes acometimientos todo por señorear a España. Bueltos que fueron a la gran Carthago la señoría proveyó que viniesen otros dos capitanes quel uno se llamava Haníbal y el otro Magón.

El Haníbal pasó en España y llegó a ella en el año de quatroçientos y treynta y siete años antes que nuestro señor naciera y fundó muchas torres nuevas dentro del Andaluzía. Y los españoles que bivían entre la mar occidental y las aguas del Guadiana comencaron a tener grandes diferençias //96v sobre los pastos, rayas y términos de las dehesas y fueron tantos los que murieron de una y otra parte que pasaron de ochenta mill entre hombres y mugeres porque las mugeres salían con armas a la pelea animando cada una a los de su parte. En esta vatalla murió el capitán Haníbal y en su lugar vino Magón que se avía quedado en la ysla de Mallorca y le fue forçado salir dEspaña contra un tirano llamado Dionisio que se avía lebantado contra los carthagineses y, aunque duró la pendençia por tiempo de diez y seis años, al fin le mataron.

La senoría de Carthago tornó a enbiar otro capitán llamado Hanón, diverso del que primero vino, al qual le mataron por bivir tiránicamente. Muerto, vino en España otro capitán llamado Boodes al qual los españoles se le rebelaron y vencieron donde le fue necesario a la senoría cartaginesa enbiar un cavallero que se llamava Halmícar Barzino el qual, después de aver pacificado los españoles, se casó con una muger española de la qual tubo un hijo que se llamó Haníbal, como le dezían a su abuelo, y fue el primero que la muger parió, porque después parió otros hijos.

En este tiempo los romanos estaban sobre Siçilia y fue necesario a Halmícar yrlos a resistir con su exército. Y, en este ynterín, los españoles se tornaron a rebelar //97r contra los carthagineses y tornó segunda vez el Halmícar y truxo consigo a su hijo Haníbal, niño de hasta diez años, el qual estando haziendo sacrificios el Halmícar a sus ydolos le hizo jurar al niño que si los dioses lo llegavan a ser hombre gastaría su vida en hazer guerra a los romanos. Desta vez, aviendo paçificado los andaluzes, dio buelta por la marina del mar Mediterráneo hasta llegar a la boca del ryo Ebro y allí hizo una çiudad que le llamó Carthago en memoria de la gran Carthago y después fue llamada Carthago la Vieja a diferencia de la Nueva ques de la que vamos tratando. En este tiempo, una hija de Halmícar se casó con un cavallero llamado Hasdrúbal y estando Halmícar en una ciudad que avía fundado llamada Barcina le binieron nuevas que ciertos pueblos andaluzes se avían rebelado y le fue necesario yrlos a remediar y çiertos españoles le salieron al enquentro y le mataron al Halmícar.

Muerto que ubo, los españoles recibieron a su yerno Hasdrúbal y renobaron las pazes y Hasdrúbal pasó en Carthago y a la buelta començó de regir muy al contrario de lo que solía no curando comunicar ninguna cosa con la señoría cartaginesa, antes procuró nuevas amistades de las cabecas más principales dEspaña regalándolas con muchas joyas //97v […] que de allá truxo concediéndoles todas quantas cosas le pedían, con lo qual conservaría la paz de los españoles. Como biese Hasdrúbal que los otros capitanes carthagineses avían edificado por España muchas poblaçiones acordó asímismo en acrecentamiento de su memoria fundar una ciudad quanto más grande y ponposa fuese posible y reedificó aquella ciudad llamada Teuchra y le quitó el nombre y la llamó Carthago la Nueva cuyos edificios y murallas vinieron a tanta sumptuosidad que por aquellos días ningunas avía tales en España. El yntento principal queste capitán tubo fue para que los carthagineses perdiesen el deseo de Carthago la mayor haziéndola fundamento de señoría de lo qual pretendía mostrar a los enemigos que tenía en Carthago que bastava su poder a lebantar y hazer çiudades donde mandase tan excelentes y poderosas como la misma Carthago que ellos allá tenían. Esta es Carthagena de quien se va tratando y por esta causa se llamó deste nombre y oy día se llama. Fue esta segunda reedificación casi en el año de dozientos y veynte y cinco años antes de nacer Cristo. Después que los romanos vieron que los carthagineses estavan enseñoreados sobre el mando y señorío de ella, vinieron entrellos a travar grandíssimas guerras y muy crueles como es cosa notaria y estando los carha-//98rgineses apoderados della el pueblo romano […] sus capitanes y con grandes exércitos pasaron en […] y los /regían/ y trayan a cargo los çipiones y pelearon tan fuertemente con los carthagineses que duraron con [sus] guerras, aunque no fueron continuas, casi duzientos años. Y después de la muerte destos cipiones enbiaron en España en diversas vezes los romanos sus capitanes para que sustentasen la guerra y entre otros que vinieron fue Cornelio Scipión y a Marco Junio a los quales les dieron mucha gente de pie y de a cavallo armándoles galeras, y esto era fuera de otras muchas gentes que por acá tenía Claudio Nerón.

Llegado que fue Scipión en España entre otras cosas que hizo fue conbatir a Carthagena que era donde los Carthagineses tenían los rehenes de toda España y la batió tan reziamente que la obo / de/ tomar. Y aunque los carthagineses pelearon valerosamente a donde fueron muchos los muertos y presos y Hanón, capitán de los carthagineses, retrayéndose al castillo, fue en él preso y hasta que se apoderaron de toda la ciudad no cesaron las muertes de todas partes y los romanos no perdonavan viejo ni mançebo, hombre ni muger, hasta los niños y fueron los presos más de diez mill. Y destos Scipión usó con los de la ciudad gran magnificençia que se la restituyó con todos los bienes que les quedavan.

Era tan populosa que se hallaron en ella dos mill oficiales de diversos ofiçios //98v [...] y de allí en adelante se ocuparon en hazer obras e ynstrumentos de guerra para el exército romano y todos los rehenes fueron restituydos a sus patrias fueron tomados grandíssimos tesoros, muchas armas y banderas, mucha cantidad de oro, plata labrada y por labrar, y de allí en adelante fue de los romanos engrandeçida y tan çelebrada que entre otras audiencias generales que en España pusieron fue esta una adonde se determinaron las causas de la provincia que governavan, porque en la España ceterior que avía duzientos y noventa y tres lugares avía treze collonias de ytalianos y otras treze de ciudadanos romanos y diez y ocho de otros soldados de Ytalia llamados los latinos y otra de confederados y amigos suyos y otras ciento y treynta y tres de acostamientos. Destas collonias era la una Balencia, otra Tarragona, otra Mombedre y la otra la ciudad de Carthagena, a la qual los romanos la reedificaron y engrandeçieron de muros questuvo muy opulenta sumptuosa y con grandíssima magestad hasta que, pasados seyscientos y çinquenta y dos años después de la población della, Gundemiro, rey de los vándalos, la derrocó por los cimientos y poco después vivieron los godos y destruyeron la sobra que faltava que nadie bastó a restaurarla en la grandeza primera. Y después que fue de Cristianos al punto fue obispado y muy principal como en el discurso siguiente se verá.

//99r Discurso 19. Que trata del antigüedad del obispado de Cartagena.

El obispado de Cartagena es uno de los antiquíssimos que ay en España y, como dize el rey don[305] Alonso el Sabio en su *Chrónica General dEspaña*, fue metrópolis después quando Gunderico, rey de los bándalos, la destruyó. Los godos hallándola aruynada la ciudad de Carthagena mudaron della esta dignidad a la yglesia de Toledo y así dize el dicho rey don Alonso que muchas vezes es llamada yglesia toledada a la de Carthagena. Por esta destruyción vino a perder Carthagena y su obispado sus calidades y antigüedades. Quien fuese el primero obispo que ubo en la yglesia de Carthagena y otros muchos que en ella gober/naron/ no se an hallado en las escripturas que leydo por ser su antigüedad tanta. Los que más alcançaren, enmienden lo que yo faltare.

En el año de quinientos y diez y seis años fue Héctor, obispo de Carthagena. Antes desto ya se llamava el dicho obispado *primas Hispanie* y ansí se firmó Héctor, obispo de Carthagena, y primado de las Españas[306]. Después, muchos años fue obispo sant Luçiniano, que fue en el año de quinientos y //99v ochenta y cuatro años.

Luego lo fue sant Fulgencio en el año de quinientos y nobenta y ocho años cuya vida juntamente con la de su hermana santa Florentina son las que se siguen.

En la ciudad de Carthagena, que ya queda declarada en el discurso pasado, estava por príncipe y señor della Seberiano, hijo del rey Theodorico, segundo deste nombre, que fue sexto rey de godos dEspaña y de Ytalia. Fue casado con Sanctina, virgen nobilíssima que era natural de Toledo, que era ansí mismo desçendiente de reyes, los quales toda su vida vivieron bienaventuradamente. Tubieron tres hijos y dos hijas. Los hijos fueron sant Leandro, arçobispo de Sevilla, sant Ysidoro, que le subcedió en el arçobispado, sant Fulgencio, que

[305] Margen izquierdo: Chrónica, capítulo 149.
[306] Margen izquierdo: Confírmase esto en el Concilio primero Taraconiense don/de/ firmó Héctor Carthaginiessi metrópolis sub scripsi.

fue obispo de Écixa y después de Carthagena, Theodosia, muger que fue de Leobegildo, rey de España, los quales engrandeceiron en gran manera así las Españas como la fe de Jhesuchristo y su yglesia católica y porque las vidas de Leandro, Ysidoro y Theodosia no hazen a nuestro propósito no se ponen. En este tratado solo se dirá de sant Fulgencio y su hermana sancta Florentina que son las que se siguen.

//100r Vida de sant Fulgencio

En tiempo del emperador Justino, el glorioso Fulgencio florecía en España en sanctidad doctrina y eloquencia que fue señalado entre los varones della. Hizo con sus obras muy sanctas gran probecho dando gran exemplo a la religión cristiana con su predicación sanctidad y vida. Fue primero obispo de Éçixa y después de Carthagena. Rigió y governó por los dos obispados veynte y quatro años donde hizo grande fructo en el un obispado y en el otro. Y, como aquella heregía de los arrianos procurase apartar y esbiarla de los cristianos de la fee cathólica y del culto divino y reduzir a los questavan metidos y ençenagados en ella a la fe de Cristo redemptor nuestro, hizo llamar gran número de prelados en la çiudad de Toledo y allí este divino sancto, con predicaciones y milagros que Dios mostraba, venció fuertemente a los arrianos y algunos questavan no muy firmes en la ley de Jhesuchristo los confirmó y reduxo a la verdadera fee de Dios en que antes estaban. Fue este glorioso sancto grandíssimo letrado en todas facultades porque sabía las tres lenguas hebrayca, griega y latina. Sabía muy bien la lengua aráviga y ya como [...] obiese que quería partir deste mundo que a los sesenta y seis //100v años llamó a su hermano Leandro, arcobispo de Sevilla, y a su gran amigo Laureano, obispo de Cáliz, a quien amava no menos que a su hermano, /para que se hallasen en su muerte, la qual fue/ con[307] grandíssima fama de sanctidad, a catorze días de enero, año de seyscientos y seys, cuyas obsequias fueron çelebradas sumptuosamente de muchos prelados y

[307] Tachado: murió.

del rey Recharedo, /su sobrino/. Llevaron su cuerpo desde Carthagena /donde murió/ a Sevilla a donde fue enterrado.

Vida de sancta Florencia

Costumbre es muy practicada de los sanctos por otros mejores mayorazgos del cielo para que fueron excogidos de Dios desestimar y tener en nada los ceptros y las coronas y lo muy precioso de los thesoros del mundo, como lo hizo sancta Florentina virgen, hermanos de los bienabenturados Leandro, Ysidro y Fulgencio que pudiendo ser casada con reyes los despreció a ellos y a sus reynos y hizo tal vida que dio a las Españas y a sus padres no menor loor y honrra que sus hermanos (aunque fueron sanctíssimos)[308]. Y, como esta sancta virgen hiziese tal vida y tan onesta, fue priora de quarenta monesterios a donde en todos ellos estavan mill monjas que hazían muy sancta vida.

Y //101r la abitación questa gloriosa sancta tubo hasta que murió fue en la ciudad de Éçixa, en una hermita que fuera de la ciudad avía. Está al presente en ella un conbento de frayles Jherónimos, llámase Nuestra Señora del Balle por aver en ella una ymagen de nuestra señora desde el tiempo que sancta Florentina fue abadesa deste monesterio, porques cosa cierta questa sancta ymagen se la dio sant Gregorio papa, a sant Leandro juntamente con otra que le dio con la qual se quedó y esta se lo dio a sus hermanos Fulgencio y Florentina como ya queda dicho.

Esta sancta virgen Florentina o Florencia fue hija del [...] Severiano, señor de Carthagena. Tubo en esta hermita un monesterio y dentro de la ciudad otros tres monesterios. Observava y guardava el ábito y regla de Sant Benito, porque en aquel tiempo no avía otra horden en España y abía sido començada cien años antes de Sancta Florentina. Y así, en el cathálogo de las mujeres ilustres de la horden de Sant Benito entrellas está sancta Florentina como monja de la dicha horden.

Regía este monesterio y los demás que tenía a su cargo con su patrimonio, que era rico, y con el de sus hermanos que eran obispos, aunque como sanctos se pasavan con poco y como //101v [...] viniese

[308] Paréntesis en el original.

el señorío de su padre por ser sus hermanos sacerdotes, y ella era la mayor después de sant Fulgencio, que fue el primero hijo que Severiano tubo, lo renuçió y dexó a su hermana Theodora o Theodosia que casó con Leobigildo, rey de España, el qual martirizó a su hijo Hermenegildo, por no querer ser arriano.

Esta sancta virgen crió a su hermano sant Ysidro por ser el menor de sus hermanos porque sant Fulgencio fue el primero, la segunda sancta Florentina[309], sant Leandro, el tercero, la quarta Theodosia, el quinto sant Ysidro.

Llamáronla sus padres Florentina, de flor, porque era hermossísima. Durante que bivió nunca comió carne ni bevió vino, ni vestía lienco y hazía grande penitencia y derramava muchas lágrimas porque la conservose Dios en el don de virginidad. Fue esta sancta virgen de tan esclarecido linaje que des (*sic*) después del linaje de Jesuchristo no avido otro que con él se pueda conparar porque della /sus padres/ deçienden los reyes dEspaña de manera que la honrró Dios con el linaje aventajado por la continua subçesión de la sangre de los godos ques la cosa más prodigiosa de linaje que jamás se vio ni se a visto por ser tan antiguo y tan guardado en el mundo pues se an pasado //102r ochenta grados de generaciones [...] Athaulfo, primero rey de godos. Y, para que más cumplidamente se diga linaje de sanctos, fuera destos quatro gloriosos sanctos hermanos a avido otros muchos reyes sanctos en este linaje en muchos obispados dEspaña se reza destos gloriosos sanctos.

Como bivió sienpre esta sancta virgen en la ciudad de Éçixa desde que ella murió ay ynstituyda una cofradía de sancta Florentina que oy en día dura y todos los días de su fiesta la llevan en procesión vestida en ábito de monja a este monesterio de los frayles Jherónimos ques donde tubo su abitación y fue priora de las monjas que allí estaban. Dizen sus vísperas y misa, llébanla para que reconozca su antigua casa y bea los antiguos vestigios que an quedado de su morada y monesterio y se alegre en ello porque oy en día se está en pie una torre que la llaman de sancta Florentina. Tiene en esta casa el altar

---

309 Tachado: la segunda.

y capilla que antiguamente estava, aunque su sepultura no se echa deber tan claro por otro edificio que se a hecho nuevo en la yglesia.

La muerte desta sancta virgen Florentina no se sabe si fue por martirio porque en su tiempo avía muchos ynfieles y arrianos y es de creer que pues su cuñado el rey Leobigildo como arriano perseguía a sus cuñados sant Fulgencio y //102v [sant Leandro] y otros sanctos obispos dEspaña y los desterró della que tanbién perseguiría a la gloriosa sancta Florentina porque quien martirizó a su propio hijo claro está que no perdonaría a los demás que eran cristianos y estaban firmes en la ley de Jesucristo. Lo que se sabe de cierto es que las donzellas que en este monesterio estavan muchos anos después que murió sancta Florentina fueron martirizadas, porque quando la destruyción dEspaña que en ella entraron los moros, las monjas que en este conbento estaban temiéndose dellos que como bárvaros no les hizieran agravio de su virginidad se dieron muchas heridas en los rostros de que quedaron muy feas y viéndolas tales y tan sangrientas los moros las mataron todas.

Podemos dezir de /santa/ Florentina que fue una de las vírgenes prudentes del ebangelio a quien conbidó el esposo pues dexándolo todo le salió a reçibir con grande apercibimiento. Trayen de su lámpara ençendida y probeyda de azeite por lo qual parece que que (*sic*) en governó tantos monesterios y donzellas que tubo oficio de sancta predicadora allegando almas a Dios, convirtiéndolas con su doctrina, vida y costumbres.

Murió después de aver bivido ochenta años, aviendo en los más dellos governado sus conbentos y monjas con gran exemplo las que de veras //103r servían a Dios. Y, muriendo en tiempo de Justiniano, esta gloriosa sancta fue a gozar de la gloria que Dios le tenía guardada.

Discurso 20.
Que trata de los límites y término quel rey don Alonso dio al obispado de Carthagena después que la ganó de los moros.

Después quel rey don Alonso décimo de Castilla obo reçebido el reyno de Murcia de su suegro el rey don Jayme, que se lo ganó a los moros después de avérsele rebelado al rey don Alonso, tornó a poner en su posesión antigua al obispado de Carthagena y por un prebilegio que dio a diez y ocho de diziembre, era de mill y dozientos[310] y quatro años le otorgó por término al obispo y cabildo que obiese el obispado los términos que avía antes que la guerra començase el rey de Granada, que era desde Alicante con su término, como partía //103v son: la tierra del reyno de Aragón, Pretel, Sax, Villena, y la tierra de don Manuel, como partía la del dicho rey de Aragón y Bal de Ayora, hasta son fluyentes, como partía con la tierra del dicho rey de Aragón y Jorquera con su término y con la tierra de don Gonçalvo Ruiz Datienca y Chinchilla y su término Letur y Calasparra, Caravaca y Cieça con sus términos, Lorca, con su término, y Nogalte con los otros castillos de don Juan Garçía con sus términos y los castillos de don Fernán Pérez de Pina hasta la Peñáguila y con toda la otra tierra que se encerrava en estos lugares. Todos estos límites y términos tenía el obispado de Carthagena antes quel rey de Granada quebrantase las treguas y paces que con él tenía fechas y hiziese al rey de Murcia que se alcase con el reyno, que era del rey don Alonso y se le avía entregado como ya queda declarado entre otras ciudades y villas que el dicho obispado tubo.

Fue una la yglesia de la ciudad de Orihuela la qual fue lebantada por el papa Benedicto XIII en yglesia colesial (*sic*) como parece por la bulla que para ello dio en Tortosa, a treze de abril, en el año décimo nono de su pontificado y en ella ynstituyó un //104r tesorero, un chantre, diez canónigos, un racionero, quatro edogmadarios y diáconos y subdiácono. Después el papa Jullio con su bulla apostólica, dada en Sant Pedro, en el séptimo año de su pontificado, a çatorze de mayo de mill y quinientos y treze años, le dio título de yglesia cathedral con mesa episcopal e cabildo por lo qual la yglesia de Carthagena, como cabeca que era de la dicha yglesia de Orihuela, tubo con ella grandíssimos pleitos y entre las dos ciudades de Murcia y Orihuela muchas disensiones y questiones, muchas muertes y deramamientos de sangre, que fue necesario quel rey don Phelipe nuestro señor pusiese remedio en ello y así cometió y mandó a mosén Francisco Juan Roca, deán de Candía y arcediano de Algezira, que hiziese

---

[310] Margen derecho: Era 1304, ano 1266.

aberiguaciones qué pueblos y quántos y de qué calidad eran los que el obispo de Carthagena tenía en el reyno de Balencia. Y el dicho comissario acompañado de un alguacil real llamado Miguel Juan Saydia y por ante Juan Claret, notario, hizo las informaciones que le fueron cometidas como parece por la comissión que le fue dada en Moncón, a veynte y tres de diziembre, año de mill y quinyentos y sesenta y tres. Y vistas por su magestad las dichas ynformaçiones, le fue dado //104v obispado a la dicha yglesia de Orihuela por/que quando el papa Jullio expidió la bulla de con (*sic*)/ consentimiento de don Martín de Angulo, obispo que a la sazón era de Carthagena, y le quitaron al dicho obispado de Carthagena treynta y tres ciudades, villas y lugares que le rentavan al obispo y cavildo más de ocho mill ducados. Pero con todo eso es un obispado de los más ilustres dEspaña y, aunque por otra parte le quitan las órdenes de Sanctiago, Sant Juan y /Calatrava/[311] más de nobenta mill ducados, le quedan de renta un año con otro veynte y dos mill ducados y algunos llegan a veynte y cinco mil. Tiene de jurisdición más de quarenta leguas, porque por una parte llega hasta Chiclana y por la otra hasta La Gineta y los pueblos que govierna son estos:

La ciudad de Murcia, la ciudad de Carthagena, la ciudad de Lorca, la ciudad de Villena, la ciudad de Chinchilla, el Almaçarrón, Fuente el Álamo, las Alguacas, Ceutí, Fortuna Habanilla, el Algezar, Benihiel, Cinco Alquerías, Noniay, la torre de Agüera, Sant Juan de Beniaján, el lugar de don Luis Riquelme, el lugar de don Grabiel Dábalos , Aljuzer //105r el Lugar Nuevo, La Raya, el Palomar, la Puebla de Soto, la Puebla de Puxmarín, El Añora, el lugar de don Pedro Villa señor, el lugar de Dona Ana Carrillo, Guadalupe, Espinardo, La Condomina, Mula, la Puebla de Mula, Campos, Albudeyte, Alhama, Lebrilla, Molina, Cieça, Hellín, Tovarra, las Peñas de Sant Pedro, Jumilla, Albacete, La Gineta, Alpera, Carcelén, Almansa, Yecla, Jorquera con sus anexos. Estos son los lugares quel obispo y cavildo tienen en ellos sus rentas pero ay otros que aunque son del obispado no dan ninguna renta porque son de las hórdenes de Sant Tiago, /Calatrava/[312], San Juan, de los quales solas las

[311] Tachado: Alcántara.
[312] Tachado: Alcántara.

appellaciones de los vicarios de las hórdenes vienen al tribunal episcopal. Los pueblos son: Caravaca, Çehegín, Pliego de Mula, Moratalla, Totana, Ricote, /Aledo/ Blanca, Habarán, Oxox, Villanueva, Ulea, Lorquí, Sócovos, Férez, Liétor, Letur, Yeste, Segura, Orcera, Lapuerta, Venatae, Hornos, Hornillo, Veas, Nerpio, Chiclana, Calasparra, Archena, Habanilla, los quales pueblos le quitan al obispado más de noventa mill ducados pero, como queda dicho, ay años que vale veinte y cinco mill ducados y estos los mejores que tiene obispado en España, porque toda la renta //105v es dinero apurado y de los fructos que en él se coxen con grandísisma brevedad los hazen dinero que en pocos obispados se halla tan buena ocassión como en este, porque en qualquier tiempo se vende el trigo y cebada a la tasa aunque los años vengan abundossos.

Discurso 21. que trata de la descripción de la sancta yglesia de Carthagena

La sancta yglesia de Carthagena, ques vocación de la Nactividad de Nuestra Señora, es uno de los magníficos y benerables templos dEspaña porques muy sumptuoso así en la forma como en la manera de los edificios, riqueza, oficios, sacrificios y órdenes que en ello se tiene. En este sancto templo ay muy gran alegría porque entra en el muy gran luz por todas partes. Ay muchas vedrieras muy galanas. Está lo alto del muy dorado y en tres naves que ay en el plano están de pinzel hechos dos escudos muy grandes y en el que está hazia la puerta que sale al septemtrion[313] ay quatro prophetas pintados que son: Hieremías, Ezechiel, Salomón, Esayas, y en otro [...] a la puerta que sale al medio //106r día[314] ay otros quatro prophetas que son: Amor, Zacharías, Abac, Ezechias. Los rótulos de los dos escudos dizen: *Dominus lupus episcopus chartaginensis*[315] (*sic*).

Éntrase en este sancto templo por seis puertas; las quatro por la parte occidental y la otra al medio día[316] y la otra al setemptrión, son

[313] Margen izquierdo: llamada de las Cadenas.
[314] Margen izquierdo: Llamada de los apóstoles.
[315] Frase en latín en el original en letra capital. Hay una corrección sobre la r que puede ser una a.
[316] Tachado: la una.

todas muy grandes y hermosamente chapadas encima de las quales ay grandes obras de ymaginería y otras obras vistosas.

Tiene una torre que después de acavada será la mejor que aya en la cristiandad. Está la mitad della hecha, toda ella es quadrada y adornada por las esquinas con quatro collunas en cada una y quadradas con sus tres pilares. Son de horden corintho, están todas las collunas rebestidas con despojos de guerra y muchos brutescos y cromanos con encasamentos y bentanas a cada lado al pie de la qual está un rótulo que dize así:

Anno Domini 1521 die 19 octobris inceptum est hoc opus sub Leone X summo pontífic[e] [...] sui pontificatus anno 9 Carolo imperato re cum Ivana mater renantibus Y[h]ispania //106v *Mateo sancti angeli diacono cardinali episcopo Chrtaginensi*[317].

Cerca toda esta torre un plano muy grande que todo él está rodeado de pilarillos de mármol y sale del una calle muy ancha y larga que se dize la Trapería y llega hasta la puerta del mercado, la qual está frontera de la puerta principal de la yglesia que sale al setemptrión que le da gran magestad. Dentro del primero cuerpo de la torre está la sacristía y encima della una sala muy hermosa que sirve de librería. Está de tal manera hecha que hasto (*sic*) lo alto se sube a caballo por el escalera. La sacristía está muy hermosamente labrada a lo romano es muy alegre, curiosa y bien acabada. Tiene a la redonda della un letrero con unas letras doradas que dize así:

Mundamino qui fertis basa domini pulutum no li te tangere ynduiminibes timentis [...] mier y salen cibatar sancta anno 1525 decimo quinto nobenbris.[318]

//107r En esta sacristía ay unos caxones donde se ponen los hornamentos de la yglesia labrados[319] a lo romano que, a dicho y parecer de maestros que lo entienden, son los mejores y más bien acabados que ay en España, van todos[320] con mucha imaginería, talla y arquitectura. Ay en un relicario questá en esta sacristía las reliquias siguientes: tierra donde nació Cristo en Belem, un hueso de una de

[317] Rótulo en latín en mayúsculas en el original.
[318] Letrero en latín en mayúsculas en el original.
[319] Tachado: están.
[320] Tachado: a lo romano.

las hoze mill vírgines, un caxco de una de las cabecas destas vírgenes, un atado de tierra y otro de piedra del monte Calvario, de la carne de sancto Daniel propheta, del pesebre de Jesuchristo, de la carne de sancta María Magdalena, de la carne del sancto Ezechiel propheta, un hueso de sancto Bonifacio Martir, un hueso de sancto Calixto papa y mártir, un hueso de sant Laurencio, de la colluna do Cristo fue atado, un hueso de sancta María Exipciaca, un hueso de sant Illefonso, un hueso de sant Antonio, tierra del sepulchro de sancta Catherina, un hueso de sant Estevan mártir, carne de sant Calisto, papa y mártir, un hueso de sant Panchracio mártir, un carro de la cabeça de sant Martín turonensi, un pedaço de palo de la cruz de Cristo, tierra donde estuvo Cristo quando [//107v] resucitó a Lázaro, tierra del lugar do Cristo nació en Betlem, piedra del sepulcro de Cristo, huesos de sant Pedro y sant Pablo, de los polvos de sant Bernardo, hueso de sant Eusthachio, de la leche de Nuestra Señora, de la Veracruz de Caravaca, de la vestidura de sant Illefonso, del báculo de sant Vicente Ferrer, un quixar de sancta Appolonia virgen y mártir.

Entre otras campanas questán en la torre dicha ay una que la llaman Elsen ques la más grande de peso que ay en ninguna yglesia dEspaña (ni aún fuera della), es muy clara de voz y muy suabe.

Tiene esta sancta yglesia en la capilla mayor della un retablo muy rico de imaginería, tiene dos rexas doradas una en el choro y otra en la dicha capilla que della salen los púlpitos para la epístola y ebangelio.

Tiene en el choro una muy galana sillería labrada a lo moderno, tiene un plano el mejor más ancho claro y alegre que tiene yglesia en España y un traschoro por la misma horden, tiene muchos hornamentos de brocado conforme a las (*sic*) colores que la yglesia usa en sus festividades, tiene muchas fuentes, basos y blandones de plata de manera questá muy ricamente adornada, [//108r] como a tal yglesia conbiene.

Ay en esta sancta yglesia cinquenta y una capillas y las veinte y dos dellas con rejas de hierro y algunas doradas y muy curiosas, entre las quales ay una de los marqueses de los Bélez toda labrada a lo moderno ques uno de los mejores enterramientos que tiene señor en España. Por fuera della ay unos escudos dentro de los quales ay unos salvajes y dellos salen unas cadenas hechas de piedra que rodean toda la obra de la capilla. Tiene de parte de dentro un letrero de letras doradas que dize así:

Esta obra mandó hacer el muy magnífico señor don Juan Chacón, adelantado de Murcia e señor de Cartagena. Acabola su hijo don Pedro Fajardo marqués de Véliz, adelantado de Murcia, año 1507 a 15 de octubre[321].

//108v Ay en la dicha capilla en lo alto colgadas honze vanderas fuera de otras que se an consumido, las quales son de victorias que los antecessores suyos ganaron. Tiene quatro capellanes que todos los días dizen misas por ellos, tienen muchos hornamentos y paños de tumbas de brocado muy costosos.

Ay en la dicha capilla una cabeca de las honze mill vírgenes. Ay otras dos cabeças, una de sant Felix y otra de sant Audato, en efeto toda ella está con mucha curiosidad adornada.

Tiene esta sancta yglesia un claustro muy bien acabado dentro del qual ay veinte capillas está en él la sala del cabildo de la dicha yglesia hecha con muy gran curiosidad en la dicha yglesia fuera del obispo. Ay deán, arcediano de Cartagena, arcediano de Lorca, chantre, tesorero, mastrescuela, ocho canónigos, ocho racioneros enteros, doze medios racioneros, dos beneficiados para la epístola y ebangelio y veinte y quatro capellanes. Tiene cada dignidad mill y noveçientos ducados de renta fuera de otros anexos que tiene que les renta casi otro tanto. Tiene cada canónigo otra tanta renta como las dignidades fuera de los anexos. Cada racionero entero tiene a seys-//109r çientos ducados y los medio racioneros a trezientos ducados. Está adornada [...] su capilla de cantores y capilla de ministriles con salarios con[...]. Desta sancta yglesia an salido muchos canónigos della por inquisidores, obispos y arcobispos porque florecen en ella mucho las letras.

La capilla mayor como ya queda dicho, es capilla real porque en ella están las entrañas del rey don Alonso el Sabio, las quales están a

[321] El letrero en escritura libraria en el original.

la parte del evangelio en un sepulcro que se les hizieron. Está todo dorado con un pelícano y letrero que dize así:

Aquí están las entrañas del señor rei don Alonso el qual muriendo en Sevilla por la gran lealtad con que esta ciudad de Murcia le sirbió en sus adversidades las mandó sepultar en ella[322].

Todo el sepulchro es de piedra y a los lados dos reyes de armas que lo están guardando, todo con gran curiosidad hecho.

De la parte de la epístola está un altar donde están las reliquias de sant Fulgencio y sancta Florentina. Está de manera hecho que por dentro y fuera de la capilla se puede dezir[323] missa. Tienen las sanctas reliquias en un arca toda por dentro y fuera aforrada de tela de brocado y dentro della esta otra arquilla en la qual su magestad la sembró, como en su lugar se verá.

En el altar que cae por de fuera de la capilla mayor está un rrótulo que dize:

//109vLos bracos y sanctas reliquias de san Fulgentio, obispo de Cartagena y de su hermana sancta Florentina[324].

Tiene la dicha yglesia quatro mill ducados de renta. La fundación desta sancta yglesia donde al presente está fue en el año de mill y trezientos y setenta y quatro años regiendo la yglesia romana el papa Urbano sexto. A veinte y dos días de henero en presencia de don Fernando Pedrosa, obispo de Carthagena, fue puesta la primera piedra en ella y después fue trasladado con conçesión del papa Paulo segundo y desde entonces se celebra su translación a veinte y quatro de enero de cada un año, según consta por los breviarios antiguos de Carthagena.

Antiguamente estuvo la silla episcopal en Carthagena, pero después que la ciudad de Murcia se ganó de los moros por el rey don Jayme se quedó la silla episcopal en la ciudad de Murcia, como ya queda declarado, y estuvo en Santa María de Gracia del alcácar que fue donde el rey don Alonso mandó enterrar sus entrañas hasta que

322 El letrero en escritura libraria en el original.
323 Tachado: dezir.
324 El rótulo en mayúsculas en el original.

fue trasladada donde está al presente y por el dicho rey le fueron dados muchos previlegios como se verá en el discurso que se sigue.

//110r Discurso 22.
Que trata de los previlegios quel rey don Alonso dio a la yglesia de Cartagena

Siempre el rey don Alonso tubo yntento de vivir y morir en la ciudad de Murcia según queda dicho, y así como a cosa donde avía destar sus entreñas (*sic*) dio a la sancta yglesia de Carthagena muchos previlegios y les hizo muchas merçedes y gracias, según por ellas parecen que son las que se siguen.

Tiene la sancta yglesia de Carthagena un previlegio dado del dicho rey don Alonso en la ciudad de Sevilla, a primero de marco, era de mill y dozientos y ochenta[325][326] y ocho años, el qual dio siendo ynfante, y en él conçedió a la yglesia cathedral de Carthagena por vía de doctación (*sic*) diez mill áureos situados para que en cada un año los cobrasen, los cinco mill en las rentas de Murcia, y en las de la villa de Elche y las de Orihuela, dos mill, y en Lorca, dos mill, y que si destos lugares no se pudiesen pagar los cobrasen de los demás lugares suyos. Confirmó este previlegio, después de ser rey, en Sahagún, a diez y siete días de abril, era de mill y dozientos y noventa y tres años.[327]

//110v Diole otro previlegio en la ciudad de Lorca, a dos días de março era de mill y dozientos y nobenta y cinco años por el qual mandó que a la yglesia se diesen los diezmos. Después, en tiempo del rey don Sancho, se truxo pleito entre la ciudad y el cavildo de la dicha yglesia, cómo y en qué manera se avía de dezmar y, por su carta dada en Toledo, a diez y siete de diziembre, era de mill y trezientos y veinte y siete años, mandó que se dezmara conforme a como se dezmava en Sevilla que era conforme al memorial que dello se truxeron de la dicha ciudad de Sevilla que dize así:

---

[325] Margen izquierdo: 34.
[326] Margen derecho: Año 1250.
[327] Margen derecho: Año 1255.

Del pan y de la uba dan por décima la dezena carga o de la dezena a medida y el labrador toma las nueve así e non saca ende simiente ni otra misión.

De todos los labradores aquellos que ovieren pan desque obieren alimpiado, lebarlo an de la era y apartarán el diezmo maguer no sea y al tercero más bien ge lo farán saber que vaya o embíe a fulana era o aquel lugar por diezmo que y an enpero acostumbran que los labradores se lo llevan por tal que se non prendan y los clérigos páganles las misiones del adozir así como de las vestias o de los omes e desta misma manera fazen de la uba, de lino, de fabas, e destas cosas sementables que se coxen [...] diezmo a la iglesia.

//IIIr De ganados diezman en esta guisa: quien obiere diez vezeros dará el uno por diezmo a la iglesia; de diez potros dará uno e de diez muletos uno siempre los vezeros y los potros y los muletos diezman los ternos desque son nacidos por Sant Juan que costumbrado es. En las cabanas que estos ganados todos son nacidos por Sant Juan y desque fueren dezmados señalará el del diezmo e tenerlo an en la cabaña con los guardadores della desde Sant Juan fasta Sant Miguel si los antes los clérigos non quisieren vender e de Sant Miguel adelante si los dexaren y pagaran soldada por la guarda e desque obieren sido dezmados de la Sant Juan adelante los del diezmo yrán a su ventura.

Quien non obiere vezerros dará por diezmo a la yglesia de cada uno seys sueldos que son seys dineros de la moneda blanca alfonsí.

El que non obiere diez potros o diez muletos dará por cada uno de diezmo un maravedí que son quinze dineros de la dicha moneda.

De cada un pollino fixo de asna dará que lo obiere por diezmo a la yglesia una quarta de maravedí de la moneda sobre dicha.

El que obiere diez corderos o diez cabritos o diez lechones de todos estos ganados dará diezmo de diez el uno y luego por la San Juan [le] [...] luego los entregarán.

//IIIv E los pastores den diezmo de lo que toman de sus señores por soldada destos ganados menudos e de lo que toman en soldada del ganado mayor. Si lo toman en dineros non dan ninguna cosa e si toman en ganado antes que sea dezmado dan su derecho.

De la lana, e de queso, dan diezmo a la yglesia y esto mismo hazen de miel e de çera, más de los enganbres non dan ninguna cosa.

De coles, despinacas, de nabos, de zanahorias, de berengenas, de pepinos, de calabaças y de alfalfas, maguer lo bendan o lo den a sus vestias de lechugas ni de ajos si los vendieren verdes en la plaça non dan de todo esto diezmo ninguno.

De frutas de árboles como peras, mançanas, ciruejas y otras frutas qualesquier non dan ende diezmo, salvo tanto si alguno obiere grandes güertas en que aya mucha fruta y la arrendaren deven por diezmo a la yglesia de diez maravedís el uno y en otra manera non dan ende diezmo.

Otrosí de las çebollas e porros e de los ajos, quando los cojen con sazón por a salvarrán //112r diezmo a la yglesia. De ninguna cosa non dan diezmo a la yglesia que rienda almojarifazgo y señaladamente de figos, nin de azeite non dan diezmo a la yglesia ca lo dan al rey.

Otrosí de fornos, nin de molinos, de pesqueras, nin de caças, non dan diezmo a la yglesia.

Todo ome que comprare uba o otro fructo que sea de dezmar a la yglesia el comprador pagará el diezmo si non parare pleyto con el vendedor que se elvare al diezmo a pagar.

Uso es en Sevilla que los clérigos por las casas y por los heredamientos del regalug pagan en la misión de la labor de los muros de la ciudad y la labor de la puente y en ninguna de las otras missiones de la vezindad non usan de pagar ninguna cosa.

Otrosí es uso del cabildo y de los clérigos de la yglesia mayor de Sevilla quescogen cada año en cada una de las parrochias de la ciudad un ome queal ellos mays quisieren y todo quanto aquel a de dezmar de pan e de vino e de todo lo al de que obiere a dar diezmo es para la obra de la yglesia de Sancta María.

Las yglesias parrochiales de la villa en el terçuelo de lo diezmo que lo del rey don Alfonso //112v y esto ay para la obra e las otras cosas que an menester a la yglesia.

Otrosí es uso de los clérigos parrochiales de Sevilla que si algún ome fina en parrochia e fina ante de vísperas que los clérigos de[328]

[328] Margen derecho tachado: 1278.

la parrochia van luego alla con la cruz e desas dichas vísperas tornen y e fazen oración sobre el muerto e después en la mañana desque an dicha misa y lo an enterrado van a la casa a fazer las graçias e por todo esto non toman çirio ni otra cosa alguna salvo la ofrenda que les dan a la missa.

En una bulla quel papa Benedicto dio que su data dize: en Paníscola, *quinto decimo calendas augusti nostri pontificatus anno vigessimo secundo* le dio a la fábrica de la yglesia cathedral de Carthagena las pilas y quintas casas del obispado, según por ella consta.

Tiene otro previlegio del dicho rey don Alonso décimo dado en Balladolid, al último día de abril, era de mill y trezientos y diez y seis años[329] por el qual les concede y dize que no pierdan vezindades por los heredamientos que los clérigos tuvieron en todo el obispado de Carthagena.

//113rPor otro previlegio quel dicho rey don Alonso dio estando en Segovia, a ocho de agosto, era de mill e trezientos e diez y seis años, concedió que se pudiera traer a la yglesia de Carthagena una hila de agua questava en el alcáçar.

Tiene otro privilegio del rey don (*sic*) /don Sancho/[330] siendo ynfante juntamente con la ynfanta doña María, su muger, dio estando en[331] Palencia, a seys días de março, era de mill y trezientos y veynte y un años, por el qual otorgó al obispo e yglesia de Carthagena dignidades, canónigos y racioneros della a los que entonçes eran y serían de allí adelante por serviçios que le hazían e hizieron que fuesen libres, quitos e francos de moneda e de marcadga de fonsadera e de todo pecho e de toda fazendera y de belas y de atalayas e que tuvieran libertad e franqueza y que qualquiera que lo deshonrrase a ellos en sus personas o en sus cosas que oviese aquella pena que avía el que deshonrrava a ynfançón.

Otro previlegio tiene la sancta yglesia de Carthagena el qual por ser a la dicha yglesia de mucha consideración le puse de *bervo ad bervum* que dize así:

---

329 Margen derecho: 1278.
330 Tachado: Alonso.
331 Margen derecho: 1283.

//113vEn el nombre de Dios Padre e del Hijo e del Spíritu Sancto, que son tres personas e un Dios e a honrra e servicio de la gloriosa virgen Sancta María, su madre, a quien nos tenemos por señora. Sepan quantos este previlegio vieren e oyeren, como nos don Sancho por la gracia de Dios rey de Castilla, de Toledo, de León, de Galizia, de Sevilla, de Córdova, de Murcia, de Jaén, del Algarve, viemos previlegio que nos obiemos dado quando éramos ynfante en que dize que por hazer bien y merced a don Diego, obispo de Carthagena e al cavildo dese mismo lugar, tanbién a los que y eran entonçe como los que y serán dende adelante que les dávamos todos los çensales de Murcia con el luismo e con la fadiga e con todas sus pertenençias según fueron censados en el comienço e con las contiendas e con las carnecerías e las alfóndigas e con el heredamiento que avían en Albeyenrrabad Algidic e sobre esto que mandamos a qualesquier que tenían e tobiesen los çensales que les pagasen los maravedís en oro según fueran çensados e quanto valiese el maravedí en oro a la cantidad de aquella moneda que //114r corriese e defendiemos que almoxarife nin cogedor ni otro ome ninguno no los enbargase ni les contrallase ninguna destas cosas que sobredichas eran e a qualquier que lo fiziese que nos pecharíe en pena mill maravedís de la moneda nueva e al obispo e al cabildo e a quien su voz tobiese todo el daño doblado e demás a él e a quanto que oviese nos tornaríamos por ello y el obispo y el cavildo de la yglesia de Carthagena pidiéronos merced que les confirmásemos este previlegio. E nos, el sobre dicho rey don Sancho, por les fazer bien y merçed confirmámosgelo e mandamos que vala así como sobredicho es. E defendemos que ninguno non sea osado de yr contra este previlegio por a quebrantarlo ni por amenguarlo en ninguna cosa ca qualquier que lo fiziese abríe nuestra yra y pecharnos ye en coto los mill maravedís sobre dichos e al obispo e al cabildo los sobre dichos o a quien su voz tobiese el daño doblado. E por questo sea firme y estable mandamos sellar este previlegio con nuestro sello de plomo, fecho el previlegio en San Estevan de Gormaz, viernes veynte y seis días andados del mes de henero[332], era de mill e trezientos y veynte y tres años, el sobredicho

[332] Margen derecho: 1285.

rey don Sancho reynante en uno con la reyna doña María, mi muger e con la ynfanta doña Ysabel, nuestra hija, primera //114v heredera en Castilla, en Toledo, en León, en Galizia, en Sevilla, en Córdova, en Murçia, en Jaén, en Baeça, en Balladolid y en el Algarve. Otorgamos este previlegio e confirmámoslo, don Mahomad Aloaudille, rey de Granada e vasallo del rey, confirmo, el ynfante don Juan, confirmo, don Gonçalvo, arcobispo de Toledo primado de las Españas e chançiller de Castilla, confirma, don Remodón, arçobispo de Sevilla, confirma, la yglesia de Sanctiago vaga, don Juan Alfonso, obispo de Palencia e chanciller del rey, confirma, don frey Bernardo, obispo de Burgos, confirma, don Martín, obispo de Calahorra e notario en el Andaluzía, confirma, la yglesia de Cigüenca, vaga, don Goncalvo, obispo de Quenca, confirma, don Diego, obispo de Carthagena, don Ybánez, obispo de Jaén, confirma, don Pasqual, obispo de Córdova, confirma, maestre Suero, obispo de Cádiz, confirma, la yglesia de Alvarracín, vaga, don Reoy Pérez Ponce, maestre de Calatrava, confirma, don Fernán Pérez, prior del ospital, confirma, don Juan fixo del ynfante don Manuel, confirma, don Lope, confirma, don Diego, confirma, don Alvar Núñez, confirma, don Alfonso, fixo del ynfante de Molina, confirma, don Juan //115r Alfonso de Haro, confirma, don Diego López de Salçedo, confirma, don Diego Garçía, confirma, don Fernán Pérez de Guzmán, confirma, don Pedro Díaz de Castañeda, confirma, don Nuño Díaz, su hermano, confirma, don Beca, confirma, don Ruy Gil de Villalobos, confirma, don Gómez Gil, su hermano, confirma, don Ynigo de Mendoça, confirma, don Ruy Díaz de Finoxosa, confirma, don Diego Martínez de Finoxosa, confirma, don Goncalo Gómez de Mançanedo, confirma, don Rodrigo Rodríguez Manrrique, confirma, don Diego Fruyaz, confirma, don Gonçal Yváñez de Avinal, confirma, don Peran Riquez de Arana, confirma, don Sancho Martínez de Leyva, merino mayor en Castilla, confirma, don García Jofré, adelantado mayor en el reyno de Murçia, confirma, don Fernán Pérez, electo de Cigüença e notario en el reyno de Castilla, confirma, don Martín, obispo de León, confirma, la yglesia de Oviedo, vaga, la yglesia de Astorga, vaga, don Suero, obispo de Çamora, confirma, la yglesia de Salamanca, vaga, la yglesia de Çiudad Rodrigo, vaga. Don Alfonso, obispo de Coria e chançiller de la reyna, confirma, don Gil, obispo de Badaxoz e notario mayor de la cámara del rey, confirma, don fray Bartholomé, obispo de Silves, confirma, don Nuño, obispo de Mondoñedo, //115v confirma, la yglesia de Lugo, vaga, la yglesia de Orense, vaga, la yglesia de Tuy, vaga, don Pedro Núñez, maestre de la cavallería de Sanctiago, confirma, don Ruyperez, maestre de Alcántara, confirma, don Sancho fixo del ynfante don Pedro, confirma, don Estevan Fernández, pertiguero mayor en tierra de Sanctiago, confirma, don Fernan Pérez Ponce, confirma, don Per Álvarez, confirma, don Juan Fernández de Limia, confirma, don Gutierre Suárez, confirma, don Juan Alfonso de Alburquerque, confirma, don Ramir Díaz, confirma, don Ferrad Rodríguez de Cabrera, confirma, don Arias Díaz, confirma, don Ferrad Fernández de Limia, confirma, don Goncal Ybáñez, confirma, don Juan Fernández, merino mayor en el reyno de Galicia, confirma, Rodrigo Alvárez, merino mayor en tierra de León, confirma, don Gómez Garçía, abad de Balladolid, e notario en el reyno de León, confirma, don Pay Gómez, almirante de la mar, confirma, don Roy Páez, justicia de casa del rey[333]. Yo Roy Martínez la fize escrevir por mandado del rey en el año primero que[334] el rey sobre dicho reyno.

//116rPor otro previlegio quel don Sancho en vida del rey don Alonso, su padre dio juntamente con la ynfanta doña María, su muger, estando en Palencia, a dos de março era de mill y trezientos y veynte y quatro años, otorgó al obispo y cavildo de la dicha yglesia y le hizo merced de los molinos y La Añora y el heredamiento que avían los maestres del alcácar[335] de Murcia que se tenía y con el mesmo alcácar y[336] las casas que fueron del obispo don Pedro y del cavildo lo qual obiesen por juro de heredad.

El rey don Alonso honzeno por un previlegio que dio a la dicha yglesia estando en Burgos, a veynte y seis días de abril, era de mill y

[333] Tachado: Confirma, don Martín, obispo de Calahorra, e notario en el Andaluçía, confirmo.
[334] Margen derecho: 1285.
[335] Margen derecho: 1286.
[336] Margen izquierdo: Las casas episcopales.

trezientos y sesenta y quatro[337] años, confirmó[338] todos los previlegios, franquezas, libertades, donaçiones, gracias, sentencias, cartas y buenas costumbres quel rey don Alonso su visagüelo y el rey don Sancho su abuelo y don Fernando su padre le avían concedido.

Por otro previlegio quel dicho rey don Alonso honzeno estando en Burgos, a diez y ocho días del mes de mayo, era de mill y trezientos y sesenta y quatro años confirmó a la dicha yglesia todos los previlegios, cartas y quadernos, buenas costumbres y //116v libertades que tenían las yglesias, prelados, órdenes y monesterios de sus reynos e mandó a sus merinos y ofiçiales que guardasen e defendiesen las dichas yglesias y monesterios y a sus basallos e porque algunos señores tomavan yantares a los dichos vasallos, mandó dar sus cartas para que se las volviese salvo en el reyno de León que mandó que los comendadores llevasen sus derechos.

Mandó asimismo en este previlegio otras muchas cosas que son las que se siguen:

Que los que estuviesen excomulgados mas de treynta días o más de un año fuesen castigados por los merinos conforme a como se usó en tiempo de los reyes sus anteçesores.

Que los clérigos y hórdenes no pagasen ni contribuyesen a la hermandad questava puesta y que no pagasen soldada.

Que los merinos no prendiesen los cuerpos de los labradores por los pechos que pagavan so pena de çien maravedís de la buena moneda.

Que los yantares que devían las yglesias y monesterios no se tomasen por cartas, sino que los tomasen por si quando viniesen los reyes y que de cada yantar se cobrasen ciento y cinquenta maravedís, según que avía sido otrogado //117r en las Cortes de Burgos porque entonces el rey[339] avía otorgado a los procuradores de los conçejos y tubo por bien que lo diesen como lo dieron en tiempo de los reyes donde venía.

Que los rycos hombres ni cavalleros que no pudiesen pedir yantares a los monesterios donde no los obiesen ni las diesen por carta

[337] Margen derecho: 1326.
[338] Margen izquierdo: 1326.
[339] Margen superior derecho: 142.

ninguna so pena de çien maravedís y que los merinos los prendiesen por ellos y que los maravedís fuesen de la buena moneda.

Que se guardase e defendiese según se avía guardado e defendido. Que los cavalleros escuderos y hombres poderosos no tomasen ni ganasen por ninguna manera heredades, ni basallos, ni mayordomos, ni amos en los señoríos de las yglesias, abadías, hórdenes, monesterios.

Que si algunos robasen casas de prelados, abades, monesterios, comendadores, conçejos, clérigos y de los sus vasallos y de los sus términos o tomasen yantares que luego a querella de aquel que reçibiese el daño, si fuese manifiesto se hiziese pesquisa por los perseguidores que fuesen dado para ello y fecha la pesquisa se llevase al rey y se diese su carta para los lugares do algo obiese y el que hizo el mal se entregase luego al querelloso y si bienes y caballos no obiese se diese carta para que los merinos y ofiçiales de la tierra donde aquello fuese acaeçido se tornase a él y a sus bienes y que si bienes no obiese el rey se tornase a lo sus cuerpos.

//117vQue si algunos ricos hombres, cavalleros, escuderos e hombres poderosos e conçejos obiese querella de prelado, abades, monesterios y hombres de hórdenes o de sus basallos que no se prendase ni tomase ninguna cosa de lo suyo, sino que les demandase conforme a derecho.

Que ninguno hiziese fortaleza en los lugares ni eredades de las hórdenes, prelados, ni yglesias, ni de sus vasallos y que las que obiese fechas los merinos las deribasen.

Que ningún cavallero posara ni se aposentara en los ospitales, sino que quedaran los tales ospitales para los pobres y enfermos.

Que se guardase lo que se avía guardado hasta allí en quanto a que los ricos hombres, cavalleros conçejos no hiziesen posturas contra las yglesias, ni monesterios, ni contra sus libertades.

Que por honrra de las yglesias, las pesquisas que se avían fecho por legos contra clérigos y religiosos fuesen rotas e sacadas de los registros, pero que los prelados supiesen las cosas mal fechas que los clérigos y religiosos hiziesen y que hiziesen escarmiento y justicia si no quel rey se tornaría a ello.

Que las yglesias y prelados mostrasen lo que les avía tomado de sus señoríos y de sus lugares y que haría cumplimiento de derecho.

//118rQue mostrasen en qué lugares eran previlegiados[340] para que no entrasen los merinos, ni otros ofiçiales y que se lo mandaría guardar.

Que no tomasen serviçios ni yantares en las yglesias ni en los monesterios ni en sus casas salvo en el reyno de León. Aquellos que eran comendadores por linaje que lo pudiesen tomar en el lugar de la encomienda, según que lo obieron en tiempo de los comedadores de quien heredaron las tales encomiendas.

Que lugar que no tuviese cabeça cada lugar fuese prendado por lo que deviese y si cabeça tubiese todos en uno que pueda prendar en qualquier lugar y si fuese deuda y el prelado no quisiese hazer cumplimiento de derecho de sus vasallos que oficial que oviese jurisdiçión por el rey en aquella tierra hiziese prenda en aquel lugar de los sus vasallos.

Que no se prendasen bienes de iglesia por deudas que sus vasallos debiesen a fijosdalgo, más que la prenda que se oviese de hazer se hiziese contra los vasallos que la demanda oviesen, salvo si el prelado y abad cuyos fuesen los vasallos no quisiesen cumplir de derecho a los que demanda oviesen contra los dichos vasallos.

Que se diese sus cartas para que se guardase lo que se avía guardado en tiempo de los reyes sus ante-//118vpasados en razón que se le hizo relación diziendo que los cavalleros hijosdalgo y otros hombres compravan casas y heredamientos en las aldeas y lugares que eran de las yglesias cathedrales y de los prelados y monesterios y que por esto se les yermavan sus basallos.

Que rebocava y rebocó qualquier cosa que avía otorgado a los concejos contra los prelados, yglesias y hórdenes y lo mismo otorgó en fabor de los concejos rebocando lo que oviese conçedido en fabor de los prelados e yglesias, porque a cada uno le fuese guardado su derecho.

Que ninguno pudiera hazer fortaleza o poblaças en tierra de yglesias sin boluntad del prelado que otorgava a los basallos de las yglesias y monesterios y hórdenes lo que avía otorgado a los procuradores de los concejos en razón de las deudas de los judíos.

---

[340] Margen superior derecho: 143.

Que guardase la costumbre que avía en quanto a lo que los hijosdalgo ni los concejo que no eran del señorío de las yglesias no comprasen heredades pecheras ni foreras de las yglesias ni de las hórdenes por lo que perdían de sus derechos.

Que por sus cartas ni de ynfantes ni ricos hombres ni por otros ningunos no fuesen enbargados los bienes de las yglesias, sino que quedasen para los prelados quando oviesen de venir y que se guardase como en tiempo de los reyes don Sancho y don Fernando.

//119r Que guardase lo que se avía acostumbrado en tiempo[341] de los reyes sus pasados en quanto las demandas que se ponían contra los clérigos por parte de los legos que no pasasen cartas desaforadas de las chançillerías a pedimiento de los legos ni fuesen desapoderados sin orden de derecho.

Que los juezes seglares de la corte y villas reçiban y guarden las sentençias y defensiones de la yglesia que los clérigos avían por sí contra los legos y mandó dar sus cartas para que se guardase con derecho, según se guardó en tiempo del rey don Alonso su visagüelo y del rey don Sancho su abuelo.

Otro previlegio dio el dicho rey don Alonso honzeno estando en Medina del Campo, a veynte y ocho días del mes de julio, era de mill y trezientos y sesenta y quatro años por el qual declaró quel servicio que de la clerezía tomava era por lo que se avía pasado de lo realengo al abadengo como no devía[342] y que por el servicio que le avían hecho se los quitava hasta el día de la fecha del previlegio. Y asímismo mandó que los prelados no comprasen ninguna cosa porque según lo que estava hordenado no lo podían hazer y que los clérigos pudiesen comprar según las declaraciones y hordenamientos que hizo el rey don Sancho y que los lugares que eran suyos los obiesen sin contienda. //119v Pidiéronle en este previlegio que los heredamientos del realengo que pasó en común a yglesias previlegiadas o no previlegiadas que fueron dadas por fieles de Dios para capellanías o aniversarios que no eran contra los hordenamentos fechos en Benavente e Nájara e que se pudo y podía hazer lo qual declarase e que si era de derecho lo confirmase

[341] Margen superior derecho: 144.
[342] Margen derecho: 1326.

según la declaración quel rey don Sancho avía fecho en esta razón y se contenía en la ley del *Libro segundo* y respondió que quanto a lo de hasta allí que se los quitava y de allí adelante lo que fuese mandado e dado para capellanía o aniversario que fuese con esta carga çierta así como censo. Que trueque y canbio de lo realengo a lo abadengo valiese no pareciendo aver avido malicia ni engaño en ello.

Atento que le fue pedido que los heredamientos que pasaron de realengo a común de yglesias y monesterios e clérigos que no eran previligiados que se los quitase hasta la data del previlegio y que les otorgase por otro previlegio y se confirmase el quitamiento quel rey don Sancho //120r avía hecho sobre esta razón estando sobre Haro[343] y respondió que lo pasado tenía por bien de lo quitar e lo quitava hasta el día de la fecha del previlegio

Atento que pidieron queste quitamiento y declaración que hiziese a las yglesias y prelados fuese asimismo a los ospitales y cofadrías (*sic*) que de derecho eran se guardasen y defendimiento de los prelados y que conociese se avía hecho con consejo e boluntad de los hombres buenos del reyno que a la sazón estavan con el rey según que lo hizo e declaró el rey don Sancho como parecía por sus cartas y respondió que así lo otorgava.

Yten rebocó todas las cartas dadas en la razón dicha y en quanto a los cohechos y tomas que llevaron los recaudadores tubo por bien que lo que fuese hallado por verdad que llevaron demás de las costas que hizieron, según la tasación que fue fecha en Burgos, que se les tomase de sus bienes y no teniendo bienes fuesen presos hasta que pagasen y si los oficiales a quien se pidiese de cada çiudad o villa o lugar por ellos menguase por su culpa separase a ellos e sobre esto se diesen las cartas que fuesen menester que los monesterios e hórdenes //120v que no eran de cavalleros e los otros lugares e bienes que eran debaxo de defensa e guarda de los prelados o yglesias esentas y no esentas que ayudasen a pagar a los prelados en el servicio y que se diesen cartas sobre ello lo que fuese menester.

Que ninguna persona tomase el realengo si no fuese el rey porque si alguno lo tomase se lo mandaría vender e que para ello mandaría

[343] Margen superior derecho: 145.

dar sus cartas quantas fuesen menester y que los prelados pusiesen sus sentençias e premias quantas pudiesen en sus lugares hasta que hiziesen enmienda de lo que oviese tomado e tomasen en la dicha razón pero tubo por bien que los clérigos pasasen con los señores de los lugares conforme a su fuero e derecho y como avían pasado hasta entonçes salvo en este hecho de realengo.

Que cada uno de los prelados pagasen por sí e por las yglesias, ospitales, clérigos, monesterios de su obispado lo que fuese repartido en la tasación que entonçes se hazía e que pagándolo no fuesen prendados por lo que otros clérigos que no fuesen de su obispado obiesen de pagar.

Que se diesen sus cartas para los merinos y otros ofiçiales para que tomasen todo quanto hallasen [//121r] de las personas en quien los prelados hiziesen tasación. Y si algunos monesterios o clérigos de algunos lugares fuesen rebeldes e no quisiesen pagar por las cartas del rey e por las sentencias que los prelados pusiesen quel rey los mandarían coxer e la reçibiría en disqüento de lo que oviese de aver. Y si en los lugares por las sentençias que los prelados pusiesen algo tomasen que los merinos mayores e los otros ofiçiales les tomase qüenta y les hiziesen bolver lo que oviesen tomado.

A lo que pidieron que les mandase tornar lo que pasó de lo abadengo a realengo respondió que lo mandaría guardar según que lo avía otorgado en las Cortes de Valladolid en el ano antes.

Yten, declarava quel dicho quitamiento y declaraçión que avía fecho e fazía era con consejo de los hombres buenos de su reyno que con él se hallaron en Medina del Campo en aquel ayuntamiento.

Yten, que por quanto en el año de la hera de mill y trezientos y sesenta y tres en las Cortes que mandó hazer en Balladolid que cumplió catorze años y tomó su hazienda y governamiento de los reynos e señoríos suyos y fueron ayuntados con el el ynfante don Philipe y don Juan, hijo del [//121v] ynfante don Manuel, y el ynfante don Juan hijo, del ynfante don Juan, sus tíos, y ellos biendo que era feneçida su totoría porque tenía edad cumplida y podía governar los reynos la dexaron y ansímismo se ayuntaron con él los prelados y ricos omes ynfançones y cavalleros y procuradores de las çiudades, villas y lugares de sus reynos y senoríos y entre las otras cosas que fueron tratadas y libradas que cumplían al servicio de Dios y suyo e pro e guarda de todos sus reynos los procuradores susodichos le pidieron por merçed afincadamente que mandase tomar todo lo que era pasado de su realengo al abadengo lo qual viendo que era su servicio y que lo podía hazer lo mandó tomar. Y sobre ello algunos prelados de su reyno y los procuradores de los otros prelados y de los cavildos e yglesias se ayuntaron en Medina del Campo y le pidieron por merçed que pasase con el dicho señor rey don Alonso como pasaron con sus anteçesores e señaladamente de lo que pasó del realengo al abadengo y de las otras cosas contenidas en el previlegio, porque siempre era su boluntad servir a Dios y honrrar las yglesias y monesterios e clereçía y les hizo merced y señaladamente por lo que pasó de realengo al abadengo para defendimiento de su tierra contra los enemi[gos], lo tenía e tubo por bien. //122rPor una bulla del papa Ynocencio quarto[344] que su data dize *datis lugduni VIII idus Augusti pontificatus nostri anni octavo* por la qual eximió a la yglesia de Carthagena de qualquier metropolitana. Y por otra bulla, con la misma data y sumo pontífice, la reservó a la sede apostólica todo lo qual se derogó y fue subjecta a la metrópolí de Balencia. Y después de la división del obispado de Orihuela esta subjecta a Toledo como antiguamente lo fue, según queda declarado.

Otra bulla tiene del mismo pontífice Ynocencio que la data dize *dattum Rome lugduni notarius Augusti pontificatus nostri anno octavo* por la qual concedió al obispo de Carthagena que no obedezca las letras appostólicas sobre beneficios y otras cosas si en ella no hiziere mençión desta bulla.

Otros muchos previlegios gracias y esenciones tiene esta sancta yglesia fuera de los que van aquí declarados los quales van puestos en otros lugares que más a propósito a sido como por ellos se podrán ver. //

---

[344] Margen superio derecho: 147.

//122v Discurso 23. Que trata de los conventos de religos (*sic*) y religiosas que ay en la ciudad de Murcia.

Sancto Domingo

Uno de los más antiguos conbentos que ay en la ciudad de Murcia es el de Sancto Domingo, según parece por un previlegio quel rey don Alonso décimo de Castilla les dio que dize así:

Sepan quantos esta carta vieren como nos don Alfonso por la gracia de Dios rey de Castilla, de Toledo, de León, de Galizia, de Sevilla, de Córdova, de Murcia, de Jaén, e del Algarve, por hazer bien y merced al prior e al conbento de los frailes predicadores de Murcia, dámosles e otorgámosles las casas e la huerta que son en la partida del Arrixaca que los moros nos dieron que an por linderos: de la una parte, la barvacana del muro ques entre la villa e el Arixaca e, de la otra parte, la plaça. Mandamos fazer el mercado que comienca en la puerta de la carrera trançada e va fasta //123r la rua del Açequia Mayor e de la otra parte[345] la carera e la acequia que pasa acerca las casas de don Ferrando e va fasta las cassas de Juan Romuy e las casas de Bernal Arenas e las casas de doña Figuera e la callejuela que comiença tras las casas de doña Figuera e va fasta las casas de Sancho de Montiel e de sí atraviesa fasta la barvacana. E todo esto sobredicho les damos e les otorgamos que lo ayan libre e quito con todas sus pertenençias para fazer su monesterio en que sirvan a Dios.

E defendemos que ninguno non sea osado de yr contra esta carta para quebrantarla ni para menguarla en ninguna cosa e a qualquier que lo fiziese abríe mía yra e pecharnos ye en coto mill maravedís e a los frayles sobredichos o a quien su voz tubiese todo el daño doblado.

E, porquesto sea firme e estable, mandamos sellar esta carta con mío sello de plomo.

Fecha la carta en Murçia, miércoles seys días andados del mes de abril, en era de mill y trezientos y díez años. Millán Pérez de Ayllón

[345] Margen superior derecho: 148.

la fizo escrevir por mandado del rey en el año veynteno quel rey sobre dicho reynó. Pedro García de Toledo, escrivano.

Es un monesterio muy principal y los edificios del muy sumptuosos. Está en la parte quel previlegio dize: ay de contino en el quarenta frayles, es muy frequentado de los fieles y en él siempre ay personas muy doctas y de muy buena fama y costumbres.

//123v Sant Françisco

Ay otro monesterio de Sant Francisco el qual no es menos antiguo quel de Sancto Domingo porque, según el previlegio que tiene de su fundación, parece que fueron entranbos fundados en un mismo año el qual previlegio parece lo dio el[346] sancto rey don Fernando en la era de mill y trezientos y diez años. Diolo para que se fundara la casa donde al presente está ques estramuros de la çiudad a veynte pasos della. Antes solía estar en la yglesia de Santa Catherina, que al presente es una de las parrochias de la ciudad. Es una de las mejores casas que ay en toda la probinçia y se le deve dar el primero lugar de todos los conbentos della. La yglesia y casa es de muy magníficos edifiçios y se an hecho de las limosnas que se an dado para ello. Ay de contino en él ochenta frayles de muy sancta vida, letras y costumbres. Están (*sic*) frequentando de los fieles y le hazen tantas limosnas que, solo de las missas y ofrendas que se dan, les vale la sacristía sola cada un año cinco mill ducados con los quales se sustentan y obran la casa que, como dicho está, es de muy gran magestad por estar adornada de una obra muy curiosa pulida y bien traçada.

//124r Nuestra señora de la Merced[347]

Ay otro convento de Nuestra Señora de las Mercedes el qual no deve ser menos antiguo que los passados porque luego quel rey don Jayme de Aragón ganó esta çiudad de los moros, como en todas las demás çiudades y villas que ganava, procurava edificar luego monesterios desta horden la qual él avía fundado, ynstituydo y levantado. Así en la çiudad de Murcia quiso que luego obiese convento de

---

[346] Margen izquierdo: Este como no lo pudo dar a Fernando porque este murió ano 1252, en la era de 1310, corresponde a el año 1272.

[347] Margen superior derecho: 140.

religiosos de Nuestra Señora de las Merçedes. La casa primera que les fue dada fue la yglesia de Sancta Olalla, que aora es parrochia, y así la adbocación desta casa tiene título de Sancta Olalla. Desta yglesia fueron trasladados estramuros de la çiudad a la parte del Oriente donde estubieron muchos años hasta que abrá treynta años que se entraron más çerca de la çiudad por causa del peligro del ryo y trasladaron la casa donde al presente está, ques junto a la Puerta Nueva.

An hecho un muy sumptuoso templo y van obrando una casa de las mejores de la provincia. Ay continuamente treynta frayles que floreçen en letras y biven muy religiosamente dando de su vida y costumbres muy buen exemplo como a tales religiosos conviene.

En esta sancta casa abrá muchos años que Dios les hizo //124v una señaladíssima merced y fue que viniendo por el ryo Segura abaxo una ymagen de mármol de nuestra señora se paró enfrente del conbento y casa destos religiosos questava çerca del ryo y procurando muchas gentes dentrar por ella al agua donde estava parada jamás la pudieron mover hasta que los religiosos deste convento les cupo la vez dentrar a probar si se serviría Dios quellos la pudiesen traer a tierra la qual ymagen salió con ellos y por esta causa se vio claramente perteneçerles a estos religiosos la dicha ymagen y así la llevaron a su casa y la pusieron en una capilla de la iglesia.

Es tan frequentada de los fieles que a hecho ynfinitíssimos milagros y les a remediado sus neçesidades que desto tomó renombre de Nuestra Señora de los Remedios. Tiene esta ymagen un poco ynclinada la cabeça con ser de mármol por un milagro que por una afligida donzella hizo, la qual engañada condeçendió con cierto galán dándole palabra de casamiento la qual le dio vaxo de juramento delante esta bendicta ymagen y después queriéndose el galán quitarse de la palabra negándole no aver hecho //125r tal juramento la donzella acordó de aplazarle[348] delante esta sancta ymagen ante quien se avía hecho el juramento. Y puesta delante della la donzella le suplicó bolviese por su honrra, pues en su presençia aquel mançebo le avía dado la palabra y con juramento de casarse con ella, y dixo a la sancta imagen: no es así señora que en vuestra presencia me la dio. Y la

[348] Margen superior derecho: 150.

bendicta ymagen ynclinó la cabeça demostrando ser verdad lo que la donzella decía. Y así se está oy en día con la cabeca ynclinada y por este y otros ynfinitos milagros que a hecho le tienen grandíssima deboción y acuden a ella con todas sus necesidades, las quales les remedia como madre ques de piedad y misericordia.

La Sanctíssima Trinidad

Antiquíssima cosa es, que luego quel rey don Jayme de Aragón ganó esta çiudad de los moros, los cristianos que la poblaron hizieron a la parte del oriente una yglesia a honor y reberençia de señor sant Blas y el mismo rey dio un retablo para su altar. En esta casa y lugar los frayles de la Sanctíssima Trinidad pidieron a la çiudad se la diesen para convento y así se la otorgaron y fundaron su monesterio en ella, el qual hasta //125v abía dos años que por el peligro que tenían quando el ryo salía de madre se trasladaron dentro[349] de la ciudad, donde al presente están. Van obrando su casa en la qual ay de contino veynte frayles de mucha sanctidad y religión y florecen en letras como muy sanctos religiosos dando exemplo a todos con sus vidas y costumbres.

Sant Agustín

El convento de Sant Agustín se fundó en la ciudad de Murcia en el año de mill y quinientos y honze años. Es grande la deboción que la ciudad tiene en este sancto doctor. Házese procesión general todos los años a esta sancta casa por boto particular que la ciudad hizo por la lagosta.

El sitio que la çiudad les dio fue estramuros hazia el setemptrión y, como estavan un poco apartados, el obispo y cabildo de la sancta iglesia de Carthagena, como patrón que era de una yglesia que se llamava Nuestra Señora del Arrixaca questá más allegada a la ciudad, los acomodó allí y se la dio donde al presente están.

Avía y al presente ay en esta sancta casa una ymagen de nuestra señora la qual luego questa çiudad fue de cristianos la hallaron dentro

[349] Margen derecho: 1592.

de un pozo. //126r Es ymagen en quien la ciudad tiene grandíssima[350] deboción y siempre que se vee en neçesidad acuden en procesión a ella y la traen a la sancta yglesia de Carthagena y no la buelven a su casa hasta que a remediado la necesidad y aflición en questán. Y así claramente se a visto obrar Dios por yntercesión de sancta ymagen muchos milagros socorriendo al pueblo en la necesidad que le piden.

De contino abitan en esta sancta casa veynte frayles de muy sancta vida y de grandes letras que dan a la ciudad tal exemplo y doctrina como la suelen dar los verdaderos religiosos.

Nuestra Señora del Carmen

En el año de mill y quatrocientos y çinquenta y un años, a primero día de agosto, don Diego de Comontes, obispo de Carthagena, de unas tierras que tenía de Alhabas hazia el mediodía dio un pedaço dellas a la çiudad para hazer una casa de Sant Benito, la qual después de hecha fue siempre frequentada de los fieles hasta que abrá ocho[351] años que la ciudad hizo mercer della a los frayles de Nuestra Señora del Carmen para que en ella hizieran y fundaran su monesterio ques donde al presente está //126v y van haziendo la casa la qual va en gran augmento porque la çiudad les acuden con muchas limosnas.

Ay de contino en ella doze frayles de muchas letras, vida y costumbres y con su sanctidad y buen exemplo edifican grandemente al pueblo cristiano.

Sancta Catherina del Monte

En el año de la encarnación de Cristo nuestro redemptor de mill y quatrocientos y quarenta y un años se fundó el monesterio questá al pie de una sierra que dista de la ciudad tres mill pasos. Este monesterio es de frayles franciscos /Recoletos/[352]. Fue el fundador del uno que se llamava Juan de Mercader el qual pidió a la çiudad este sitio para fundar el monesterio. La ciudad se lo concedió con cierto censo que avía de hazer y dar en cada un año a la çiudad y dado que fue Eugenio quarto sumo pontífice le confirmó con su auctoridad

[350] Margen superior derecho: 151.
[351] Margen derecho: 1586.
[352] Tachado ilegible.

para que se edificase el monesterio. Después, el rey don Juan le libró al Juan del Mercado del çenso que hazía a la ciudad.

Llámase Sancta Catherina del Monte es lugar muy apropiado para la vida contemplativa por ser muy regalado y de mucha fertilidad. //127r En este monesterio ay de contino doze frayles[353]. Susténtase con las limosnas que la çiudad les da y vaxo del çielo no tienen otra renta, casas ni çensos. Son todos de tal vida y recogimiento que no ay venir a la ciudad si no es a pedir limosna para comer.

Muchos de los pasados que en él están enterrados an sido adornados de todas quantas virtudes se puedan ymaginar y como tales en la terçera parte de la *Corónica de Sant Françisco* se haze mención de un hermano lego llamado fray Diego de mucha sanctidad, y como a tal sancto le veneran. Otro hermano llamado Blasio Villalba lo tienen ansímismo en mucha beneración por aver sido de suma charidad y obediencia porque, aunque era moço, era viejo en los sentidos de manera que dan todos los frayles desta casa, tal olor de sanctidad que los fieles les aman y reberencian como a tales religiosos conbiene.

El Colegio del nombre de Jhesús

Ay un colegio de la Compania de Jhesús el fundador del qual fue don Esteban de Almeyda dexoles más de cinco mill ducados de renta. La yglesia y casa del es uno de los mejores y más sumptuosos edificios que ay en todo el reyno y son tan //127v curiosos y lo tienen todo con tanta puliçia que que (*sic*) entrar en su casa es un parayso porque querer exagerar la sanctidad y vida que tienen y hazen no se podrá explicar con palabras que les puedan alabar tanto quanto dan exemplo con sus virtudes.

Ay de contino sesenta religiosos que todos a una mano florecen en letras de tal manera que en la çiudad son tenidos por los más buenos que se pueden ymaginar. En este colesio se lee de contino gramática y artes y todos los días casos de conçiençia a donde se junta la mayor parte de la clerezía de la ciudad a oyrlos.

---

[353] Margen superior derecho: 152.

Los monesterios de monjas.

Sancta Clara

Según çierto prebilegio quel sancto rey don Fernando dio, consta el monesterio de Sancta Clara averse fundado no en la parte y lugar que al presente está, pero en otro menos conbiniente. Después el rey don Pedro hizo merced para la amplificaçión deste monesterio de sus casas reales questavan pared en medio a las //128r monjas para que fuese abitado por sesenta[354] hermanas. Abitáronla por muchos años las quales están vaxo de la obediencia del guardián de Sant Fraçisco, y por decreto de Ynocencio octavo fueron trasladadas donde al presente están en el año de mill y quatroçientos y nobenta años[355].

Llámase Sancta Clara la Real. Abitan de contino en ella çinquenta monjas las quales en sus vidas y costumbres dan muestra de mucha virtud y sanctidad.

Sant Antonio

Abrá más de duzientos años que en la çiudad de Murcia ubo una señora llamada Uzenda Rodríguez la qual tenía una hija que se llamava Antona Rodríguez. Eran personas ricas y biendo[356] que la mayor riqueza que podían tener era atesorar para el çielo acordaron de servir muy de veras a nuestro señor y en las casas que tenían dentro de la çiudad en la collación de Sancta Eulalia començaron a rrecoger algunas donzellas para que sirviesen a Dios y desta manera comencaron a formar su monestero vaxo de la adbocación de sant Antonio, el qual a florecido hasta el día de oy que //128v es uno de los más ilustres que ay en toda la çiudad porque en él no se puede recibir ninguna monja que no sea limpia de toda raca de moros y judíos.

Hizieron tales vidas la madre y la hija fundadoras deste conbento que las religiosas del las tienen por sanctas porque dizen dellas grandíssimas virtudes y que eran de suma charidad y así mostró Dios con ellas mucha misericordia. Entre otras cosas que dellas dizen es que aviendo venido un año de mucha neçesidad y hambre como personas que eran muy ricas y de mucha hazienda tenían llegada mucha

[354] Margen superior derecho: 153.
[355] Margen derecho: 1490.
[356] Raspado: bi-

cantidad de trigo y en este año lo amasaban y davan a los pobres hasta que se acabó y barrieron las troxes y acaso después de acabado llegaron a su puerta a pedir un poco de trigo para una medicina y la hija como avía varrido las troxes dixo que no lo avía. La madre porfiole a que fuese si acaso hallava en algún rincón algún poco. La hija fue y halló que las troxes estaban llenas de trigo, donde bieron claramente la misericordia de nuestro señor. Luego tornaron amasar y hasta que se acabó se dio a los pobres.

//129r Esta Uzenda Rodríguez fue la primera abadessa que ubo en este convento, dexole muchas tierras. Dizen della y de su hija que, después que avían salido del coro, se yban y se abscondían en donde solían tener el trigo y allí se açotaban y oy en día se está la sangre que dellas salía tan fresca como si aora fuera. Afirman tanbién que quando esta Uzenda Rodríguez murió que se doblaron las campanas. Están enterradas la madre y hija en Sant Françisco, dizen que el cuerpo de la Uzenda Rodríguez se está tan entero como quando la enterraron.

Ay de contino en este conbento çinquenta monjas y están baxo de la obediençia del obispo de Carthagena las quales desde su fundación an procurado y procuran de ymitar a las primeras fundadores (*sic*) del, biviendo sancta y religiosamente.

El convento de la Berónica

En el año de Cristo nuestro redemptor de mill[357] y quinientos y veynte y nueve años, Isabel de Alarcón, muger noble y rica, al tiempo //129r de su fin y muerte, por su testamento y última boluntad mandó que en las casas quella tenía dentro de los muros de la çiudad se edificase un monesterio de las hermanas menores de Sant Françisco, al qual monesterio dexó catorze mill ducados de sus bienes, y abía de ser yntitulado baxo del nombre de la Berónica. Y para cumplir la boluntad desta señora fueron traydas dos monjas de la propia horden del monesterio de Sancta María Magdalena de Alcaraz, las quales dieron principio al dicho monesterio enseñando a las donzellas que abían dentrar en el temor de Dios y en la disçiplina regular de la

[357] Margen derecho: 1529.

horden. Y para que estubiesen muchas hermanas juntamente y con felicidad abitasen, fueron en él trasladadas las beatas de Sancta Brígida.

En el año de mill y quinientos y sesenta y seis años entran sin dote en este monesterio doze monjas que an de ser desçendientes del linaje desta fundadora y estas las señala el patrón ques el que posee el mayorazgo y //130r es desta manera que de las doze que están dentro[358] en muriendo qualquiera dellas el patrón nombra otra en su lugar. Ay de contino quarenta monjas. Están subjectas a la horden de Sant Françisco. Biven muy religiosamente con mucho exemplo de sus vidas dando muestras de mucha virtud, como verdaderas religiosas.

El convento de Santa Ana

En tiempo de los Reyes Cathólicos un deán que ubo en la sancta yglesia de Carthagena que se llamava /don Martín/ Selva fundó una casa de monjas que al presente está estramuros de la ciudad junto[359] al mercado della. Está fundado baxo de título de Santa Ana. Abitan en él siempre[360] quarenta monjas de muy sancta vida. Está debaxo la obeciençia del prior de Sancta (*sic*) Domingo es uno de los principales monesterios que ay en la çiudad y por tal es tenido.

El convento de la Madre de Dios

En este mismo tiempo este dicho deán fundó otro monesterio questá dentro de la ciudad baxo de título de la Madre de Dios, / como aparece por la bulla del papa Inocencio dado en el año de mill y quinientos y diez y siete en que por ella confirma el dicho monesterio/. Abitan en él //130v treynta monjas continuamente. Está baxo la obediencia de Carthagena. Son muy religiosas y de mucha sanctidad, virtud y recogimiento.

El convento de Sancta Isabel

Abrá ciento y çinquenta años /el de 1443/ que doña Juana de Perca, muger que abía sido de Juan Porzel ques la que dizen que parió los siete niños porzeles como ya queda dicho, dexó las casas que tenía

---

358 Margen superior derecho: 155.

359 Margen izquierdo: Según Ximena [...].

360 Margen derecho: Y al[...] del año 1684.

en medio de la çiudad con otras muchas eredades para que en ellas se fundara el monesterio que al presente está en ellas. Yntitúlase de Sancta Ysabel. Es monesterio prinçipal y de contino ay en él treynta y tres monjas que hazen muy sancta vida las quales están baxo la obediençia del obispo de Carthagena. Biven tan religiosamente que dan grandíssimo exemplo de sus vidas y costumbres.

Fuera destos monesterios ay dentro y fuera de la çiudad otras casas de sanctos particulares, como son Sancta Quiteria questa dentro de la çiudad. Al pie de la sierra ay una casa //131r de mucha deboçión que se llama Nuestra Señora[361] de la Fuensancta extramuros de la ciudad. Ay una casa de Sanct Antón, otra de Sant Lázaro, otra de Sant Roque a la qual todos los años van a ella en procesión general por voto particular por la pestilençia. Ay otra casa dedicada al glorioso Sant Ginés. Mucho e deseado llegar a este lugar por ser sancto de mi nombre y porque en este obispado le tienen grandíssima deboçión.

Y en el campo de Carthagena ay fundado /un mosterio/ de frayles franciscos llamado Sant Ginés de la Jara cuya vida del glorioso sancto es la que sigue:

Vida de Sant Ginés

En tiempo del rey don Alonso el Casto, que reynava en Castilla, y del emperador Carlomagno, rey de Francia, avía un duque en el reyno de Francia llamado don Milón que era señor de Arle, çiudad populosa, y asímismo era señor de gran parte de la Proença y del Lenguadoc con el condado de Lenomenia. Fue casado con doña Berta, hermana del emperador Carlomagno, hija de Pepino y doña Berta su muger, //131v reyes que fueron de Francia. Este duque Milon y su muger doña Berta fueron muy buenos christianos y temerosos de Dios y como ubiese muchos años que eran casados y /no/ abían ningún hijo ni quien heredase el señorío que tenían rogavan a Dios nuestro señor en sus oraciones les diese hijos de bendición que lo heredasen en la ciudad de Arles cuyos señores eran en tiempo de los

[361] Margen superior derecho: 156.

gentilesdos sanctos que se llamavan gineses avían sido martirizados en ella.

El duque Milón y su muger los tomaron por ynterçesores con Dios nuestro señor y mediante su ruego les dio un hijo al qual pusieron nombre Ginés, el Franco, y, después de ser de hedad, aprendió las artes liberales y diose a leer en la escriptura sagrada. Propuso de servir a nuestro señor en vida hermitaña y apartarse del mundo y de sus tierras donde no lo conociesen y diole propósito de venir en España y visitar la casa del glorioso Sanctiago de Galizia. Y se enbarcó en el puerto de Marsella y nabegando por la mar se recreció gran fortuna que pensaron ser perdidos y llegando al Cabo de Palos, ques //132r en el campo de Carthagena, salio Ginés el Franco, en tierra milagrosamente.

En este campo, según quenta Diego Rodríguez de Almela[362] en su *Chronica General dEspaña* avía un monesterio de monjes el qual se llamava Sant Laurençio. Este monesterio lo avía fundado Severiano, duque de Carthagena y su muger Sanctina[363] padres, como ya queda dicho, de los gloriosos Fulgencio y Florentina, al qual vino a parar Ginés el Franco y sobre un cabeço que llaman del Miral hizo una hermitilla y en ella hizo muy sancta vida por espacio de veynte y siete años hasta que murió.

Después de muerto a hecho y haze muchos milagros y después que nació este glorioso sancto sus padres tubieron otro hijo llamado Roldán que heredó su estado que fue uno de los doze pares de Francia.

Después, como los moros se apoderaron dEspaña, este monesterio de Sant Laurencio fue despoblado hasta que por mandado del sumo pontífice Ynocencio octavo a petición de un cavallero llamado /don Joan Chacon/, Juan Çiaconio, en el año del nacimiento de Cristo nuestro redemptor del mill y quatroçientos //132v y nobenta y un años se dio liçençia para que se fundase un monesterio y que se yntitulase Sancta María del Annunçiata. Y a este monesterio se juntó la çelda del glorioso Sant Ginés, la qual era muy çelebrada de los pueblos, y así estubo este monesterio edificado y abitado por veynte hermanos. Y en el año

---

362 Margen izquierdo: Almela, capítulo 204.
363 Tachado: Turtura.

dicho el Ynocencio octavo mandó questos veynte hermanos estubiesen subjectos a françiscanos amadeos y baxo la potestad del general de los menores, lo qual después confirmó Alexandre sexto, pontífice máximo en el año de mill y quatroçientos y nobenta y tres años. Y así está oy día avitado de veynte frayles franciscos, los qual son de vida exemplar.

Llámase este monesterio San Ginés de la Jara en el qual este glorioso sancto esta sepultado. Es lugar celebérrimo. Está a diez mill pasos de Carthagena y a tres mill del mar Mediterráneo. Todo el reyno de Murçia tiene grandíssima deboçión a este glorioso sancto y a su sancta casa, a la qual acuden, y por medio del alcançan de Dios nuestro señor remedio en sus necesidades.

//133r Discurso 24.
Que trata de los prelados que an governado la Sancta Yglesia de Carthagena

Don Fray Pedro Gallego

Pareçe que don fray Pedro Gallego fue el primero obispo de Carthagena, según consta por un previlegio quel rey don Alonso déçimo dio en Sevilla a veynte y çinco de mayo, era[364] de mill y dozientos y nobenta y un años, por el qual otorgó al dicho fray Pedro Gallego, obispo de[365] Carthagena, unas casas que eran en la collaçión de Sant Juan de Sevilla, dióselas por juro de heredad para que las pudiera vender y enajenar.

Por otro previlegio quel dicho rey don Alonso dio en Sevilla, a çinco días de junio era de mill y dozientos y nobenta y un años le hizo merced, al dicho fray Pedro Gallego, del aldea que en tiempo de moros tenía nombre Geluferez, /Alcantarilla/[366] y más diez yugadas de bueyes para pan año y vez en hotras que era término //133v de Facalçacar y los molinos de azeite que allí eran. Y quedósele al rey el veynteno de quanto azeite obiera, lo qual le dio por juro de heredad

[364] Margen derecho: 1253.
[365] Margen derecho: Que era su confesor.
[366] Tachado: Quel rey le avía puesto nombre Carthagena.

con condición que por el dicho heredamiento tubiera en una yglesia un capellán que para siempre cantara por el ánima del rey su padre.

En otro previlegio quel dicho rey don Alonso dio juntamente con la reyna su muger y con su hijo el ynfante don Fernando estando en Lorca, a veynte y tres de março, era de mill y dozientos[367] y nobenta y çinco años concedió al dicho fray don Pedro Gallego, obispo, un real con su huerta en Lorca que avía sido del arraez Almoniara que era so el castillo a los fornos del yeso con sus entradas y salidas, dióselo por juro de heredad para siempre jamás.

En otro previlegio quel dicho rey don Alonso dio estando en Toledo a dos de octubre, era de mill y dozientos[368] y nobenta y siete años, pareçe que, por hazer bien y merçed al dicho don fray Pedro Gallego y a la yglesia de Carthagena, quel avía ganado de los moros y poblado la villa de los cristianos a honrra y servicio de Dios y por el ánima del //134r rey su padre y remisión de sus peccados, otorgó al dicho obispo y a todos los demás obispos que después del fueran y al cabildo de la dicha yglesia que pudieran comprar heredamientos hasta en seys mill maravedís alfonsís y questas compras pudieran hazer de todos aquellos a quien el rey avía dado donadíos en todo el reyno de Murcia y de los heredamientos que los moros de Lorca les quisiesen vender en Lorca y en su término. Y todos los heredamientos que comprasen en esta forma les otorgó que los obiesen libres y quitos por juro de heredad para hazer dellos lo que quisiesen.

Este don Pedro como tal obispo de Carthagena confirmó un previlegio quel rey don Alonso dio estando en Carthagena a nueve de abril, en la era de mill y dozientos y nobenta y cinco[369] años, a don Palay Pérez, maestro de Uclés, por el qual le hizo merçed de la villa de Aledo y Totana[370] para la dicha su horden.

Confirmó otro previlegio quel dicho rey don Alonso dio a la ciudad de Murcia para que tubiera feria en cada un año y que començara

[367] Margen derecho: 1257.
[368] Margen derecho: 1259.
[369] Margen derecho: 1257.
[370] De Aledo y Totana: subrayado en el original.

el día de Sant Miguel y durara diez días. Diolo estando en Sevilla a diez y nueve de mayo, era de mill y trezientos y quatro años.[371]

//134vConfirmó otro previlegio quel dicho rey don Alonso dio a la dicha çiudad de Murcia para que tubiera seña y sello. Diolo en Sevilla, a catorze de mayo, era del mill y trezientos y quatro[372] años.

Confirmó otro previlegio quel dicho rey don Alonso dio a la dicha ciudad de Murcia en que por él les dava a Molina Seca, Mula y el valle de Ricote y los otros lugares que avían sido término de Murcia en tiempo del Miramamolín para que fuera su término. Dio este previlegio a tres de agosto, era de mill y trezientos y quatro años.

De manera que[373] por los dichos previlegios parece y costa quel dicho don fray Pedro Gallego fue el primero obispo que ubo en el obispado de Carthagena después que fue ganada de los moros y entregada al dicho rey don Alonso déçimo de Castilla.

El deán don Garci Ximénez

/don García Martínez/

Después de don fray Pedro Gallego fue electo por obispo de Carthagena don Garci Ximénez, deán de la dicha iglesia, como pareçe por un previlegio quel rey don Alonso dio en Murçia a diez y ocho de abril, era de mill y trezientos[374] y [diez] años por el qual otorgó al dicho don.

//135rCarta[375]

Don Alfonso por la graçia de Dios rey de Castilla, de Toledo, de León, de Galizia, de Sevilla, de Córdova, de Murçia, de Jaén, del Algarve, e señor de Vizcaya, e de Molina. Al conçejo de la çiudad de Murçia, salud e graçia.

Bien sabedes en como don Pedro, obispo de Carthagena, es limosna, es fechura e merçed mía e de aquellos onde yo vengo e en como a gran tiempo que me sirve porque so tenudo del fazer merçed e agora va allá a su obispado por algunas cosas que son mío

[371] Margen derecho: 1266.
[372] Margen derecho: 1266.
[373] Margen derecho: 1266.
[374] Margen derecho: 1272.
[375] Margen superior derecho: 16[4].

serviçio e a cantar misa nueva e fazer otras cosas que pertenece a su oficio así como obispo e ase de tornar luego para mí seviçio en que vos mando que le reçibades bien e honrradamente, así como vuestro obispo e vuestro perlado (*sic*) e así como aquel ques mi merçed que fiedes del e fagades por él mientras y fuere en todas las cosas que son mío servicio, así como faredes de mí mismo en que guardedes e ayades encomienda a él e a su yglesia e a todo lo suyo en manera que no resçiba de vos ni de otro ninguno agravio ninguno e en esto me faredes serviçio e cosa que //135v vos mucho agradeceré e vos faré por ello bien y merçed que quando y otra cosa fuésedes lo que so çierto que vos que lo guardáredes sabed que me faríades en ello pesar. Dada en Madrid a veynte y tres de agosto, era[376] de mill y trezientos y sesenta y siete años.

Don Juan

Subçedió en el obispado después de don Pedro Varroso y fue obispo del don Juan y durante que fue obispo en los sígnodos que çelebró hizo y ordenó muchas constituciones las quales son las siguientes:

Ordenó que no se diera hornamentos a ningún clérigo forastero para que dixera misa sin licençia del obispo.

Ordenó que los vicarios rurales ni otras personas no conocieran de causas matrimoniales ni criminales.

Ordenó que ningún cristiano no comiera de las biandas que los judíos ni moros comían y que los moços que con ellos estubieran no[377] comieran de las dichas viandas so pena de excomunión.

//136r Ordenó que los carniçeros no dieran a degollar[378] a los moros y judíos la carne que avían de dar a los cristianos y que el que lo contrario hiziera yncurriera en pena de excomunión.

Ordenó que los sacerdotes, para que más seguramente pudieran administrar, dava liçencia para que se confesaran unos con otros.

[376] Margen derecho: Año 1329.
[377] Tachado: que tanpoco.
[378] Margen superior derecho: 165.

Don Pedro Penaranda

Fue obispo del dicho obispado don Pedro de Peñaranda y en los sígnodos que por él fueron fechos hordenó las constituçiones siguientes:

Ordenó que todos los aciprestes, vicarios y rectores vinieran a los sígnodos con poder de todos los clérigos y a costa dellos trayendo consigo un aconpañado y que llebaran de salario real y medio de Aragón por cada un día.

Ordenó que si muriera algún parrochiano de alguna alquería en alguna parrochia quel clérigo della dixera la mitad de las missas y llebara la mitad de la ofrenda y la otra mitad donde era parrochiano.

Don Alonso de Bargas

A don Pedro de Peñaranda le subcedió don Alonso de Bargas y fue obispo del dicho obispado. Este //136v ordenó que los fructos y rentas de los beneficios que abían de aver los herederos que se contaran en los graneros desde el día de Sant Juan, y del pan mediado el mes de agosto, y del vino por Todos Sanctos.

Don Nicolás de Aguilar

Fue obispo del dicho obispado don Nicolás de Aguilar. Este obispo fue el que dio las pilas de todo el obispado a la fábrica de la yglesia de Carthagena y hizo el fundamento de la yglesia y ordenó que los capitulares juraran antes que fueran admitidos en las posesiones de sus prebendas.

Don Guillén de Gimiel

Don Guillén de Gimiel, de nación francesa, fue[379] obispo del dicho obispado, que le subcedió a don Nicolás de Aguilar, el qual hizo las hordenaçiones que se siguen:

Ordenó que atento que solían hazer quatro y cinco de compadres y comadres que de allí adelante que si fuese varón obiese tres

[379] Margen derecho: Este obispo fue cardenal de Santa Sabina en Roma legado del papa Juan en los reinos de Castilla y León. Véase en el libro Annal de 1385.

compadres y dos comadres y no más y el clérigo que más recibiera pagara de pena diez reales.

Ordenó que no fueran compadres ni comadres frailes //137r ni monjas, ni los que no fuesen confirmados ni marido y muger juntos a ninguna criatura que se baptizara.

Ordenó que ningún hombre casado pudiera tener concubina en su casa y que quien la tubiera fuera excomulgado y que no le fuera dada sepultura eclesiástica hasta que obiera absulución (*sic*) del prelado.

Ordenó quel testamento que hiziera el difunto que dentro de treynta días el notario lo diera sacado al cura de la parrochia y de allí adelante el cura amonestara cada domingo a los cabecaleros que cumplieran el tal testamento. Y si dentro de un año no lo obieran cumplido los llevaran antel obispo y los denunciaran por excomulgados a los albaçeas y al cura quel testamento no presentara pena de diez reales.

Ordenó que todos los cristianos, moros o judíos pagaran enteramente el diezmo a la yglesia y el que no lo pagara yncurriera en sentençia de excomunión.

Ordenó que ningún concejo ni comunidad no nombrara obrero, ni fabriquero en ninguna yglesia ni ospital sin horden del obispo.

Ordenó que ninguna justicia pudiera sacar ninguna persona de la yglesia por fuerça ni con en-//137vgaño ni echalles prisiones dentro della ni vedalles que no les dieran mantenimientos y el que lo hiziera que fuera *ypso facto* caydo en sentençia de excomunión.

Ordenó que a los que hechasen suertes o fuesen encantadores, así cristianos como moros o judíos y a los hechizeros que fueran excomulgados por ello.

Ordenó que quando se dieran algunas cartas de excomunión contra clérigos o legos que después que les fuesen notificadas en sus personas o en sus casas que los curas los sentasen en un libro y los publicasen en las yglesias y por el trabaxo de sentarlos y después borrar los llebasen los curas çinco dineros de cada uno.

Don Fernando Pedrosa

Subcedió en el obispado de Carthagena, después de don Guillén de Gimiel, don Fernando Pedrosa el qual hizo muchas hordenaçiones y mandatos que son los que se siguen:

Ordenó que en las quatro temporas del año no se celebraran nuçias en faz de la sancta madre yglesia.

[//138r]Ordenó que ningún clérigo no arrendara el pie[380] del altar de su beneficio salvo a otro clérigo de horden sacro.

Ordenó que no declarando el difunto donde se le avían de dezir las misas y oficios que se le dixeran dónde estava enterrado y esto se entediese quando el testador dezía que se dixeran las misas y oficios donde sus albaceas quisieran que avían de ser donde estava enterrado y no en otra parte.

Ordenó que las sepulturas que en la yglesia cathedral se obieran de dar que las dieran el obispo y cabildo, y las que se dieran en otras yglesias que las diera el obispo o su vicario. Costumbre antigua es en este obispado que de la translación de un cuerpo de una yglesia a otra en el mismo obispado se pagan tres reales a los curas de la yglesia donde se saca, y si para fuera del obispado se pagan seys ducados.

Ordenó que todos los clérigos del obispado o que moraren en él que no aya benefiçio ni préstamo ni capellanía perpetua o sacristía y que fueren de horden sacro de qualquier estado o condición que fueran que por clérigos se quisieran defender de la jurisdiçión secular, así casado como por casar, [//138v] desque fuera de hedad de catorze años o más adelante fuera tenido de pagar cada año por cathedrático quatro maravedís y el que no lo pagara desde el día que se celebrara la sígnodo hasta treynta días que no fuera defendido por la yglesia ni por los juezes eclesiásticos hasta que mostrara aver pagado tres años continuos y si no lo mostrara que pagara un marco de plata. Otrosí, mandó que atento que avía algunos clérigos que tenían préstamos y no abían beneficio ni capellanía que pagaran ocho maravedís y si fueran de horden sacro quatro maravedís.

Ordenó quel Jueves Sancto aunquel lugar fuera entredicho se devía consagrar la crisma y olio y quemar el viejo y que de allí adelante no se usara de la crispona ni olio del año pasado y el que lo usara fuera depuesto.

Ordenó que non se usara ni consintiera usar del sacro crispoma ni del olio de los enfermos ni del olio de los cathecúmenos salvo en

[380] Margen superior derecho: 167.

aquellas cosas que la sancta yglesia tiene hordenado y para que los estableçió por ser peccado propina a heregía y por esta causa man/dó/ se tubiesen vaxo llave so pena de suspensión por tres meses.

//139r Ordenó que todos los vicarios y açiprestes y curas enbiaran por chrisma y olio a la cathedral y que no lo dieran para fuera del obispado ni lo truxeran fuera del obispado y el que lo hiziera questubiera a peligro de perder el benefiçio.

Ordenó que no ynpusieran en los clérigos sisas y ynpusiçiones ni se las llebaran de las cosas que compraran y mandó a los clérigos en virtud de sancta obediençia que no pagaran las dichas coletas, pechos, sisas, ynpu*sic*iones ni dieran alguna cosa por manera de ayuda, enpréstido, subsidio, donaçión, gracia ni por qualquiera otra manera y el que los pusiera o consintiera que fueran denuçiados públicamente por excomulgados y a todos los que ovieran dado consejo fabor y ayuda y que los aciprestes y vicarios los pudieran denunciar que para ello les davan comisión.

Ordenó que los clérigos que obieran sido agraviados y no se querellaran antel prelado que por el mismo caso fueran tenidos por conspiradores y conjuradores contra la yglesia de Carthagena y su libertad y obediençia y ser usurpadores de la justiçia episcopal y por tales fuesen castigados.

Ordenó que pudiesen los curas benefiçiados cometer a otros clérigos aprobados por el hordinario e ladministración de los sacramentos.

//139v Don Pablo de Sancta María

Fue obispo del dicho obispado don Pablo de Sancta María el qual era chançiller mayor del príncipe don Juan, hijo del rey don Enrique terçero y quando el dicho rey don Enrrique murió entre otros testamentarios que dexó fue uno el dicho don Pablo como pareçe del testamento quel dicho rey hizo. Y asímismo hordenó en el dicho testamento que tubieran al ynfante don Juan, hasta que fuera de catorze años, Diego López de Astúñiga y Juan de Belasco, su camarero, y el dicho don Pablo, obispo de Carthagena.

Don fray Diego de Mayorga

Subcedió al dicho don Pablo de Sancta María en el dicho obispado don fray Diego de Mayorga al qual el rey don Juan por su carta dada en Madrid a treze de jullio de mill y quatroçientos[381] y treynta y cinco años le mandó que no llevara la dobla a los captibos quando les davan cartas para pedir sus redenpciones.

En tiempo deste obispo la ciudad tubo pleyto con el cabildo de la yglesia sobre el término del Alcantarilla, como parece por un poder que la çiudad otorgó a diez y siete de diziembre del dicho año.

//140r Don Diego de Comontes[382]

Don Diego de Comontes le subçedió en el dicho obispado a don fray Diego de Mayorga. Fue tío este obispo del arcediano de Lorca don Juan de Villagómez que recupiló el libro de la división de los diezmos de todo el obispado ques dicho *Fundamentum ecclesie*. Este obispo fue el que dio el sitio para que fuera edificado Sant Benito, como queda ya dicho.

Quando vino a su obispado el rey don Juan el Segundo le encomendó la ciudad y después se la tornó a encomendar, como parece por la carta que el rey le enbió fecha en Salamanca a veynte y quatro de mayo de mill y quatroçientos y cinquenta años.

Don Lope de Ribas

Don Lope de Ribas fue obispo del dicho obispado después de don Diego de Comontes y como a tal obispo el rey don Enrique mandó por su carta, dada en Soria a siete de mayo de mill y quatrocientos y cinquenta y nueve años, que la fuera entregada la torre de las Alguaças. Hizo este obispo muchos mandatos y constituciones que son las que se siguen:

Ordenó que ningún cura ni benefiçiado admitiera en su yglesia a predicar ni confesar sin liçencia del obispo.

//140v Ordenó que no se diera oficio de sacristán a ningún lego.

Ordenó que los curas tubieran escriptos los artículos y los mandamientos.

Ordenó que porque naçían disensiones entre los que abían de predicar que les fuera señalado por rueda los días que abían de

[381] Margen derecho: 1435.
[382] Margen superior derecho: 169.

predicar y que no pudiera predicar sin su liçençia en el día que obiese sermón de tabla.

Ordenó que se guardasen las fiestas, que eran: el día primero de la Natividad de Cristo, el día de Sant Estevan, y el día de Sant Juan apóstol y evangelista, y la Çircunçisión, y la Epiphanía, la Purificaçión, Sant Mathías apóstol, la Annunciación, Sant Marcos evangelista, Sant Philipe y Sanctiago, la Ynbençión de la Cruz, Sant Bernabé Apóstol, la Natividad de Sant Juan, San Pedro y Sant Pablo, Sancta María Magdalena, Sanctiago Apóstol, la Tranfiguración del señor, Sant Laurencio Mártir, la Asumpción de Nuestra Señora, Sant Bartholomé apóstol, la Natividad de Nuestra Señora, San Matheo apóstol, Sant Miguel Archangel, Sant Lucas evangelista, Sant Simón y Judas, la Fiesta de los Sanctos, Sant Andrés apóstol, la Conçepcçión de Nuestra Señora, Sancto Thomé //141r apóstol, la Resureción del señor, la Pasqua de[383] Spíritu Sancto, la Ascensión del señor, la fiesta del Sacramento y todos los domingos del año, las quales fiestas mandó que quien las quebrantara *ypso facto* yncurrieran en sentençia de excomunión.

Ordenó que los testigos falsos yncurrieran en pena de excomunión y que no les pudieran absolver hasta aver restituydo el daño y que los curas publicaran este mandato en sus iglesias[384].

Ordenó que en los tiempos prohibidos [...] –belaciones que ningún clérigo pudi[...] de diez florines.

Ordenó que ningún clérigo pudi[...] ningún género de color [...] –var espadas, ni otras a[...] que no entrasen e[...] pudiesen jugar [...] largas sopena [...] reales y sopena [...] oficio real n[...] de legos y [...] la justicia se [...] y que los [...] cathedra[...] de oro [...] yn r [...].

//141vOrdenó que ningún clérigo no pudiera jugar en público ni en secreto a los dados ni tablas so pena de treynta reales.

Ordenó que todos los clérigos de corona y grados, aunque fuesen casados, el probisor conociese de sus causas çibiles y criminales.

---

383 Margen superior derecho: 170.

384 Página mutilada en diagonal.

Ordenó quel clérigo que tubiera concubina si siendo amonestado no la echara de su casa pasados los meses de la tal amonestaçión su fuera be[...] [...]ado perdiera la terçia [...] y si todavía permaneciera [...] y estuviera obstinado en el [...] –ra tercia parte y fuera excomulgado [...] –neficiado cura ni mayordomo [...] biar ni donar ningunos [...] acordado y [...] –hura ninguna [...] en sentencia de [...] –lara de no che[...] sopena de [...] –sen de [...].

//142r En la yglesia en días de domingos o fiestas para[385] saber si tenían algún ynpedimento y que no los casaran si esto no preçediera y quel cura que los desposara sin preçeder esto fuera suspenso por tres meses.

Ordenó que qualquier patrón que obiera de presentar a capellanía o benefiçio que no pudiera llevar dineros ni ninguna otra cosa por ello y el que lo contrario hiziera *ypso facto* fuera privado y que la tal presentación fuera ninguna.

Ordenó y mandó que ninguno no les llevara ni dieran ni vendieran ningunas cosas bedadas a los moros so pena de excomunión.

Ordenó que ninguna persona fuera a bodas ni mortuorios de los moros ni judíos sopena de excomunión.

Ordenó que ningún cura beneficiado no consintiera predicar a ninguno que fuera nuevamente convertido sin ser primero examinado por los prelados.

Ordenó que todas las personas eclesiásticas antes que tomaran posesión de sus benefiçios hizieran ynbentario de todos los bienes muebles y rayzes que tubiera el tal beneficio.

Ordenó que si alguna persona se enterrara en mosterio o en otra yglesia que pagara la quarta al cura //142v donde era parrochiano de todas aquellas cosas que dexara en su testamento.

Ordenó que si alguno estando enfermo se mandara mudar de una parrochia a otra y muriera en ella que todos los derechos fueran del cura de la primera parrochia.

Ordenó que si un parrochiano se mudara con su casa de una parrochia a otra fuera libre de la primera.

---

385 Margen superior derecho: 171.

Ordenó que ningún cura no pudiera admitir a ningun parrochiano de otra parrochia sin liçençia de su propio cura.

Ordenó que si un parrochiano muriera en otra parrochia y no ubiera mudado domiçilio que fuera obligado a enterrarse en su parrochia.

Ordenó que si la muger muriera que fuera enterrada en la sepultura del marido y si obiera tenido muchos se enterrara en la del postrero.

Ordenó que en todos los lugares de todo el obispado obiera un fiel para que allegara los diezmos.

Ordenó que los patrones no pudieran presentar antes que bacara el benefiçio y el clérigo que presentara tal nombramiento fuera ynábil para aver el tal benefiçio.

//143r Ordenó que los sacerdotes dixeran maytines[386] antes que celebraran.

Ordenó que los clérigos benefiçiados y los de horden sacra fueran obligados a rezar las oras canónicas.

Ordenó que las palabras de la consagración las pronunciaran claras y distintas.

Ordenó que todos los presbíteros fueran obligados a çelebrar quatro vezes en el año si no fuera de consejo del prelado y los clérigos ynferiores una vez en el año.

Ordenó que en la yglesia en las fiestas de Navidad, Sant Esteban, Sant Juan y los Ynoçentes ni en otras fiestas, ni en misas nuevas, no obiese juegos ni representaçiones ni se cantaran cantares profanos.

Ordenó que los treyntanarios de Sant Amador no se dixeran con çierto número de candelas sino solamente con dos candelas.

Ordenó quel sanctísimo sacramento y la crisma y olio estubieran guardados y con gran limpieza y la lámpara siempre ardiendo.

Ordenó que la quadragéssima y las témporas se ayunara y no se comiera carne y el que lo contrario hiziera yncurriera en sentençia de excomunión y que fueran declarados los domingos //143v y fiestas en la yglesia de sus parrochias y el que la vendiera yncurriera en pena de excomunión.

[386] Margen superior derecho: 172.

Ordenó quel que cometiera sacrilegio fuera de la sentençia de excomunión en que yncurría le puso pena de quarenta florines de oro.

Ordenó que los que hizieran conspiraciones contra el obispo y cabildo o contra la yglesia de Carthagena o sus bienes y rentas que *ypso facto* yncurrieran en escomunión y si fuesen clérigos, el que tal hiziera fuera de la sentencia de excomunión quedasen ynfames y pribados de oficio y beficio.

Ordenó quel obispo pudiera dispensar contra qualquiera constitiçión de la sígnodo.

Ordenó que ninguno de los curas no recibieran a confesión al parrochiano de otra parrochia.

Ordenó quel médico ante todas cosas amonestara al enfermo a que se confesara y rescibiera los sacramentos de la yglesia.

Ordenó que quando se nombrara el nombre de Jhesús y en el *Te Deum laudamus* al verso de *Hergo que sumus* y al *Gracias agamus* se hincasen de rodillas.

//144rOrdenó quel clérigo questuviera[387] excomulgado seys meses sin pedir absulución tubiera de pena si fuera benefiçiado quarenta ducados y si no veynte y çinco y si pasara un año fuera suspenso de ofiçio y benefiçio.

Ordenó que los benefiçiados parrochiales, clérigos y sacristanes fueran a los aniversarios de los reyes so pena de un real cathalán.

Don Rodrigo de Borja

Después que don Lope de Ribas fue obispo subcedió en el obispado don Rodrigo de Borja el qual fue sumo pontífiçe que fue Alexandro sexto.

Don Bernardino de Caravajal

Fue obispo del dicho obispado don Bernardino de Caravajal según pareçe por una carta que los Reyes Cathólicos enbiaron a la ciudad dándole abiso de como su Sanctidad le avía /da/do el obispado de Carthagena y quando le dieron el dicho obispado era obispo de Badajoz. La fecha desta carta fue en Barçelona a tres de junio de mill

[387] Margen superior derecho: 173.

y quatrocientos y nobenta y tres años. Y luego su Sanctidad le hizo cardenal de Sancta Cruz como pareçe por la carta quel dicho obispo /escrivió/ a la ciudad desde Rroma su fecha a veinte de setiembre del dicho año.

//144vDon Juan de Medina

Fue obispo del dicho obispado don Juan de Medina el qual hizo y ordenó las constituçiones que se siguen:

Ordenó que se guardaran las fiestas que la sancta madre yglesia mandava y en espeçial las que fueron hordenadas por el obispo don Lope de Ribas y el que las quebrantara tubiera de pena un real.

Ordenó que todos los curas y benefiçiados residieran personalmente en sus benefiçios y los que por prebilegio espeçial fueran escusados de hazer residençia personal pusieran por ellos clérigos idóneos. Donde no, que pasados los seys meses desta constituçión los probeyera el obispo a su costa.

Ordenó que no se tomara posesión del benefiçio ni se executaran letras apostólicas ni de otro juez delegado sin que primero fueran examinadas por su vicario general y el que hiziera lo contrario que cayera en pena de excomunión y perdiera por aquella vez el derecho que tubiera al tal beneficio vacante. Y al cura o benefiçiado que diera lugar que se tomara la tal posesión yncurriera *ypso facto* en sentençia de excomunión.

//145rOrdenó que las personas que se desposaran[388] clandestinamente y los questubieran presentes cayeran en pena de un marco de plata.

Ordenó que no pudieran vender ni empeñar cáliz, libros, hornamentos ni heredades, sin liçencia del obispo y, demás de la pena de excomunión, yncurriera en pena de sacrilegio.

Ordenó que todos los curas benefiçiados del obispado hizieran ynbentarios de todos los bienes muebles y rayzes que tubieran sus beneficios y los entregaran al vicario general o al obispo.

Ordenó que la constitución hecha por el obispo don Pedro cerca de los fructos y rentas que abían de aber los herederos del clérigo benefiçiado difunto del primer año en que muriere quel tal año

[388] Margen superior derecho: 174.

comiençe/ra/ a correr del día que muriera el tal beneficiado hasta ser cumplido el año y que alcaçaran fructos de dos años y las primiçias y pie de altar de aquel año las llevara el que subçediera en dicho beneficio. Y questo no se entendiera en préstamos ni capellanías porque en esto se avía de guardar la constituçión antigua quel que subcediera en el tal benefiçio gozara desde el día que fuera probeydo y que los herederos del prestamero o capellán no lleva[ran cosa alguna].

Ordenó quel [...] alguno de la yglesia fuera de la pena de excomunión cayera en pena de sacrilegio para la cámara del obispo.

//145v Ordenó que qualquiera que pusiera sisa o ynpu*sic*ión sobre lo que conpraran los clérigos *ypso facto* yncurrieran en sentencia de excomunión fuera de las penas y çensuras que yncurrían por derecho.

Ordenó que los açiprestes y vicarios denunciaran los delictos que avía en sus vicarías al obispo o a su vicario general.

Don Juan Daça

Fue obispo en el obispado de Cartagena don Juan Daca el qual subcedió a don Juan de Medina obispo que fue del dicho obispado.

Don Juan de Belasco

Subcedió en el dicho obispado después de don Juan Daça don Juan de Belasco, como parece por la carta ques la reyna doña Juana le dio para que le diesen la posesión del obispo la fecha de la qual fue en Salamanca[389] a treynta de nobiembre de mill y quinientos y cinco años.

Don Martín de Angulo

En el dicho obispado de Car[tagena] fue obispo don Martín Fernández de Angulo, como parece por la carta que la reyna doña Juana enbió //146r a la ciudad de Murçia en que le haze saber[390] como su Sanctidad avía probeydo al dicho don Martín de Angulo por obispo del dicho obispado, la qual escrivió desde Valladolid a veynte y ocho de hebrero de mill y quinientos y nueve[391] años.

---

[389] Margen izquierdo: 1505.
[390] Margen superior derecho: 175.
[391] Margen derecho: 1509.

Don Matheo de Langua

Fue obispo del dicho obispado don Matheo de Langua, cardenal de Sanctangel y arçobispo de Salisburgo, por cuya ayuda se començó la ynsigne torre de la cathedral de la sancta yglesia de Carthagena, como parece por el rótulo que al pie de la dicha torre que queda ya declarado y por las armas que en ella están del dicho cardenal.

Don Juan Martínez Silíçeo

En el dicho obsipado fue obispo don Juan Martínez Silíceo maestro y confesor del rey /don Phelipe/ nuestro senor siendo príncipe, y fue trasladado del dicho obispado a ser arçobispo de Toledo.

Don Estevan de Almeyda

Subcedió en el dicho obispado don Estevan de Almeyda el qual hizo el ynsigne colesio de la Companía de Jhesús en el qual está enterrado.

Don Arias Goncález Gallego

Después de la muerte de don Estevan de Almeyda //146v le subçedió en el dicho obispado don Arias Gonçález Gallego. Fue primero obispo después de la división del obispado de Orihuela el qual se dividió en la sede bacante de don Estevan. Murió juebes veyn/te/ y ocho de abril de mill y quinientos y setenta y çinco años. Está enterrado en el monesterio de la madre de Dios de la çiudad de Murçia.

Don Gómez Çapata

Por muerte de don Arias Gallego subçedió en el dicho obispado, don Gómez Çapata. Tomó por él la posesión del dicho obispado el liçençiado Andrés Hernández a nueve de Jullio de mill y quinientos y setenta y seis años y después fue trasladado a la yglesia de Quenca de donde fue obispo hasta que murió. Y en su testamento dexó nobenta mill ducados para repartirlos a pobres de los quales hasta aora le an ca[b]ido de parte a la ciudad de Murcia y a los pueblos del obispado más de doze mill ducados.

Don Jherónimo Manrrique

Subcedió en el obispado de Carthagena don Jherónimo Manrrique de Lara al dicho don Gómez Çapata y por dexación que hizo del obispado pidiendo el de Ávila le fue dado a don Sancho Dávila, que al presente es el obispo del dicho obispado, del qual y de como en su tiempo se truxeron las sanctas reliquias se dirá en el discurso siguiente.

//147rA hecho dentro destas casas una capilla dedicada a Sant Fulgencio questá con mucha curiosidad en la qual tiene más de quinientas reliquias de diferentes sanctos y el cuerpo sancto entero de sant Vidal mártir que su sanctidad de Clemente octavo le enbió con una carta animándole a que fuese adelante con el exemplo y zelo con que vive cuyo tenor es el que se sigue:

CLEMENS PP OCTAVUS

Venerabilis fratello, salutem et apostolicam benedictione in magnis et assiduis curis nostre apostolice servitutis que nos hoctam difficili et luctuoso christiane reipublice tempore dies noctes quod angunt et solicitant nihil nos magis consolatur et recreat in domino quam cum audivimus venerabiles fratres nostros episcopos in partem silicitudini nostre a vobis et hac sancta sede vocatos et adscitos labores nostros sua diligentia et vigilantia sublevare itaque spirituali voluptate repleti sumus ex iis que detum Fraternitatis insigne pietate et zelo cognovimus partim exiis litteris quas ad nos scripsosti partim partim era çivitate germane procuratoris et visitatoris tui quem nomitaim ex Hispania misisti ad visitanda bratorum //147v apostolorum limina partim denique aliarum relatu quorum grave ad modum est apud nos testimonium. Gaudemus fratello tibi que gratulamur quod generis nobilitatem el magnorum principum[392] affinitatis et fugaces huius seculi splendores solidis animi ornamentis et vera virtute collustres et in omni pastorali munere pervigiles acgregati crédito te ipsum exemplum preveas bonorum operum in sanctitate et iustitia coram patre luminum a quo omne datum optimum et omne donum pefectum descendit perge igutur hanc candem viam in

[392] Tachado: vostro.

sixtire ut des advitrice gratia ministerium tuum impleas et animas ,ultas christo lucti facias de nobis vero tibi persuade quod te in christi visceribus gerimus et paterno amore complectimur cum merito tuo tum etiam o barciam propiquitatem qua coniunctus es cum nobil vero et filio nostro dilecto Ferdinando Medice magno duce cuius etiam intuitu rogatu cius apud nos oratore procurante tibi dari et concedi iussimus sacras reliquias sanctorum hoc est corpus unum integrum venerandum sacti vitalis martiris ex religiosissimo cementerio sancti Callisti ad catecumbas quod sanc libenter egimus ut nostre intecharitatis extet significatio //148r *quod ítem omni oblata occasiones quantum cum domino poterimus prestabimus cetera ex eodem procuratore et visitatore tuo copiosius intelliges. Datum Rome sanctum Petrum sub annullo piscatoris die XVII januarii M595 pontificatus nostri anno tertio. Hiluius Antonianus.*

La qual buelta en lengua castellana dize así:

CLEMENTE OCTAVO

Venerable hermano, salud y bendición apóstolica. En los grandes y continuos ciudados de nuestro officio apóstolico que en este tan trabaxo y lastimoso tiempo en que la yglesia y república christiana se halla nos traen de día y de noche congoxados y afligidos. Ninguna cosa nos consuela y alegra más en el señor [...] que nuestros venerables hermanos los obispos llamados y escogidos por nos y por esta santa silla para llevar sobre sí alguna parte de nuestro cuydado con su vigilancia y diligencia nos alibian y descargan de nuestros trabajos. Y así estamos llenos de alegría y gozo espiritual por lo que de vuestra y grande ynsigne piedad y zelo christiano abemos sabido, así por la carta que rescibimos vuestra como tanbién por la larga relación que de vos y de vuestras cosas nos dio vuestro visitador que en vuestro //148v nombre vino dEspaña a esta ciudad senaladamente para visitar los sanctíssimos umbrales de los bienaventurados y gloriosos apóstoles sant Pedro y sant Pablo, y tanbién por la que nos an hecho personas graves cuyos dichos no tienen para con nos pequeña auctoridad. Alegrámonos pues, venerable hermano nuestro, y os damos el parabien de que la nobleza de vuesta sangre y linaje y el parentesco que tenéis con grandes príncipes y los mal seguros y inconstantes resplandores que el mundo suele estimar en mucho los mejoráis y hermoseáis con unos sólidos atavíos y verdadera virtud de vuestra alma y de que en vuestro officio pastoral veláis y trasnocháis y sois a vuestras ovejas dechado y exemplo de buenas obras hechas en sanctidad y justicia delante del padre de toda luz y de la qual se deriva y mana todo lo que se a dado bueno y qualquier perfecto y cumplido don. Continuad pues y pasad adelante en este camino començado para que ayudado con la divina gracia satisfagáis a la obligación de vuestro officio y grangeeis muchas almas para Cristo señor nuestro.

De nos estad çierto que os traemos en las entrañas con Jesucristo y con amor de padre os amamos, así por vuestros grandes merecimientos como por el estrecho vínculo de parentesco que tenéis con el noble nuestro muy claro y amado hijo don Fernando de Medices, gran duque de Florencia, por cuyo respecto y ruegos hechos por su enbaxador, //149r juntamente con los vuestros, os mandamos dar las sanctas reliquias de todo el sagrado y entero cuerpo del glorioso mártir san Vidal sacado del irotíssimo cementerio y cuebas de Sant Callisto lo qual hizimos con mucho gusto y voluntad en señal y demostración del crecido amor que os tenemos y lo haremos ansí mismo con el fabor del señor, siempre que se os ofrezca semejante ocasión de otras cosas os podrá dar larga relación vuestro visitador. Dada en Rroma[393], en nuestro palacio de San Pedro, y sellada con el anillo del pescador, a 17 de enero 1595 ques el tercero de nuestro pontificado.

Dentro desta capilla tiene una sacristía muy rica de casullas, capas, mitras y hornamentos pontificales con mu/chas/ piedras de grandíssimo valar (*sic*). Es tal que ningún prelado dEspaña la tiene mejor pues si queremos mirar a su prosapia, genealogía y decendencia hallamos que es hijo del marqués Belada cuya casa es tan antigua en Ávila que los señores della recibieron el evangelio de San Segundo [...][394] rector de la universidad que jamás se a visto en ningún cavallero ni letrado dEspaña. En efecto que por todas partes que le

[393] Margen izquierdo: Ano 1595.
[394] Mutilo de varias líneas.

miremos le hallamos estar illustrado y adornado de linaje, sanctidad, letras, vida y buenas costumbres que todo está en él replandeciendo.

//149v Luego que vino a su obispado [procura de saber] qué prelados avían sido en su obispado antecesores suyos y todos los hizo poner dibuxados en sus casas episcopales, según como avían sido por sus antigüedades resucitándolos de las tinieblas del olvido, entre los quales hallé que sant Fulgencio avía sido uno dellos y considerando que era natural y nacido en Cartagena se le encendió en el pecho una llama que le abrasava con tal fuerça y vigor que comencó por las vías pusibles a dar traça cómo lo podría traer juntamente con su hermana sancta Florentina a su patrio suelo e yglesia donde avía sido prelado. Y, como supo questos gloriosos sanctos estavan en Verzocana, comencó a lebantar los ánimos de las degnidades de su yglesia y a los regidores de la ciudad de Murcia [...][395], al doctor arzecanónigo de la magistral de la sancta yglesia de Cart[hagena], a su magestad del rey don Philipe [. . .] señor suplicándole fuese servido mandar se diesen los cuerpos destos gloriosos sanctos pues eran //150r nacidos en Carthagena y les venía de derecho[396] su propia patria y por aver sido en ella prelado representándole otras cosas de mucha calidad, todo para mober el pecho a su magestad para que les hiziera esta merçed diéronle cartas dentrambos cavildos para su magestad significándole todas estas cosas. Llevó ansímismo cartas para el príncipe nuestro señor, y para la señora ynfanta, y al marqués de Belada, /hermano de dicho obispo/, y a otros grandes para que fuesen yntercesores con su magestad para alcançar del esta gracia.

Y viendo su magestad la gran fidelidad que la çiudad de Murçia siempre a tenido y tiene a sus reyes y señores naturales condecendió con sus ruegos y mandó por su real çédula a los de Berzocana y al obispo y cabildo de la yglesia de Plasencia cuya jurisdición es diesen quatro huesos los mayores destos gloriosos sanctos y, aunque les fue mostrada la çédula real, por muchas vezes suplicaron della no queriendo dar las sanctas reliquias y, aunque su resistençia fue mucha, al fin su magestad espresamente mandó se diesen quatro huesos:

[395] Mutilo de varias líneas.

[396] Margen superior derecho: 178.

los dos de sant Fulgençio y dos de sancta Florentina, los quales le truxeron al Escurial. Y vistas por su magestad las sanctas reliquias mandó //150v entregar los dos huesos los mayores entregados a fray Diego de Arce, guardián de Sant Francisco de la ciudad de Murcia, hermano del dicho canónigo Arçe, porque al presente estava agravado de una[397] enfermedad en la villa de Madrid y por esta causa se le entregaron al dicho fray Diego para que las entregara al dicho su hermano. Después de avellas reçebido enbiaron al obispo, cabildo y ciudad, cartas como estavan ya en su poder, de lo qual recibieron grandíssimo gozo y alegría.

Algunos querrán ser tan curiosos que dirán qué fue la causa, aviendo estos gloriosos sanctos nacido en Carthagena y abiendo sant Fulgençio muerto en ella y llebado a Sevilla a do fue sepultado, cómo aora acabo de mill años questo pasó estavan en Berzocana. Razón es por cierto se satisfaga a su deseo, al qual digo que Dios nuestro señor fue servido castigar los peccados dEspaña con diversos castigos y el uno dellos y el más señalado fue el que padeció por los peccados del rey don Rodrigo quando los moros africanos se apoderaron dEspaña que en menos de dos años fue por ellos subjectada //151r y tiranizada. Algunos que se escapavan de[398] aquella ynhumana y cruel furia y bárbaro rigor de aquellos ynfieles como buenos cristianos procuravan que las ymágines y cuerpos de muchos sanctos fuesen libres de las manos de aquellos crueles enemigos de nuestra sancta fe cathólica y ansí los ascondían debaxo de tierra para desenterrarlos quando aquel castigo que aún no fuesen en sus días tenían por misericordia de Dios feneciese por çierto los bolvería Dios a su primero y antiguo culto y, cobrada por los cristianos la tierra, el mismo cielo descubriría los cuerpos de los sanctos questaban ascondidos, porque estas eran las joyas preciosas que los aflixidos cristianos reserbaban y guardavan encomendándolas a la tierra para que como depositaría las tubiera guardadas y ascondidas.

Otros cristianos sabiendo que en las Asturias de Ubiedo quedavan algunas reliquias de los reyes godos pasados, que era el ynfante don Pelayo y que con ánimo ynbençible resistía a los moros, comencaron

---

[397] Tachado: grave.
[398] Margen superior derecho: 179.

a recobrar ánimo y se yban a él huyendo de los moros y lo que más procuraban era llebar consigo las reliquias y cuerpos sanctos, //151v porque esto era en lo que con más veras se ocupavan y con /lo/ que ellos más se ilustraban.

Y así, entre otras muchas reliquias y cuerpos de sanctos que libertaron, fueron los cuerpos de los gloriosos Fulgencio y Florentina los quales los canónigos de la yglesia de Sevilla tomando estas sanctas reliquias y un belo de sancta Florentina y un peyne de sant Fulgencio y la ymagen sancta de nuestra senora que sant Gregorio le avía dado a sant Leandro, hermano destos sanctos, y para más seguridad las llebaron aquellos montes y desiertos de Guadalupe, que no avía tierra más despoblada por treynta leguas a la redonda. Y los cuerpos de sant Fulgençio y sancta Florentina y el belo y peyne se quedaron en Berzocana y la ymagen es la que oy está en nuestra señora de Guadalupe y es cosa çierta que mucha parte de los cuerpos de sant Fulgencio y sancta Florentina tanbién están en Guadalupe. Esta, pues, es la causa y razón porque estaba en Berzocana.

Pero como queda dicho, acabo de mill años a permitido Dios bolbellos a su patrio suelo y biendo que en Berzocana, como a cosa estrangera, no los //152r tenían con aquella decençia y beneración[399] que a tan gloriosos sanctos se les devía lebantó el ánimo del /dicho/ don Sancho Dávila y Toledo para que fuesen traídos, el qual con todas sus fuerças procuró bolvellos a su antigua morada donde fueron nacidos y criados, a los quales se les hizo el recibimiento que en el discurso siguiente se verá.

Discurso 26.
Que trata como llegaron las sanctas reliquias y el recibimiento que se les hizo

Después que fray Diego de Arze ubo recebido las sanctas reliquias de mano de su magestad se vino luego a Madrid y las entregó a su hermano el canónigo Arze, el qual procuró con la brevedad posible traerlas y entregarlas al obispo, cavildo y ciudad y llegó con ellas a

[399] Margen superior derecho: 180.

un lugar que se llama Espinardo, aldea de //152v la ciudad de Murcia questá a media legua della, y de allí dio abiso de como avía llegado para que le diesen la orden que avía de tener. Su llegada fue a diez y nueve de dizienbre del año de mill y quinientos y nobenta y tres anos. Tenía la ciudad hordenado hazerles el mayor recibimiento que hasta allí se avía hecho en ella. El obispo y cabildo, considerando quel año era tan estéril por evitar a la ciudad y vezinos della de gastos exçesivos, ordenaron que se reçibieran luego las sanctas reliquias. Pero la ciudad, como tenía ya mucho del gasto hecho, procuró de que no se hiziese el recibimiento con tanta brevedad y así se alargó la entrada de las sanctas reliquias hasta dos días del mes de enero, prinçipio del año de mill y quinientos y nobenta y quatro años. Y en este tiempo hizo la ciudad grandes aparatos muy costoso y entre otras cosas que mandaron hazer fueron quatro arcos que hazían correspondençia a quatro calles principales, los quales estaban en medio de la calle que llaman de la Trapería y antiguamente se llamaca la calle Trancada. Las collunas //153r destos arcos eran conpositas y los quatro arcos[400] recibían una media naranja con una pirámide en medio della por remate. Tenía quatro rótulos que dezían los dos dellos: *Senatus populusque Murtianus D. Ful sacravit*, y en los otros dos dezía lo mesmo salvo que dezía *D. flo sacravit*. En la plaça que dizen de Sancta Catherina, questá enmedio de la ciudad, hizieron otro arco, las collunas del eran conpositas y reçibían aquel arco con su cornisa y frontispicio. Tenía otros rótulos que dezían lo mesmo que de los otros arcos. Tenía en medio una letra que dezía:

Mui noble y muy leal ciudad[401] murciana
Añade esta corona a tus coronas[402]
[...][403]
Pues oy con este triumpho te coronas.

Por remate tenía otra letra que dezía *pluris extimo*. En las collunas deste arco en lo vaxo estavan pintados Jullio César y Octaviano y en la otra parte estavan Haníbal y Cipión, frontero el uno del otro

---

[400] Margen superior derecho: 181.
[401] Tachado: de.
[402] Tachado: con las demás personas.
[403] Tachado: verso completo. Ilegible.

y armados. Justa cosa será saber la significación porqué estos dos emperadores y dos tan exçelentes capitanes se pusieron en estas collunas. //153v Pues, para que se entienda que no sin misterio y con mucho acuerdo fueron allí puestos, es de saber que queriendo elegir en Roma tres cavalleros como acostumbravan para el govierno del ymperio Jullio César y Ponpeyo y Marco Craso como hombres poderosos dieron traça y horden como ellos que fuesen los electos y fueron nombrados para este efecto, los quales se repartieron entre sí las probincias. Jullio César tomó las Gallias, Ponpeyo a España, Marco Craso tomó Asiria. Jullio César y Ponpeyo desde las pendencias que obieron entre Cilla y Mario quedaron enemistados por aver el Jullio Céssar seguido la parte de Mario, a causa de ser Mario casado con una tía de César hermana de su padre, y Ponpeyo seguía el de Cilla. Vinieron entre Ponpeyo y Marco Crasso a trabar grandes enemistades y Jullio Céssar se entrometió entrellos como hombre que era muy sagaz y los pusso en paz y hizo amigos de dos. Resultó que entre los tres se ligaron con graves juramentos de guardar entre sí perpetua y verdadera amistad //154r y que ninguna cosa permitirían en el Senado[404] que fuese en detrimento de ninguno dellos. Y Jullio Çésar casó su hija Jullia con Ponpeyo para travar más perfecta amistad entrellos. En este tiempo le prorogaron a Çésar otros çinco años para la conquista de las Gallias y estando en ellas murió la Jullia, muger de Ponpeyo, y con ella la paz y sosiego del romano Ymperio, porque Jullia era la colluna que sostenía estas amistades.

Fenecidos los çinco años que le avían prorogado y aviendo sujectado las Gallias y otras muchas provincias pidió al Senado que le otorgase triumpho y lo eligiesen cónsul en ausencia. Y el Senado no quiso por estar ausente /y por aver ley dello/. En este caso tubo por muy sospechosa la amistad de Ponpeyo, de lo qual Çésar se yndignó y la gente que tenía biendo como no solamente se les negava el triumpho que, mediante las victorias avidas justamente merecían, le prometieron a Çesar de seguirle y vengar sus injurias.

[404] Margen superior derecho: 182.

Ponpeyo començó a rrecoxer la gente que pudo para dar vatalla a Çésar y supo como muchos capitanes de su boluntad se avían juntado con Çésar de lo qual temió mucho.

Viendo Çésar que en toda Ytalia no avía [//154v] quien le contrastase ni resistiese vino hasta entrar dentro en Roma y de allí dió la buelta en España en la qual estavan Mile Betreyo y Lucio Afranio con un exército muy grueso andaban por ella muy poderosos por horden de Ponpeyo. Llegado que Çésar ubo en España les començó a dar grandes vatallas en las quales pasaron muchos reqüentros de una parte y otra, pero al fin se le rindieron. Y luego fue por toda España y la subjectó y fue senor della. Por esta causa, como a señor y emperador dEspaña, le pusieron en la parte de la una colluna.

Después que César fue muerto en el Senado con veynte y tres heridas por Bruto y Casio y los demás conjurados, subcedieron en el Ymperio Octaviano su sobrino, a quien él avía en su vida adoctado por hijo, y Marco Antonio y Marco Lépido. Y aviendo muerto el Lépido quedaron por emperadores Octaviano y Marco Antonio y partieron entre los dos todas las provincias el Ymperio: Antonio ymperaba en toda la tierra questá desde el ryo Eufrates y Armenia hasta venir al mar Jonio y Dalmaçia, [//155r] Octaviano ymperaba sobre toda la tierra que desde Dalmacia hasta el fin dEspaña y desde el mar oçéano questá en fin de España hasta el mar Tirreno y de Sicilia y en África era señor de todas las probinçias que coresponden a Ytalia, Francia y España baxando hasta las collunas de Hércules. De manera que por averle caydo al Octaviano el ser emperador dEspaña en la subcesión de su tío Jullio Çésar y aberla governado y estado en ella y aún es cosa cierta questando Octaviano en España dió aquel edito para que se descriviesen todos los de su Ymperio /en tiempo que nació Cristo redemptor nuestro/ y por esta causa pusieron a los dos emperadores que avían sido señores dEspaña.

La causa porque pusieron Haníbal Ycipión armados en la otra parte de las collunas. Es esta cosa notoria es las porfiadas guerras que entre romanos y carthagineses ubo y el principio y origen dellas fue questando los de la çiudad de Taranto un día haziendo una fiesta juntos en su teatro vieron pasar por delante su puerto çiertos navíos de mercadurías de los romanos y sin ningún pro-[//155v]pósito que para esto les moviese entraron en ciertas naos que en el puerto tenían y con mano armada prendieron las más de aquellas naos de los romanos y aplicaron así todo lo que llebavan e yba en ellas. Sabido por los romanos, enbiaron sus enbaxadores al Senado de Taranto parar pedir la enmienda de aquel agravio. Y no tan solamente lo quisieron enmendar ni satisfacer, pero maltrataron muy malamente a los embaxadores y legados de Roma y por esta occasión Roma travó y siguió una porfiada guerra con los de Taranto que permaneció por casi ochenta años, la qual fue muy sangrienta.

Vino en favor de los Taranto, Pirro, rey de los epirotas, y fabocecieron en esta guerra los carthagineses a los de Taranto contra los romanos de lo qual se enojaron y se sintieron tanto los romanos que, feneçida la guerra de los de Taranto, la comencaron nuevamente con los carthagineses por esta causa. Haníbal estava en Ytalia haziendo guerra a los romanos y les avía //156r vencido catorze vatallas.

Viendo esto los[405] romanos acordó el senado ynbiar a Çipión el que avía sacado y conquistado de poder de los carthagineses a España y reduzídola al ymperio y señorío de Roma para que hiziese guerra a Carthago y desta manera echarían el enemigo de sus casas. Apretó tanto Scipion a los de Carthago que les fue neçesario ynbiar a llamar Haníbal para que viniese a defendellos.

Después de venido Haníbal pasaron entre los dos exércitos algunos requentros de no mucha calidad y començaron a tratar de pazes, aunque no se concluyeron estando para darse la vatalla. El Haníbal enbió tres espías al reconoçer el real de Scipion, las quales fueron tomadas y llebadas ante Scipión y quando las vido mandó no fuesen maltratados antes les hizo llevar por todo el real mostrándoles las estançias y forma del y las máchinas e yngenios que para el efeto de la guerra avía investigado. Y visto todo los embió a Haníbal, el qual savido el caso, muy enamorado deste virtuoso hecho de Scipión, procuró verse con él personalmente para tornar a tratar la paz.

Acordado esto entre ambos capitanes se vieron un día en el campo dadas sus seguridades. Llegados que fueron, el uno al otro estubieron //156v alguna distancia de tiempo mirándose sin hablar

[405] Margen superior derecho: 184.

palabra. Contemplaba Scipión ser aquél el gran Haníbal que era tan tenido y temido en Roma y con gran razón porque pocas casas avía en ella a quien con muertes no obiese lastimado, señoreando a Ytalia y vencido y destrocado tantas batallas, como queda dicho, y puesto a Rroma en el mayor trabaxo que hasta aquel tiempo avía padecido. Haníbal, por otra parte, estava considerando ser aquel Scipión de quien tantas magnanimidades avía oydo.

Y al fin, rompiendo Haníbal este silencio le dixo mucho e holgado Sçipion de verte por ser cosa que por estremo yo deseava y no menos holgaría de que la fortuna diese alguna ocasión para que atajásemos la sangrienta y cruel guerra que se espera, la qual como está en mano de los dioses y a nosotros ocultó el secreto de la victoria, justamente devemos temer el fin della. No ygnorarás los bienes que de la paz resultan pues as probado los males que de la guerra proceden mediante lo qual los çiudadanos de Carthago están muy aparejados para confederarse con los romanos. Sola una cosa a dado ocasión para romper los pactos pasados y esta si tú como puedes remedias y probees amigos nos hallarás para //157r siempre y es que los reliebes de la cantidad de[406] talentos que les mandas pagar porquesto reservado os podéis retener la España y Çecilia y las otras yslas.

Scipión le respondió: sin duda, Haníbal, no sería pequeño el probecho que abrías ganado en huyr de Ytalia si tu alcancases eso de Scipión. De lo qual sintiéndose Haníbal le replicó con muy desabridas palabras y visto esto por los circunstantes les ynterrunpieron y atajaron su plática diziendo quel efecto para que allí se avían juntado era para tratar de la paz y no para començar nueva guerra. Y con esto se bolvió cada uno a su real con gran enojo y boluntad de conbatirse. Esta fue la significación de poner estos dos valerosos capitanes armados enfronte el uno del otro.

Dexado esto aparte, la ciudad, luego, mandó pregonar que los que truxesen mantenimientos desde diez y nuebe días de diziembre hasta el postrero día de Pasqua vendiesen francos. Como se yba alargando el tiempo de la entrada de las sanctas reliquias se yba prorrogando el pregón que se avía dado, fue cosa de maravilla que con ser el año el

---

[406] Margen superior derecho: 185.

más estéril que se pudo jamás ymaginar porque balía cada fanega de trigo por quarenta reales estubo el pan a cargas sobrado por la calles y placas de //157v Murcia y biendo que no se les vendía los mismos dueños abaxavan del preçio que parecía cosa de milagro.

El mismo día se pregonaron muchos premios que fueron los siguientes:

Al que mejor altar hiziera: al primero doze ducados, al segundo ocho ducados, al terçero quatro ducados.

A la cruz que más curiosa saliera: a la primera seys ducados, a la segunda quatro ducados, a la terçera dos ducados.

Al que mejor tubiera adereçada la frontera de su casa y lo que a ella le pertenecía: a la primera seys ducados, a la segunda quatro ducados, a la tercera dos ducados.

A los que mejores danças, vayles, ymbençiones, representaciones sacaran les prometían premios corespondientes conforme a las obras que hizieran.

Pusieron en la plaça Sancta Catherina un cartel de una justa literaria el qual con todas las hieroglíphicas, sonetos, glosas, cançiones, versos dísticos latinos, laberintos se pondrá a la fin deste tratado. A todos con-//158r vidaron a que solenizaran esta fiesta con mucha[407] alegría. La ciudad tenía comencada a haber una puerta extramuros della[408] que la llamaban la puerta Molina y tenía un rrótulo que delía (*sic*): Reynando el rey Filipo, nuestro señor, comencaron a hacer esta obra, siendo coregidor adelantado y capitán general del reyno de Murçia don Diego de Argote y Aguayo, beinte y quatro de Córdoba, año 1589.

Quando ovieron dentrar las santas rreliquias la aderecaron muy curiosa y en ella pusieron a sant Fulgencio y otro rótulo que delía (*sic*): Siendo[409] summo pontífice Clemente 8, reynando la magestad del rey don Felipe 2, nuestro señor y obispo deste reyno don Sancho Dávila, y coregidor adelantado y capitán mayor don Fernando de Vera y Bargas, entraron por esta puerta las reliquias de san Fulgencio

[407] Margen superior derecho: 186.
[408] Tachado: ciudad.
[409] Desde «siendo» hasta «años» en mayúsculas.

y sancta Florentina hermanos , hijos de los duques de Cartagena, en principio del año de 1594 años.

[//158v]De allí en adelante se a llamado la puerta de Sant Fulgencio la puerta el Acoque, la qual está hecha mención della. Como del tiempo estava no con aquel adorno que convenía, la ciudad la hizo adrecar y deribar unas casas que junto a ella estavan que se ennobleció mucho porque asanchó una calle por do avían de pasar las sanctas reliquias. Pusieron en[410] ella, a sancta Florentina y otro rótulo como el que pusieron en la puerta de Sant Fulgencio y mandaron se llamase la puerta de Sancta Florentina y así la nombran todos. Fuera de todas estas cosas que la ciudad hazía, el obispo, y los de la Compañía de Jhesús y otras personas no estavan descuydadas en hazer altares, ynbenciones y otras muchas curiosidades, todo por deboción y contemplación destos gloriosos sanctos.

El obispo, para que estas sanctas reliquias fuesen recibidas, mandó hazer fuera de la ciudad un tabernáculo de mucha curiosidad, todo adornado de seda y telas de brocado, al qual subían por muchas gradas. Tenía la fama por remate con una trompeta en la mano y un [//159r] rótulo a los pies della que dezía desta manera:

Por el mundo en un momento
llebaré Murcia tu nombre
pregonera del renombre
de tu gran mereçimiento.

Un poco más vaxo, en los lados, tenía dos ángeles. El uno dellos tenía un rótulo que dezía:

Si mis plumas lenguas fueran
Murçia y tus hechos contaran
todas ellas no vastarán.

El otro ángel tenía otro rótulo que decía ansí:

---

[410] Tachado: en.

Con mis plumas hechas lenguas
voy a celebrar murçianos
vuestros hechos soberanos.

En medio de estos ángeles avío (*sic*) otro rótulo que decía:

La yglesia y obispo de Carthagena
a su mayor ciudad de Murçia
cabeca deste dichoso reyno.
Año del señor 1594.

Avía a la entrada del tabernáculo dos pirá-[//159v]mides. La una tenía un rótulo que dezía:

Al gran rey don Philipe
segundo que restituyó /a/ este
reyno de Murcia su mayor
tesoro, sant Fulgencio y sancta
Florentina.

La otra pirámide tenía otro rótulo que dezía:

Al sabio rey don Alonso que
ganó a este reyno siendo suyo
por deçençia de la casa de sant
Fulgencia (*sic*) y sancta Florentina.

Hizieron una gran placa junto a este tabernáculo la qual la cercaron de un palenque para que no entraran en ella la gente común quando se recibieran las sanctas reliquias.

Luego avía otro tabernáculo que los de la Companía de Jhesús avía mandado hazer adornado con mucha curiosidad en el qual avía un relicario que tenía las reliquias siguientes: un hueso de sant Illesphoro, papa y mártir, un hueso de sant Antón Abad, un hueso de sancta Ynés, virgen y mártir, un hueso de san Apollonio, una costilla de sancta Escolástica, de la cabeça de sant Benito Abad, un hueso de //160r de (*sic*) sant Marcos Evangelista, de una costilla[411] de sancta Catherina de Sena, unos huesos de los sanctos Merco y Archileo, un hueso de sancta Prasma mártir, un diente de sancto Onofre, unos huesos de sanct Juan y sant Pablo mártires, un hueso de sancto Domingo confesor, unos huesos de los santos Ciriaco, largo y esmagtado, un hueso de sant Agustín obispo y confesor, un hueso de sancta Euphemia virgen, un hueso de sant Matheo apóstol, un hueso de los sanctos Thedeos mártires, un hueso de sant Dionisio, un hueso de sant Ilarión Abad, un hueso de sancta Cirila, virgen y mártir, un hueso de sancta Cicilia virgen y mártir, un hueso de sant Nicolás obispo, un hueso de Santa Lucía, virgen y mártir, un hueso de sant Esteban primero mártir, un hueso de sant Anbrosio obispo y doctor, dos cabeças de las honze mill vírgines, un hueso de sant Zenón, un hueso de sant Erasmo, un hueso de santa Engracia.

En estos dos altares fuera destas reliquias avía muchas hieroglíphicas, sonetos, cançiones, dísticos latinos, los quales van puestos en la Justa Literaria que va a la postre deste tratado.

Fuera destos altares avía otros veynte altares muy bien adornados que eran los que entraban //160v en los premios. Avía en ellos muchas rosas, flores, jazmenez, que por este tiempo los suele aver en la çiudad de Murcia como queda dicho, pero lo que más es de admirar que no aviendo en la ciudad de Murcia ningunas casas de grandes ni que residan en ella que son los que suelen tener las telas y tapicerías de todo género de sedas con que suelen adornar sus palacios en dos mill y seysçientos pasos que ay de distancia desde la yglesia cathedral hasta do se recibieron las sanctas reliquias en paredes, calles y bentanas por donde pasaron todo estava adornado con sedas y brocados de los mismos vezinos de la ciudad que se precian tenerlos para adorno de sus casas.

En efeto, que obispo, yglesia ciudad y vezinos della procuraron celebrar la fiesta con la curiosidad posible mostrando en ella la boluntad y amor con que recibían tales sanctos que jamás nunca se vidó ni se verá otro semejante reçibimiento como el que se les hizo,

[411] Margen superior derecho: 188.

porque a todos movía Dios los coraçones para que tales sanctos fuesen benerados en la tierra como Dios los regalava en el çielo.

//161r Discurso 27. De la[412] proçesión que se hizo en el recibimiento de las sanctas reliquias

Llegado el día que avían dentrar las sanctas reliquias, que fue a dos días del mes de /henero/[413] prinçipio del año de mill y quinientos y nobenta y quatro años, el obispo y cabildo de la sancta yglesia de Carthagena, después de aver dicho los oficios divinos, salieron en procesión de la dicha yglesia a las nueve oras de la mañana, la qual yba hordenada en esta forma: yban en la delantera los niños de la doctrina, y luego yban veynte y quatro pendones de los oficios de la ciudad, luego doze cofadrías con sus ynsignias acompanadas de muchas hachas y cera ençendidas, luego yban diez cruzes de las parrochiales y tras dellas los conbentos de frayles por sus antiguedades, el primero era de los carmelitas, el segundo de Sant Agustín, el tercero los de la Trinidad, el quarto Nuestra Señora de las Mercedes, el quinto Sant Françisco, el sesto Sancto Domingo, cada convento yba con su cruz preste y diáconos salieron de todos los conbentos ciento y cinquenta //161v frayles. Luego se siguían los beneficiados y curas y la demás clerecía. Yban luego la cruz de la capilla de los marqueses de los Bélez, ques la cruz del adelantado deste reyno, entre el cabildo de la yglesia y la demás clerecía. Yba el alférez de la ciudad con la seña della acompañado de muchos cavalleros, la qual seña se llevava don Pedro Lázaro que en este año era y le avía cavido la suerte de tal alférez.

Después del obispo y cabildo venía la ciudad con sus maçeros delante y en medio del corregidor y regidor más antiguo yba el pendón real, el qual llevava Alonso Díaz Navarro, regidor de la dicha ciudad.

Salieron en esta procesión muchas dançaş, vayles, e ynbençiones y con esta horden llegaron al tabernáculo que el obispo avía mandado hazer adonde luego que fueron llegados se vistió el obispo de

[412] Margen superior derecho: 189.
[413] Tachado: Hebrero.

pontifical con los arçedianos de Lorca y Carthagena, como suelen y acostumbran.

Llegaron la sanctas reliquias las quales venían en una litera bien adornada con una mitra encima. Trayan en su acompañamiento mill soldados muy biçaros en dos companías con su caxas vanderas y capitanes. Llegadas que fueron, el obispo las reçibió y subió al tabernáculo. Venían las sanctas reliquias //162r en una arquilla toda aforrada en terciopelo carmesí[414] que era la que enbiaron a su magestad con ellas. Puestas encima del altar del tabernáculo, el obispo abrió el arquilla y sacó los sanctos huesos y los mostró a todo el pueblo y los tornó a la dicha arquilla, la qual fue metida en otra quel obispo avía hecho questava aforrada por dentro y fuera de tela de oro.

Y, hecho esto, tornaron con su proçesión por la misma parte y lugar que abían venido y desde allí hasta la yglesia cathedral llebaron las sanctas reliquias en hombros las dignidades canónigos y racioneros y los prelados de los conventos.

Fue cosa de maravilla la gente que en este reçibimiento se juntó porque fuera de los vezinos de la çiudad se devieron de juntar otras más de doze mill personas que por los caminos casi no coxían y se subían a los árboles para poder ver las sanctas reliquias, dónde yban y cómo las llevaban, que fue cosa de ver el espectáculo tan grande que allí se juntó.

Luego los padres de la Compañía de Jhesús en el tabernáculo que tenían hecho recibieron las sanctas reliquias con muchas dancas y una representación tan curiosa, como suelen ser ellos en todas sus cosas.

Llegadas que fueron a la placa santa Catherina les recibieron con otras representaçiones y muchos entremeses muy graçiosos y en todo el discurso de la proceśión las trompetas, ministriles y cantores nunca cesaron de yr tañendo y cantando muchos hymnos, chanconetas y canҫiones reguzijando y solenizando la fiesta.

//162v A la puerta de la yglesia cathedral un poco antes que a ella se llegase tenían hecho otro altar al qual subían por todas partes con muchas gradas desde el qual se señoreava toda la calle de la Trapería por donde yba la procesion y desde este altar el obispo tornó a mostrar las sanctas

---

[414] Margen superior derecho: 190.

reliquias para que todos las vieran y dos cartas quel rey don Philipe segundo moseñor enbiava juntamente con las sanctas reliquias: una dellas al obispo y cabildo y, la otra, a la ciudad. Se abrieron allí por el secretario del cabildo de la yglesia y fueron leydas cuyos traslados son estos.

Carta al obispo
Por el rey
Al reberendo en Christo padre obispo de Carthagena de su consejo:
El rey.

Reverendo en Christo padre de mi consejo el doctor Arze me dio una carta y representó lo mucho que vos y vuestro cavildo y la ciudad de Murcia deseábades tener en la yglesia della algunas reliquias prinçipales de los gloriosos sant Fulgencio y sancta Florentina y con el mismo deseo que yo e tenido que vos y los demás pudiésedes reçibir este consuelo espiritual, por la gran deboçión //163r que con tanta razón se les tiene, embargante[415] la repunançia que los de Verzocana hazían para no codeçender con lo que quede vuestra parte se les pedía procure que me enmbíasen quatro huesos destos bienaventurados sanctos, dos de cada uno, con fin de partirlos con esa sancta yglesia. Y aviéndose conseguido esto, ymbió para los lugares questán destinados dos dellos: los mayores, el uno mayor de Sanct Fulgencio y el otro menor de sancta Florentina, puestos en un cofrecillo de madera tunbado aforrado de terçiopelo carmesí y guarneçido de plata ques el mismo en que se me ynbiaron las reliquias y los e mandado entregar a fray Diego de Arze guardián del monesterio de sant Francisco desa ciudad para que los lleve a Madrid y los entregue a su hermano questán allí y dispuesto y él a vos para que los de juntamente con los testimonios y recados de su origen y de como me fueron ynbiadas y entregadas estas sanctas reliquias con que se podrá tener certidunbre dellas y mostrar con efecto la deboçión que se les diese y vos torneys la mano par que se coloquen ymagen en la beneración que merecen y en reconocimiento de mi buena boluntad con que las e procurado y embió sólo quiero que vos y esa iglesia tengais cuidado de encomendarme muy de veras a

[415] Margen superior derecho: 191.

nuestro señor en vuestros sacrificios y oraciones y que poniendo por ynterçessores a estos gloriosos sanctos encamine su divina //163v magestad mis actiones a lo que fuere más servicio suyo y que al príncipe don Philipe mi muy charo y muy amado hijo le dé su amor y temor y enseñen lo que a menester para subçederme dignamente de sant Lorenço. A 12 de octubre de 1593 años. Yo, el rey, por mandado del rey nuestro señor, Gerónimo Gassol.

Carta a la ciudad.

Por el rey.

Al concejo, justicia, regidores, cavalleros, escuderos, oficiales y hombres buenos de la muy noble y muy leal çiudad de Murçia.

El rey. Concejo, justicia, regidores, cavalleros, escuderos, oficiales y hombres buenos de la muy noble y muy leal çiudad de Murçia, por la carta que me escrevistes los días pasados entendí vuestro deseo de tener y gozar algunas reliquias de los gloriosos sant Fulgencio y sancta Florentina por las razones que me representastes y abiéndome [...] ciudad sobre ello con tanto encarecimeinto como lo hizo ques muy digno de su buen zelo y teniéndo las vuestras por muy justificadas y piadosas

//164r Conposiciones así españolas como latinas[416].

[...] se pusieron en la puerta principal de la santa yglesia de Carthagena en la Justa literaria conforme al cartel que para ella se pusso. //

//164v Armas[417] de la ciudad. //

//165r Cartel que la ciudad de Murcia puso en la Justa literal

La noble y leal ciudad de Murçia, deseando que por quantos medios sean pusibles se festeje y se çelebre el recebimiento de las reliquias de los gloriosos sanctos Fulgencio y Florentina, a acordado

[416] Está arranacada un trozo de página porque en el anverso se dibujaba el escudo de Murcia. Se ha pegado un papel para restituir el documento donde con letra manuscrita a lápiz de Pedro Ibarra consta el siguiente texto: ¿Quién será el bárbaro que cometió esta brutalidad?.

[417] Escudo arrancado.

convidar los buenos yngenios para que empleen sus caudales en esta fiesta y en reconocimiento de su boluntad, demás de quedar muy agradecida, ofrece los premios siguientes:

A la mejor hieroglíphica con su pintura: una taca [*sic*] de plata.

Al mejor laberimtho en çinco pies de redondillas: un salero de plata.

A la mejor glosa de la letra que aquí se propone: un jarro de plata. Letra:

Sanctos, la fiesta aceptad
si ya el deseo acertó
con ésta, pero si no
recebid la boluntad.

//165v Al mejor soneto: seis cucharas de plata.

A las mejores liras: una espada guarneçida.

A los mejores çinco dísticos latinos: unos guantes de ánbar.

A los demás que tubieren segundo y tercero lugar en qualquier género de verso o hiroglíphica se les dará premios corespondientes a los albitrios de los juezes. A de ser la materia y subiesto (*sic*) de que se a de tratar de los sanctos sobredichos, ante de entregar los papeles que sobre esto se hizieren. Jueves, a veynte y tres deste mes de diziembre.

Los juezes que fueron nonbrados son estos: don Fernando de Vera y Bargas corregidor de la çiudad de Murcia y adelantado y capitán general della y todo su reyno, Don Ginés de Rocamora, regidor de la ciudad de Murçia y procurador de Cortes della y su reyno, el liçenciado Mergelina, Juan Hurtado de Guevara.//

//166r Las hiroglíphicas que a esta Justa salieron

Hieroglíphica

Avía un escudo el qual traya pintadas seys coronas en campo colorado que son las armas de la ciudad de Murçia y deste escudo salía una jarra con unas flores que son las armas de la yglesia cathedral de Cartagena. Tenían la jarra en medio dos collunas y del escudo salían unos lazos a una parte y a otra que las enlazavan. En la colunna de la mano derecha estava sant Fulgençio por remate y ençima del, en el ayre, un ángel con una mitra en la mano como que se la ponía. En la colluna de la mano siniestra estava sancta Florentina por remate y un ángel encima su caveca con una guirnalda de flores como que se las ponía y en otra mano una palma. Ençima las collunas avía una letra que dezía: *Non plus ultra.* Fuera de las collunas, a la mano siniestra, avía una donzella pintada que significava la virtud con una cestilla de flores en la cabeça y otros ramos de flores en las manos sobre cuya cabeça traya una letra que dezía: *Virtus unita fortior* y a los pies tenía otra que dezía: *Omnia bona simul.* A la mano derecha avía pintado //166v un demonio y encima su cabeça tenía una letra que dezía *Se ipsa dispersa* y a los pies tenía otra que dezía: *Fugite partes adverse* y la letra de todo dezía:

Por don Sancho estas collunas
Murcia en tu defensa tienes
y en ellas todos los bienes.

Hieroglíphica

Salió otra hieroglíphica pintados en ella unos árboles que se estavan abrasando, de en medio dellos salían dos cipreses verdes sin que la flama les llegara. Los árboles ardiendo significavan los que seguían la falsa doctrina de Arriolas, llamas su seta (*sic*). Los cipreses los dos sanctos Fulgençio y Florentina los quales estuvieron siempre constantes en la fe, la letra della dezía:

Arborum quodcunque genus combuitur igne
hecillesa tamne utraque (cerne) manet.

Hieroglíphica

Salió en esta justa la otra hieroglíphica que traya pintada una muger en figura de reyna con ceptro en la mano en cuyo pecho traya //167r un escudo con seis coronas en campo colorado denotando la ciudad de Murcia. Traya al lado derecho a sant Fulgençio y al siniestro a sancta Florentina, anbos con báculos pastorales, y con las manos que tenían desocupadas le enbestían una corona a la donzella. La letra della dezía así:

Floresco clipeo regi fidissima pectus
tercia bie cingit clara corona meum
ornatura caput quanto rutilantior illis

alteratot gemmis clara corona meum.

Hieroglíphica

Venía otra hieroglíphica pintada en ella una reyna con ceptro y corona y sobre ella una flor. La reyna significava el reyno de Murçia, la flor sancta Florentina, con una letra que dezía:

Florenti natura de dit me hoc flore potiri
lustrabo felix hinc diadema meum.

Hieroglíphica

Salió otra hieroglíphica pintados sant Pedro y sant Pablo sobre cuyos hombros cargava una torre. Encima della estava la fee y al pie de la torre estaba Arrio en ábito clerical que la //167v estava deribando con un pico y sancta Florentina y sant Fulgençio con dos martillos le quebravan la cabeca. La letra dezía:

His innixa diu consedi firma colunnis
heressis hicce stedet vetere malecolo
sed vas tarorem studiosus vastat uterque
exempli et verbi robore quisque feci.

Hieroglíphica

Vino otra hieroglíphica pintada. Traya una beata de cuyo pecho salía un árbol, la fructa que daba eran cabecas cortadas, en la cumbre del árbol estava un ángel como que baxaba de lado con las manos llenas de guirnaldas de flores. Significava la beata a sancta Florentina; las cabeças, las mártires de su horden. Traya una letra que dezía.

Talibus ornatur fecunda hec floribus arbor
Hecqum Poma respice qualis erit

Avía otra letra junto de la beata que deçía:

A fructibus eorum cognocetis
eos

//168r Hieroglíphica

Salió pintado en otra Hieroglíphica, sant Fulgencio en un sepulchro y la yglesia de Carthagena fundada encima del y al lado siniestro pintado don Sancho Dávila, obispo, que al presente es vestido de pontifical y ençima de la yglesia una jarra con unas flores que son las armas de la yglesia. Encima de las flores avía una corona que la tenía en la mano el don Sancho y con la otra señalava a sant Fulgençio. Encima tenía una letra que dezía: *Preteritum et presens duo similia tempora*. Encima don Sancho otra que dezía: *Sanctius vita et doctrina fulgens*. La letra de toda dezía:

El pasado la fundó
según la fama pregona
y el presente la corona.

Hieroglíphica

Salió otra hieroglíphica pintada en ella la ciudad de Carthagena y junto a ella un braço de mar y dos ryos que salían della y bolvían a entrar en ella. En el medio del un río hecha una puente con una letra que dezía: *Transitus ad vitam*, y a la orilla una mata con flores y //168v una letra que dezía: *Ego flos campi*. En mitad del otro río estava una puente con una letra que dezía: *Mors justorum*, en la ribera deste ryo avía una palmera con sus ubas de dátiles y una letra que dezía: *Justus ut palma florebit* y encima de la ciudadanía otra letra que dezía: *Unde exeum flumina illuc tuntur*. La letra de toda dezía:

Los dos caudalosos ryos
que de nuestro mar salieron
con suma gloria bolvieron.

Hieroglíphica

Venía otra hieroglíphica pintada en ella la yglesia de Carthagena y a una parte y otra della dos luzeros cuyos rayos decendían sobre ella y a la mano derecha una mitra y baxo della dos báculos pastorales y en la siniestra traya las armas de don Sancho, obispo, y en medio de los dos luzeros una letra que dezía: *Duo fulgentia sidera micant*, y la letra de todo dezía:

Dos clarísimas estrellas
alumbran a Carthagena
una propia y otra agena.

//169r Hieroglíphica

Salió otra hieroglíphica que traya pintados a sant Fulgencio y a don Sancho Dávila, obispo. Sant Fulgencio en ábito de camino y don Sancho de pontifical con la yglesia. En la mano y ençima della una letra que dezía: *Accipe quod offerimus* y otra letra le salía a sant Fulgencio de junto a la boca que dezía: *Tu es qui restituis hereditatem meam mihi.* La letra de todo dezía:

Si Fulgencio se apartó
de su tierra, oy el presente
della le haze presente.

Hieroglíphica

Traya otra hieroglíphica pintado una águila real y asidos en las uñas dos huesos y una letra en çircuito que dezía: *Ossa mea dicent quis similis tui infortibus.* Traya ençima la cabeça del álguila una mitra y a la mano derecha las armas de la çiudad en campo colorado que son seys coronas y a la siniestra las armas del obispo don Sancho y una letra que dezía:

Eso es de águila caudal
hazer presa
en cosa que tanto pesa.

//169v Hieroglíphica

Otra hieroglíphica. Salió pintado en medio della un relicario y dentro del dos huesos. Venía todo el relicario çercado con rayos de sol y una letra que dezía: *Fulgebunt justi sicut sol.* El pie tenía otra que dezía: *Iusti in perpetuum vivent.* Encima del escudo venía la muerte con un arco que avía disparado una saeta a una nimpha, questava a la otra parte, y la avía atravesado. De la muerte salía una letra que dezía: *Putasne ossa ista* vivent. La letra de toda decía:

La muerte quita la vida
a los sanctos y el Señor
se la buelve muy mejor.

Hieroglíphica

Salió otra hieroglíphica que venía en ella pintada una ciudad y de la muralla della salía una mata verde con çinco flores coloreadas y encima una letra que dezía: *Flores apparverunt in terra nostra*, y la letra de toda dezía:

El ynvierno es ya pasado
y buelve la primavera
de nuestra suerte primera.

//170r Hieroglíphica

A esta justa salió otra Hieroglíphica que traya pintados a sant Fulgençio y a sancta Florentina, a sant Ysidoro y sant Leandro todos con báculos pastorales en las manos y los tres con mitras vestidos de pontifical. Baxo los pies trayan quatro coronas. Vaxo de sant Leandro benía pintada la çiudad de Carthagena, y baxo san Ysidoro a Sevilla, y baxo sant Fulgencio a Murcia, y en los pies de sancta Florentina Accixa. La letra de todo dezía:

Tan quam nihil habentis
et omnia possidentes.

Hieroglíphica

Salió otra hieroglíphica en la qual venía pintada la çiudad de Murçia y encima della un ángel en el ayre con una corona y en ella una palma y la letra della dezía:

Oy Murcia la as merecido
y lo que en ella se esmalta
pues por una que te falta
dos del cielo te an traydo.

//170v Hieroglíphica

Vino otra hieroglíphica pintada en ella una ciudad de cuyas almenas salía un braço con una mano y llegava a un coracón que del baxava una lampara ençendida y traya un cielo pintado y del salía un braco desnudo que llegava al mismo coraçón que lo tenían asido y del remate del salía una letra que dezía: *Ecce sponsus venit* y a la parte del braco desnudo otra que dezía: Esta flor en ti nació. La letra de toda ella dezía:

De diez una de las çinco
a quien el auctor de ruda
halle siempre aperçebida.

Hieroglíphica

Otra hieroglíphica salió en esta Justa que traya pintado un perro en seguimiento de un lobo y el perro traya en la mano un báculo pastoral y baxo de sí un acote y a la mano derecha un escudo con seis coronas en campo colorado que son las armas de la çiudad de Murcia. Ençima dellas una espada que yba derecha a una corona de la qual salían de los lados dos //171r ojos, encima del uno avía una mitra que sinificava ser aquel ojo de sant Fulgencio y en el otro ojo avía una flor ençima del que significava ser de santa Florentina y abaxo avía unas abejuelas y la letro (*sic*) della dezía:

No seremos maltratados
ya de lobos infernales
teniendo por guarda tales
pastor, çiudad y abogados.

Hieroglíphica

Vino a esta Justa otra Hieroglíphica que traya pintadas las quatro virtudes theologales sobre cuyos hombros cargava la çiudad de Murçia y en medio della un escudo con seys coronas en campo colorado que son las armas de la çiudad. Encima de dos almenas estavan dos figuras: a la parte derecha un obispo y a la siniestra una figura con un espada en la mano. Encima del obispo avía una letra que dezía: Pastor, y otra letra sobre la otra figura que dezía: Rector. Hazia la parte del obispo vaxava un resplandor y en medio del un ojo y avaxo una letra //171v que dezía: *Fulgebunt justi sicut sol incospectu meo*. De la otra parte unos rayos de la luna y en ella avía otro ojo y vaxo estos rayos una letra que dezía: *Et sicut luna perfecta in eternum*. En medio destos dos resplandores avía un sol que se abscondía en una nube. En lo alto del escudo avía una letra que dezía:

Oy esconde el sol sus rayos

porque otra luz pareçe
que más que sol, resplandece.

A la parte derecha estava pintado el ynfierno y fuera del escudo una letra que dezía:

Ya no podrán deribar
juntos el ynfierno y muerte
ciudad tan dichosa y fuerte.

Ençima de esta letra, junto al resplandor avía otra letra que dezía:

Seguro puede bivir
el venturoso ganado
con tal pastor y prelado.

A la parte de la mano siniestra estava pintada la muerte y una letra que dezía:

Manifiestan tu balor
la lealtad y nobleza
con la çiencia y fortaleza.

//172r Encima desta letra avía otra que dezía:

Firme permaneçerá
con tal guarda y tal govierno
tu nombre en el siglo eterno.

Hieroglíphica

/Paradora/

Salió otra hieroglíphica que tray pintado un niño Jhesús sentado en coxín de terciopelo pajizo y en la mano yzquierda el mundo; con la derecha dando la bendición y della le salía un lazo por enzima de la cabeça con una letra que dezía: *Ecce nova facio omnia*, vaxo los pies hay dos mitras con dos luzeros. Vaxo dellas, en la de la mano derecha, avía una letra que dezía: sant Fulgençio y la siniestra otra que dezía: don Sancho Dávila. La letra de todo dezía:

Similia Justas eposita

magis e lucescunt.

Hieroglíphica

Salió esta hieroglíphica pintado en ella un campo verde y en él unas obejuelas y una grulla con el pie derecho alto y en él un báculo pastoral y encima la cabeca una mitra con muchos ojos y dos braços con sus manos que baxavan del çielo //172v y la sustentaban la mitra en el ayre y la letra della dezía:

Con tal guarda y tal tesoro
tal pastor y tal prelado
de oy mas llevará el ganado
por lana, bellones de oro.

Hieroglíphica

Salió esta hieroglíphica a esta Justa que traya pintado un prado del qual salía a la parte derecha una flor que le llaman corona de rey y a la parte yzquierda un sol el qual hería con sus rayos la flor y ella se ynclinava hazia ellos. Traya encima una letra que dezía: *Quam bonum et quam iocundumest habitare frates in unum*. Vaxo de la flor avía una letra que dize así:

O quán bien sigue esta flor
a este sol que oy resplandece
porque en todo le pareçe.

Vaxo del sol venía otra letra que dezía:

Juntos en la vida y muerte
juntos los cuerpos al suelo
dan y las almas al çielo.

//173r Hieroglíphica

Salió esta Hieroglíphica y traya pintada una tina encima de unas llamas de fuego y della salía una mata verde con tres flores en ella blancas con una letra a los lados que dezía: *Charitas ignis ardens non urens* y la letra de toda dezía:

En tina de amor florece
amando a Dios Florentina

ved qué amor de Florentina.

Hieroglíphica

Salió esta hieroglíphica en ella pintado un prado verde y pintados a sant Fulgencio y santa Florentina y unas obejuelas que les estavan dando a comer con las manos una yerva verde y un lobo que yba huyendo dellos y una letra que dezía: *Ego sum pastor bonus et cognosco obes meas et cognoscunt me mee*, la letra que estava a la parte de San Fulgencio y ora a la de Sancta Florentina dezían ansí:

Seguras podéis pacer
acariciándoos aora
tal pastor y tal pastora.

Corderos con tal pastor
corderos con tal pastora
bien engordaréis aora. //

//173v Estas hieroglíphicas estavan en el altar que hizo el obispo don Sancho Dávila

Hieroglíphica

Estavan pintadas en esta hieroglíphica dos estrellas grandes juntas y una nao en mitad de un mar que se quería yr a fondo y una letra que dezía:

Hac tenus impelagi iactata procellis
et permille etiam naufraga pupis aqua
sed cumsint gemini radiantia sidera fratres
per quas cumque modo tuta na tabit aquas.

Avía otra letra que dezía desta manera.
No hay que temer ya a las olas
juntas estas dos estrellas
tan lindas, claras y bellas.

Avía otra que tenía pintada la fama con alas y ba tocando /una/ trompeta encima de un cavallo sin freno, ni silla y en los pies y en las manos traya unas alas y venía en ella una letra que dezía:

//174r *Vade age fama velox totum discure per orbem*
Cuan fuerit felix Murtia nostra cane
Namque infranis equi pedibus dart patria pennas
Ut breuius cunctas posseit obire plaga.

Avía otra letra que dezía:
Va con alas y sin freno
Porque corra más que suele
Mas no corra, sino buele.

Hieroglíphica

Traya pintada esta hieroglíphica una estrella questava florida con sus rayos alrrededor y una flor rodeada de rayos y encima una letra que dezía: *Germanitatis mutuum decus* y abaxo traya estos versos:
Florentina micat floret Fulgentius an non
Diceris astra solum [...] adiisse polum.

Emblema

Avía una emblema que traya pintada una hacha muerta y encima, en un cielo, una estrella y junto a la hacha una letra que dezía:
Vos estis lux mundi.

Junto a la estrella traya otra letra que dezía:
//174v *Cui alios ad justitiam erudiunt fulgebunt*
Tanquam stelle in perpetua eternitates.

Ariba encima de todo otra letra dezía:
Olim fare nunc sidere lustro.

Avaxo tenía estos versos:
Extintam flebat que se lustraberat olim
esze facem tristis Murtia sparsa coma.

Heu meo lux cinquit quonam mea vita recesit
ergo aerit aeternam iam mihi nocte chaos.

Dixerat erexit vultum quin parce dolori
caelum ait en fulgens proface sidus habe.

Emblema

Tenía pintados esta emblema dos braços. El uno tenía en la mano una estrella y el otro una azuzena y encima tenía esta letra: *Doctrina splendit vita redolet.* Avaxo tenía estos versos:

Dextra tenet hidus florens tenet altera sancti
cuam bene conveniunt busistatuis.

//175r Aenigma

Avía pintada una esclava mulata en la ribera de un ryo y a un lado otra esclava que lestava dando de puñetes y otra estava del otro lado que le estava echando agua en la boca dezía la letra:

Serva genus medicam genitrixime finxit ad artem
sanaque et aegra mea membra levatur ope.

Dumque levo sini osa lues mihi corpore toto
imhibiturque potest hausta repellit aqua.
Largius utque bibam corserve in flumine sistunt
cuodque magis murum est viscera linquo domi.

Me miseram duris tundunt me a pectora pugnis
sic vomitur morbus dum removuntur aqua.

Sanedomum redeo intestina que adempta resumo
utque prius domino servio grata meo.

[...] donet confreta senile
servicio ad dicat nigrat colina tuo.

Emblema

Tenía pintado un castillo con una ventana y una donzella asomada a ella y alrededor del castillo avía muchos hombres armados que la defendían y unos versos tenía abaxo que dezían:

//175v *Complures partu genitrix nos edidit uno*

Germanos quibus est unica iuncta soror.

Hec quod erat forma prestans tenera que inventa
Secreto est nemoris viver jussa loco.

Huic arcem erexit custodis nos dedit illam
Ne posset cupida quis biolare manu
Sed dum quadri jugo lustrat nemora omnia curru
Phebus in hanc oculos coniscit ipse suos
Mutua fax ambos taret non iam ipsa teneri
Arce potest fratrum vu quoque parva fruit
Dumque fugit pulcre nimium sic prodiga forme
Cue fuerant pereunt forma inventa dicus.

Hieroglíphica

Estava pintada en esta Hieroglíphica una ciudad murada y una mano que salía del muro con un escudo y en él pintado a sant Fulgencio y tenía una letra que dezía:

Scutum auxilis tui
Con tal reparo y tal fuerça
y con tales çentinelas
bien pueden dormir las bellas.

//176r Hieroglíphica

Estavan pintadas dos palmas, macho y hembra, y la una con razimos de dátiles y la letra della dezía: *Ascendam in palmam et aprehenda fructus eius*. Y otra que dezía:

Con tan almirable junta
todo fructo reçebimos
a manojos y a rreçimos.

Hieroglíphica

Avía en ésta pintado un sol que se ponía y una luna que nacía y abaxo la ciudad de Murcia con una letra que dezía: *Ut pressit diei ac nocti*.

No puede faltar ya luz

en nuestro egido y praderas
pues tenemos dos lumbreras.

Hieroglíphica

Estava pintado un sol que yba a naçer y delante un luzero y abaxo una ciudad y la letra dezía: *Ortus est ut lucifer ante solem.* Otra letra dezía.

Con su luz y hermosos rayos
bien mostrava este luzero
quera del sol mensajero.

//176v Hieroglíphica

Tenía pintado un prado con flores y en medio una mata con tres lirios y una açuçena y una letra que dezía: *Flores apparverum in terra nostra.* Y otra letra dezía:

Tierra que da tales flores
no puede ser que no sea
jardín del que la hermosea.

Hieroglíphica

Estava pintada en ella un águila de pies sobre una corona y una mano que baxava del cielo con otra más rica, lo qual significava que sancta Florentina no quiso el reyno despaña por bivir en religión. Tenía una letra que dezía: *Gloria et honore coronasticam.* Y otra que dezía:

Hermoso trueque hazéis
que en lugar desa corona
el mismo Dios os corona.

Hieroglíphica

Estaba pintada en ella un águila en-//177r señando a bolar un polluelo que significava a sancta Florentina por aver criado al sancto doctor Ysidoro, su hermano. Tenía una letra que dezía: *Aguila provocans ad bolandum* y otra letra dezía:

Con tan buena ediccaçión
Ysidro de vuestra hermana

Sçiençia saldrá más que humana.

Hieroglíphica

Tenía pintado un sol y baxo del sol, una ciudad y la letra dezía: *Non occidit ultra sol tuus* y otra letra dezía:

Después de tan larga noche
aqueste sol de alegría
promete más largo día.

Hieroglíphica

Avía en ella pintado una nube que dentro della parecían unos huesos y dezía la letra:

El ryo de aquesta nube
dispondrá Murçia tu suelo
para dar fructos al çielo.

//177v Aenigma

Tenía pintado un bezerro enpinado y tenía la una mano sobre una donzella y la otra sobre una muerte que tenía las cabeças entrambas algo que oprimidas y la letra della dezía:

Soy muerto y tengo cien vidas
mi nombre es manso y soys fuerte
tengo a la vida y la muerte
a mis dos manos rendidas.

Mas hágolas regalar
y que las traigan en palmas
porque son cuerpos sin almas
que en pies no pueden andar.

Aenigma

Dezidme ques cosa y cosa
muchos años una madre
truxo en el vientre a su padre
sin serle en nada enfadosa.

De suerte que aqueste padre
fue marido y hijo tanbién
de su madre y hija a quien
llama a boca llena madre.
//178rEl padre tan poderoso
fue que a su madre engendró
la engendró y aún reengendró
ella es su esposa y él su esposo.
Después de muerto el marido
por consolarla con eso
le dan a rroer un gueso
quella en su pecho a escondido.
Con nombre desta manera
se dan a la madre hermosa
ques madre, hija y esposa
quedando virgen entera.

Las Hieroglíphicas que los padres de la Companía de Jhesús pusieron en su altar

Hieroglíphicas

Estavan pintados el sol y la luna y enfrente del sol, en lo vaxo, una peña de oro, y otra de plata enfrente de la luna y dezía una la letra: *Ornata es auro et argento* y otra dezía:

//180vYnfluyendo estos planetas
de virtudes tan divinas
nuestra tierra dará minas.

Hieroglíphica

Estava pintado un dragón que yba huyendo y un león que yba corriendo tra/s/ él y dezía una letra: *Proiectus es draco ille magnus* y otra letra dezía:

Huye del campo y batalla
este rabioso dragón
vencido ya del león.

Hieroglíphica

Estava pintada una nube y della salían dos manos con el aguja y el compás y en lo alto, como en el cielo un luzero que significava el Sancto y dezía la letra: *Navis institoris* y otra dezía:

Mirando tan çierto norte
un piloto tan esperto
el çielo a de ser el puerto.

//179r Hieroglíphica

Estavan pintadas dos águilas de pies sobre sendas coronas y coronadas con otras más ricas y dezía la letra: *Gloria et honore coronasti eos* y otra que dezía:

Por aver menospreçiado
de las coronas la alteza
en los pies y en la cabeça
el cielo os a coronado.

Hieroglíphica

Estavan pintadas algunas yerbas y flores de sol mirando a un sol que naçía y en la otra parte estavan pintados unos arreboles como quando se pone el sol y dezía la letra:

Al ponerse le miraron
y quando torna a naçer
le torna tanbien a ver.

Hieroglíphica

Estavan pintadas algunas aves durmiendo y en lo alto, junto a ellas, dos grullas con sus piedras en los pies haziendo la vela y la letra dezía: *Custodientes vigilias noctis super gregem suum* y otra letra dezía:

Seguros podéis dormir
mientras hizieren las bellas
estas fieles çentinelas.

//179v Hieroglíphica

Estaba pintado un árbol con un nido y dos águilas que baxavan bolando a él y dezía la letra: *In nidulo nostro comorabimur* y otra letra dezía:

Volbemos a nuestro nido
y no daremos más buelo
sino desde Murcia al çielo.

Hieroglíphica

Estaba pintado un árbol grande con quatro grandes ramas y cada rama de las tres tenía una mitra por remate y la otra una corona que significava la laureola de virgen de sancta Florentina. La letra dezía: *Terra nostra de dic fructum suum* y la otra letra que dezía:

Sólo el çielo puede ser
el que produxo tal planta
y si tierra, tierra sancta.

Hieroglíphica

Estava pintado un prado florido y en medio una flor muy hermosa, en lo alto una colmena y algunas avejas que yban y benían de la colmena a la flor con una letra que dezía: *Flores mei fructum liquoris* y otra dezía:

Aora castas abejas
con tan soberana flor
creçerá vuestra labor.

//180r Hieroglíphica

Estava pintada un águila real que llevava en el pico los braços de los sanctos y la letra que dezía: *Nescit vilem predam* y otra que dezía:

Cuando el águila se abate
No conbiene a su balor
Hazer la presa menor.

Hieroglíphica

Estava pintado un sol en lo alto y abaxo una flor de sol que le mirava y la letra dezía: *Trahe me post te* y otra que dezía:

Surgentem sequeris solem commitata cadentem
Florentina quid hoc R flos ego solis ager.

Hieroglíphica

Estava pintado en lo alto en el lado derecho un çielo y en él una como ciudad. Abaxo en el lado yzquierdo Murcia y della al cielo avía una puente que se fundava sobre los dos huesos de los sanctos. Dezía la letra: *Sanctius ad super os fecit tibi Murtia /pontem/*[418] *iure tuum dices Murtia pontificem.*

Hieroglíphica

Estava pintada Murçia sobre la rueda de la fortuna y una mano que ponía un hueso //180v de los sanctos como quien hincava un clavo a la rrueda. Dezía la letra: *Non volvet fortuna rotam* y otra que dezía:

SIEMPRE TENDRÁS A LA FORTUNA QUE DA
PUES ESTE CLAVO, CLAVA YA SU RRUEDA.

La fama

Estava pintada y una letra que traya dezía hablando con los de Murçia:

Yo soy señores la fama
por todos tan conocida
la que a los muertos doy vida
si vida el honor se llama.

Porque ensalço de tal suerte
a los que honrra an mereçido
que no los gasta el olvido
ni los sepulta la muerte.

Yo soy la que e celebrado
españoles y africanos
y los persas y romanos
por mí se an eternizado.

Por mí viven los scipiones

---

[418] Tachado: *presentem.*

los çesares y alexandros
los alfonsos, los fernandos
los brutos y los catones.

Y en esta quenta me obligo
de poner a los murcianos
por sus hechos soberanos
de que soy buen testigo.

Que el poder y el balor raro
que an mostrado en este día
es digna materia mía
y de nombre ilustre y claro.

Yo escreviré sus grandezas
con las plumas de mis alas
y en mis palacios y salas
retrataré sus proezas.

Aquesto haré yo en el suelo
pero el premio merecido
los sanctos que oy han traído
se le darán en el çielo.

//181r Los laberintos que salieron a la Justa

Laberinto
1.Fulgencio nuestro pastor
para bien os traiga el cielo
de oy más tendremos fabor
de oy más tendremos consuelo
de oy más abrá proctetor.

2.Para bien seáis venido
para bien seáis llegado
pastor de todos querido

de todos tan deseado
de todos bien recivido.

3.Oy cessa nuestro dolor
oy se quita el negro belo
oy recobramos valor
oy lebantamos el buelo
oy cobra el gusto sabor.

4.Nuestro gozo está cumplido
nuestro deseo alcancado
nuestro mal a fenecido
nuestro bien se a lebantado
nuestra dicha oy a naçido.

5.Ya nos muestra el cielo amor
ya se alegra nuestro suelo
ya tenemos defensor
ya se a deretido el yelo
todo a gloria del señor.

//181v Laberinto
1.Oy se alegra esta çiudad
oy muestra su gran balor
oy muestra su lealtad
oy recobra su pastor
recobra su calidad.

2.Nueva corona a ganado
nueva victoria a tenido
de Berzocana a triumphado
a su Fulgencio a traído
el pastor a su ganado.

3.Todo es gloria y magestad
todo es manjar de sabor

todo es sancto y sanctidad
todo es unidad y amor
todo él liberalidad.

4.Nuestro reyno se a illustrado
un nuevo reyno a adquirido
todo esta reguzijado
grande bien nos a venido
bien aya quien lo a causado.

5.Oy se cobra auctoridad
oy se alcanca protector
oy nace nuestra vondad
oy cesa nuestro rencor
oy se ausenta la maldad.

//182r Laberinto
1.Por ordenación divina
el pastor que nos govierna
con su condición benina
a los sobervios fraterna
a los humildes se ynclina.

2.Y no por potencia humana
casi milagrosamente
rinde subjecta y allana
al rebelde ynobidiente
con su humildad soberana.

3.Nuestro pastor encamina
con mano piadosa y tierna
al sobervio que se enpina
con una piedad paterna
con su charidad divina.

4.A la ribera murçiana

pone oy su blasón patente
el que allanó a Berzocana
ama a todos ygualmente
dos mill boluntades gana.

5.A Fulgencio y Florentina
para su memoria eterna
a su rebaño avezina
el pastor que nos govierna
con discreçión peregrina.

//182v Laberinto
1.Con lo que a Murcia ennoblece
es con su propia riqueza
brota, sube, espuma crece
diole en fin naturaleza
la riqueza que aborrece.

2.Es su patrimonio y renta
quanto con los pobres gasta
sin orden, tasa, ni quenta
prudencia, virtud y casta
todo junto en él se aumenta.

3.Nuestro pastor se enpobrece
ama mucho la pobreza
es lo que más le engrandece
balor, bienes y franqueza
con que más sale y parece.

4.Pero si tenemos quenta
quanto tiene no le basta
tantos pobres que sustenta
un alma perfecta y casta
un sol que nunca se asenta.

5.Esa más rico que parece
por tener tanta nobleza
tantas limosnas que ofrece
con soberana grandeza
que siempre en él resplandeçe.

//183r Laberinto
1.Fulgencio da resplandor
cesa la niebla contina
Florentina da su olor
soberano es tal fabor
nuestra çiudad ya es divina.

2.Murcia no serás mezquina
todo es oy divino amor
ésta es merced peregrina
al cielo nos encamina
ninguno tenga temor.

3.Con tan ynmenso fulgor
con tal lirio y clavellina
gran bien nos haze el Señor
ahuyéntase el traidor
el cielo se nos ynclina.

4.La gloria nos es vezina
quién se yela en tal calor
ya está en Murcia Florentina
mucho bien nos adivina
acabado es ya el rigor.

5.Dechado de gran primor
de amor caudalosa mina
Dios es el divino auctor
acreciéntase el fervor
huya la sierpe malina.

//183v Laberintos
1.Fulgencio da virtud fina
Florentina es sancta flor
de tal bien es Murcia dina [*sic*]
quién dize que a Dios no atina
la parte avemos mejor.

2.Seráphico es tanto ardor
y a Dios se nos avezina
nacido está el redemptor
a Dios visita el pastor
Dios en heno se reclina.

3.No nos falta ya doctrina
no temamos disfabor
el bien para nos camina
recibimos merced vina
oy se pierde el deshonor.

4.Riqueza de gran balor
bien nos mana a la contina
çese ya qualquier dolor
gracias demos al criador
quien oy su virtud no afina.

5.Sinceridad columbina
destierre todo el furor
Fulgencio nos [apa]drina
Desto Murcia eras yndina
Piérdase qualquier pavor.

//184r Laberinto
1.Aunque la pluma es indygna
de alabaros qual combiene
a la fin se determina
quien biva afición os tiene

sol fulgente y Florentina.

2.Quiere sanctos alabaros
aunque esta empresa es en bano
la lengua para obligaros
con estilo liso y llano
con versos puros y claros.

3.Con la boluntad benigna
la alma yntento audaz sostiene
que, aunque la causa es divina,
quiere quel caudal se estrene
en la fuente cavalina.

4.Quien siempre por ensalçaros,
aunque con término humano,
quiere el deseo mostraros
moviendo la dévil mano
como siempre dio en amaros.

5.Lengua yngenio y pecho inclina
con fe que de vos le viene
el fin queste medio afina
el amor que la mantiene
el alma os retrata y sina.

//184v Laberinto
1.Todo se adorna de flor
con vuestro amparo y presençia
divina guarda y pastor
donde está vuestra excelencia
callar es mayor primor.

2.Monte, balle, campo y prado
vestís de suma alegría
tendrá de oy más el ganado

más valor y loçanía
con un bien tan lebantado.

3.Sanctos con vuestro fabor
por divina providençia
pasto abundante y mejor
ay ya con vuestra asistencia
en todo terreno humor.

4.Aver ambos bracos dado
al suelo que no os tenía
fructo dulce y regalado
señal es de afición pía
tal fabor jamás se a usado.

5.Es señal dulce de amor
después de tan larga ausencia
con prenda de tal valor
usar de magnificencia
entre el siervo y su señor.
//185r Las glosas que salieron a esta justa

Sanctos la fiesta aceptad
si ya el deseo acertó
con ésta, pero si no
recibid la boluntad.
Glosa

1.Pues el cornadillo dado
aunque de metal de cobre
con un deseo abonado
por una biudilla pobre
fue de Dios tan estimado
aunque en gloria y magestad
tan inmensa os veis mirad
la que mi deseo ofrece

y por lo ques te merece
sanctos la fiesta aceptad.

De vos Fulgencio procura
mi alma en lo esterior
dar muestra de su ventura
que la que os gozó pastor
os sirva de sepultura
y si la que os daré yo
no fuere tal qual devió
y en ella no e acertado
menos pienso aver errado
si ya el deseo acertó.

De nueva luz nos corona
Florentina en estos días
vuestra sagrada persona
que para illustrar las mías
faltava vuestra corona
ay y si pudiera yo
dar a quien tal luz me dio
[fies]ta más aventajada
no digo si estáis pagada
con ésta pero si no.

Mas si miro lo que pasa
della os devéis de pagar
aunque fuera más escasa
pues aquí venís a entrar
como quien entra en su casa
vuestra casa es mi ciudad
que gozó esa magestad
entrad sanctos en buen ora
y destalma que os adora
recibid la boluntad. /

//185v Sanctos la fiesta aceptad
si ya el deseo acertó
con ésta, pero si no
recibid la boluntad.
Glosa

2.Si el don que a Dios se le ofrece
con limpia fe y coraçón
mira, premia y agradece
y un justo en la condición
le ymita, sigue y parece
gloriosos sanctos premiad
el don de vuestra ciudad
y pues es claro [ar]gumento
del devoto y limpio yntento
sanctos la fiesta aceptad.

Y si no alcanca [*sic*] en la obra
al alteza ynmensa y alta
del balor que con vos cobra
supla lo que en ella falta
lo que en el deseo sobra
que como el solo alcançó
do el alto fabor llegó
no será de menos suerte
la fiesta quan[do no] acierto
si ya el deseo açertó

Costó tanto el bien de veros
como joya tan gloriosa
questuvo en él conçederos
entre un no y un sí dudosa
la esperança de teneros
pero como el que os pidió
de vuestra fee se balió
de Berzocana os traxera

no sólo quando el sí diera
con ésta, pero si no.

Los dos tanto a Murcia amáis
que con divino fabor
la bisitáis y abracáis
pues como em prendas de amor
ambos los braços le dais
pues si esta solenidad
no yguala en realidad
a tan alto beneficio
como en ygual sacrificio
recibid la boluntad.

//186r Sanctos la fiesta aceptad
si ya el deseo açertó
con ésta, pero si no
recibid la boluntad.
Glosa

3.Si el que da, dio lo que tiene
de amor y de acompañado
dexa el don perficionado
y en el punto que conbiene
para ser más lebantado
y pues la mayor fineza
del don es la boluntad
poniendo en esta verdad
los ojos de la entereza
sanctos la fiesta aceptad.

Que si en tan sancto tropheo
vuestra patria quedó atrás
sin ygualar a compás
la obra con el deseo
fue porque no pudo más

y así queda disculpada
de lo que en esto faltó
que nunca del que erró
fue la obra condenada
si ya el deseo açertó.

Cuantas vezes reezelosa
Berzocana deste día
con ansias os pedería
le diésedes si desposa
y por vos se le diría
daros si de no dexaros
eso no lo haré yo
palabra de no olvidaros
si quisierdes contentaros
con ésta, pero si no.

Sola una causa tuviera
Murcia de dolor sobrado
si fuera de su cuydado
oy le quedara o pudiera
daros más de lo que a dado
y si al exterior arreo
a faltado auctoridad
pues lo suple calidad
del amor con el deseo
reçibid la boluntad.

//186v Sanctos la fiesta aceptad
si ya el deseo açertó
con ésta, pero si no
reçibid la boluntad.
Glosa

4.Cuando un príncipe o señor
quiere premiar a un criado

en señal de mucho amor
le da un cargo señalado
¡o prenda de gran balor!
la soberana deidad
en premio de la amistad
le da a Murçia este fabor
por cuyas prendas de amor
sanctos la fiesta aceptad.

Con dos flores Dios guarneçe
a Murcia y demuestra quanto
le quiere qual oy pareçe
pues le da con que floreçe
prendas quel estima en tanto
pues quien tal presidio dio
que de su yglesia escogió
dos para un escudo fuerte
hará quel efecto acierte
si ya el deseo acertó.

Sanctos bienabenturados
hymnos os canten del cielo
qual merecéis lebantados
que para daros estrados
es probeza la del suelo
Dios esta gracia nos dio
Berzocana os defendió
siendo reliquias de aquí
con fee dando un no entre sí
con ésta, pero si no.

Aora estará contenta
la patria pues consiguió
reliquia de tanta quenta
y que en la silla se sienta
segunda que poseyó

mas con quánta bariedad
fue posible a esta çiudad
çelebre fiesta os previno
y si no fue qual convino
reçibid la boluntad.

//187r Sanctos la fiesta açeptad
si ya el deseo açertó
con ésta, pero si no
reçibid la boluntad.
Glosa

5.Si el mismo Dios despreçió
el oro, la plata, el cobre
y al pueblo que lo ofreció
y el cornadillo aceptó
de la bejezuela pobre
si oy esta humillde ciudad
os ofrece esta humilldad
en vez de un triumpho solene
por lo que de humilde tiene
sanctos la fiesta aceptad.

Y es razón que la aceptéis
porque si Murcia no pasa
oy del límite que veys
es porque quiere quentréis
como quien entra en su casa
todo quanto pudo os dio
Murcia el día que os ganó
y ganado aquella suerte
no ay para que en ésta açierte
si ya el deseo açertó.

Y así Murçia al justo cobras
más de lo que yo pensé

porque en lo que faltas, sobras
que aquí no se aceptan obras
que no son obras de fe
que con la fe se salvó
el que justamente obró
y el otro en su justa pena
si no obra se condena
con ésta, pero si no.

Ni es justo que os llame padre
del nombre que en sí retubo
Murçia aunque Fulgencio os qua/dre/
que no es como quiera madre
la que tales hijos tuvo
ésta es propia charidad
de madre y mucha humildad
y si desta se apercibe
y como madre os recibe
recibid la boluntad.

//187v Sanctos la fiesta aceptad
si ya el deseo acertó
con ésta, pero si no
recibid la boluntad.
Glosa

6.Murcia Dios que te enrriqueçe
con su gracia y fabor sancto
estas reliquias te ofrece
que nadie si tu merece
prendas quel estima tanto
gozes de la dignidad
que la ynefable bondad
a ti quiere se atribuya
y en aumento de la tuya
sanctos la fiesta aceptad.

Bivas pues Dios te corona
del victorioso laurel
plantado por su persona
harás séptima corona
segura a la sombra del
en ti las depositó
porque en la tierra faltó
la virtud que a ti te sobra
y porque acierte en la obra
si ya el deseo açertó.

Bives pues bive en tu suelo
el mejor don que se encierra
baxo de terreno belo
eres la tierra en el cielo
y eres el cielo en la tierra
tu sancto pastor bivió
no vida mortal que dio
por la ynmortal la de aquí
no ser con aquella es sí
con ésta, pero si no.

Diote lo que pudo darte
sant Fulgencio tu pastor
y se precia de preciarte
pues te da la mejor parte
Murcia como a la mejor
con mano grata tomad
la gloria y feliçidad
que de su parte oy nos muestra
y si falta de la nuestra
recibid la boluntad.

//188r Sanctos la fiesta aceptad
si ya el clero acertó
con ésta, pero si no

recibid la boluntad
Glosa

7.Lo que la dragma perdió
quando la bolvió a cobrar
fue la fiesta que ordenó
sus vezinas alegrar
con el bien que la alegró
y pues ansí mi çiudad
honrra la feliçidad
de cobraros este día
con semejante alegría
sanctos la fiesta aceptad.

El fausto y recibimiento
arcos, cantos, sedas, oro
Danças, trompas y contento
y el poético thes[or]o
ques alma deste hornamento
y lo demás que hordenó
la que onrraros deseó
aunque no es abentajado
bien puede ser açertado
si ya el deseo açertó.

Y pues de la biuda pobre
quiso aceptar Dios la ofrenda
sin que en el metal atienda
si era de oro o de cobre
si no a su pecho y hazienda
así en la fiesta que yo
doy y el alma os procuro
mirad tan solo mi pecho
no sólo si e satisfecho
con ésta, pero si no.

Que Dios de Abraham tomó
la boluntad ya provada
y ansí della se pagó
qual si hera derramada
la sangre que le mandó
pues a vuestra magestad
veis que desea mi ciudad
dar de honra el justo pago
aunques su fiesta un amago
recibid la boluntad.

//188v Sanctos la fiesta aceptad
si ya el deseo acertó
con ésta, pero si no
recibid la boluntad.
Glosa

8.Sol, estrella, norte y guía
Fulgencio y Florençia bella
dichosa es Murcia este día
pues a ella el cielo enbía
tal norte, guía y estrella
ofreceos festividad
la pobre y rica çiudad
pobre en sí rica por vos
y porque la acepte Dios
sanctos la fiesta açeptad.

Para un subgeto del cielo
es chica pobre e yndigna
mas si se recibe el zelo
aunque es la oferta del suelo
la boluntad es divina
y si Murcia os deseó
su deseo mereció
la gloria deste tropheo

y aun vuestro glorioso enpleo
si ya el deseo açertó.

Y para mayor laurel
si aún oy Leobegildo godo
fuera bivo y tan cruel
que os pudiera o presa del
Murcia resistiera a todo
que pues bivo no os gozó
muerto della juzgo yo
y de la fe de su parte
que diera unno como un Marte
con ésta, pero si no.

Y puede ofrecer el pecho
a un enemigo por nos
pues el cielo en su probecho
oy relicario la a hecho
de reliquias de los dos
mucha en su prosperidad
pedía la suma deydad
divinos sanctos su aumento
y los dos de nuestro yntento
reçibid la boluntad.

//189r Sanctos la fiesta aceptad
si ya el deseo acertó
con ésta, pero si no
recibid la boluntad.
Glosa

9.De Fulgencio y Florentina
la fiesta celebra el çielo
y la presencia divina
oy con largueza benina
la comunica en el suelo

ángeles pues illustrando
moved nuestra boluntad
alegres hymnos cantando
y vos tanbién ayudando
sanctos la fiesta aceptad.

Al resplandor y victoria
de Fulgencio no bençido
rindió Sathanás la gloria
que con eterna memoria
pondrá temor al olvido
de vos celestial guerrero
la gracia que os ayudó
celebramos por entero
aceptaldo cavallero
si ya el deseo açertó.

Vuestra esposa a festejado
la gloria de vuestra vida
mas con uno que a durado
los mill años que a tardado
la merced desta venida
principio tubo en el cielo
fiesta que tanto costó
y vuestra esposa en el suelo
a dexado el negro belo
con ésta, pero si no.

Con zelo sancto y benino
con cánticos de alegría
don Sancho, pastor divino
festejó vuestro camino
haziendo la noche día
y si no llega el cuydado
al deseo en calidad
suyo y vuestro es el cayado

remendado vuestro estado
recibid la boluntad.

//189v Sanctos la fiesta aceptad
si ya el clero acertó
con ésta, pero si no
recibid la boluntad.
Glosa

10. Cuando el ynmenso poder
con su amorosa centella
sacó de no ser a ser
todo el orbe un sol hazer
quiso y una luna vella
con quien todo claridad
tuviese y fecundidad
esto a Murçia oy se conçede
celebrarlo quanto puede
sanctos la fiesta aceptad.

Tan yntenso resplandor
days Fulgencio y Florentina
que bien parece de amor
de aquella fragua divina
encendida en el fulgor
no fue tal el que sacó
Moysés. quando decendió
de Sinai con la ley
ved que os sigue vuestra grey
si y al deseo açertó.

Su deseo fue açertar
en hazeros tal servicio
que aunque no puede ygualar
con la merced singular
coresponda al beneficio

este bien se le cumplió
si el zelo con que os sirvió
y su yntención se recibe
descargo tiene en questrive
con ésta, pero si no.

En el alto empireo cielo
y a vuestras dichosas almas
gozan eterno consuelo
donde veys a Dios sin belo
y se os dan gloriosas palmas
vuestra primera ciudad
os haze festividad
a vuestro recibimiento
no llega al merecimiento
recibid la boluntad.

//190r Sanctos la fiesta aceptad
si ya el deseo acertó
con ésta, pero si no
recibid la boluntad.
Glosa

11.A vuestra zenizas damos
Fulgencio y flor celestial
honrra qual veys si no tal
qual merece deseamos
fuera si pudiera ygual
mas pues que al mereçimiento
yguala la boluntad
de las obras cumplimiento
y su mayor ornamento
sanctos la fiesta açeptad.

Parece gran presunción
suplicaros que miréis

aquesta fiesta que en don
os ofrece el coracón [*sic*]
de los que anparar queréis
pues ella quedó tan corta
y del blanco tanto erró
mas no lo es que sí dio
lejos la obra no ynporta
si ya el deseo açertó.

No ay obra tan prima y alta
si es humana do no hallemos
si bien miras lo queremos
un pero sí o una falta
con que si mengua mostremos
y pues ésta es tal que espanta
si como umana faltó
dirá alguno que sí vio
amor y boluntad tanta
con ésta, pero si no.

Así que gloriosos sanctos
a quien como a Dios agrada
la ofrenda si está adornada
de amor aunquella sea nada
quitad los ojos, quitad
de tan [...] servicio
y vuestra [...] grande bondad
mostrando en aqueste ofiçio
recibid la boluntad.

[//190v]Sanctos la fiesta aceptad
si ya el clero acertó
con ésta, pero si no
recibid la boluntad
Glosa

12.Si de vuestro patrio suelo
ausentes por tiempo largo
fuistes por nuestro consuelo
ya de nuestro llanto amargo
se condolió el justo çielo
y pues de la boluntad
con que os pidió esta ciudad
dio el cielo tan alta muestra
siendo para gloria vuestra
sanctos la fiesta açeptad.

En el grado que con llantos
vuestra triste patria amada
sintió vuestra ausencia sanctos
que si fuese celebrada
vuestra venida con cantos
si con fee la procuró
bien lo que [...]amo mostró
pero a que [...] lo miréis
sólo quiere la amparéis
Si ya el deseo açertó.

De su deseo encendido
en muestra, muestra su pecho
por sólo lo amaros perdido
aunque el ser en su probecho
les disquento conoçido
don humilde os ofreció
mas como la fee ayudó
de que ya la amparéis
espera un no le neguéis
con ésta, pero si no.

Si pone su confianca
en hijos de tal valía
cierta saldrá su esperança

pues el cobraros fue vía
del colmo de su bonança
su esperanca asegurad
y al capitolio llegad
de nuestros puros deseos
y de tan pobres tropheos
recibid la boluntad.

//191r Sanctos la fiesta aceptad
si ya el clero açertó
con ésta, pero si no
recibid la boluntad.
Glosa

13.No sé que diga a los dos
Fulgencio y vos Florentina
si por sólo el bien de nos
vuestra vida tan divina
mereció gozar de Dios
del cielo y de Dios gozad
nuestros yntentos mirad
llenos de amor y alegría
pero para vuestro día
sanctos la fiesta aceptad.

O que divino vergel
tenemos en este suelo
do nacistes porque del
lo convertís oy en çielo
para que gozemos del
el silençio dispertó
y Murçia su gloria halló
sanctos todo el bien dezí
y la fiesta recibí
si ya el deseo açertó.

Tanto bien el cielo enbía
en darnos por mayorales
a los dos que todo en día
se bolverá y nuestros males
de oy serán alegría
dezidme si os agradó
y a vuestro gusto llegó
aquesta fiesta señores
que haremos otras mayores
con ésta, pero si no.

Es tan poco lo que hazemos
y tanto lo que nos dais
ques ynposible podremos
a lo que nos obligáis
satisfazer según vemos
por vuestro amor y bondad
nobleza y gran charidad
miréis lo que os deseamos
no miréis lo que oy os damos
recibid la boluntad.

[//191v]Sanctos la fiesta açeptad
si ya el deseo acertó
con ésta, pero si no
recibid la boluntad.
Glosa

14.Oy Fulgencio y Florentina
quiere honrraros por su mano
y esta fiesta determina
Dios que aunquel medio es humano
la boluntad es divina
y porque la boluntad
hagáis de su magestad
como en el cielo en la tierra

que vuestros cuerpos encierra
sanctos la fiesta açeptad.

Que aunques escaso el tropheo
para el colmo que en los dos
de merecimientos veo
con la boluntad de Dios
se anima nuestro deseo
y pues tan alto subió
que con lo sumo ygualó
no ymporta echada la suerte
quel hecho en todo no açierte
si ya el deseo açertó.

Su suelo en lágrimas riega
Berzocana en aver dado
de vuestros güesos la entrega
y aviéndolos ya entregado
aun el sí de darlos niega
con esta respuesta dio
no y en no perserveró
tanto questando ya quí
aún /no/ a rrespondido sí
con ésta, pero si no.

Ella en dexaros se ofende
y a nosotros el gozaros
es bien que de Dios deciende
y la boluntad de honrraros
a lo ynfinito se estiende
aqueste yntento mirad
que Dios le da auctoridad
y pues a lo mucho excede
quien da lo poco que puede
recibid la boluntad.

//192r Sanctos la fiesta açeptad
si ya el deseo acertó
con ésta, pero si no
recibid la boluntad.
Glosa

15.Fulgente más que luzero
de la mañana serena
flor más blanca que azuzena
honrra de nuestro emisphero
corona de Carthagena
pues sois aora traydos
por amparo de afligidos
a vuestro reyno y ciudad
en nombre de bienvenidos
sanctos la fiesta açeptad.

Que aunque el merecimiento
vuestro es tal que no ay poder
cumplir nuestro justo yntento
en el hazer el dever
a vuestro recibimiento
si bien se deve mirar
al blanco del desear
quando al efecto erró
no es tan digno de culpar
si ya el deseo açertó.

Mas el bulgo nobelero
más enbidioso y parlero
que la misma enbidia o diosa
jamás dixo bien de cosa
con que no pusiese un pero
y como nunca faltó
quien otras mucho juzgó
aquí no faltará alguno

que ponga no solo uno
con ésta, pero si no.

Y es cierto que si juzgar
la queréis y comparar
con otras fiestas más altas
sin el deseo mirar
no faltarán muchas faltas
mas no reparéis en ellas
del cielo claras estrellas
sólo el yntento mirad
y en recompensa de aquellas
recibid la boluntad.

//192v Sanctos la fiesta aceptad
Si ya el deseo acertó
Con ésta, pero si no
Recibid la boluntad.
Glosa

16.Oy Fulgencio y Florentina
os da nueva gloria el cielo
y Dios esencia divina
para más bien determina
daros vuestro patrio suelo
oy os trae su magestad
a vuestra patria y çiudad
que de fiesta y gloria llena
en voz dulce y cantos suena
sanctos la fiesta açeptad.

Murcia deseó a los dos
para que su amor se entienda
que a de aver gloria por vos
por la que alcancáis de Dios
pues que os tiene acá por prenda

así que pues que os pidió
y aunque yndigna os mereció
siempre a nuestros sacrificios
os mostrad sanctos propicios
si ya el deseo açertó.

Este nuestro amor y zelo
fe pura, senzilla y sana
la mostrado bien el çielo
pues le a quitado el consuelo
por el nuestro a Berzocana
que aunque don Sancho os pidió
con libertad os negó
con la fee de vuestro amparo
diziendo siempre un no claro
con ésta pero si no.

Al fin partieron por medio
el todo de nuestra palma
medio que nos será medio
de nuestro bien y remedio
para el cuerpo y para el alma
y vos flor de castidad
flor Florentina mostrad
nuestros deseos a Dios
y en esta fiesta los dos
recibid la boluntad.

//193r Los sonetos que
salieron a esta justa

Soneto

17.De Dios en el colegio, o sacros sanctos,
con gran beatitud eternizados
avéis sido y seréis huesos sagrados

en el empíreo coro con mill cantos.

A amor y charidad mobéis los cantos
y los de vuestra patria tan amados
por veros sacros güesos lebantados
en los divinos coros entre sanctos.

Oy Fulgencio mostráis con vuestra hermana
la gloriosa victoria que alcançastes
oy bolvéis a la patria nueva gloria.

Con boluntad entera más que humana
os recibe el pastor y aquesto baste
para alcançar el lauro de victoria.

So[ne]to

De una planta divina que plantada
fue en la nueva Carthago allí nacieron
çinco hermosos pinpollos que creçieron
más altos que la palma lebantada.

Planta dulçe, sabrosa, y regalada
que todos en un tiempo florecieron
y a nuestra España clara luz le dieron
pues fue por ellos la eregía quitada.

//193vDivina fue y dichosa aquesta planta
que trasplantada fue del suelo al çielo
do eternamente Dios la está regando.

Pues oy del çielo al suelo se trasplanta
y a Murcia se la dan para consuelo
razones que la estén siempre adorando.

Soneto

2. Como de el sol, la luna en sí reciva
la luz de que se adorna y se conpone
quando a los dos la tierra se ynterpone
de toda aquella luz la aparta y priva.

Y tanto de su luz más la derriva
quanto más a su sphera se antepone
hasta que a no ynpidirla se dispone
y ella se restituya en luz más viva.

Por mill razones el efecto mismo
en nosotros causó (Fulgencio Sancto)[419]
la distancia de tierra en vuestra ausencia.

De tinieblas nos tuvo en un abismo
y en un confuso eclipse hasta tanto
que nos bolvió a dar luz vuestra presençia.

//194r Soneto

3. Quando de aquel servil abatimiento
vidó libre Moyses su pueblo amado
al casto patriarcha ya olvidado
sacó del estrangero monumento.

Por medio del desierto fue contento
con tales prendas bien acompañado
y en Sichem de Canaam las a dexado
en el paterno y propio enterramiento.

Oy engrandece a Murcia el propio exemplo
pues siendo libre ya del africana
opresión que pasó con tantos daños.

[419] Paréntesis en el original.

Buelve los sanctos huesos a su templo
de Sant Fulgencio y su benedicta hermana
quel tiempo desterró por tantos años.

Soneto

4. Si de mill años el discurso largo
nunca nos truxo un semejante día
no fue descuydo pues es cierto abría
personas que tomasen esto a cargo.

Mas tal es qual Fulgencio fue en el cargo
vida, doctrina y real genealogía
ninguno como vos y esta porfía
tiene este philosófico descargo.

//194v Queda en la harpa está la cuerda en tanto
que su ygual no le altera aquel reposo
no sé qué fuerça en la unidad se asconde.

Que a todos calla pero al fin responde
el generoso obispo docto y sancto
al sancto obispo docto y generoso.

Soneto

5.-Si el alto real alcácar [*sic*] sumptuoso
de los illustres godos se lebanta
con Eugenio y Leocadia en gloria tanta
quel reyno Hibero trae de sí ynbidioso.

Sy el triumpho de Torcato haze glorioso
a Guadix y Alcalá la tierna planta
célebre de sus mártires y canta
tropheo eterno al mundo tan famoso.

Ínclita Murcia patria esclareçida
si de honor sacro, gloria y alabanca
se ajustan y se ygualan bien las leyes.

Vuestra ventaja es clara y conocida
que es Alcalá, Guadix, Toledo alcanca
sanctos vos alcancáys [*sic*] sanctos y reyes.

//195r Soneto

6.El gran señor del çielo soberano
con quánta gentileza y gallardía
trata sus sanctos veldo en este día
quán mirado es en todo y cortesano.

Este recibimiento tan ufano
y celebrado triumpho de alegría
lo dispone con tanta cortesía
de criança y respecto cortesano.

Ansí porque en el patrio antiguo nido
nuestro patrón Fulgencio tan amado
honrradamente sea reçibido.

Pues es ilustre es sancto y es prelado
sancto prelado ilustre lo a traydo
ved si el decoro en todo se a guardado.

Soneto

7.Si se conoce el ser por los efectos
gloriosos sanctos claro os conoçemos
divinos rayos de virtud os vemos
fructo y sabor de sabios y perfectos
Alteza ynmensa en obras y conçeptos
riqueza de humildad por los estremos

refugio amparo y guarda que ymitemos
de las divinas leyes y preceptos.

//195vCuyos efectos que en los dos notamos
rayos, fructo, sabor, guarda y riqueza
os hazen dignos del eterno choro.

Y que en el suelo todos conozcamos
y que en el cielo y tierra soys con suma alteza
luz, árbol, sal, ciudad, monte y thesoro.

Soneto

8.O sanctas prendas, prendas regaladas
de aquel celeste spíritu divino
que del exçelso çielo christalino
fuistes (de Dios)[420] a Murcia presentadas.

Sacras reliquias sanctas y sagradas
que por seguir el celestial camino
dexando al mundo miserable yndino
estáis ya para siempre eternizadas.

O sanctos huesos covertura y velo
de aquella alma dichosa que en el coro
divino goza ya la eterna esençia.

Pues que volvéis a vuestro patrio suelo
por gloria, por amparo y por thesoro
no os apartéis jamás de su presençia.

//196rSoneto

9.Oy biene a consolar el patrio suelo

[420] Paréntesis en el original.

oy buelve a regalar la patria amada
oy la joya preçiosa y estimada
oy quiere dar a todos gran consuelo.

Oy señala Fulgencio desde el çielo
oy les muestra a sus huesos la morada
oy se çelebra su dichosa entrada
oy se destierra el llanto y desconsuelo.

Oy nos da nueva vida y nuevo aliento
oy quiere que gozamos su thesoro
oy nos muestra las puertas de la gloria.

Oy nos da reguzijo y quita el lloro
oy triumpha con la palma de victoria
oy trueca nuestra pena por contento.
Soneto

10.En buen ora vengáis huesos sagrados
a darle a vuestra patria este consuelo
al fin oy convertí la tierra en cielo
con bolver a do fustes engendrados.

Como divinos huesos tan amados
os avéis retirado y dado buelo
dexando nuestras almas sin consuelo
estando en otra tierra desterrados.

//196vMas dichoso el pastor que tanto alcanca
del hazedor ynmenso de la gloria
a quien le a rebelado su deseo.

Cumplió con su valor su confianca
eternizando eterna su memoria
volviendo a donde os gozo y donde os veo.

Soneto

11.Florentina la flor que más florece
en las floridas flores virginales
es la flor que florece en las reales
floridas sienes quesa flor guarnece.

Y tanto vuestra flor en flor merece
que da floridas flores celestiales
de quien en flor se coxen florestales
que hasta el cielo su flor florida crece.

Pues florezca en tu gracia la flor nuestra
que florida con esa flor divina
alcance a florecer como flor vuestra.

Que la flor que ser flor de Dios fue digna
nos hará flores de florida muestra
como lo fue la flor de Florentina.

//197r Soneto

12.Puesta en la tina del amor divino
una graciosa flor que en Carthagena
nació más olorosa que açuçena
más que la rosa, lirio y clavel fino.

Fue floreciendo en ella de contino
de hermosura y de fragancia llena
tanto que de su olor la fama suena
por todo el orbe y cielo chritalino.

Llamada fue por esto Florentina
dando a entender su amor con este nombre
que a solo Dios lo tubo en sumo grado.

Su alma fue a gozar gloria divina
do le confirma Dios este renombre
y sus reliquias oy nos a entregado.

Soneto

13.Que tiene oy Murcia un triumpho y real victoria
ay dello fundamento no es en vano
ques la ocasión un bien es soberano
qual bien dezid que ofusca mi memoria.

Con que la ofusca con su dulce historia
hazédmela saber no es en mi mano
porque razón por ser bien más que humano
y en que biene a parar en suma gloria.

//197v A quien se da esa gloria a Sant Fulgencio
de donde natural de Carthagena
y en ella hizo más fue su prelado.

Como queréis loarle con silencio
pues quién dirá quál fue su fama suena
y quién causó esta fiesta un su traslado.

Soneto

14.Angélica veldad, rostro divino
blanquíssima açuçena, fresca rosa
formada por la mano poderosa
de aquel que en magestad es uno y trino.

Más bella quel rubí ques claro y fino
hermosa más quel sol, más luminosa
que la estrellada sphera y más graciosa
que quanto ciñe el cielo christalino.

Es tal vuestra beldad y hermosura
real y sacra ynfanta Florentina
y tal vuestra limpieza y casto çelo.

Quel verbo eterno os llama del altura
diziendo os ven mi esposa sancta y digna
recibe real corona acá en el çielo.

[//198r]Soneto

15.Divina planta que en la estéril tierra
das luz más clara que la luz del cielo
luz que encaminas ánimas al cielo
norte del cielo y cielo de la tierra.

Prenda del cielo que a tu propia tierra
deste thesoro para comprar cielo
Fulgencio clara que con luz del cielo
deshazes las tinieblas de la tierra.

Prelado que nos das sciencia del cielo
y bellas flores de tu amada tierra
para poder gozar flores del cielo.

Eres canbio de Dios puesto en tu tierra
a cuyas pagas corresponde el cielo
pagando en oro el cobre de la tierra.

Soneto

16.Pirámides, colosos, aras sanctas
arcos triumphales, zimbras levantadas
las aves más remotas no tocadas
el laurel sancto y las humildes plantas.

De varias mieses cantidades quantas

el sol produze para bien criadas
se muestren por el suelo ya postradas
rindiendo a tu virtud virtudes tantas.

//198v El alhelí, el lirio, el azuçena
el sauze, el chopo y la demás verdura
çerquen con murta verde este contorno.

Y muéstrese Fulgencio por ti llena
de devoción el alma limpia y pura
y el vario componer sirva de adorno.

Soneto

17.Ardan en vuestro altar maravilloso
mill lámparas de bálsamo y entrellas
suba y se comunique a las estrellas
del ánbar puro el respirar preçioso.

Y a esa mitra e yngenio milagroso
nuevas cançiones se le canten bellas
que en el primor y la memoria dellas
el sancto nombre consagra famoso.

Y al fabor que nos vais comunicando
con tal blasón de honor gloria y consuelo
fiesta os çelebren sin contienda y guerra.

Porques muy justo que en el tiempo y quando
nueva corona a Murcia le da el çielo
grata entrada os ofrezca y de su tierra.

//199r Soneto

18.Fulgentio e Fiorentina duo germani
Che mai aversa o prospera fortuna

Non vi seiunse dale prime luna
E inquesto amor durastino molt anni.

Fin a la morte tolerando affanni
Per Christo per sua fide santa et una
Scacciando quella selta falsa e bruna
De i traditori et barbari arriani.

Vestre relique pecciol urna serra
Ma voi tenete in ciel sublime honore
E non sarei giamas spenti soterra.

Un dolce foco de celeste amore
[...] fe diermani si diletti in terra
Un medesmo voler un fedel core.

Soneto

19. Voi che cantate in dolce rime il dono
che dio n'affato e sua pieta divina
dil gran Fulgentio e santa Fiorentina
sante reliquie a tutti quanti sono.

Cantate piu di questi chio ragiono
la notte il giorno e sera e la matina
versi, canzoni, rime pelegrina
tal che rimbombe al ciel suo dolce suono.

[//199v]Perche diquel empireo Helicona
ove Fulgentio e Fiorentina stano
spetan l'honor che sua chiegia gli dona.

E pregano al signior d'il ciel suvrano
vidone a tutti gloriose corona
in questa vita e poi d'il falto humano.

Soneto

20.Reprime tu corriente presurosa
segura y apazigua tu ruydo
no ves quel gran Fulgencio es oy venido
y sancta Florentina generosa.

No ves la fiesta célebre y famosa
no oyes de lonbardas el sonido
dexa tu hondo piélago y tu nido
y trae contigo a Thetis la hermosa.

Ven de tus bellas nimphas adornado
que allá verás Apolo y a Diana
y al choro de las musas consagrado.

Los sátiros los faunos de su gana
vienen cantando por el verde prado
a honor de Dios un muy dulce peana.

//200r Soneto

21.Dulces reliquias, quánto deseadas
dulces despojos, quánto bienvenidos
dulces prendas de amor que a los sentidos
y al alma condoláis siendo adoradas.

Perlas de Oriente, joyas consagradas
diamantes estimables y subidos
carbuncos de balor esclarecidos
esmeraldas del mismo Dios labradas.

Ambos a dos en un vientre anduvistes
anbos a dos unos pechos mamastes
ambos a dos preñados sanctos fuistes.

Ambos a dos en muerte os sepultastes
y trasladados juntos estuvistes
y al fin por nuestro bien juntos tornastes.

Soneto

22.Calle de oy más de Murcia la riqueza
De su tan fértil tierra celebrada
Con ricos edificios yllustrada
Su antiguedad esfuerço y gran nobleza.

Ni menos se le diga por grandeza
De honrrosos prebilegios ser doctada
Y de reales entrañas ser morada
Con que[421] a su cathedral dotó su alteza.

//200vQue a todo excede oy el beneficio
de recebir en sí la rica prenda
sin quien probeza es todo lo pasado.

De Sant Fulgencio el cuerpo es que propicio
le está para que en todo la defienda
siendo de Florentina acompañado.

Soneto

23.O huesos más que huesos aunque huesos
que hazéis de huesos muertos, huesos bivos
huesos soys pero huesos que (exçesivos
siendo) huesos hazéis lo que no es huesos.

Hazed que nuestros huesos ya sean huesos
que no son huesos, huesos tan laçivos
por ser huesos que son huesos altivos

[421] Tachado: a su.

mas ya huesos serán con tales huesos.

Son huesos esos huesos de firmeza
huesos que como huesos resistieron
por ser huesos qual huesos ser conviene.

Son huesos nuestros de flaqueza
huesos que aunque son huesos desdixeron
de lo que por ser hueso, el hueso tiene.

//201r Soneto

24.Fulgencio clara luz resplandeciente
con el fulgor que muestras miragroso
muy más quel claro phebo es luminoso
en su encumbrado curso preeminente.

Oy te nos das a todos tan presente
que cada qual con ánimo amoroso
recibe un requizito prodigioso
y aumenta en sí tu amor qual fuego ardiente.

Perder ninguno tema ya el camino
siguiendo el resplandor deste luzero
qual hizo Florentina en su jornada.

Los dos gozan del reyno y ser divino
dexándonos su exemplo verdadero
para adquirir la celestial morada.

Soneto

25.Dos nymphas la ribera de Segura
al rosado color de la mañana
miden con corto paso y la más llana
senda adornada de mayor frescura.

Arguyen sobre quién (si por ventura
puede medirse la gloria soberana)[422]
más gloria da al pastor de quien hufana
Murcia reçibe la reliquia pura.

//201vOtra hermana salió del claro ryo
con dos ninos asidos a los pechos
ardiendo en sumo amor y sancta gloria.

La qual dio fin al argumento pío
dando a sus coraçones satisfechos
ygual satisfaçión palma y victoria.

Soneto

26.Menospreció Fulgencio el reyno humano
y házeles reynar Dios en el en el [*sic*] çielo
él se humilló encogido por el suelo
y Dios le encumbra en trhono soberano.

Él la gloria y balor del suelo hispano
trocó por el divino ardiente zelo
y ayudándole Dios el sancto buelo
así le tira con su larga mano.

Parece que Fulgencio [...] Dios anyda
Dios en subirle y él en derribarse
él se deshizo y Dios le a lebantado.

Tanto que hasta sus huesos a traydo
a endiosarlos dondel quiso humillarse
y donde sea poco queda adorado.

[422] Paréntesis en el original.

//202r Soneto

27.Quán seca se nos muestra la palmera
mirando bajo al tronco destrocado
arriba está su fructo delicado
verdea arriva, alegra la ribera.

El peso no la vence ni alixera
el justo en esta vida es despreciado
florece arriva, ariba es coronado
arriva está en etherna primavera.

Fulgencio, Florentina perseguidos
a su rey Arriano resistieron
amando el menosprecio y la pobreza.

Con gloria Dios los tiene enriquecidos
sus cuerpos que tan bien obedecieron
venera, Murcia sean tu riqueza.

Soneto

28.Si al que rinde al gran fuerte allana un foso
conbate cuerpo a cuerpo en estacada
pone freno a la gente lebantada
doma un fiero león, un tigre, un osso.

Si aquel que más bizarro sale al coso
Y al toro mata y da mejor lançada
Si aquel con braço fuerte y mano armada
Dama defiende, guarda y da a su esposo.

//202v Lebantan cippos, arcos, le dan palma
Loor, laurel, corona, robregrama
Conceden ovación, triumpho o templo.

Murcia todo os lo dé que a eso os llama
Fulgencio ilustre que en bivir y en lalma
Soys desto todo, a todos claro exemplo.

Soneto

29.La flor del campo es grata y de ley tosa
más que la del jardín questá cercado
que siendo muy regada con cuydado
con más regalo es menos olorosa.

La que en el campo nace es más preciosa
porque a su tiempo el cielo la a regado
do todos es a nadie se a negado
es para la salud más probechosa.

Apacentando a todos ygualmente
Fulgencio con su vida y su doctrina
de sí exhaló finíssimos olores.

Es muerto y se nos da liberalmente
partido con su hermana Florentina
loémoslos con cánticos y flores.

//203r Soneto

30.O luz de España, o ynclito prelado
pastor que de su mano nos dio el cielo
distes al mundo general consuelo
al trono como Arom de Dios llamado.

Nuevo Sansón a nuestra Murcia dado
con el balor quel viejo al hebreo suelo
lumbre de quantos cubre mortal belo
discreta sal y pueblo lebantado.

Ymitáis a Fulgencio en la nobleza
a Nicolás en charidad ardiente
agustino en yngenio y agudeza.

A Antonino en memoria diligente
a Illefonso en castíssima pureza
a Chrisóstomo em prática eloquente.

Soneto

31.Muy bien se muestra [sanc]tos que avéis sido
de Dios los dos amigos regalados
pues para más çercanos abogados
traeros do naçistes a querido.
A daros vengo y doy el bien venido
Fulgencio y Florentina deseados
y en nombre destos ynclitos senados
de vuestra chara patria solo os pido.

//203v Atéis la lengua y enbotéis la espasa
violenta y omicida de mal pecho
y no permitáis sanctos sus pasiones.

Lastimen esta fiesta sublimada
mirad la boluntad con que lan hecho
ciudad, obispo, yglesia y religiones.

Soneto

32.Por todo el mar del reyno esclarecido
puedes oy navegar Murcia querida
segura de que puedas ser rendida
con aqueste patrón que te a venido.

Por mill siglos lo gozes que a querido
a percibir tu nabe y tan cumplida

que aunque de tempestades convatida
siempre ternás victoria y bien crecida.

Nada te falta nave venturosa
teniendo por patrón a Sant Fulgencio
tan querido de Dios, divino sancto.

Estás apercibida y tan dichosa
que la fama que tienes en silencio
no se deve quedar ni olvidar tanto.

//204r Soneto

33.Recibe por blasón de tu decoro
Murcia a Fulgencio y sancta Florentina
rubí, esmeralda, piedra christalina
de quien la eternidad haze thesoro.

Y celebren las musas en su coro
de dulce canto, entrada tan divina
açerbo llanto, dolor /y la/ total ruyna
del herético, bárbaro y del moro.

Salgan pues las entrañas ascondidas
alegres a mirar que quitado el belo
y humildes las coronas esculpidas.

Desde oy podrán subir más alto el buelo
con tan hermosas plumas y luzidas
triumpho que a Murcia da y victoria el cielo.

Soneto

34.Don Sancho ilustre vuestra fama suena
desde el famoso Ganges hasta el Nilo
cuya virtud y vida y grave estilo

entre los sacros choros ya resuena.

Y más agora con la noche buena
que nos dais con la luz deste pavilo
cuya doctrina sancta corto el hilo
de la secta arriana y su cadena.

//204v Muchos años prelado os guarde el çielo
que a vozes dizen ya los edificios
vuestra prosapia tan clara y sanctidad.

Y tenéis bien ganado desde el suelo
el cielo con tus sanctos exerciçios
y aora days renombre a esta çiudad.
Soneto

35. Ya Murcia llega el fin de tu deseo
y el cumplimiento ya de tu esperança
ya la tormenta truecas en bonança
ya la humilldad en glorias y tropheo.

Muy otra de la que eras ya te veo
de mal a bien te miro hazer mudança
mayor contento tu pesar alcança
contemplándote estoy y no lo creo.

Y así gloria perdiste, gloria cobras
si gozo te faltó, ya no te falta
y al bien que se ausentó tienes presente.

Dichoso fin tendrán de oy más tus obras
y pues Fulgencio suple ya tu falta
tu fama bolará de gente en gente.

//205r Soneto

36.Sagradas prendas, caras conocidas
dadas de Dios al mundo por su gloria
en pago y galardón de la victoria
que ganaron quedando a Dios rendidas.

O venturosas prendas admitidas
del sumo hazedor en esta historia
y como eternizáis vuestra memoria
con discurso de tan perfectas vidas.

Pues llegará con tiempo el otro tiempo
quando la eternidad ques sempiterna
pagará al cuerpo y alma lo devido.

Gozaréis beatitud dulce y eterna
y aquesta ynfinidad de tiempo a tiempo
os pondrá sobre el sol do no abía olvido.

Soneto

37.Más bella que la estrella matutina
más que la palma y cedro lebantada
más quel çiprés y plátano ensalçada
más que la luz del çielo christalina.

Más que la flor que nunca tubo espina
más que la rosa fresca no tocada
más que la blanca nieve no pisada
más que la luna y sol soys Florentina.

//205vTanbién perla oriental del cielo os quadre
pues todos vemos oy muy a la clara
que vuestra alma dichosa con Dios bive.

Ved tanbién lo que os dize el sumo padre
toda hermosa, limpia, amiga chara

y con eterno braço allá os reçibe.

Soneto

38.Derecha de tristeza el negro belo
un doso padir y dexe el largo lloro
de tus nimphas el blanco casto choro
enjuga de tu llanto el triste suelo.

Cese ya tu dolor y sin recelo
ellas adornen su cabello de oro
y descubriendo el virginal thesoro
con alegrías muestren tu consuelo.

Si ya la causa del dolor y llanto
cesó con la venida de tus hijos
un sol fulgente y una flor divina.

Diga ese choro alegre sanctos, sanctos
abive la alegría y reguzijos
y luego padre tu cabeça ynclina.

//206r Soneto

39.No con tal gusto rota su barquilla
a donde vio su vida en triste afrenta
del puerto mira ya la playa esenta
el nabegante quel temor le humilla.

Ni con tal gusto en la arenosa orilla
escapado del mar y la tormenta
entranbos pies cansados pone asienta
juzgando el escaparse a maravilla.

Como vuestro lloroso patrio suelo
pasada la borrasca del ausencia

en que estubistes largos siglos de años.

Sanctos os cobra por piedad del sielo
y con tal gozo os guía ya en presencia
quespera bien con çiertos desegaños.

Soneto

40.Si de la dulce vida triumphas, muerte
como en la misma muerte das la vida
no eres muerte, muerte, sino vida
ni ya otra vida, vida, sino muerte.

Muerte de vida y vida de la muerte
unidas avéys hecho muerta vida
y viva muerte de la misma vida
con que a la vida yguala ya la muerte.

//206v Si fue en Fulgencio y Florentina vida
la muerte cuya vida da a la muerte
muerte con que no dexa de ser vida.

Que como qual la vida, tal la muerte
lo que haze a la muerte eterna vida
hizo a la vida bien alegre muerte.

Soneto

41.Si aviendo consumido malgastando
los bienes se bolvió muy bergoncoso
el pródigo a su padre y el gozoso
le recibe contento y festejando.

Y si mucho se alegra otro hallando
el perdido joy el que muy precioso
era y por quien estava congoxoso

a todos a su gozo conbidando.

Muncha más razón ay nos alegremos
y de tan dichoso hallazgo [...]uelta santa
A vuestra patria a cabo de años tantos.

Y no perdido, más ganado abemos
avéys el bien que a todo se adelanta
Fulgencio y Florentina hermanos sanctos.

//207r Soneto

42. Luz del mundo ciudad entronizada
resplandeciente sol más quel del cielo
sanctíssimo Fulgencio el patrio suelo
con júbilos celebra tu llegada.

Buelve pastor sagrado a tu manada
resciban tus ovejas oy consuelo
que aunque cortó la parca el mortal velo
fue tu nombre y tu vida eternizada.

Con ese claro nombre resplandece
la fama de tu vida esclarecida
gozando justamente de tal nombre.

Porque tal vida nombre tal merece
y nombre tal es digno de tal vida
y tal vida y tal nombre de tal hombre.

Soneto

43. De Verzocana parte enamorado
de su querida esposa hermosa y bella
el esposo por verse ya con ella
entre sus sanctos bracos enlazado.

Fulgencio es el esposo acompañado
de la Virgen sanctíssima donzella
Florentina florida pues con ella
en ausencia diez siglos a pasado.

//207vEn Verzocana queda por consuelo
pero si en ella queda como parte
y si se parte y queda de qué modo.

El dulce patrio suelo goza parte
y parte Verzocana que del todo
la parte principal está en el cielo.

Soneto

44.La bárbara nación endurecida
del gentílico pueblo reservava
un tiempo la ceniza que dexava
de los cuerpos el fuego consumida.

De piedra en fuertes urnas escondida
para memoria eterna la guardava
pensando que con esto eternizava
sus hechos, gloria, nombre, fama y vida.

Con más honra Fulgencio y mayor gloria
tus sanctos sacros huesos son guardados
del ynmenso señor acá en el suelo.

Mill años a durado su memoria
y durará hasta ser eternizados
con tu alma santíssima en el cielo.

//208rSoneto

45.- Más que blanca açuçena y más que rosa
en el fresco verano colorada
más que la verde yerba aljofarada
del roçío en la huerta deleytosa.

Más que mirtho y laurel y más hermosa
que blancura de nieve no pisada
que jazmín y mosqueta delicada
en el abril suabe y olorosa.

Aparece una flor en nuestro suelo
en medio del elado y seco ynvierno
la Virgen Florentina tan florida.

Que su fragancia sube al alto cielo
su alma goza allá el esposo eterno
y nosotros el cuerpo en su venida.

Soneto

46.Ya no temas armados esquadrones
no enemigas vanderas tremolando
no la fiereza brava amenazando
de las turquescas velas que amontones.

No sus hinchadas velas que a montones
el espuso (*sic*) mar vienen surcando
no furiosas lombardas derribando
los fuertes /levantados/[423] torreones

//208v/Pues con el defensor que Dios le ofrece/[424].
oy Murcia dichossísima eternizas
tu balor y tu fama de tal suerte.

[423] Tachado: *y ensalçados.*
[424] Tachado: *Con esta nueva luz que en ti aparece.*

Que por el orbe todo resplandece
tu gloria pues de oy más atemorizas
con tu nombre al ynfierno y a la muerte.

Soneto

47.Si la sobervia Roma coronava
de verde enzina, de laurel frondoso
al fuerte capitán que victorioso
de la guerra triumphando se tornava.

Si de mármol y bronze eternizava
su estatua, nombre y pecho valeroso
contra el olvido obscuro y tenebroso
que las heroycas obras sepultava.

Con más razón oy puede coronarte
arce ynsigne doctor tu muy querida
Murcia por digno premio a tu tropheo.

Eternamente quiere celebrarte
el cielo te prospere en larga vida
pues tan a gusto cumples su deseo.

//209r Soneto

48.Edificó esta yglesia un Sancho bravo
y un Sancho humilde nos la reedifica
aquél la ennobleció docto hizo rica
y éste en todo la augmenta hasta al cabo.

Si del primero la brabeza alabo
de un hecho con gloria a Murcia aplica
del segundo que más le multiplica
los sanctos hechos de alabar no acabo.

Que si un Sancho le dio tal lustre y gloria
gloria le da otro Sancho tal y tanta
si el uno eterna, el otro yntransitoria.

Y al fin más el humilde la levanta
con las reliquias de ynmortal memoria
de sant Fulgencio y Florentina sancta.

Soneto

49.Un amor a otro amor atrahe y llama
quiere a su semejante un semejante
búscase toda cosa concordante
y es ymán una fama de otra fama.

En propio estudio cada qual se inflama
del labrador, el rústico es amante
al piloto apetece el navegante
y el ques soldado a los soldados ama.

//209vTodo ygual con su ygual está contento
entre costumbres concordancia ha avido
y es una entre conformes la sentencia.

De vos (sancto pastor)[425] lo mismo siento
pues como sancto ymán avéis traído
al que ygualáis en hechos y aparençia.

Soneto

50.Fulgencio y Florentina en carne y güeso
tratastes con escarnio vuestra carne
y aora os onrra Dios el güeso y carne
tanto quel mundo adora vuestro güeso.

---

[425] Paréntesis en el original.

Oy visten de oro y púrpura ese güeso
y vos de áspero saco hueso y carne
vestistes y afligistes yendo en carne
para endiosar en muerte vuestro güeso.

Las menudas çenizas de su carne
y ese güeso no son ya carne y güeso
que todo es gloria y a el güeso y la carne.

Y muestra ese sagrado y sancto güeso
y los divinos polvos desa carne
lo que save hazer Dios de carne y güeso.
//210r Soneto

51.Como el Cid fue terror y órrido espanto
del enemigo moro fiero y crudo
y muerto mill batallas vencer pudo
que consoló su bulto pudo tanto.

Así quiere en ti Murcia el cielo sancto
que el que bivo te fue pastor y escudo
muerto le gozes que, aunque muerto y mudo
a tus contrarios meterá en quebranto.

Y ansí quando te bieres afligida
del común enemigo acude luego
a sacar este bulto, aunque sin vida.

Que el que te goze no en paz y sosiego
le pondrá valeroso en larga huida
y le dará el alcance a sangre y fuego.

Los sonetos que estaban en el altar que mando hazer el obispo

//210v Soneto

52.Prendas de alto cielo al mundo dadas
por alivio de nuestro gran tormento
la gloria os servirá de vestimento
eternamente en trono lebantadas.

Las almas en los cuerpos engastadas
será la claridad vuestro hornamento
y sobre el estrellado firmamento
seréis divinas prendas collocadas.

Allí sagrados guesos juntamente
con vuestras almas eterna gloria
gozaréis de la summa hermosura.

Para que assí cantando la victoria
en una eternidad que siempre dura
resplandezcáis qual sol resplandeciente.

Soneto

53.Faltándome Fulgencio vivo y muero
muero porque me falta el ques mi vida
vida tengo pues espero su venida
venida que da vida a nuestro apero.

Apero solo estás sin ganadero
ganadero que muestre la guarida
guarida era Fulgencio su partida
partida a mi alma tiene más espero.

//211rPero que digo yo pastor deseo
deseo por ventura pastor muerto
muerto a Fulgencio si don Sancho bivo.

Bivo contenta bivo sin deseo
deseo ne se vee en siguro puerto

puerto e hallado do sin pena bivo.

Soneto

54.Fulgencio[426] mi consuelo y alegría
vida de donde mana mi consuelo
luz que me embía luz del alto cielo
guarda de mi camino noche y día.

Estrella que govierna el alma mía
nube que rige y fertiliza el suelo
claro sol que ahuyenta el desconsuelo
illustre norte que mi vida guía.

O como al fin mis vozes padre oyendo
venís a enriquecer a vuestros hijos
ya no abrá más dolor con tal venida.

Enpleen su caudal en reguzijar
nada les faltará Fulgencio siendo
estrella, guarda, luz, sol, norte y vida.

//211v Soneto

55.El sacro ryo trayendo a la memoria
su prosapia de godos descendiente
enbía alto señor este presente
devido a tu triumpho y alta gloria.

Laureora poetas que en historia
te celebren Fulgencio eternamente
buelve tu nombre pues de gente en gente
reconociendo el mundo tu victoria.

---

426 Margen izdo.: Fulgencio viene. En mayúsculas.

Al gran Philipo gracias da cumplidas
por cuya liberal graciosa mano
buelves oy a tu cara y patrio nido.

Y al alto rey del cielo pido pidas
pague a Fulgencio don tan soberano
y con esto contenta me despido.

Soneto

56.La sangre la nobleza os hizo yguales
el parentesco a entranbos hizo hermanos
en ambos la virtud se dan las manos
y antranbos una muerte hizo ynmortales.

Ambos gozáis los premios eternales
el cielo os hizo juntos cortesanos
poniéndoos en asientos soberanos
dignos de vuestros hechos soberanos[427] /principales/.//

//212rY Murcia por hazer su suelo cielo
juntos a vuestra patria os trae este día
entrad y gozad juntos esta gloria.

Muestre Murcia su gusto y alegría
y pues de ambos celebra la memoria
un sepulcro los abra acá en el suelo.

Soneto al sepulcro de Fulgencio y Florentina

57.Aquí yazen Fulgencio y Florentina
congrégense aquí luego los pastores
vengan cargados de olorosas flores
de lilios, rosas, lauro y clavellina.

[427] Soberanos no está tachado, pero sin duda es un error.

Celebren con laurel la peregrina
fortaleza dentranbos triumphadores
la gala canten a los vencedores
mas no a la humana, sino a la divina.

A este punto resuenan las trompetas
los pastores con danças muy gustosas
entretienen el curso de la gente.

y al son de unas sonoras castañetas
adornan el sepulcro castamente
de clavellinas, lilios, lauros, rosas.

//212v Soneto

58.Fulgencio, Isidro, Leandro y Florentina
quatro rubíes la noble Carthagena
produce de preciosas prendas llena
que aunques puerto famoso es rica mina.

Fulgencio es el piloto que encamina
las nubes y los vientos les serena
y Florentina cándida azuçena
de flores viste el campo y la marina.

A las españas y a su /patria/[428] amada
Ysidro con sus obras enriquece
y Leandro /el/ animoso al feo vestigio.

Del mar mundano huella y por el nada
que a la torre del sol que la amanece
Hero lo lleva del futuro siglo.

Soneto

[428] Tachado: *patria*.

59.Salen los ríos todos de una fuente
ques el profundo mar que los devora
y por ocultar venas los ynbía
para bien y regalo de la gente.

Y aunque su origen del secretamente
tienen le reconocen mayoría
y a el buelven y salen otro día
a dar principio a [...]ynpetu i corriente.

//213rEn[429] su niñez Fulgencio fue arroyuelo
que salió de la mar de Carthagena
y vino a ser un río caudaloso.

Oy se buelve a la mar su patrio suelo
venga tan sancto ryo en ora buena
y riegue nuestro campo deseoso.

Soneto

60.Una grave muger y poderosa
entre sus /joias/[430] diez dragmas tenía
y una dellas perdiola çierto día
y buscándola an dicho congorosa.

Hallola al fin y llama muy gozosa
a sus vezinas y esto les dezía:
amigas alegraos con mía alegría
que halle la dragma que perdí preciosa.

Es la leal ciudad la dueña dicha
la dragma la preciosa Florentina
a la qual [...] buscado.

---

[429] Margen izdo: *60*. [*sic*]
[430] Tachado: rosas.

Oy la descubre y de su buena dicha
a la gente questa circumvezina
que le dé el parabien a convidado.

//213v Soneto

61.Por séptima corona esmalta y çierra
las seys de tu blasón Murçia querida
con la reliquia de oy reçién trayda
de sant Fulgencio obispo de tu tierra.
De tan Sancto patrón en paz y en guerra
serás como hasta aquí faborecida
alégrense pues oy con su venida
hasta los montaraçes de tu sierra.

Publica a todo el mundo tu alegría
enarbola vanderas y pendones
las paredes en toldo con silencio.

No pases la memoria deste día
ya sobre tus castillos y leones
pondrás por coronel a Sant Fulgencio.

Soneto

62.Buelves ya dulce pren[...]
por mill años te goze quien [...]
lamentando tu ausencia entre mill daños
nunca de tanto de daño tubo olvido.

Ven amado pastor, padre querido
reconoçe tus prados y rabaños
y sus hijos pues hasta los estraños
an de ti mill mercedes reçebido.

//214r Con lágrimas tu ausencia e celebrado

con lágrimas rescibo en este día
a ti que eres mi bien y mi consuelo.

Mas la causa del lloro se a mudado
porque aora es la causa el alegría
y antes fue la tristeza y desconsuelo.

Soneto
63.[431]O quán dichoso fue el dichoso día
por mí mill años antes deseado
en el qual tanto bien me fue otorgado
para consuelo y gloria eterna mía.

Contigo amado padre y mi alegría
torno gozar de aquel siglo dorado
pues como otro Fulgencio a sustentado
lo bueno y desterrado el mal que avía.

Contigo aora el cielo me enriquece
de sus tesoros [...]
que quedó para siempre enriquecida.

Dete el mismo la gloria que merece
tan grande bien a[...]larte eterna vida
pues él solo tal [...] puede darte.

//214vSoneto

64.En vuestro nombre el soberano çielo
nos dio luego a entender luego a la clara
la excelente virtud heroyca y rara
con que resplandecistes en el suelo.

Fulgencio resplandor, gloria y consuelo

431 El número es 63.

que todo esto en el nombre se declara
y todo esto entendiera quien notara
el misterio encerrado en este velo.

Dad luz y resplandor, consuelo y gloria
pues sigue lo segundo a lo primero
como a la obscuridad, tristeza y pena.

Y pues a mi antigua pena os es notoria
hazed que siempre ya en lo venidero
esté la luna y me alumbre llena.

Soneto

65.Quando Murcia con fiestas de alegría
a su pastor glorioso [...]
y quando juntamente [se alegraríl]a
el campo, guerta, tierra y [prad]ería.

El claro ryo Segura lo [...]
y su camino natural de[...]ava
y de la çiudad tanto se apa [...]va
que aun apenas desde ella se veya.

[//215r]Las nimphas de sus fuentes y florestas
biendo que de su patria se destierra
le piden que no dexe el patrio suelo.

No dize el suyo por no ver las fiestas
mas porque ya de oy más el claro cielo
regará en abundancia aquesta tierra.

Soneto

66.Dexa de buena gana Florentina
la corona y el ceptro tan amado

y el nombre y generoso desposado
de que era ella subcesora y digna.

Porque la sancta Virgen ymagina
que la grandeza y poderoso estado
a muchos muchas vezes a causado
su desastrada y mísera ruyna.

Pero es cosa sin dubda grande y rara
que debaxo sus pies [...] más luze
la corona que puesta en la cabeça.

Porque con esta hazaña illustre y clara
su virtud soberana más reluze
y más se manifiesta su pureza.

//215v Soneto

67.Quando el falso Mahoma pretendía
de dilatar su seta tan dañosa
y quando esta poncoña [*sic*] perniçiosa
en gran parte del mundo se estendía.

Nuestra dichosa España florecía
con resplandor y luz maravillosa
con la doctrina y vida tan gloriosa
quel glorioso doctor Fulgencio hazía.

El demonio a Mahoma truxo a España
pero nunca es bastante su porfía
quando ay pastor çeloso que resiste.

Descubrió pues Fulgencio la maraña
Que no pueden durar delante el día
las trenieblas y noche obscura y triste.

Soneto

68.Çiudad famosa sien [...] preciado
de nombre de leal es[...]
y queste gran blasón te era devido
las entrañas de Alfonso an publicado.

Mas oy a tu lealtad sello as echado
con las reliquias sanctas que as traydo
tesoro tantos años abscondido
por tu don Sancho y por tu bien hallado.

//216r Fulgencio y Florentina te ennoblecen
bolviendo a su lugar y patrio suelo
y prosperan tus años con su entrada.

Y mira que los dones que se ofrece
a tu sancto pastor y a tu buen zelo
los deves ya la casa de velada.

Soneto

69.Estando el gran pastor Fulgencio absente
cuydadoso del bien de su ganado
a Dios su mayoral a suplicado
le de pastor fiel, sabio y prudente.

Tan justa petición fue alegremente
oyda y por pastor fue señalado
don Sancho de pastores el dechado
amparo y padre de la pobre gente.

Mostrose bien don Sancho agradecido
y por enriqueçer su esposa alcanca [*sic*]
con oración del padre soberano.

Le sea su patrón restituido
ygual llegó la paga en su balança
pues oy le trae y mete de la mano.

//216v Soneto

70.Quien te mediese hermano regalado
puesto en los braços de mi madre amada
questa con nuestra absencia lastimada
y es duro más la absencia del amado.

Mira ya quantos siglos an pasado
hasta llegar a esta edad dorada
ques del illustre Sancho consolada
padre y pastor en todo señalado.

Él trata con la tierra y con el cielo
de cumplir los deseos a su esposa
trasladando si quiera nuestros braços.

Ayudemos los dos a este consuelo
pues la ynpresa tal y tan gloriosa
bien merece don Sancho estos abraços.

Soneto

71.Pastor tan cuydadoso deste egido
don Sancho en todas cosas acabado
de letras y virtudes adornado
por vos a vuestra patria emos venido.

Vuestro amor a nosostros a traydo
vuestro deseo y vuestro gran cuydado
la piedad y zelo señalado
vuestro pecho yncapaz de todo olvido.

//217r Los tres de oy adelante guardaremos
este murciano suelo procurando
que todos sirvan al señor del cielo.

Sobre estos hijos siempre velaremos
las hazes ynfernales contrastando
volveremos un cielo aqueste suelo.

Soneto

72. Vaste no dores más osada mano
Ysidoro no ymagen de Isidoro
con oro de conceptos mill le doro
con el silencio te será más sano.

De doctor tan ynsigne y soberano
deseo descubrir algún thesoro
no ves que sobre un oro tal, el oro
de tu yngenio no asienta y sale en bano.

Desiste que dirán ques gran prudencia
preferir a oropel el oro fino
confío de quien del cielo de mi pluma.

Es de Isidoro tanta la excelencia
que apenas un espíritu divino
de sus obras dirá la menor suma.

//217v Soneto

73. /Al/[432] digno subçesor que mi memoria
a despertado en mi paterno suelo
y su ganado guía para el cielo
y a las dehesas sanctas de la gloria.

[432] Tachado: *El.*

Contra los mostros tres le da victoria
que se le deve a su piadoso zelo
el prínçipe de paz que humano velo
vistió por lebantar la humana escoria.

En el reyno murciano por el vino
él mis reliquias en mi patria encierra
y me dedica templos pues en tanto.

Que del prendas de amor tales reçibo
suplico a Dios que biva así en la tierra
que sea conmigo el buen don Sancho sancto.

Soneto

74.A ti pues en el alto empíreo cielo
tu honra entre los sanctos se anplifica
Fulgencio sancto, el sancto tu dedicas
un templo y seminario de consuelo.

Y con razón pues del murçiano suelo
saliste qual p[...]po o joya rica
tu divición por otras multiplica
de vuestro buen pastor el sancto zelo.

//218r Dichosa fue la nueva Carthagena
en dar tal capitán con que florece
más que la otra con su Haníbal famoso.

Y no les menos Murcia pues tan llena
está de tus fabores que merece
tener tu amparo y cuerpo glorioso.

Las canciones que a esta Justa salieron

Canción

1.Príncipes soberanos
que dexada del mundo la nobleza
y sus títulos vanos
vestidos de aspereza
aspirastes a la ynmortal grandeza.

Si considero y miro
qué justos ay de vuestra casa y quántos
justamente me admiro
y pienso en veros tantos
que no nacistes más de para sanctos.

//218vO quán bien se asentava
en la nobleza humana más balida
la virtud que esmaltava
y a la carne cayda
dava soplo despíritu y de vida.

Fuistes luz y govierno
Fulgencio vos del pastoral ganado
y tal que desde tierno
andubistes criado
curtiéndoos al rigor del campo elado.

Y aora el sancto çielo
pagada os a el cuidado trabaxoso
el cuerpo que en el suelo
quedo quiere piadoso
que aquí do trabaxo tenga el reposo.

Y este suelo murciano
questas subli/mes/ glorias athesora
con un ánimo llano
y humildad que enamora
obedecioos pastor sancto os adora.

//219r Canción

2.Dexa el sabio moral que los rigores
del erizado ynvierno
pasen con nieves con granizo y yelo
y del almendro el cogolluelo tierno
y mal logradas flores
maltratadas del viento veen el suelo
dexa que empreñe el cielo
con esparzir el líquido elemento
la tierra humilde a su rigor subjecta
y que el tiempo prometa
sazón templada y favorable asiento
sin que uno y otro viento
las nuves alborote
quiebre las ramas y la mar açote.

Y quando el sol con mitigadas llamas
a las fuentes despoja
del caránbalo elado y aspereza
que de las secas ramas
con tiernas puntas rompa la corteza
descubra su riqueza
y de sus vellas flores la hermosura
y al rico adorno y cortesana pompa
le da para que rompa
con yndustria y milagros de natura
//219v preciosa vestidura
cubre el suelo de galas
y pone adorno en las reales salas.

No menos quel moral prudente y sabio
gran Fulgencio avéis sido
en darnos con aquese sancto pecho
tanta riqueza al tiempo quel olvido
no le hará el agravio

que a otras por tempranas tiene hechas
nuestro será el probecho
de averse dilatado tanta gloria
que después que de mill dificultades
predicando verdades
avéis sacado celestial victoria
vuelve vuestra memoria
y vuestro cuerpo agora
en la dichosa Murcia se athesora.

Paso el rigor que en las ausencias ubo
quando vuestra presencia
en la famosa Astigis floreçía
con resplandor doctrina y eminencia
y ya después questuvo
llena de tan profunda theología
//220r llegó el dichoso día
quando la propia tierra enriqueçistes
dando vuestras reliquias deseadas
y flores no pisadas
que en vuestra companía alla tubistes
y agora bolvistes
con sagrada ganancia
que adquiere vuestra tierra de ymportancia.

Ufana Murcia al siglo de oro torne
pues sus patrones lleva
después de tiempo y de travaxo tanto
ya que su primavera se renueva
su cabellera adorne
consagrado laurel y verde acanto
y con el coro sancto
de vírgines gallardas y hermosas
con regaladas muestras y caricias
resciba sus primicias
y ofrézcales guirnaldas olorosas

que prendas tan preciosas
merecen por ofrenda
la vida, la persona y la hazienda.

Canción por donde fueres
de aquestos sanctos de quanto pudieres
//220v pues a vozes públicas
de sus grandezas exçelencias ricas.

Canción

3.Del cielo luz divina
rosa que a nuestra patria oy enriquece
sola flor Florentina
quien como vos parece
a la madre de aquél que aquí os ofrece.

Nadie qual vos la ymita
que si la virgen madre, vos su esposa
si bendicta, bendicta
si humilde, religiosa
y si hermosa la virgen, vos hermosa.

Y aún observáis sus leyes
hasta en ser hija qual la virgen sancta
si de reyes, de reyes
si de bendicta planta
de bendicta, la vuestra se levanta.

Y si la virgen vella
amo pobreza un reyno abaldonastes
y si fue virgen ella
virginidad guardastes
y a religión la vida consagrastes.

//221r Si patriarcas ubo

de parte de la virgen otro tanto
la vuestra, virgen tuvo
destos reyes que canto
el casto, el monge, el magno, el sabio, el sancto.

Y no ay gloria que os quadre
como la de ymitar la clara estrella
que fue virgen y madre
siendo un retrato della
sancta, virgen, ilustre, humilde y vella.

Cançión

4.Recibid ciudadanos
las ofertas que os haze el grato çielo
conlivera las manos
por quien con alto buelo
merecerán suvir las deste suelo.

Reçibid los tropheos
que conseguidos con feliz victoria
colman vuestros deseos
pues dellos es la gloria
la vuestra esté fundada en su memoria.

Recibid tales dones
porque el de charidad mejor se admita
con puros coracones
//221v tomad la margarita
con grato pecho y boluntad vendicta.

Recibid a el pastor
que vuestro fue y os a querido tanto
que desecha en amor
os da su alma quanto
le distes Murcia en vuestro suelo sancto.

Recibid una hermana
que deste nombre mereció ser digna
por quien nos será humana
Murcia si no divina
pues en su seno tiene a Florentina.
Con dos presidios tales
nuestra patria estará fortalezida
no temerá mortales
quienes faborecida
de dos que gozan sempiterna vida.

Canción

5.Pues ya es llegado el día
que fue de todos tanto deseado
comience el alegría
de tal ventura y hado
y alaben al señor de lo criado.

//222rCantad musa Thalia
con voz suabe, dulce y sonorosa
el cantar que dezía
el[433] esposo a la esposa
que soys vos Florentina gloriosa.

Del riscoso collado
del áspero cubil de los leones
del yermo despoblado
de sanctos coraçones
del valle de amarguras y pasiones.

Venid enamorada
del verde monte, Líbano oloroso
y seréis coronada

433 Margen izdo.: *Cantares 2*.

del[434] alto y poderoso
en eterno descanso y en reposo.

Pues en el humil suelo
fuistes exemplo de bondad humana
vaxo un siliçio y belo
o alma soberana
priora monial, bella Diana.

Siendo sangre de reyes
no quisistes ser reyna ni señora
dexando humanas leyes
por ser emperadora
en el cielo do estáis reynando agora.

//222vCanción

6.Si el sol sin su presencia
viste de sombra el campo, el soto y prados
así con vuestra ausencia
sanctos de Dios amados
vestistes de dolor nuestros collados.

Y si la tierra y cielo
dora y matiza si su luz embía
bolviendo al patrio suelo
enriquecéis el día
de luz, plazer, contento y alegría.

Sin él qualquier pradera
del canto de las abes se desnuda
así nuestra ribera
sin vos y vuestra ayuda
estuvo triste, agena, sola y muda.

---

434 Margen izdo.: *Cantares 4*.

Con él en llano y sierra
despliega Philomena su garganta
con vos la amada tierra
por bien y gloria tanta
se reguzija, goza, alegra y canta.
Sin él el balle y cumbre
se agosta, seca y mustio mantuviste
y Murcia sin la lumbre
del bien que en vos consiste
estuvo seca, mustia, enxuto y triste.

[//223r]Y si sus rayos tornan
tornan a dar el plácito tributo
así con vos se adornan
dexando el triste luto
de lustre yerva, hoja, flor y fructo.

Canción

7.Con olorosas flores
adornadas las fuentes
salga el pueblo devoto muy hufano
y con divinos loores
Y vozes excelentes
resuene todo el pueblo fiel murciano
pues oy con larga mano
el alto rey del cielo
le adorna con despojos
que se llevan los ojos
repartiendo de nuevo tal consuelo
a su patria afligida
questava de su ausencia tan sentida.

O venturoso día
en que a las nubes negras
avientan los dos soles que an llegado

ya con más alegría
//223v tus rutilantes hebras
Appollo exparzirás al pueblo amado
que mejor destado
al mismo punto y ora
que con la alegre nueva
vio del amor grande prueva
que en Fulgencio y su hermana reyna y mora
y así con tal venida
Murcia sera de nuevo ennoblecida.

Pues Fulgencio divino
gloriosa Florentina
de Murcia y Carthagena, honrra y decoro
pues tanto bien nos vino
cada qual determina
enriquecerse oy con tal thesoro
más fino quel puro oro
y saphiros de oriente
y pues con alegría
visitáis este día
vuestro antiguo rebaño francamente
estended esas manos
no sientan más probeza los murcianos.

//224r Y tú la más dichosa
ciudad de todo el suelo
pues as tu antiguo padre recobrado
muestra[s]e muy gozosa
agradec[ie]ndo al çielo
un don tan excelente y lebantado
y rinde muy de grado
las gracias al pastor
que al presente possees
pues claramente crees
que le questa a don Sancho su sudor

y por su sancto zelo
estás Murcia trocada en nuevo çielo.

Pues posees en paz
un don tan soberano
procura de le ser agradecyda
y con alegre faz
estiende ya tu mano
a cosa que te a sido tan devida
ya no abrá quien te ynpida
gozar de tal contento
huyó tu descontento
llegando tu consuelo
con quien yrás de oy más en grande augmento
//224v y con grande alegría
çelebrarás la gloria deste día.

Sanctos pues vuestros hechos
son mucho más que humanos
y vuestras obras tanto milagrosas
mis sentidos estrechos
no deven ni mis manos
el lustre desdorar de vuestras cosas
o almas venturosas
perdonad el estilo
y tu entrincada musa
pues ay bastante escusa
corta de presto el basto y tosco hilo
vaxe un ángel del çielo
que vuestra gloria cante acá en el suelo.

Canción

8. Un sol resplandeciente
lleno de luz divina
nació en el sacro mar de Carthagena

tan claro y refulgente
quanto nos lo adivina
su nombre ques Fulgencio de quien suena
[//225r]la fama de honor llena
y gloria tan estraña
que con su luz preciosa
y vida prodigiosa
da ser y lustre a toda nuestra España
pues con tan alto buelo
sus méritos yncumbra hasta el çielo.

Y en el jardín florido
desta çiudad dichosa
naçió una flor de grande hermosura
cuya fragancia a sido
tan suabe y olorosa
que hasta agora y para siempre dura
teniendo tal ventura
que con su blanco esmalte
de virginidad sancta
a todo el orbe espanta
pues no ay virtud alguna que le falte
y así para dechado
su exemplo que ymitar nos ha dexado.

Fulgencio fue en doctrina
desde sus tiernos años
creciendo y en virtudes juntamente
[//225v]y sancta Florentina
huyendo los engaños
con que nos sigue la ynfernal serpiente
llena de amor ardiente
las honras despreçiando
y todos los afeytes
de los falsos deleytes
tener no quiso el señorío y mando

por ser de Chirsto esposa
de agradarle contino[435] deseosa.

Por su merecimiento
Fulgencio fue prelado
desta su cathedral de Carthagena
dando el primer asiento
del obispal ditado
de quien solía ser primero agena
y por su fama buena
le dan por mejoría
la silla ashgitana
y síguele su hermana
con la afición y amor que le tenía
de religiosa suerte
guardaron hasta su dichosa /muerte/.[436]

//226r Después de muchos años
que allí fueron tenidos
sus cuerpos en beneración devida
vinieron tales daños
que fueron conpelidos
a los poner en parte do escondida
riqueza tan crecida
segura se guardase
como tan gran thesoro
demás valor quel oro
sin quel furor ynfiel lo maltratase
lo qual fue en Verzocana
de donde tanto bien a Murçia mana.

A ynstancia del prelado
que tienen tan zeloso

[435] En el texto: contino /2/ de agradarle /1/.
[436] Tachado: suerte.

de quanto puede serles de probecho
traher a procurado
thesoro tan precioso
los dos cavildos cuyo es de derecho
todos en este hecho
su devoción mostraron
y más en esta fiesta
do queda manifiesta
la charidad con que esto procuraron
//226v pues como a tal victoria
procuran celebrar con suma gloria.

Cançión

9.Qual thesoro ascondido
que en estar sin la tierra es estimado
tal vuestra vida a sido
que su curso acabado
el alma va a Dios el cuerpo está adorado.

Y porque el mundo loco
rió la humilde vida que escogistes
estimándola en poco
el dueño a quien servistes
os endiosó la carne que abatistes.

Y a los que la nobleza
del mundo despreciastes animosos
haze que con largueza
de títulos honrrosos
el mismo mundo os honre por gloriosos.

Que divinos conçiertos
que lo que al mundo hiede y abomina

(que son los cuerpos muertos)[437]
oy adorar se ynclina
los sanctos de Fulgencio y Florentina

//227r Entre púrpura y oro
van enterrados, no en el duro suelo,
como humano thesoro
que quiere el justo zelo
no cobije la tierra lo ques cielo.

O Murcia venturosa
que tropheos tan ynclitos blassonas
pues que te vees gloriosa
con tan sanctas personas
deles lugar tu escudo a sus coronas.

Canción

10.Sacro pastor de admeto
la carrera detén en medio el cielo
verás oy te prometo
del tuyo acá un modelo
si esparzes bien la vista en nuestro suelo.

Y tu frente lebanta
segura de mill obas esparzida
y en tu discante canta
con requinta escogida
de Fulgencio y Florencia, la venida

//227v Que no es bien escondido
tras de tu juncia estés y tu espadaña
ponte un nuevo vestido
y sirve y acompaña

[437] Paréntesis en el original.

tus hijos padres ya de nuestra España.

Mira por tus riberas
la gente enbuelta con alegres juegos
los arcos y vanderas
y laberinthos ciegos
glosas y letras, mú*sic*as y fuegos.
Y mira un sancto y sancta
que aquí se cifra quanto dizen todos
a quien la yglesia canta
con hymnos de mill modos
hijos de Murcia y en la sangre godos.

Mira como triumphando
qual Çesar fue en un tiempo recibido
entran oy alegrando
su patria do an naçido
cansados del destierro que an tenido.

[//228r]Canción

11.Murcia ciudad famosa
oy a mostrado en ti su ardiente zelo
la mano poderosa
pues en tu fértil suelo
elige Dios para sus sanctos, çielo.

Oy son tus esperancas
hechas del mismo Dios firmes y ciertas
y tanto bien alcancas
que tienes a tus puertas
quien de la gloria te las guarde aviertas.

Fulgencio y Florentina
que tu valor y ser al cielo encumbran
un lirio y clavellina

dos soles que te alunbran
y allá en su quarta spera al sol deslumbran.

Dos olorosas flores
que a pesar del rigor del crudo yelo
descubren sus colores
y matizan tu suelo
del color mismo del empireo cielo.

Dos venturosas plantas
dos árboles frutíferos y amenos
//228va tu suelo trasplantas
cuyos copiosos senos
están de Dios y de su gloria llenos

El más fecundo estilo
en tu alabança tímido se anega
Exipto con su Nilo
que vierte, siembra y riega
a tu fertilidad Murcia no llega.

Canción

12.Fértil y suabíssima ribera
de flores de oro y rosas pinzelada
que tu belleza llega hasta el çielo
quando biene la dulçe primavera
hermosa, alegre estás y regalada
de barias flores llenas todo el suelo
y dando gran consuelo
te lleva tu Segura bolteando
allá donde Fabonio está jugando
escucha un poco aora
las abes regaladas
con sus harpadas lenguas concertadas
una canción que cantan muy sonora

con grande melodía
de la fiesta que se haze en este día.

//229r El hijo que engendraste tan querido
y en tus entrañas Murcia regalado
oy biene a consolarte no estés triste
pues as cobrado el bien que avías perdido
vesle do vuelve tan reguzijado
para que gozes del que pariste
y pues le concebiste
te puedes llamar Murcia venturosa
noble, leal, ilustre y generosa
que a tu yglesia sancta
buelve el esposo sancto
recíbele con mú*sic*as y canto
pues que del cielo al suelo se trasplanta
y viene tan locano
como en abril las flores del verano.

Quespíritu encendido va mostrando
aqueste día que tra sí me lleva
que nueva fuerca muestre en qualquier pecho
que a todos alegría van cantando
y en un ardor que mi sentido eleba
me lebanta del suelo un grave pecho
de questoy satisfecho
en ver la ciudad tan gran mudança
del bien que por Fulgencio oy se alcanca
con tan grande alegría
questan las calles llenas
//229v de dancas, vayles, juegos, cantilenas
y en la presencia deste alegre día
publican sus loores
trompetas, ministriles y cantores

Por el ayre bolando se lebanta

y una entonada y clara voz se siente
tan apazible y sube tanto
que al alma ynspira al cielo y la lebanta
un piadoso licor que blandamente
forman los ojos de alegría y llanto
aqueste dulce canto
que a de llegar hasta la quarta sphera
con gloria tan ynmensa
que da tanto consuelo
que sube el alegría hasta el cielo
y no ay quien en la tierra le haga ofensa
por ser la patria amada
deste divino sancto regalada.

Hasta aquí a de llegar o Murcia cara
con el aplauso universal del mundo
mis rudos versos y tu heroyca fama
que en todo el orbe suena y se declara
a la memoria con ardor profundo
de tus hazañas con razón me llama
[//230r]y en mi pecho derrama
otro nuevo furor de ardiente canto
que en ver tu antiguedad Murcia me espanto
aguarda, pues, aguarda
que ya el tiempo se llega
en que del bulgo la ygnorancia ciega
en su memoria perezosa y tarda
se desaga y consuma
con el son de tus armas y mi pluma.

Que no es razón que en tácito y confuso
(silencio)[438] pase la ynmortal hazaña
del rey Alfonso el Sabio, el sancto, el justo
que sus entrañas nobles en ti puso

[438] Paréntesis en el original.

por domar la cerbiz cruel y estraña
y no dar a don Sancho en esto gusto
viniendo tan robusto
a despojar al padre del govierno
que como rey tenía de su reyno
tú sola resististe
donde cobraste nombre
y de leal rebaptizó el renombre
que nunca entrada en ti dalle quisiste
y por esto pusieron
en ti las seys coronas que te dieron.

[//230v]Antiquíssima Murcia yo te hallava
dos mill y nobeçientos y nobenta
y nueve años a que te fundaron
quando en España Palatrio reynava
aquesto es claro que si bien se quenta
por este tiempo fue quando llegaron
y a ti te edificaron
los morgetes y el nombre te pusieron
y en aquel tiempo Murge te dixeron
y en la era de aora
eres Murcia llamada
por Murcia diosa dellos consagrada
que de la occiosidad era señora
mas todo ya a çesado
queste divino sancto lo a vorrado.

Si al rebolver tan valerosa historia
se an de topar en ella los prelados
que en esta sancta yglesia an governado
dignos que se çelebren su memoria
escucha Murcia mía que nombrados
serán en breve cada uno y contado
que no se an olvidado
de eternizar su vida y fin postrero

[//231r]sant /Liciniano/[439] fue el pastor primero
que en letras fue la suma
luego Fulgencio sancto
de quien la gloria y alabancas [*sic*] canto
cifradas con mi mano y torpe pluma
y a estos dos subçediera
Bonifacio que un sancto en todo era.

Antes que nuestra España obiera sido
destruida y ganada governaron
los tres aquesta yglesia de consuelo
y tras ellos dom Pedro fue venido
a don Martín después lo consagraron
y el dean don García a quien el cielo
le quitó el mortal belo
antes que fuera obispo consagrado
tras don Pedro Varroso fue ynbiado
don Diego que tenía
Magaz sobrenombre
tras del vino don Juan Valero hombre
y otro que Peñaranda se dezía
y Mayorga el discreto
y don Alonso Bargas sin defeto.

[//231v]Don Diego de Aguilar de sancta vida
y don Guillermo el sabio y piadoso
don Fernando Pedroso el eloquente
don Pablo que su vida fue escogida
bien se puede loar al virtuoso
don Diego de Comontes exçelente
y entre ellos fue eminente
don Rodrigo que Vorja se llamava
sumo pastor que a todos governava
y don Juan de Medina

---

[439] Tachado: Luciano.

don Lope tras del vino
don Juan Daca, tanbién don Bernardino
y don Juan de Belasco a quien se ynclina
mi pluma en su presencia
y a don Martín de Angulo y su eloquencia.

Don Matheo del Angua en este día
con un capelo sale y lo merece
con otro Silíceo está adornado
don Estevan tras ellos parecía
entre todos don Arias bien parece
y don Gómez Çapata que está al lado
//234r y otro ilustre prelado
a quien mi verso y pluma mucho le ama
don Jherónimo esperó la fama
del que aora govierna
se va eternizando
y del un polo al otro va bolando
que terna para siempre vida eterna
con los demás prelados
que ya están en el cielo collocados.

Resonara por este hondo ryo
que va al Mideterrano su corriente
o Murcia mía tu ynmortal tropheo
y la sonora voz del canto mío
el pastor tan ilustre que al presente
le tienes por amparo a tu deseo
según que oygo y veo
desciende la casa tan nombrada
de aquel marqués illustre de Belanda
y con ynmortal buelo
/por toda esta deesa/
la casa de Toledo y Oropesa
le lebanta sus plumas hasta el cielo
y en las cabernas hondas

segura le asegura entre sus ondas.

//234vMi pluma no sobra en tal alabanca
deste sancto pastor preclaro al mundo
que de su sanctidad en verso cante
el bien que en tanto el bien le alcanca
hará mi canto un canto sin segundo
y mi pluma [yn]mortal hará que espante
/a la suer[...]/[440]
/poniendo de su nombre/[441] la excelencia
que manifiesta al pronunciar la esencia
del subjeto tan ancho
que de oyllo me espanto
porque su nombre quiere dezir sancto
sólo añadiendo P al nombre Sancho
y la h quitada
sancto dirá no siendo pronunçiada.

Rescibe el cuerpo en tu piadoso seno
deste divino sancto que a llegado
a ver la madre de quien fue parido
que biene de alegría todo lleno
en tu regaço manto y regalado
alverga y da descanso a tu querido
pues de ti fue naçido
//233ry tal prenda en tus manos o muros fue engendrada
recíbele en [...] Murcia amada
pues eres amorosa
en tus entrañas tiernas
rescíbele en el reyno que goviernas
pues es con sangre ilustre y generosa
Y buelve al patrio suelo
A donde fue engendrado /a dar con/[442]suelo.

---

[440] Tachado: poniendo de delante.
[441] Tachado: de su excelso.
[442] Tachado: el patrio.

Llegado aya el deseo depue[s]to
con pecho noble enternecido y blando
que su virtud en todos va esparziendo
que de alegría lágrimas oy vierto
la bendición del cielo biene dando
y a toda la ciudad va bendiziendo
que a todos va diziendo
salud, salud, ilustre patria mía
salud, salud, ciudad y clerecía
salud, aguas corrientes
salud, vega hermosa
salud, ribera alegre y deleitosa
salud tengáis, salud murcianas gentes
salud de quien se espera
la salud soberana y verdadera.

saludad, canción mía al que os leyere
y si acaso dixere
//233v que en fiesta [...]
se ofrece [...]
dándome de ello culpa
daréis mi boluntad para disculpa

Los dísticos latinos que a esta Justa salieron
Epigrama
Chartago alloquitur D Fulgentium
os[443] ex osibus meis et caro de carne mea.
Nate, veni et chare genitricis mille per annos
solve precor lachrimas exiliumque tue.
Quippe relegatam [...] Fulgentius absens
me decet, orbatui, huminis, exul ero.
Nutrivi quondam patrio le pectore flenten
et fovi mater cantibus ipsa meis.
Vivida te magnum deduxit ad aethera virtus

---

[443] Margen izdo.: *Genesis*, capítulo 2.

chara Deo, charitas et sine labe fides.
Ergo veni et properans maternos [...] luctus
o caro nata meae o ossibus ofsa meis.

//204r Ad loquen [...] epigrama
Quis furor [...].[444]

[444] Esta página está muy deteriorada y es ilegible.

ESTE LIBRO SE TERMINÓ DE IMPRIMIR
EN EL MES DE ABRIL DE 2024